CB015121

1988 | 2018

30 ANOS DA CONSTITUIÇÃO FEDERAL DO BRASIL

BELISÁRIO DOS SANTOS JR.
RAFAEL VALIM

GOVERNADOR
MÁRCIO FRANÇA

SECRETÁRIO DE GOVERNO
SAULO DE CASTRO ABREU FILHO

GOVERNO DO ESTADO DE SÃO PAULO

DIRETOR-PRESIDENTE
JORGE PEREZ

1988 | 2018

30 ANOS DA CONSTITUIÇÃO FEDERAL DO BRASIL

BELISÁRIO DOS SANTOS JR.
RAFAEL VALIM

imprensaoficial
GOVERNO DO ESTADO DE SÃO PAULO

REPUBLICA FEDERATIVA DO BRASIL
15 de Novembro
de 1889

Há três décadas, o Brasil acompanhou o maior e melhor espetáculo da democracia representativa e participativa na sua história recente. Em 15 de novembro de 1986, já não mais sujeito ao sistema partidário obrigatório (tinham já sido criados novos partidos e 13 conseguiram representação), o colégio eleitoral pôde eleger deputados federais e senadores que viriam a atuar na Assembleia Nacional Constituinte, que seria instalada em 1º. de fevereiro de 1987, sob o comando do Presidente do Supremo Tribunal Federal. Além dos que foram eleitos no ano anterior, deliberou-se que também os senadores eleitos em 1982 poderiam tomar parte do colegiado. Ulisses Guimarães foi eleito Presidente e com ele o regimento interno e o real funcionamento do Congresso e a Assembleia Constituinte.

Nada mais caro para uma nação politicamente organizada do que a afirmação solene dos seus compromissos; compromissos com os seus, com os outros, compromissos com a humanidade. E a Constituição da República passou a ser vertida, desde 5 de outubro de 1988, por um conjunto de normas prolixo e formal, mas irremediavelmente essencial para a consolidação do Estado Social e de Direito de que o Brasil se ressentia. Direitos e liberdades individuais e sociais formalmente assegurados e Poderes do Estado suficientemente controlados; era tudo que deixara de existir desde abril de 1964 e até a metade dos anos 80 do século passado.

A Constituição é recente, sofreu mutilações e o Brasil continua assistindo ao erro legislativo de que proposta de emenda pode ser a todo instante apresentada. Há normas hoje indevidas, mas que eram oportunas à época. Olhar para o passado sem o compromisso de resgatar o contexto social e político é um erro que o pesquisador não pode cometer. A nossa Constituição antecede o fim absoluto dos regimes totalitários de esquerda na Europa e ainda estávamos sob a influência direta de leis do período de abuso imposto pelo regime militar.

Nada mais solenes, importantes e fundamentais, do que o texto e o sistema do qual defluem os valores, princípios e regras constitucionais. A razão da nossa CF não é outra que não seja a consagração dos direitos humanos, a dignidade da pessoa humana e a formação de uma sociedade compromissada com a paz social, na qual não existam nichos de irresponsabilidade e, menos ainda, tons de intolerância.

MÁRCIO FERNANDO ELIAS ROSA

SECRETÁRIO DA JUSTIÇA E DA DEFESA DA CIDADANIA

É com grande honra que a Imprensa Oficial do Estado de São Paulo edita mais uma obra dedicada ao aniversário do documento político mais importante do Brasil: a Constituição Federal de 1988.

A Constituição cidadã - apropriadamente batizada por Ulysses Guimarães - é, induvidosamente, a principal arma do cidadão para a preservação, consolidação e desenvolvimento do regime democrático em nosso país. Daí porque toda e qualquer homenagem à Carta da República não é um simples adorno, mas sim um dever cívico de todos nós, democratas, e um gesto de respeito à memória daqueles que lutaram para a sua promulgação.

Nestes 30 anos, avançamos muito na difusão e consolidação dos direitos e garantias fundamentais insculpidos em nossa Constituição, mas certamente precisamos ir mais longe, lutar para que o nosso país alcance efetivamente os seus objetivos fundamentais: construir uma sociedade livre, justa e solidária; garantir o desenvolvimento nacional; erradicar a pobreza e a marginalização e reduzir as desigualdades sociais regionais.

Nas páginas que se seguirão o leitor terá contato com textos reflexivos e multidisciplinares, escritos por cidadãos e cidadãs brasileiros da mais alta qualificação técnica e que, prontamente, nos ajudaram a manter acesa a tradição da Imprensa Oficial do Estado de São Paulo enaltecendo periodicamente a Constituição Brasileira.

Meu agradecimento especial ao Dr. Belisário dos Santos Jr. e ao Prof. Rafael Valim, juristas de *escol* que aceitaram o desafio de coordenar esta obra.

Boa leitura, e viva a democracia.

JORGE PEREZ
PRESIDENTE DA IMPRENSA OFICIAL DO ESTADO DE SÃO PAULO

Alcançados os trinta anos de vigência da **Constituição Federal de 1988**, há o que comemorar, mas muito mais a refletir.

A generosa proclamação de uma sociedade livre, justa e solidária como objetivo da República brasileira vem sendo desafiada, uma vez mais, pelo egoísmo, pelo autoritarismo, pela intolerância e pelo ódio. Os direitos humanos continuam sendo mal compreendidos pela sociedade e solenemente desrespeitados pelos Poderes constituídos.

Os artigos reunidos nesta obra, de autoria de notáveis intelectuais, oferecem uma avaliação crítica do projeto e da realidade constitucionais, reconhecendo avanços e retrocessos e apontando caminhos para a construção de uma sociedade verdadeiramente democrática no Brasil.

Esperamos com isso contribuir não só para a defesa da Constituição e de seus valores, senão que também para a inadiável necessidade de cristalização de um sentimento constitucional no Brasil, a efetiva introjeção e vivência do texto constitucional.

Resta-nos agradecer à Imprensa Oficial do Estado de São Paulo, na pessoa de seu Presidente, Jorge Peres, por acolher este projeto, e aos autores e autoras pela presteza com que atenderam ao nosso convite.

BELISÁRIO DOS SANTOS JR. E RAFAEL VALIM

COORDENADORES

1 OS SENTIDOS DA IGUALDADE NA CONSTITUIÇÃO BRASILEIRA DE 1988
ADILSON JOSÉ MOREIRA — 20

2 A DEMOCRACIA PELO STF
ANDRÉ RAMOS TAVARES — 26

3 O PRINCÍPIO DA MORALIDADE ADMINISTRATIVA E A CONFIANÇA LEGÍTIMA
ANTONIO ARALDO FERRAZ DAL POZZO
AUGUSTO NEVES DAL POZZO — 30

4 A QUESTÃO DOS TRATADOS INTERNACIONAIS, O PRINCÍPIO DA DIGNIDADE E A IMPRESCRITIBILIDADE DA REPARAÇÃO POR TORTURA OCORRIDA À ÉPOCA DA DITADURA MILITAR
BELISÁRIO DOS SANTOS JR. — 38

5 30 ANOS DEPOIS, O QUE RESTA DA CONSTITUIÇÃO?
ENEIDA DESIREE SALGADO — 46

6 OS PRINCÍPIOS POLÍTICOS DA CONSTITUIÇÃO FEDERAL DE 1988: A APARÊNCIA E A REALIDADE
FÁBIO KONDER COMPARATO — 50

7 CONSTITUIÇÃO CIDADÃ À PROVA DE FUTURO
FLÁVIA LEFÈVRE 54

8 O RESSARCIMENTO NA IMPROBIDADE PRESCRITA: A QUESTÃO DO DOLO "GENERALIZANTE" SEM ENRIQUECIMENTO OU DESVIOS INTENCIONAIS
GEORGHIO ALESSANDRO TOMELIN 58

9 DIREITOS FUNDAMENTAIS E CIDADANIA JURIDICAMENTE PARTICIPATIVA NA CONSTITUIÇÃO DE 1988
GISELE CITTADINO 66

10 O PRINCÍPIO CONSTITUCIONAL DA SEGURANÇA JURÍDICA
GUILHERME AMORIM CAMPOS DA SILVA 70

11 CONSTITUIÇÃO FINANCEIRA ENTRE ESTABILIDADE E CRISE
HELENO TAVEIRA TORRES 76

12 A SEGURANÇA PÚBLICA DA CONSTITUIÇÃO: DIREITOS SOB TUTELA DE ESPADAS EM DESGOVERNO
JACQUELINE MUNIZ E LUCIANE PATRICIO 80

13 ENSAIO SOBRE 30 ANOS DE CONSTITUIÇÃO E O DESAFIO DE MANTER O RESPEITO À PROMESSA CONSTITUCIONAL
LÍGIA MARIA SILVA MELO DE CASIMIRO 88

14 O CAMINHO DA JUDICIALIZAÇÃO DAS POLÍTICAS PÚBLICAS NO BRASIL
LUCIANA TEMER 94

15 O DIREITO ADMINISTRATIVO E O (DES)CUMPRIMENTO DA CONSTITUIÇÃO DE 1988 NOS 30 ANOS DE SUA VIGÊNCIA
MARIA SYLVIA ZANELLA DI PIETRO 98

16 A POLÍTICA PÚBLICA URBANA: O DESCOMPASSO ENTRE A EVOLUÇÃO LEGISLATIVA E A REALIDADE DAS CIDADES BRASILEIRAS
MARIANA CHIESA GOUVEIA NASCIMENTO 104

17 TRIBUTAÇÃO E JUSTIÇA SOCIAL
REGINA HELENA COSTA 108

18 CONSTITUIÇÃO FEDERAL E DIREITO PENAL: 30 ANOS DE MUDANÇAS NO FOCO INTERPRETATIVO
RENATO DE MELLO JORGE SILVEIRA 112

19 30 ANOS DE PROGRAMAS E PRINCÍPIOS CONSTITUCIONAIS: ENTRE A UTOPIA E A EFETIVIDADE HÁ O ORÇAMENTO
RICARDO PIRES CALCIOLARI 116

20 NOVOS DESAFIOS PARA O TERCEIRO SETOR
RUBENS NAVES 126

21 IGUALDADE, CONTRATAÇÕES PÚBLICAS E DIREITOS DAS PESSOAS COM DEFICIÊNCIA
SILVIO LUIS FERREIRA DA ROCHA 132

22 CONSTITUIÇÃO DA REPÚBLICA FEDERATIVA DO BRASIL 148

23 DECLARAÇÃO UNIVERSAL DOS DIREITOS HUMANOS 362

CRÉDITOS 373

1

OS SENTIDOS DA IGUALDADE NA CONSTITUIÇÃO BRASILEIRA DE 1988

ADILSON JOSÉ MOREIRA*

* PESQUISADOR E PROFESSOR DE DIREITO. TEM MESTRADO EM DIREITO PELA UNIVERSIDADE DE HARVARD (2005), DOUTORADO EM DIREITO CONSTITUCIONAL PELA UNIVERSIDADE FEDERAL DE MINAS GERAIS (2007) E DOUTORADO EM DIREITO PELA UNIVERSIDADE DE HARVARD (2013). PESQUISADOR VISITANTE NA FACULDADE DE DIREITO DA UNIVERSIDADE DE YALE DE JUNHO DE 2002 A JUNHO DE 2003.

Os últimos trinta anos foram marcados por novas demandas de direitos. Elas diferem de formulações anteriores em um aspecto importante: muitas delas estão amplamente baseadas na questão da identidade. Minorias raciais e sexuais recorram ao poder executivo e ao poder judiciário para terem maiores chances de integração social, o que tem sido dificultado em função de diversos estigmas culturais associados a esses grupos. Esse pertencimento faz com que esses indivíduos não sejam vistos como pessoas que merecem o mesmo respeito, além de também impedir o gozo de oportunidades materiais. O status cultural inferior implica um status material inferior: a falta de reconhecimento da igualdade moral faz com que essas pessoas não tenham as mesmas oportunidades sociais. Esse processo forma um ciclo responsável pela exclusão duradoura, o que impede a mobilidade social desses grupos minoritários, especialmente de minorias raciais. A luta desses segmentos por direitos ainda encontra resistência no poder legislativo e executivo, mas minorias raciais e sexuais tiveram uma resposta positiva do judiciário em alguns contextos importantes. Casais homossexuais possuem agora os mesmos direitos que casais heterossexuais; negros têm sido beneficiados por programas de ações afirmativas em instituições de ensino superior e em concursos públicos.

Uma leitura das decisões judiciais que reconheceram a legalidade de medidas destinadas à promoção da inclusão social de minorias raciais e sexuais indica um aspecto importante do desenvolvimento do constitucionalismo contemporâneo. Nossa Constituição Federal incorpora os preceitos da igualdade formal e da igualdade material, duas concepções desse princípio que tem origem no constitucionalismo liberal e no constitucionalismo social respectivamente. A primeira é importante para identificarmos tratamentos que são discriminatórios porque estão baseados em critérios irracionais, o que viola a noção de justiça simétrica. A segunda legitima medidas destinadas a promover a justiça distributiva, dimensão importante para a correção de problemas produzidos pela desigualdade de oportunidades materiais. Porém, o problema da integração de minorias raciais e sexuais parece ser bem mais complexo do que uma mera consideração se a raça ou a sexualidade são critérios racionais de diferenciação. Nossos tribunais perceberam que a interpretação da igualdade no atual paradigma não pode se ater às concepções tradicionais do princípio da igualdade, motivo pelo qual vemos a menção a novas formulações desse princípio, razão pela qual as demandas de minorias raciais e sexuais são muito relevantes para pensarmos a igualdade no mundo atual. Devemos então examinar esse problema detidamente.

O conceito de igualdade formal está centrado em um elemento importante do constitucionalismo moderno: o reconhecimento de todos os membros da comunidade política como indivíduos que possuem o mesmo valor moral. Por esse motivo, eles devem ser tratados da mesma maneira pelas normas jurídicas; esse reconhecimento legitima a noção de justiça simétrica, parâmetro que implica a necessidade de que pessoas igualmente situadas sejam tratadas da mesma forma. Esses dois critérios, igualdade formal e justiça simétrica, prestam legitimidade a um tipo de interpretação da igualdade baseada na noção de antidiscriminação. A igualdade teria a função de identificar e eliminar formas irracionais de classificação dos indivíduos. Elas seriam vistas dessa forma porque não podem ser moralmente ou legalmente justificadas. Portanto, o princípio da igualdade formal tem uma relevância significativa na luta pela inclusão de minorias porque esses segmentos são constantemente impedidos de terem acesso a diversas oportunidades. Mas, uma compreensão da igualdade como antidiscriminação parece problemática para pensarmos o tema da inclusão de minorias raciais porque muitos pensam que qualquer utilização da raça deveria ser considerada como irracional, mesmo quando ela tem o propósito de beneficiar grupos minoritários. Os que são contra a equiparação de direitos entre casais homossexuais e heterossexuais afirmam que eles não podem ter acesso a diferentes categorias de direitos matrimoniais porque não podem ingressar nas instituições matrimoniais na forma como elas são definidas.

Essa dificuldade poderia ser remediada com o princípio da igualdade material, preceito que impõe ao Estado a necessidade de implementação de medidas destinadas à promoção da inclusão de grupos que sofrem desvantagens sociais. Essa formulação da igualdade encontra fundamentação na noção de justiça distributiva: instituições estatais devem fazer o possível para equiparar grupos que não possuem o mesmo status social. Esse entendimento da igualdade tem um forte caráter teleológico porque legitima um programa de ação estatal destinado a realizar a justiça social, o que não pode ocorrer quando grupos estão em uma situação durável ou permanente de exclusão. Observamos que muitos tribunais utilizaram a noção de igualdade para justificar ações afirmativas para negros e também a garantia de acesso de companheiros homossexuais a direitos previdenciários.

Essa forma de igualdade tem um papel importante para a construção de uma sociedade mais justa porque pode contribuir para a transformação do status material de minorias raciais e sexuais. Mas, a menção da igualdade material nas decisões sobre ações afirmativas ainda levanta dificuldades porque seus oponentes argumentam que políticas distributivas de caráter universal podem atingir esse objetivo no caso de minorias raciais. O mesmo argumento se aplica a casais homossexuais: direitos sociais estão disponíveis a todas as pessoas homossexuais enquanto indivíduos, o que torna desnecessária a proteção deles enquanto entidade familiar. Mais uma vez, a noção de antidiscriminação determina a forma como muitos operadores do direito interpretam o princípio da igualdade. A raça e a sexualidade não são critérios legítimos para a ação estatal.

A jurisprudência brasileira sobre ações afirmativas e sobre uniões homoafetivas mostra que nossos tribunais passaram a interpretar a igualdade a partir de uma nova perspectiva. Muitos deles partem do pressuposto que esse preceito está comprometido com a eliminação da subordinação de grupos minoritários, produto da desigualdade de status cultural e de status material. Uma sociedade democrática deve então se dedicar à eliminação de mecanismos que impedem algo essencial para a transformação da situação de classes marginalizadas: a igualdade de status entre grupos sociais. Esse propósito requer a transformação conjunta do status cultural e do status material de minorias raciais e sexuais. Para isso, afirmam nossos tribunais, precisamos mudar as percepções culturais sobre esses grupos e também o lugar social no qual eles se encontram. A garantia de direitos fundamentais seria uma forma de desconstrução de estereótipos que impedem a inclusão, o que depende do acesso a diversas categorias de direitos fundamentais. Assim, a presença de negros na universidade permite que eles tenham melhores oportunidades profissionais e também educa pessoas brancas sobre a competência de membros desse grupo, além de servir como um modelo identificatório positivo para outros negros. Essa postura reflete o que teóricos contemporâneos chamam de igualdade relacional, uma formulação desse princípio que parte da premissa de que sua efetivação depende da eliminação das relações arbitrárias de poder presentes nas relações sociais. A ausência da igualdade de status cultural entre grupos tem um reflexo direto no status material, determinando a possibilidade dos indivíduos terem ou não acesso a oportunidades materiais.

O conceito de igualdade relacional presente em muitas decisões sobre ações afirmativas e uniões homoafetivas também está conectado com a noção de cidadania. Mais do que um simples status jurídico que liga um indivíduo a uma nação, nossos tribunais enfatizam em decisões sobre os temas acima mencionados a dimensão moral da cidadania. Observamos em muitos julgados a afirmação da necessidade de uma grande mudança cultural para que o tratamento dos indivíduos no espaço público e no espaço privado sofra modificações significativas. Essa transformação surge então como um requisito necessário para que padrões culturais que representam grupos minoritários como pessoas essencialmente inferiores sejam eliminados. A igualdade seria um princípio destinado a garantir a igualdade de status entre grupos sociais em função da necessidade de fazer com que eles possam gozar do mesmo respeito e também das mesmas condições materiais de existência.

Vemos então que as demandas de direitos formuladas por minorias raciais e sexuais foram responsáveis pelo aparecimento de uma nova dimensão da igualdade que supera as limitações das concepções tradicionais desse princípio. A compreensão da igualdade constitucional como igualdade de status entre grupos tem importância central para o alcance de objetivos centrais da nossa ordem constitucional, notoriamente a erradicação da marginalização de grupos sociais, elemento diretamente associado à identidade das pessoas. Esse tipo de igualdade enfatiza a necessidade de proteção de grupos sociais, postura que difere do princípio segundo o qual a igualdade protege apenas indivíduos. A ênfase no aspecto formal da igualdade pode contribuir para a reprodução da desigualdade ao impedir o reconhecimento do caráter coletivo dos muitos processos responsáveis pela injustiça social.

2

A DEMOCRACIA PELO SUPERIOR TRIBUNAL FEDERAL (STF)

ANDRÉ RAMOS TAVARES*

Muito se tem falado de uma nova cidadania sob a Constituição de 1988. Fruto da esperança que se foi reerguendo após o regime militar, foi esse o senso comum destes anos. A ele soma-se toda uma análise técnico-científica, porque efetivamente ingressamos, desde 1988, em modelagem jurídica própria e diversa, dirigida prioritariamente à Democracia.

Falar dessa "nova" Democracia, contudo, não pode se resumir à análise textual da Constituição. Apesar disso, não há qualquer dúvida sobre a inovação que verificamos em diversos instrumentos e institutos constitucionais. Bastaria citar, aqui, os novos direitos consagrados, especialmente os direitos sociais, o mandado de injunção, o habeas data, a nova ação popular, a proteção à moral pública e o combate à improbidade, o combate à omissão inconstitucional, a proteção do meio ambiente, a proteção da ciência e tecnologia, a proteção do esporte e tantas outras inovações de grande alcance que poderiam ser aqui listadas. Mas foi o Poder Judiciário que acabou por ser o protagonista de primeira hora dessa Constituição inovadora.

Considerando as diversas decisões do STF que alteraram, formataram, pressionaram ou repararam o sistema político-eleitoral brasileiro e reescreveram, em maior ou menor grau, nossa Democracia, cumpre compreender, aqui, as causas dessa auto-formatação funcional do STF. Esse é o recorte desta breve análise, e ele permite-nos, sobretudo, compreender como o Tribunal deixou de vez a passividade comportamental e a posição de coadjuvante desconhecido (cf. Baleeiro, 1968), para tornar-se protagonista, propositivo e frequentador ilustre do imaginário social. Certamente a percepção de que o Tribunal Constitucional Federal alemão (cf. Rosenfeld, 2007, p. 231-233 e 259-262) seria um dos mais poderosos tribunais do Mundo haverá de ser revista à luz do que foi feito pelo STF no Brasil, sob a Constituição de 1988.

Essa análise deve ser feita, porém, sem ignorar o forte teor democrático da Constituição de 1988 - a Constituição cidadã, dentre as expressões mais conhecidas e difundidas de Ulysses Guimarães.

* JURISTA, PROFESSOR TITULAR DE DIREITO ECONÔMICO E ECONOMIA POLÍTICA DA FACULDADE DE DIREITO DO LARGO SÃO FRANCISCO – USP, PROFESSOR DE DIREITO CONSTITUCIONAL DA PUC/SP.

Registro, neste ponto, que para mim esse teor democrático emerge em dois vetores complementares: a democracia política e a democracia econômica. A presença marcante do STF, porém, ocorreu sobretudo na primeira vertente, (re)desenhando a clássica participação e representação políticas, em suas diversas formas e limitações.

Essa constatação permite-nos reconhecer, nessa atuação substanciosa da Corte, um perfil mais tradicional assumido pelo STF. As posições nas quais se avançou, quando comparadas às decisões sobre democratização da decisão econômica (o segundo vetor que mencionei), assumem viés *tipicamente liberal*, alinhando-se à clássica preocupação e soluções da teoria jurídica. Algumas dessas decisões foram tipicamente contra-majoritárias, como a decisão para vetar a cláusula de desempenho[1] e a decisão de fixar classes numéricas de vereadores por municípios[2]. Outras, apenas reforçaram o poder do STF como instância suprema e final, como ocorreu com a decisão de permitir a formação de superpartidos[3], ou, ainda, a decisão para manter a imposição da verticalização nas coligações partidárias[4]. Assim, o liberal, aqui, não é termo empregado no sentido de liberalização, de não-intervenção Estatal, mas sim, mais especificamente, de não-interferência na modelagem econômica da Democracia, o que significa uma opção por manter, em muitas situações, o *status quo*. Exceção, aqui, ocorreu com a decisão de proibir a doação privada de campanhas eleitorais por parte de pessoas jurídicas[5], de evidentes implicações na democracia econômica, mas que foi encaminhada pelo STF em grande medida atendendo, ainda, à racionalidade liberal clássica, de que cidadão da política é a pessoa física, não a pessoa jurídica. Outra decisão que merece menção, neste ponto, é a medida cautela proferida pelo Min. Lewandowski na ADI 5.624/DF, em junho de 2018, para que não haja a alienação de controle acionário de empresa pública ou sociedade de economia mista como resultados de mera decisão presidencial. A exigência de lei, aqui, atende ao caráter democrático com que esse tema econômico deve ser tratado, conforme o *caput* do art. 170.

A constatação desse período, pois, é a da maciça presença dos tribunais, incluindo o STF, realizando o que a teoria processual do Direito denomina como "regras do jogo democrático" (cf. Ely, 1980, p. 101). O STF e, muito particularmente, o TSE, atuaram fortemente, durante todo esse período, para assegurar as condições necessárias para que a Democracia assumisse sua potencialidade de governo do povo. Inclua-se, aí, a decisão sobre retroatividade da Lei Ficha Limpa. Preservar as regras mínimas, a partir das quais a decisão deve ser deliberada democraticamente, é expressão de um conjunto de teorias que pregam o minimalismo judicial, a deferência ao legislador e a preservação da Democracia em casas representativas[6].

---

1. ADI 1351, Rel. Min. Marco Aurélio, j. 07.12.2006.
2. RE 197.917, Rel. Min. Maurício Corrêa, 24.03.2004
3. MS 30.260, Rel. Min. Cármen Lúcia, j. 27.04.2011.
4. Julgamento conjunto das ADIs 2.626 e 2.628, Relator Min. Sidney Sanches, j. 18.04.2004.
5. ADI 4650, Rel. Min. Luiz Fux, j. 17.09.2015
6. A decisão do STF no caso do impeachment da ex-Presidente Dilma Roussef pode ser incluído nesta categoria.

Independentemente de estarmos ou não alinhados conceitualmente com essas propostas, é possível considerar que o STF realizou concretamente essa tarefa de preservar as regras mínimas ou essenciais do jogo democrático. Esse pool de decisões situa-se, pois, na intersecção de teorias que estabelecem uma disputa sobre até onde podem os tribunais "carregar" uma Democracia. Teorias divergentes da de Ely imputam aos tribunais o papel de firmar opções substanciais. Mas importa assinalar que na mencionada intersecção deveria haver concordância. Apesar disso, na prática, o STF e os tribunais foram fortemente criticados pela adoção de certas decisões, digamos, mínimas, de manutenção da democracia, como as decisões de afastar candidatos eleitos, alguns já no exercício do cargo, por abuso de poder econômico (o que compromete o jogo democrático livre). Certamente o fenômeno explica-se, em parte, pela falta de compreensão mais profunda do funcionamento da Democracia, demonstrando o grande déficit que há no Brasil em termos de preparação cidadã.

A preservação e concretização dos direitos fundamentais, contra maiorias eleitas (representativas da sociedade), é um dos traços mais característicos da Justiça Constitucional, desde as célebres lições de Hans Kelsen (1928), como tutor da Democracia. Não há Democracia sem direitos. Assegurar, por exemplo, liberdade de imprensa, de manifestação e de opinião, está na raiz de todas teorias, incluindo as mais restritivistas, como a de Ely. Retirar do Parlamento, em caráter permanente, determinados tópicos, faz parte das compreensões mais avançadas de Democracia. Kelsen se referia, aqui, justamente aos direitos fundamentais, a serem resguardados pela Justiça contra eventuais maiorias conjunturais. E a concretização de direitos fundamentais também permeou toda a atividade do STF nos últimos 30 anos. Seria tarefa extensa relatar essa atividade da Corte.

Todo esse panorama reforça a importância assumida pelo STF, a requerer maior atenção de todos nós, inclusive para retomar a discussão sobre um Tribunal Constitucional fora da estrutura do Poder Judiciário, avaliar a atual modelagem de formação das fileiras do Tribunal e, ainda, a adoção de um Código de Processo Constitucional, a conferir maior segurança e objetividade ao sistema.

REFERÊNCIAS BIBLIOGRÁFICAS:

BALEEIRO, Aliomar. O Supremo Tribunal Federal: esse outro desconhecido. Rio de Janeiro: Forense, 1968.

ELY, John Hart. Democracy and Distrust: a theory of judicial review. Cambridge (Massachusetts): Harvard University Press, 1980.

KELSEN, Hans. La Garantie Juridictionnelle de la Constitution (La Justice Constitutionnelle). Revue du Droit Public et de la Science Politique en France et à l'Étranger. 61 p. abr./maio/jun. 1928. Extrato.

ROSENFELD, Michael. O julgamento constitucional na Europa e nos Estados Unidos: paradoxos e contrastes. In: TAVARES, André Ramos. Justiça Constitucional: pressupostos e análises concretas. Belo Horizonte: Fórum, 2007, pp. 223-264.

SITARAMAN, Ganesh. The Crisis of Middle Class Constitution. New York: Alfred A. Knopf, 2017.

TAVARES, André Ramos. Teoria da Justiça Constitucional. São Paulo: Saraiva, 2005.

ENTRADA DO MUSEU NACIONAL HONESTINO GUIMARÃES

3

O ARTIGO 37, *CAPUT*, DA CONSTITUIÇÃO FEDERAL, O PRINCÍPIO DA MORALIDADE ADMINISTRATIVA E A CONFIANÇA LEGÍTIMA

ANTONIO ARALDO F. DAL POZZO*
AUGUSTO NEVES DAL POZZO**

* EX-PROFESSOR DE DIREITO PROCESSUAL CIVIL NA UNIVERSIDADE PRESBITERIANA MACKENZIE. PÓS-GRADUADO EM PROCESSO CIVIL PELA UNIVERSITÀ DEGLI STUDI DE MILANO. FOI PROCURADOR-GERAL DE JUSTIÇA DO ESTADO DE SÃO PAULO, PRESIDENTE DO CONSELHO SUPERIOR DO MINISTÉRIO PÚBLICO, PRESIDENTE DO COLÉGIO DE PROCURADORES DE JUSTIÇA, PRESIDENTE DA ASSOCIAÇÃO PAULISTA DO MINISTÉRIO PÚBLICO – APMP E PRESIDENTE DA CONFEDERAÇÃO NACIONAL DO MINISTÉRIO PÚBLICO. ADVOGADO.

** PROFESSOR DE DIREITO ADMINISTRATIVO E FUNDAMENTOS DE DIREITO PÚBLICO NA PUC-SP. DOUTORANDO EM DIREITO ADMINISTRATIVO PELA PUC-SP. MESTRE EM DIREITO ADMINISTRATIVO PELA PUC-SP. COORDENADOR DA REVISTA BRASILEIRA DE INFRAESTRUTURA – RBINF. COORDENADOR DA REVISTA INTERNACIONAL DE DIREITO PÚBLICO – RIDP. PROFESSOR CONVIDADO EM DIVERSAS INSTITUIÇÕES INTERNACIONAIS. ADVOGADO.

O princípio da moralidade administrativa vem expresso no **art. 37, *caput*, da Constituição Federal:**

> Art. 37. A administração pública direta e indireta de qualquer dos Poderes da União, dos Estados, do Distrito Federal e dos Municípios obedecerá aos princípios de legalidade, impessoalidade, moralidade, publicidade e eficiência e, também, ao seguinte:

A questão está em se saber qual o conteúdo desse princípio.

Ele foi introduzido no Direito Administrativo Francês por Maurice Hauriou, a fim de ensejar que o Conselho de Estado de França pudesse examinar aspectos do mérito do ato administrativo até então inexpugnável, porque sob o manto do princípio da legalidade.

Porém, a legalidade, na visão do grande mestre de Toulouse, nem sempre era garantia de satisfação do interesse público.

A moral administrativa de que falava o mestre de Toulouse consistia na prática de ato administrativo sem abuso ou desvio do poder: embora legal, se o ato administrativo não obedecesse a essas linhas morais, seria ilícito, porque feriria a moralidade administrativa. O ato administrativo, além de ser realizado conforme predispõe a lei, deve sempre ser praticado em prol do interesse público e, portanto, dentro da moralidade administrativa, isto é, sem desvio ou abuso de poder.

Assim, nessa concepção, ato moral é o ato legal que atende ao interesse público.

Esse conceito de moralidade administrativa de que falava Hauriou foi incorporado na doutrina administrativa como abuso ou desvio de poder.

Esses mecanismos de ingresso no mérito do ato administrativo já eram aceitos pela doutrina brasileira muito antes da Constituição Federal de 1988 consagrar expressamente o princípio. Por outras palavras, a análise do mérito do ato administrativo pelo Poder Judiciário pelo viés do desvio ou abuso do poder já era admitida sem contestação.

A evolução dos conceitos e institutos do Direito Administrativo, admiravelmente ampliados pelos estudos e reflexões da doutrina a respeito do Estado de Direito[1], trouxe novas técnicas e instrumentos para análise dos atos administrativos.

Princípios como os referidos no art. 37, caput, da Constituição Federal abriram a porta de entrada, e o ato administrativo ficou mais vulnerável.

Assim, o princípio da moralidade administrativa jamais significou aplicação de princípios ou conceitos morais ou éticos para aferição da validade ou regularidade do ato administrativo.

Portanto, equivocada parte da doutrina que assim pensa, porque tal raciocínio viola o princípio da segurança jurídica, dada a intensa subjetividade e temporalidade de princípios e conceitos morais, isto é, sua imensa variação no tempo e no espaço, como se sabe.

Observe-se que, mesmo quando a regra jurídica alberga um conceito moral, como "homem honesto", grande dissenso ocorre para que se preencha esse conceito com elementos objetivos.

De outra banda, repise-se que, se um dos esteios do Estado de Direito é o princípio da segurança jurídica[2], conectar o princípio da moralidade administrativa a conceitos vagos, como atuação de acordo com padrões éticos ou morais[3], como o decoro, a conduta honesta ou quejandos, sempre carregados de muito subjetivismo, gera para os cidadãos um sentimento de insegurança e de intranquilidade, pois, a rigor, a violação ao princípio da moralidade fica subordinada ao subjetivo critério do julgador, sem um parâmetro normativo e positivo seguro[4].

Abandonando essa trilha, precisamos traçar outra, mais segura.

Tendo presente a constante evolução dos conceitos e institutos na esfera de um direito tão dinâmico como o Direito Administrativo (as necessidades ditadas pelo interesse público e as formas de intervenção estatal na vida das pessoas estão em permanente ebulição), consideramos que atender ao princípio da moralidade e, pois, agir em consonância com o dever de honestidade (previsto no art. 11 da Lei de Improbidade Administrativa), significa que o agente público ou político de qualquer dos três Poderes do Estado deve respeitar a confiança legítima do administrado.

A confiança legítima é vista e sentida como uma das bases do Estado de Direito e está, sem dúvida, umbilicalmente ligada ao princípio da segurança jurídica e da moralidade administrativa.

Dessa opinião também participa Gabriel Valbuena Hernandéz, que assim se expressa a respeito:

---

1. A respeito deve ser consultada a obra "*O Estado de Direito*", do autor francês JACQUES CHEVALLIER, traduzido pelos autores, edição Fórum..
2. Como se colhe em vários artigos da obra coletiva intitulada "*Tratado sobre o princípio da segurança jurídica no Direito Administrativo*", da editora Fórum, e coordenada por Rafael Valim, José Roberto Pimenta Bueno e Augusto Neves Dal Pozzo.
3. Também não se ignora que a Ética é distinta da Moral, pois, em rápida síntese, a primeira busca explicar as regras morais de forma racional, e a segunda é o conjunto de regras adotadas por costume, numa certa época, que orienta o comportamento das pessoas.
4. Veja-se contundente crítica formulada pelo jurista Márcio Cammarosano, in "O princípio constitucional da moralidade administrativa e o exercício da função administrativa" (*Editora Fórum*), a respeito da relatividade dos conceitos morais, no tempo e no espaço – p. 26.

"Por todo o exposto, o fato de que este princípio não se encontre regulado de forma explícita não obsta que as autoridades cumpram a obrigação de oferecer proteção às expectativas plausíveis dos administrados. Afinal essa é uma exigência mínima que deriva dos mais elementares postulados da ética pública e da moralidade administrativa" [5].

Vejamos, ainda que sucintamente, como o autor citado explica a noção de confiança legítima:

"A noção de confiança legítima está intimamente ligada à preocupação de proteger os particulares daquelas modificações normativas, de critérios e de posturas, que, embora sejam legais, se tornam juridicamente inadmissíveis em razão de seu caráter brutal e inopinado" [6].

Como se observa com facilidade, a brusca e inesperada mudança de orientação realizada pelo Poder Público – desde que suas normativas anteriores tenham despertado a legítima confiança no administrado quanto a sua continuidade – não se reveste de honestidade ou, por outras palavras, fere o princípio da moralidade administrativa. Mesmo que o ato seja legal (como ocorria com aqueles julgados pelo Conselho de Estado de França), é imoral, administrativamente falando.

Outro autor, Pedro José Jorge Coviello, estudioso do tema, assim conceitua a confiança legítima:

"A proteção da confiança legítima é um instituto do direito público, derivado dos postulados do Estado de Direito, da segurança jurídica e da equidade, que ampara aqueles que de boa fé acreditaram na validade dos atos (de alcance particular ou geral, sejam administrativos ou legislativos), comportamentos, promessas, declarações ou informes das autoridades públicas, que sejam juridicamente relevantes e eficazes para configurá-la, cuja anulação, modificação, revogação ou derrogação provoca um dano antijurídico nos afetados, erigindo-se, observados esses componentes, em um direito subjetivo que pode invocar o administrado e que consiste, em seu aspecto prático, na limitação dos efeitos da anulação por tratar-se de um ato (de alcance individual ou geral) inválido ou do reconhecimento do direito à uma indenização se aquela não for possível; se se tratar de um ato ou comportamento válido, sua continuidade ou permanência; e, nos casos de revogação ou modificação de atos válidos ou de derrogação de atos normativos (administrativos ou legislativos), na possibilidade de reconhecimento do direito a uma indenização" [7].

O respeito à confiança legítima dos administrados, portanto, deve ser o atual conteúdo do princípio da moralidade administrativa[8], que assim supera a sua antiga concepção francesa e se afasta do inseguro subjetivismo das chamadas condutas morais jurisdicionalizadas.

Gabriel Valbuena Hernández indica como fundamentos constitucionais do princípio da confiança legítima o princípio da boa-fé, a cláusula de Estado Social de Direito e o princípio da equidade[9].

Pedro José Jorge Coviello, dentre outros fundamentos, destaca os dizeres do Preâmbulo da Constituição Argentina, que menciona "afianzar la justicia" (assegurar a justiça) que está a garantir a realização da justiça quando e onde ocorra a segurança jurídica[10].

O Preâmbulo da nossa Constituição Federal tem o seguinte teor:

Nós, representantes do povo brasileiro, reunidos em Assembleia Nacional Constituinte para instituir um Estado Democrático, destinado a assegurar o exercício dos direitos sociais e individuais, a liberdade, a segurança, o bem-estar, o desenvolvimento, a igualdade e a justiça como valores supremos de uma sociedade fraterna, pluralista e sem preconceitos, fundada na harmonia social e comprometida, na ordem interna e internacional, com a solução pacífica das controvérsias, promulgamos, sob a proteção de Deus, a seguinte CONSTITUIÇÃO DA REPÚBLICA FEDERATIVA DO BRASIL.

O tema é amplo, inçado de dificuldades e polêmico. Mas, para os efeitos aqui considerados, essa pequena incursão é suficiente.

A causa de pedir, para a imputação de infringência ao dever de honestidade, precisa evidenciar que o ato contraria a confiança legítima dos administrados[11].

Segundo Sylvia Calmes-Brunet, em seu excelente artigo sobre *"Quelle consécration du principe de sécurité juridique en droit administratif français?"*[12], a segurança jurídica comporta várias facetas e corolários: o princípio da legalidade, as bruscas mudanças da jurisprudência, a irretroatividade da lei, as medidas transitórias, a proteção da confiança legítima. De outro lado, prossegue a ilustre professora, de um ponto de vista estático, a segurança jurídica requer a previsibilidade e intelecção do ordenamento jurídico e as mudanças requerem obediência a certos institutos, como ao direito adquirido, à coisa julgada, à prescrição.

Segundo a articulista, a segurança jurídica ainda permite dois enfoques diversos: (i) um enfoque objetivo, coletivo e abstrato; (ii) e outro, subjetivo, individualista e concreto de segurança (dos direitos) pela lei.

Sob o primeiro aspecto, a segurança jurídica visa "lutar contra a imprevisibilidade, a instabilidade do ordenamento jurídico em geral, assim como contra a proliferação normativa, o aumento de lacunas legislativas e degradação redacional das regras de direito"[13].

Sob o aspecto subjetivo, individualista ou concreto,"a proteção da confiança jurídica notadamente pode exigir a manutenção de uma situação jurídica favorável ao proveito do interessado. São levados em conta, caso a caso, os interesses pessoais e a subjetividade de sua

---

5. In *"La defraudación de la confianza legítima – aproximación crítica desde la teoría de la responsabilidad del Estado"*, Ed. Universidade de Externado de Colombia, p. 223. Sublinhamos.

6. Obra citada, p. 195 e 153.

7. In *"La protectión de la confianza del administrado"*, Edição LEXISNEXIS – Abeledo-Perrot – Buenos Aires, 2004, p. 462.

8. Coviello também assinala: *"A confiança legítima constitui uma extrapolação do 'princípio da confiança' do direito privado alemão, especialmente no direito das obrigações, como produto de desenvolvimento e evolução jurisprudencial na busca de novas fórmulas e soluções equitativas e justas"* (obra citada, p. 39).

9. Obra citada, p. 185 e seguintes. 10. Obra citada, p. 377.

11. O princípio da confiança legítima nasceu do famoso caso chamado "viúva de Berlim": a viúva de um servidor alemão recebeu do governo uma notificação segundo a qual, se mudasse sua residência para Berlim ocidental, faria jus a uma pensão, por morte de seu marido, ex-servidor. Ela se muda às suas próprias expensas e passado algum tempo recebe outra notificação dizendo que, revendo o ato, ela em verdade não tinha direito àquela pensão. O Tribunal Administrativo Alemão, em 25 de outubro de 1957, confirmou a decisão segundo a qual ela não somente não deveria repor o que recebera como continuaria a receber a pensão, dado que o ato da Administração havia defraudado sua confiança legítima (cf. obra citada de Coviello, p. 37).

12. "Tratado sobre a Segurança Jurídica no Direito Administrativo", Editora Fórum, vários autores, p. 95.

13. Obra citada, p. 96.

apreciação das normas. Na Alemanha, o Tribunal Constitucional Federal estabeleceu desde os anos sessenta a cadeia de dedução sobre Estado de Direito – segurança jurídica – proteção da confiança legítima". E conclui: "Mais precisamente, a segurança jurídica, que faz parte dos elementos essenciais do Estado de Direito, dignifica em primeiro lugar a proteção da confiança legítima do cidadão"[14].

Portanto, devemos abandonar as ideias de moralidade administrativa ligadas a conceitos éticos e morais. Nada mais vago e subjetivo que tais colocações, a ferir a segurança jurídica.

A moralidade administrativa está, neste momento, ligada à confiança legítima – age de forma ímproba aquele que defrauda a confiança do administrado. Fazê-lo pode até ser legal – mas será imoral.

O comportamento despertado pela confiança legítima que o administrado deposita no agente político ou no agente público deve prevalecer mesmo contra a lei – há um choque de princípios e o da legalidade deve ceder passo ao da moralidade[15].

Trair dolosamente essa confiança legítima é o ato de improbidade administrativa de que agora falamos.

Em sua inicial, cabe ao autor demonstrar a confiança legítima do particular e o ato que a defrauda e que se caracteriza, pois, como infração ao dever de honestidade.

PALÁCIO DO ITAMARATY. AO FUNDO, VISTA DO CONGRESSO NACIONAL

---

14. Idem, ibidem. Grifos nossos.

15. Na 10ª nota de rodapé, (pg. anterior) verifica-se que o princípio da confiança jurídica prevaleceu em face do princípio da legalidade – mesmo não sendo legal o recebimento da pensão, o Estado continuou obrigado a pagá-la porque defraudou a confiança legítima da "viúva de Berlim".

ESPLANADA DOS MINISTÉRIOS

4

CONSTITUIÇÃO FEDERAL 30 ANOS

A QUESTÃO DOS TRATADOS INTERNACIONAIS, O PRINCÍPIO DA DIGNIDADE E A IMPRESCRITIBILIDADE DA REPARAÇÃO POR TORTURA OCORRIDA À ÉPOCA DA DITADURA MILITAR

BELISÁRIO DOS SANTOS JR.*

* ADVOGADO, MEMBRO DA COMISSÃO INTERNACIONAL DE JURISTAS, VICE-PRESIDENTE DA COMISSÃO DA VERDADE DA OAB/SP;

INTRODUÇÃO

Neste artigo será tratada a questão da imprescritibilidade da reparação civil por danos morais pelo crime de tortura cometido durante a ditadura militar e em que sentido e com que fundamentos esta questão está sendo decidida pelos Tribunais, com apoio explícito ou implícito na Constituição Federal e em tratados internacionais.

O Autor constata a necessidade de realçar os fundamentos que sustentam a imprescritibilidade, para além de constituir jurisprudência dominante, contra a corrente minoritária que defende a aplicação da prescrição quinquenal (Decreto n. 20.910/32), para alinhar os alicerces da jurisprudência e da normativa internacionais, que sustentam a imprescritibilidade em torno da ideia da dignidade do ser humano e das responsabilidades inafastáveis do Estado diante de violações graves e sistemáticas de direitos humanos.

O PRINCÍPIO DA DIGNIDADE E A PROTEÇÃO CONTRA A TORTURA.

Os sistemas de proteção dos Direitos Humanos, tanto o Universal quanto o Interamericano, nascem com as Declarações de Direitos Humanos de 1948, tanto a Declaração Universal, quanto a Declaração Americana dos Direitos e Deveres, ambas tendo proclamado o princípio da dignidade inerente a todos os membros da família humana e o reconhecimento de seus direitos iguais e inalienáveis, fundamento da liberdade, da justiça e da paz no mundo. Nos dois documentos, a tortura é repelida assim como todos os demais tratamentos cruéis, desumanos ou degradantes, proclamando-se que ninguém a eles será submetido (artigo 5º e artigo 25, respectivamente).

O Pacto Internacional de Direitos Civis e Políticos[1] , convenção a que o Brasil aderiu e ratificou[2] traz uma proteção da pessoa humana contra a tortura e outros tratamentos cruéis, desumanos ou degradantes (artigo 7º), de forma mais qualificada, não só pelo seu caráter jurídico de tratado internacional para proteção desses direitos, de natureza obrigacional, mas também pela previsão de um órgão próprio para monitoramento do cumprimento do Pacto: o Comitê de Direitos Humanos (**artigo 28**).

Assim, foi editado o primeiro Protocolo Facultativo regulamentando o Comitê de Direitos Humanos, composto por expertos independentes, para monitorar o Pacto, com competência para receber e examinar comunicações provenientes de indivíduos sujeitos à jurisdição dos Estados aderentes, que aleguem ser vítimas de uma violação, por esses Estados Partes, de qualquer dos direitos enunciados no Pacto. O Brasil aceitou fazer parte desse Tratado e de seu pacto adicional, sendo o texto do Protocolo Facultativo aprovado pelo Congresso Nacional[3]. A falta de decreto presidencial promulgando o Protocolo Facultativo tem sido afirmada como essencial para sua não incorporação à ordem interna brasileira, por ofensa à sistemática de incorporação de tratados internacionais ao direito brasileiro. Ocorre que, sendo o protocolo norma internacional de direitos humanos, que cria direito de acesso dos cidadãos brasileiros a organismo internacional, este direito está preservado pelo disposto no artigo 5º, § 2º, da Constituição Federal, pela cláusula de não exclusão de outros direitos previstos em tratados internacionais de que o Brasil seja parte, independente da não edição de um decreto presidencial nesse sentido.

No mesmo sentido, dentro do sistema interamericano, a Convenção Americana, conhecida como Pacto de San Jose da Costa Rica, também repele a prática da tortura. Nesse sistema previu-se a Corte Interamericana de Direitos Humanos (**artigo 52**), cuja competência contenciosa igualmente foi aceita pelo Brasil[4] , não havendo qualquer discussão a respeito.

A esse conjunto de normas e organismos de controle internacional foram sendo incorporados outros tratados e novos organismos, inclusive definindo novos direitos, uma vez reconhecidas e proclamadas as características dos Direitos Humanos essenciais de indivisibilidade, universalidade, progressividade e independência de positivação nos ordenamentos internos, em momentos sucessivos. Em relação à tortura, confiram-se a Convenção Internacional contra a Tortura, e outros Tratamentos ou Penas, Cruéis, Desumanos ou Degradantes, e a Convenção Interamericana para Prevenir e Sancionar a Tortura, que preveem jurisdição universal em relação a esse crime.

O Brasil incorporou todos esses instrumentos e obrigações a seu direito interno regularmente, por sua livre decisão, como visto, sendo por tal inoportuna e imprópria a invocação do princípio da soberania, sempre que tais mecanismos sejam acionados em face de violações dos direitos e garantias previstos nesses tratados.

---

1. O Pacto de Direitos Civis, junto com o de Direitos Econômicos, mais a Declaração Universal O constituem o que se conhece hoje como Carta Internacional de Direitos Humanos;
2. Vide promulgação do Pacto pelo Decreto n. 592/92;
3. A Vigência do Primeiro Protocolo Facultativo foi determinada pelo Decreto Legislativo n. 311/2009;
4. Cf. Decreto Legislativo n. 89, de 3.12.1998 e Decreto de promulgação n. 4.463, DE 8.11.2002;

A CONSTITUIÇÃO FEDERAL E O REGIME POR ELA ENCERRADO

Constituição de 1988 concebida após o estado de exceção que vigorou desde 1964, momento da vulneração da ordem constitucional e até 1985, quando da convocação da Assembleia Nacional Constituinte, colocou a dignidade da pessoa humana como um dos fundamentos da República, logo em seu artigo 1º, alinhando-se à conjuntura internacional repelindo a tortura (artigo 5º, III) e combatendo sua prática, devendo punir seus perpetradores, reparando, sem restrições, suas vítimas diretas ou indiretas [5].

Hoje se sabe que durante o regime militar a tortura foi praticada como política de estado, por ordem ou com o conhecimento das altas autoridades brasileiras à época, em caráter sistemático e massivo, para calar e aniquilar a oposição[6].

UM RÁPIDO OLHAR PARA A NORMATIVA E A JURISPRUDÊNCIA INTERNACIONAIS

A ONU, baseada na *doutrina Joinet*[7], promulgou os princípios e diretrizes básicos sobre o direito das vítimas de violações manifestas das normas internacionais de direitos humanos e de violações graves do direito internacional humanitário a interpor recursos e obter reparações[8]. A Resolução afirma que a reparação deve ser **plena** e **efetiva**. A Convenção Internacional contra a Tortura fala em reparação com indenização **justa e adequada** (art. 14.1).

Com base na Convenção Americana e nos demais instrumentos internacionais citados, a Corte Interamericana de Direitos Humanos (Corte IDH) já decidiu que a obrigação de reparar ali estatuída, que nasce junto com a violação, não pode ser obstada por disposições do direito interno de um Estado[9]. Essa obrigação, segundo a Corte, se regula pelo Direito Internacional, e não pode ser modificada ou descumprida pelo Estado, invocando normas de seu direito interno.

De outra parte, a mesma Corte IDH já pontuou que a obrigação de indenizar é um dever jurídico próprio do Estado que não deve depender da atividade processual das vítimas[10]. Em outras palavras, a responsabilidade de um Estado por não haver reparado as consequências de uma violação cometida não é diminuída ou anulada pelo fato de os familiares da vítima direta não terem ido às vias judiciais ou administrativas para obter reparação. Também, por esta razão, não há que se falar em perda do direito pela ocorrência da prescrição.

IMPORTANTE GUINADA DO STF NO ENTENDIMENTO DA CONSTITUIÇÃO FEDERAL (ARTIGO 5º E SEUS §§ 2º E 3º).

Deve-se assinalar que, até 2008, o tema da incorporação dos tratados internacionais ao ordenamento jurídico brasileiro era decidido com prevalência da linha adotada pelo STF na ADI n.1480-3/DF, em 1997, já sob a Constituição de 1988. A incorporação dos tratados ao direito interno era feita, sem qualquer distinção em relação ao tema que versavam (se sobre direitos humanos ou não), em situação de paridade com a legislação infraconstitucional, sem levar em conta a dicção do artigo 5º, § 2º do texto constitucional[11]:

> "§ 2º Os direitos e garantias expressos nesta Constituição não excluem outros decorrentes do regime e dos princípios por ela adotados, ou dos tratados internacionais em que a República Federativa do Brasil seja parte.".

Isto, apesar da posição fundamentada de parte autorizada da doutrina pela qualificação desses tratados sobre direitos humanos no mesmo nível das emendas constitucionais[12].

Essa alteração na consideração da posição dos tratados internacionais sobre direitos humanos deu-se explicitamente a partir do julgamento pelo STF do HC 87.585-TO[13] , relator Ministro Marco Aurélio, sobre questão de prisão de depositários infiel. Nesse julgamento, o STF entendeu que:

> "a subscrição pelo Brasil do Pacto de São José da Costa Rica, limitando a prisão por dívida ao descumprimento inescusável de prestação alimentícia, implicou a derrogação das normas estritamente legais referentes à prisão do depositário infiel."

Nesse julgamento o debate foi extremamente rico, entre os defensores da corrente pela qualificação constitucional dos tratados de DDHH (à frente, o Min. Celso de Mello em voto magnífico) e aqueles que sustentavam apenas a supralegalidade desses tratados. Como visto, as duas posições constituíram um avanço sobre o entendimento anterior e o debate não se refletiu na ementa.

Justo relembrar que o Ministro Eros Grau, em seu voto, fez questão de ressaltar que a definição de impedimento à prisão civil por dívida, com base na Convenção Americana, foi anotada pela primeira vez pelo hoje desembargador do TJSP, Antonio Carlos Malheiros, quando integrante do Tribunal de Alçada Criminal de São Paulo.

Em seu voto, o Ministro Celso de Mello justificando sua mudança de posição, entre outros motivos pelo notável ganho de importância do direito internacional de direitos humanos, assim situa os tratados internacionais de direitos humanos, conforme o momento de sua incorporação ao direito interno brasileiro:

> 1. tratados internacionais de direitos humanos celebrados pelo Brasil e incorporados à ordem interna antes de 1988: revestem-se de índole constitucional, nos termos do art. 5º, § 2º da Constituição);

---

5. A reparação deve ser paga pelo Estado eis que, para efeitos da Convenção Internacional contra a Tortura, "tortura" designa qualquer ato pelo qual dores ou sofrimentos agudos, físicos ou mentais, de forma intencional, são inflingidos por agente do Estado, ou outra pessoa no exercício de funções públicas, ou com o seu consentimento ou aquiescência, para obtenção de informações;
6. Cf Belisário dos Santos Jr.,"Advocacia nos anos de chumbo", in "Crimes da Ditadura Militar", org. Luiz Flavio Gomes e Valerio de Oliveira Mazzuoli, São Paulo, Editora RT , 2011, pp.243/250;
7. Referência a Louis Joinet, jurista francês, experto e relator da ONU para vários temas de DDHH, membro da Comissão Internacional de Juristas;
8. Resolução 60/147 da Assembleia Geral da ONU de 16.12.2005
9. Corte IDH - caso Massacre de la Rochela vs Colombia";
10. Corte IDH "caso Goiburú e oo. vs Paraguai";
11. Cf Fernanda Dias Menezes de Almeida, in Estudos de Direito Constitucional em homenagem a Celso Ribeiro Bastos, AASP, Revista do Advogado, ano 23, n´. 73, 2003, p. 48;
12. Flavia Piovesan (in Direitos Humanos e Direito Constitucional Internacional, São Paulo, Max Limonad, 1996, p. 82) e Antonio Augusto Cançado Trindade (A proteção internacional dos Direitos Humanos – Fundamentos jurídicos e instrumentos básicos" – São Paulo, Saraiva, 1991, p. 631);
13. Ver também votos do Min Celso de Mello no RE 466.343/SP e do RE 349.703/RS, com base em ensinamentos do Professor Celso Lafer.

VISTA LATERAL DO MUSEU NACIONAL HONESTINO GUIMARÃES

2. tratados internacionais de direitos humanos que venham a ser celebrados pelo Brasil em data posterior à da promulgação da EC nº 45/2004, para terem a natureza constitucional deverão observar o "iter" procedimental estabelecido pelo § 3º do art. 5º da Constituição); e

3. tratados internacionais de direitos humanos celebrados pelo Brasil entre a promulgação da Constituição de 1988 e a superveniência da EC nº 45/2004 assumem caráter materialmente constitucional, porque essa qualificada hierarquia jurídica lhes é transmitida por efeito de sua inclusão no bloco de constitucionalidade, que é "a somatória daquilo que se adiciona à Constituição escrita, em função dos valores e princípios nela consagrados".

EM CONCLUSÃO

Em rápidas pinceladas, este é o pano de fundo das acertadas decisões do STJ[14] e do TRF 3, com substrato na decisão do STF e com apoio no Pacto de San José da Costa Rica, pela imprescritibilidade da reparação pelo Estado das consequências de graves violações de direitos humanos. A resistência à imprescritibilidade e à nova qualificação dos tratados internacionais sobre direitos humanos (seja como de natureza constitucional ou mesmo supralegal) já perdeu consistência jurídica e, em alguns momentos, assume mero caráter ideológico.

14. Conferir, apenas para exemplo de jurisprudência do STJ sobre imprescritibilidade os julgados mais recentes, de junho de 2018, os REsp 1.565.166, Relatora Min. Regina Costa; o Agravo Interno no REsp 1.489.263, Relatora Min. Assusete Magalhães, entre outros inúmeros.

5

30 ANOS DEPOIS, O QUE RESTA DA CONSTITUIÇÃO?

ENEIDA DESIREE SALGADO *

"A História é uma marcha contínua em direção ao bem" [1] e assim se justifica uma medida "grave e excepcional" em face de situação "absolutamente atípica e diferenciada"[2]; ou ante "circunstâncias excepcionais devidamente justificáveis e justificadas"[3]; fundada em "razões de superlativa excepcionalidade."[4] "Decide-se aqui uma situação extraordinária, excepcional e, por isso, pontual e individualizada. A sintaxe do direito nunca estará completa na solidão dos textos, nem jamais poderá ser negativada pela imprevisão dos fatos. Pelo contrário, o imponderável é que legitima os avanços civilizatórios endossados pelas mãos da justiça."[5]

Essas não são falas de um líder político populista no exercício do Poder Executivo que resolve acionar o sistema constitucional das crises ou decretar intervenção federal ao arrepio da Constituição, nem compõem discurso parlamentar de destituição de uma Presidenta da República sem base constitucional. Tampouco trata-se de frases que acompanham a decretação de um ato institucional, a outorga de uma Constituição ou a irrupção de um movimento que se autodenomina como revolucionário. É uma ruptura constitucional, um deslocamento do Direito, mas promovida em outro lugar: são fragmentos de decisões do órgão de cúpula do Poder Judiciário brasileiro que ignoram o ordenamento jurídico, deslocam a centralidade da Constituição e que se fundamentam em percepções subjetivas de justiça e de moral.

Os magistrados perderam a referência à Constituição. Seus dispositivos, ainda quando se configuram regras, não são mais razões definitivas para decidir. Por vezes não são considerados nem como razões prima facie, não sendo enfrentados na fundamentação das decisões. No lugar dos valores, princípios e regras plasmados pelo poder constituinte, os sentimentos, a moral subjetiva, a visão perfeccionista dos magistrados em sua reflexão individual ou falsamente colegiada impedem a adjudicação do Direito no sistema inadequadamente denominado de administração da justiça.

* [1] MESTRE E DOUTORA EM DIREITO DO ESTADO PELA UFPR, COM ESTÁGIO DE PÓS-DOUTORAMENTO JUNTO AO INSTITUTO DE INVESTIGACIONES JURÍDICAS DA UNIVERSIDAD NACIONAL AUTÓNOMA DE MÉXICO. PROFESSORA DO DEPARTAMENTO DE DIREITO PÚBLICO E DO PROGRAMA DE PÓS-GRADUAÇÃO EM DIREITO DA UFPR. PESQUISADORA E LÍDER DO NÚCLEO DE INVESTIGAÇÕES CONSTITUCIONAIS DA UFPR. COORDENADORA DO POLÍTICA POR/DE/PARA MULHERES. É TUTORA DO PET-DIREITO/UFPR.

Em alguns casos, inclusive de controle abstrato da Constituição, não há sequer o constrangimento de buscar um princípio constitucional implícito. Um exemplo disso é a suspensão da eficácia da Emenda Constitucional nº 73 por decisão monocrática do então Presidente do Supremo Tribunal Federal. A Emenda teve origem na Proposta de Emenda à Constituição nº 29/2001 apresentada no Senado. Entre os senadores, a proposta teve rápida tramitação e foi aprovada em primeiro turno com 54 votos favoráveis (7 contrários e 4 abstenções) e em segundo turno com o apoio de 63 senadores (1 contrário e 1 abstenção). Na Câmara de Deputados, a tramitação fica paralisada de novembro de 2003 a julho de 2009 e vai à votação apenas em 2013. No primeiro turno, alcança 347 votos favoráveis, 60 contrários e 6 abstenções.

Três semanas depois, em segunda votação, aprovam a proposta 371 deputados, com 7 votos contra e novamente 6 abstenções. 72% dos deputados e 77% dos senadores apoiaram a criação dos novos Tribunais Regionais Federais, em um processo legislativo sem vícios e que levou doze anos. A Emenda, no entanto, publicada em 6 de junho de 2013 está suspensa desde 17 de julho daquele ano, por liminar concedida no mesmo dia da propositura da Ação Direta de Inconstitucionalidade nº 5017. Os argumentos para impedir a criação dos tribunais se concentram no "custo da opção", na existência de demandas mais relevantes, no caráter deletério da fragmentação da Justiça Eleitoral, no consequente enfraquecimento da independência do Poder Judiciário e, ainda, na plausibilidade da alegação de vício de iniciativa na apresentação da Proposta de Emenda à Constituição[6]. Apenas esse último argumento parece se aproximar levemente de um raciocínio jurídico, mas não sobrevive à leitura do artigo 60 e dos três incisos do seu caput: apenas parlamentares (um terço dos membros da Câmara ou do Senado), o presidente da República e mais da metade das Assembleias Legislativas podem iniciar a reforma da Constituição – o Poder Judiciário não tem iniciativa, muito menos iniciativa reservada. Essa decisão, absolutamente isenta de argumentos jurídicos, subsiste, sem haver sido confirmada em plenário, há mais de cinco anos. A vontade pura de um único magistrado afastou o consenso qualificado do Parlamento.

O mesmo aconteceu no ano anterior com as decisões nas Ações Declaratórias de Constitucionalidade nº 29 e 30 e na Ação Direta de Inconstitucionalidade nº 4578, todas sobre

---

1. Supremo Tribunal Federal. Ação Direta de Inconstitucionalidade nº 5766. Voto do relator Ministro Roberto Barroso.
2. Supremo Tribunal Federal. Ação Cautelar nº 4070. Manifestação da Procuradoria Geral da República.
3. Supremo Tribunal Federal. Ação Cautelar nº 4070. Voto do relator Ministro Teori Zavascki.
4. Supremo Tribunal Federal. Ação Direta de Inconstitucionalidade nº 5526. Relator Ministro Alexandre de Moraes.
5. Supremo Tribunal Federal. Ação Cautelar nº 4070. Voto do relator Ministro Teori Zavascki.
6. Supremo Tribunal Federal. Ação Direta de Inconstitucionalidade nº 5017. Decisão liminar do Ministro Presidente Joaquim Barbosa.

as modificações na Lei de Inelegibilidades pela Lei Complementar nº 135/2010, conhecida como a Lei da Ficha Limpa.

As alterações realizadas em nome da moralidade para o exercício do mandato desafiam a Constituição, o Estado de Direito, os direitos fundamentais e sua teoria: prescindem de decisão judicial para restringir direitos políticos, deixam de exigir trânsito em julgado, permitem inelegibilidades sem prazo definido e, pela interpretação dada pelo Tribunal Superior Eleitoral e pelo Supremo Tribunal Federal, alcançam fatos anteriores, restringindo retroativamente direitos fundamentais[7]. A ênfase dos argumentos na decisão sobre a constitucionalidade da Lei – e que continuam reverberando em sua aplicação – é no seu pretenso pedigree democrático, ante a coleta de assinaturas para a apresentação do projeto de lei. Uma análise rápida sobre a tramitação legislativa, no entanto, evidencia que o projeto alegadamente de iniciativa popular tramitou conjuntamente com outros seis projetos, sofreu emendas e uma subemenda substantiva global na Câmara dos Deputados e ainda foi modificado em sua redação no Senado. Assim, só a ideia pode ser tida como de iniciativa popular, não os dispositivos. No entanto, essa origem mística tem blindado os dispositivos legais de seu contraste com a Constituição – o Supremo Tribunal Federal chega a se referir à Lei como o "Estatuto da Ética e da Moralidade da Cidadania Política Brasileira", que protege os "interesses maiores de toda a coletividade"[8]. A moralidade toma, de vez, o lugar do Direito, na leitura dos bem-intencionados sacerdotes do são sentimento do povo.

Em 2015, mais uma vez, a Constituição deixa de ser referência para o Supremo Tribunal Federal em sede de controle abstrato de constitucionalidade. Onze eleições depois de sua entrada em vigor, o modelo de financiamento misto da política é declarado inconstitucional. Reconhecendo a inexistência de um modelo constitucional e com fundamento em argumentos pragmáticos, a maioria dos ministros decidiu que as campanhas eleitorais custam muito e que isso ofende o princípio da igualdade.[9] A mesma razão, no entanto, não se aplica à distribuição absolutamente desigual do tempo no horário eleitoral gratuito, promovido pela Lei nº 13.165/2015, apesar do questionamento em cinco ações diretas de inconstitucionalidade[10]. O único argumento jurídico é usado seletivamente, sem consistência e sem coerência, para desenhar as regras da competição eleitoral segundo a visão particular dos ministros[11].

Na ânsia por um moralismo subjetivo, o Supremo Tribunal Federal rasgou o estatuto constitucional dos congressistas, inventou regra referente à substituição na chefia do Executivo e ignora o princípio da presunção de não culpabilidade. A concepção individual de justiça toma o lugar do Direito e nada resta do Estado de Direito. Para recuperar a supremacia da Constituição, vale trazer a ressalva de Emerson Gabardo: "Na modernidade, não cabe à autoridade julgar os meios que lhe são postos à disposição pelo sistema jurídico, pois só quem é soberano pode decidir sobre os limites do seu próprio poder. E a soberania, no Estado de Direto, é da Lei e não da autoridade[12] – por mais famosa, importante, rica, sábia, justa, eficiente ou linda que seja a autoridade". E o que resta então, 30 anos depois? Resta a esperança: que a Constituição nos salve da bondade dos bons!

---

7. SALGADO, Eneida Desiree; ARAÚJO, Eduardo Borges. Do legislativo ao Judiciário: a Lei Complementar no 135/2010 ("Lei da Ficha Limpa"), a busca pela moralização da vida pública e os direitos fundamentais. A&C – Revista de Direito Administrativo & Constitucional, Belo Horizonte, ano 13, n. 54, p. 121-148, out./dez. 2013.
8. Supremo Tribunal Federal. Ação Direta de Inconstitucionalidade nº 4.578. Voto do Ministro Joaquim Barbosa.
9. Supremo Tribunal Federal. Ação Direta de Inconstitucionalidade nº 4650. Relator Ministro Luiz Fux.
10. Supremo Tribunal Federal. Ação Direta de Inconstitucionalidade nº 5423, 5487, 5488, 5491 e 5577.
11. SALGADO, Eneida Desiree; ARCHEGAS, J. V. El Poder Judicial como protagonista en la definición de las reglas de la competición electoral en Brasil. Cuestiones Constitucionales: Revista Mexicana de Derecho Constitucional, v. 39, p. 107-130, 2018.
12. GABARDO, Emerson. Os perigos do moralismo político e a necessidade de defesa do direito posto na Constituição da República de 1988. A&C – Revista de Direito Administrativo & Constitucional, Belo Horizonte, ano 17, n. 70, p. 65-91, out./dez. 2017.

6

OS PRINCÍPIOS POLÍTICOS DA CONSTITUIÇÃO FEDERAL DE 1988: A APARÊNCIA E A REALIDADE

FÁBIO KONDER COMPARATO *

* PROFESSOR EMÉRITO DA FACULDADE DE DIREITO DA UNIVERSIDADE DE SÃO PAULO DOUTOR HONORIS CAUSA DA UNIVERSIDADE DE COIMBRA

Na dogmática jurídica, denominam-se princípios as normas fundamentais, das quais derivam, por aplicação, normas particulares para situações determinadas. Em se tratando de Constituições, os princípios formam, por conseguinte, a sua essência normativa.

No passado, nem todos os princípios constitucionais vinham expressos na Carta Magna, mas eram considerados como seus pressupostos lógicos. Nos Estados Unidos, por exemplo, o princípio da necessária adequação de todas as normas legais à Constituição não foi expresso no texto original desta, publicado em 1787, mas declarado pela Suprema Corte ao julgar em 1803 o caso Marbury v. Madison.

Em matéria de organização das instituições propriamente políticas, o Direito moderno fixou três grandes princípios: a República, a Democracia e o Estado de Direito. Na Constituição Federal de 1988, eles vêm expressos logo no primeiro artigo, a saber:

> Art. 1º – A República Federativa do Brasil, formada pela união indissolúvel dos Estados e Municípios e do Distrito Federal, constitui-se em Estado Democrático de Direito (...).

Na vida política, porém, nenhum desses princípios tem vigência efetiva, como se passa a ver.

A supremacia do interesse privado sobre o bem comum do povo

A expressão *res publica*, no direito romano, significava justamente o que é comum ao povo romano. O substantivo neutro *publicum* designava o domínio público, ou seja, o que era propriedade do povo romano; e o substantivo *publicus*, *-a*, -um indicava o que concerne ao povo romano. Com a habitual concisão latina, Cícero põe na boca de Cipião, o Africano, a definição precisa: "bem público é o bem do povo" (*res publica, res populi*) [1]. Na época moderna, porém, o conceito de república passou a significar, simplesmente, o regime político oposto à monarquia. Por outro lado, com o advento da civilização capitalista, estabeleceu-se a supremacia do interesse privado sobre o bem público.

Ora, a colonização europeia do continente americano estabeleceu-se sob a influência decisiva do espírito capitalista, ou seja, com o predomínio absoluto do interesse privado sobre o bem público.

No Brasil, já em 1627 Frei Vicente do Salvador anotava: "Nem um homem nesta terra é repúblico, nem zela e trata do bem comum, mas cada um do bem particular". Em 1654, na famosa prédica de Santo Antonio aos peixes, pronunciada na igreja matriz do Maranhão, o Padre Antonio Vieira fez questão de lançar aos potentados locais a seguinte advertência: "Importa que daqui por diante sejais mais repúblicos e zelosos do bem comum, e que este prevaleça contra o apetite particular de cada um" [2].

Acontece que essa supremacia do interesse privado sobre o bem público permanece até hoje, em flagrante desrespeito à normatividade constitucional.

O povo é realmente soberano?

O segundo grande princípio político expresso na Constituição Federal é o da Democracia.

Conceitualmente, segundo a tradição grega, trata-se do regime da soberania do povo. Na época moderna, porém, essa soberania efetiva nunca foi aceita pela burguesia, a partir da Idade Moderna, quando ela se tornou a classe dominante. Mas, por outro lado, seguindo a sua tradição particular de dissimulação, a partir das primeiras revoluções da época moderna, a burguesia sempre procurou esconder essa realidade e apresentar-se como fazendo parte do povo soberano.

A Constituição Federal de 1988, ao repetir o princípio tradicional de que "todo poder emana do povo", acrescenta que este o exerce por meio de representantes eleitos ou diretamente, "nos termos desta Constituição". Esta última expressão não é de pura forma, pois apesar de havermos introduzido em nosso ordenamento constitucional os institutos do plebiscito, do referendo e da iniciativa popular legislativa (art. 14), regulamentando-os, dez anos depois pela Lei nº 9.709, de 18 de novembro de 1998, acrescentamos sorrateiramente no art. 49, inciso XV da Constituição que "é da competência exclusiva do Congresso Nacional, autorizar referendo e convocar plebiscito". Ou seja, reafirmamos o princípio da soberania exclusivamente representativa. Tudo continua, pois, como dantes, no quartel de Abrantes.

O NOSSO ORDENAMENTO JURÍDICO CONSAGRA REALMENTE O PRINCÍPIO DO ESTADO DE DIREITO?

A teoria do Rechtsstaat, elaborada pela doutrina jurídica germânica no final do século XIX em reação aos abusos do Reich imperial, designa uma organização política na qual todos os poderes estatais são controlados, segundo o princípio de que a todo poder corresponde uma responsabilidade do mesmo grau (*keine Herrschaft ohne Haftung*); ou seja, quanto mais extensa e profunda a competência, maior a responsabilidade do agente.

---

1. De *re publica*, livro primeiro, XXV–39.
2. *Obras Completas do Padre Antonio Vieira* – Sermões, vol. VII, Lello & Irmão, Editores, Porto, 1951, pp. 268/269.

Mas já quando da elaboração do conceito moderno de Constituição, ao final do século XVIII, entendia-se que a finalidade última desse corpo superior de normas jurídicas consistia em limitar os poderes de todos os agentes públicos. Assim é que, na abertura da Revolução Francesa, a Declaração dos Direitos do Homem e do Cidadão de 1789 dispôs peremptoriamente, em seu art. 16:

> "Toda sociedade, na qual a garantia dos direitos não é assegurada nem a separação dos poderes determinada, não tem constituição".

Ninguém ignora, no entanto, que o nosso sistema de garantia dos direitos e de separação de poderes, deixa muito a desejar. E a razão é simples: tais sistemas fundam-se no princípio da igualdade de todos perante o Direito (ou, como sempre disseram os franceses, perante a lei). Mas tal princípio nunca foi aceito neste país, pois as instituições da escravidão e do latifúndio deixaram profundas marcas em nossa sociedade.

Tomemos a esse respeito um só exemplo, referente ao Poder Judiciário que é em princípio a instituição estatal tradicionalmente encarregada de fiscalizar a aplicação do princípio do Estado de Direito.

Em 2009, a Emenda Constitucional nº 61 criou o Conselho Nacional de Justiça, cabendo-lhe, além de outras atribuições, "zelar pela autonomia do Poder Judiciário e pelo cumprimento dos deveres funcionais dos juízes, além de outras atribuições que lhe forem conferidas pelo Estatuto da Magistratura" (Constituição Federal, art. 103-B).

É perfeitamente escusado afirmar que o Supremo Tribunal Federal faz parte do Poder Judiciário e que os Ministros que o integram estão submetidos às regras do Estatuto da Magistratura. Surpreendentemente, porém, ao julgar a ação direta de inconstitucionalidade 3.367, do Distrito Federal, o tribunal decidiu taxativamente que "o CNJ não tem nenhuma competência sobre o STF e seus ministros". Ou seja, o mais elevado tribunal do nosso país não está sujeito a controle algum, dentro ou fora do Poder Judiciário. Os magistrados que o integram podem, por conseguinte, ser classificados, sob esse aspecto, como perfeitamente irresponsáveis.

CATEDRAL METROPOLITANA

7

CONSTITUIÇÃO CIDADÃ À PROVA DE FUTURO

FLÁVIA LEFÈVRE *

Num tempo em que a dinâmica frenética de desenvolvimento da tecnologia impõe o ritmo não só para os mercados, mas também para as relações sociais e culturais, é importante refletirmos se nossa Constituição Federal de outubro de 1988 ainda respalda e dialoga com as relações e estruturas jurídicas que vêm surgindo por conta dos novos tipos de interação, decorrentes do uso da Internet e das Tecnologias de Informação e Comunicação (TIC), de modo a apontar diretrizes consistentes para a formulação de políticas públicas.

OBJETIVOS, FUNDAMENTOS E GARANTIAS CONSTITUCIONAIS

Um balanço breve da atual conjuntura mostra que nossa Constituição, que marcou um novo tempo com a redemocratização no Brasil, depois de quase vinte anos de ditadura militar, traz sim respostas relevantes e incisivas para continuar a conformar as relações econômicas, sociais e culturais no contexto do ganho de significância das redes sociais e da economia digital, baseadas na exploração dos dados pessoais, com o uso de algoritmos e inteligência artificial, com alto potencial de riscos a direitos fundamentais, tais como a intimidade, privacidade, honra, sigilo das comunicações, direito à não discriminação, liberdade de expressão e garantia da dignidade da pessoa humana.

O PODER ECONÔMICO DAS EMPRESAS DE TIC

Também têm sido desafiados nossa soberania nacional e jurisdição e nosso sistema de defesa da concorrência, pelo enorme poder econômico das empresas de TIC que atuam em nosso país; as quinze maiores no ranking da Forbes de 2018 são americanas.

No ranking das dez maiores empresas de TIC em 2018 temos Apple, Microsoft, Alphabet (holding da Google e do Youtube), IBM, Intel, Cisco Systems, Oracle e Facebook (que também é controlador do WhatsApp e do Instagram), todas elas com atuação determinante em áreas estratégicas como forneci-

* ADVOGADA ESPECIALIZADA EM DIREITO DO CONSUMIDOR, TELECOMUNICAÇÕES E DIREITOS DIGITAIS. É INTEGRANTE DA COALIZÃO DIREITOS NA REDE E CONSULTORA ASSOCIADA DO INSTITUTO NUPEF - NÚCLEO DE PESQUISAS, ESTUDOS E FORMAÇÃO; REPRESENTANTE DAS ENTIDADES DE DEFESA DO CONSUMIDOR NO CONSELHO CONSULTIVO DA ANATEL (FEVEREIRO/2006 – FEVEREIRO/2009), E INTEGRA O COMITÊ GESTOR DA INTERNET NO BRASIL.

mento de equipamentos e dispositivos, que hoje são indispensáveis como computadores e telefones celulares, fluxo de comunicações e informações.

O Facebook conta hoje com 2,2 bilhões de usuários, o que é quase o dobro da população do continente africano. No Brasil, a plataforma conta com aproximadamente 130 milhões de consumidores. A Google e suas sete plataformas tem mais de 1 bilhão de usuários no mundo, sendo que o Brasil está entre os cinco principais mercados, com um nível de utilização de serviços intenso – ocupamos o terceiro lugar na lista dos países mais ativos.

A CONSTITUIÇÃO FEDERAL COMO SOLUÇÃO

A atuação dessas plataformas tem levantado diversas questões que hoje já estão submetidas ao Supremo Tribunal Federal, justamente porque os conflitos que se têm instaurado entre essas empresas transnacionais e poderes públicos, cidadãos e consumidores, encontram como base para análise e solução principalmente garantias constitucionais.

Vale mencionar a Ação por Descumprimento de Preceito Fundamental 403/2016, que tem por objeto a discussão sobre a constitucionalidade de decisão judicial que estaria contrariando as garantias fundamentais estabelecidas nos arts. 3º e 5º, da Constituição Federal, que impõem como objetivo e garantia fundamental a construção de uma sociedade livre e justa, a liberdade de expressão e o sigilo das comunicações privadas. Isto porque foi determinada judicialmente a suspensão do funcionamento do WhatsApp no Brasil, por suposto descumprimento de ordem judicial por parte desta empresa que alegou a impossibilidade de violação de comunicações privadas para autoridades investigativas, em virtude do uso de criptografia, que nada mais é do que uma ferramenta legítima utilizada justamente para proteger valores constitucionais como a privacidade.

Há também o Recurso Extraordinário 1.037.396/SP de 2017, que suscitou Repercussão Geral, com vistas a garantir o inc. X, do art. 5º, da Constituição Federal, suscitando debates sobre as implicações do art. 19 do Marco Civil da Internet – Lei 12.965/2014, que, com o intuito de assegurar a liberdade de expressão e impedir a censura, estabeleceu que os provedores de aplicações de Internet só podem ser responsabilizados civilmente por danos decorrentes de conteúdos gerados por terceiros se, após ordem judicial específica, deixarem de tomar as providências para, no âmbito de seu serviço, tornar indisponível o conteúdo apontado como infringente.

Estes são só dois exemplos do potencial dos serviços prestados com as novas tecnologias de causar danos a valores constitucionais em escala massiva, não só para os indivíduos, mas também em escala coletiva e difusa, podendo afetar instituições e esgarçar nossa democracia.

CONSTITUIÇÃO FEDERAL, ÉTICA E DEMOCRACIA

O uso de algoritmos e inteligência artificial para tratamento de nossos dados pessoais vem ocorrendo hoje sem um grau mínimo de transparência e governança que impeçam condutas antiéticas por parte de plataformas

MUSEU NACIONAL, E AO FUNDO,
ESPLANADA DOS MINISTÉRIOS

que atuam na Internet. Caso recente ocorreu entre Facebook e Cambridge Analytica, empresa de marketing político que, acessando dados de milhões de usuários do Facebook, entre eles quatrocentos mil brasileiros, adotou práticas voltadas para a modulação de comportamentos e formação de opinião política de cidadãos americanos que podem ter sido decisivas para a eleição de Donald Trump como presidente dos Estados Unidos em 2016. Há ainda quem afirme que o Brexit – votação pela retirada do Reino Unido da Comunidade Europeia – não teria se confirmado, caso dados pessoais coletados e tratados ilegalmente não tivessem sido usados indevidamente pela Cambridge Analytica.

Não estamos livres destes riscos, na medida em que, em virtude da reforma eleitoral de 2017, a propaganda política paga na Internet foi proibida; mas autorizou-se como exceção o "impulsionamento de conteúdos, desde que identificados de forma inequívoca", bem como a "priorização paga de conteúdos resultantes de aplicações de busca na Internet" (arts. 26, § 2º e 57-B, da Lei 9.504/1997), o que colocou Facebook e Google em situação de extremo privilégio.

Ou seja, as duas maiores plataformas de aplicação na Internet, tornaram-se os principais palcos dos debates políticos no Brasil. Isto poderia não ser motivo de preocupação, caso ambas não defendessem que, por serem empresas privadas, teriam a liberdade de estabelecer suas regras internas, inclusive para definir o alcance e remoção de conteúdos postados e perfis de seus usuários, o que vem causando questionamentos justificados no sentido de quanto essas práticas, baseadas em critérios privados, sem transparência e com alto grau de subjetividade, podem ser estabelecidas ao largo das leis brasileiras e comprometer não só a liberdade de expressão, mas também nossas instituições democráticas.

Nossa arma contra abusos dessa natureza continua sendo a Constituição Federal, pois, de acordo com o art. 170, explorar atividade econômica no Brasil implica em atuar de acordo com fundamentos e princípios que ficaram expressos, entre eles a livre iniciativa, a justiça social, a soberania nacional, a livre concorrência, a defesa do consumidor e a redução de desigualdades regionais e sociais.

Nessa esteira, quando falamos de livre iniciativa é preciso lembrar das suas contrapartidas: os riscos decorrentes da exploração da atividade econômica e o reconhecimento do Estado como agente normativo e regulador, com as funções de fiscalizar, incentivar e planejar, como determina a Constituição Federal (art. 174).

TEMOS MUITO MAIS PELA FRENTE

A tecnologia continuará a nos impor mais desafios nesse mundo cada vez mais digitalizado, com operações baseadas em mineração de dados pessoais, inteligência artificial, no contexto da Internet das Coisas que já tem trazido implicações significativas tanto no âmbito público – coleta e tratamento massivo de dados sensíveis pela administração pública e cidades inteligentes, por exemplo; quanto no âmbito privado com nossos objetos cada vez mais conectados, em razão do que estaríamos absolutamente vulneráveis, caso não contássemos com a proteção dos valores éticos e democráticos consolidados com nossa Constituição Cidadã!

8

O RESSARCIMENTO NA IMPROBIDADE PRESCRITA: A QUESTÃO DO DOLO "GENERALIZANTE" SEM DESVIOS OU ENRIQUECIMENTO INTENCIONAIS

GEORGHIO ALESSANDRO TOMELIN *

* ADVOGADO, DOUTOR EM DIREITO PELA USP E PROFESSOR DA UNISA

Direitos patrimoniais prescrevem. Não fosse assim, o cidadão não saberia nem mesmo por quanto tempo terá que guardar a comprovação de seus atos e palavras. Não existe sistema de composição jurídica de conflitos, públicos ou privados, que sobreviva sem uma regra de encerramento das relações jurídicas por decurso de prazo.

Estamos, todavia, em um tempo histórico no qual a inversão da presunção de inocência criou a regra do "defenda-se quem puder e se conseguir". A Constituição é clara no sentido de que apenas após o trânsito em julgado inicia-se o cumprimento da pena condenatória. Claro que cautelarmente situações de risco sempre puderam ser dirimidas pela força das decisões judiciais. Mas a regra de que as penas não-cautelares somente começam a impactar na vida do indivíduo após o trânsito em julgado[1] parece não estar com muito prestígio depois de 30 anos de Constituição "Cidadã".

Em matéria de ressarcimento na improbidade prescrita[2], foi dada repercussão geral pelo STF no RE 852.475, que ficou assim afetado ao Plenário da Corte Suprema como processo objetivo de discussão da interpretação constitucional sobre as regras envolvidas. A tese de fundo que o STF julgou é a da existência ou não de um prazo de prescrição das ações de ressarcimento ao erário público, fundadas em ações de improbidade designadamente prescritas, posto ajuizadas após o prazo de cinco anos.

A Constituição de 88 é clara ao dizer que as ações de improbidade prescrevem, pois sempre que se desejou imprescritibilidade esta veio explicitamente lançada no texto constitucional[3]. Isto é assim, ainda que os parágrafos 4º e 5º do art. 37[4] não refiram em qual prazo, deixando o tema para a lei ordinária (e a doutrina mais autorizada tem aplicado o prazo quinquenal, até que outro seja fixado pelo legislador). Não há dúvidas nisso, e a maior parte dos doutrinadores de peso estão de acordo, sejam diretamente da área de direito administrativo, ou de direito processual adjetivo ou criminal substantivo, estas duas últimas atingidas reflexamente pelo tema (assim pensam Celso Antônio Bandeira de Mello, Cassio Scarpinella Bueno, Romeu

Felipe Bacellar Filho, Fernando Dias Menezes de Almeida, André Ramos Tavares, Pedro Estevam Serrano, Carlos Ari Sundfeld, Floriano de Azevedo Marques Neto, Emerson Gabardo, Nelson Nery Junior, Alamiro Velludo Salvador Netto, Miguel Reale Junior, etc. etc. etc.).

Pois bem. O que o STF julgou então em agosto de 2018 foi a possibilidade de

a. ajuizar-se uma ação de improbidade fundada em direito prescrito após o quinquênio legal;

b. tramitar tal ação por 20 ou 30 anos na justiça brasileira; para ao final

c. decidir que a ação que já se sabia prescrita, no concernente ao direito material alegado (o que é unânime entre os Ministros), serviria agora como título judicial para fins de executar-se o ressarcimento da obrigação prescrita, isto é claro, acaso o processo comprove algum dano causado dolosamente por alguém que se tenha enriquecido pessoalmente (e aqui a votação foi por tênue maioria entre os Ministros).

Imagine-se um exemplo. Um dado caso concreto não era grave, as alegações iniciais eram frágeis e o diligente promotor cuidou de outros temas mais importantes. Na vida real é assim que ocorre na maioria das vezes, pois o Promotor ficaria assoberbado se todas as representações se tornassem ações de improbidade. Anos depois, algum outro promotor ajuíza ação de improbidade já prescrita em relação ao caso não-grave que ficou parado, ao fundamento de que poderiam subsistir prejuízos ao erário, os quais, se provados, ainda poderão vir a ser ressarcidos mesmo após o prazo prescricional.

É nesse tipo de ação, fundada em direito prescrito (por ação culposa ou dolosa), que agora a Suprema Corte decide que poderá haver cobrança, desde que comprovada a intenção dolosa do agente (com enriquecimento ilícito de seu patrimônio pessoal).

Diga-se, de início, que tal prejuízo por improbidade prescrita dolosa sequer ocorreu no caso do RE 852.475: seja porque não houve prejuízo (o TCE/SP julgou o caso e ali demonstrou-se a inexistência de qualquer prejuízo ao erário), seja porque não houve sequer alegação de dolo (nem o MP em primeiro grau, nem a sentença, nem o acórdão do TJSP tratam de dolo). E sequer foi ali adotado o rito da ação de improbidade (mas sim o rito da LACP, fundado o

---

1. CF: Art. 5º, inc. LVII, " ninguém será considerado culpado até o trânsito em julgado de sentença penal condenatória".
2. LF 8.429/92: Art. 23. As ações destinadas a levar a efeitos as sanções previstas nesta lei podem ser propostas: I - até cinco anos após o término do exercício de mandato, de cargo em comissão ou de função de confiança; II - dentro do prazo prescricional previsto em lei específica para faltas disciplinares puníveis com demissão a bem do serviço público, nos casos de exercício de cargo efetivo ou emprego. III - até cinco anos da data da apresentação à administração pública da prestação de contas final pelas entidades referidas no parágrafo único do art. 1º desta Lei. (Incluído pela Lei nº 13.019, de 2014)
3. CF: Art. 5º, inc. XLII, "a prática do racismo constitui crime inafiançável e imprescritível, sujeito à pena de reclusão, nos termos da lei", e inc. XLIV, " constitui crime inafiançável e imprescritível a ação de grupos armados, civis ou militares, contra a ordem constitucional e o Estado Democrático", e art. Art. 231, § 4º, "As terras de que trata este artigo são inalienáveis e indisponíveis, e os direitos sobre elas, imprescritíveis".
4. CF: Art. 37, § 4º, " Os atos de improbidade administrativa importarão a suspensão dos direitos políticos, a perda da função pública, a indisponibilidade dos bens e o ressarcimento ao erário, na forma e gradação previstas em lei, sem prejuízo da ação penal cabível, e §5º, "A lei estabelecerá os prazos de prescrição para ilícitos praticados por qualquer agente, servidor ou não, que causem prejuízos ao erário, ressalvadas as respectivas ações de ressarcimento".

direito material no art. 10 da LIA e o ressarcimento no art. 159 do antigo CCB/16). Desse referido Recurso Extraordinário julgado em agosto de 2018, conhecido como Kombigate, não se poderá tirar qualquer indenização. A tese foi fixada no sentido da possibilidade de ressarcimento por improbidade dolosa prescrita. Ocorre que tal possibilidade não existe no caso, pois nenhuma conduta dolosa é imputada aos réus, que não se enriqueceram ilicitamente (até porque o TCE/SP disse que não houve prejuízos para os cofres públicos). E este caso paradigma é relevante pois é a realidade material da maioria das ações de improbidade.

Ademais disso tudo, a Lei de Improbidade foi alterada em 2009[5], em seu artigo 21, inc. I, para deixar claro que no concernente à pena de ressarcimento este só pode ser pleiteado nas ações não-prescritas e se houver comprovação individualizada do dano efetivo. Assim, dolosa ou culposa a improbidade, somente haverá ressarcimento contra quem causou prejuízo. Do ponto de vista civilista isto significa que a responsabilidade pelo pagamento é matéria de prova individualizada, e não mais tema que se trate no regime da responsabilidade solidária genérica.

O Ministério Público tem, portanto, a responsabilidade de comprovar os prejuízos efetivos, e não de ajuizar ações genéricas enquadrando as condutas em todos os incisos dos artigos 9º, 10 e 11 da Lei de Improbidade. É importante ressaltar (e qualquer pessoa que trabalha com tais ações o sabe) que o Ministério Público tem ajuizado ações generalíssimas, empurrando nas costas do magistrado toda a atividade investigativa que deveria ter sido feita na fase de inquérito civil[6] .

No caso julgado pelo STF, em agosto de 2018, com repercussão geral, se discute a redução do valor de dois carros de 1980 e 1984 vendidos em 1995, após mais de uma década de uso em estrada de barro. Com base em uma variação de 25 a 30% no valor dos carros, o autor da ação pede a devolução de todo o preço de venda dos veículos, pois o procedimento de alienação não seria aquele que o Ministério Público julga mais adequado (ainda que a Lei de Licitação não seja peremptória neste sentido).

O STF em verdade decidiu: *"senhores prefeitos, quando houver algum bem em vias de se tornar inservível, joguem no lixo, esperem pela força do sol e da chuva, pois o tempo resolve o assunto"*. Seria esta, talvez, uma reinterpretação da famosa frase do Juiz Louis Brandeis: "o melhor desinfetante é a luz do sol"? Se fosse adotada a modalidade leilão ou concorrência para venda de bens tão módicos (como pretendeu o autor da ação de improbidade a partir de uma visão desconectada da realidade), o custo das publicações em jornais de grande circulação seria superior ao valor dos veículos alienados.

Não por outra razão, a Lei de Introdução às Normas do Direito Brasileiro foi alterada em abril de 2018 para inserir em seu art. 22 o princípio do consequencialismo[7] . Estamos em um tempo histórico no qual o óbvio precisa ser escrito com negritos no texto legal. Ninguém pode interpretar as normas de gestão pública sem levar em consideração os obstáculos e dificuldades reais do gestor público. Até porque, a ser assim, qualquer conclusão abstrata é possível, e ninguém mais administra nada em lugar nenhum. Desde a Roma antiga sabemos que "na impossibilidade ninguém está obrigado" *("ad impossibilia nemo tenetur")*.

Em relação à interpretação da parte final do parágrafo 5º do art. 37 da CF, foi fixada pelo Supremo Tribunal Federal em agosto de 2018 a tese de que: *"São imprescritíveis as ações de ressarcimento ao erário fundadas na prática de ato doloso tipificado na Lei de Improbidade Administrativa"*. Perceba-se que o STF, em sua erudita composição de agosto de 2018, inexplicavelmente parou no plano normativo e se desconectou da realidade jurídica nacional. Se Miguel Reale (1910-2006) ainda estivesse entre nós, ele diria: a *"Weltanschauung" (visão de mundo) aniquilou o "Lebenswelt"* (mundo da vida). Como tantas vezes ouvimos dele nos saudosos Congressos do IBF (Instituto Brasileiro de Filosofia), quando sempre enfatizava que no tridimensionalismo concreto a famosa tríade deve ser lida sempre em sua imersão na conjuntura.

A tese de que são imprescritíveis os atos de ressarcimento decorrentes de alegada improbidade dolosa prescrita é um contrassenso. Vai contra a Lei, contra a Constituição, e cria um poder, para os mal-intencionados, de utilizarem o dolo como palavra mágica *("Abracadabra: alego que é doloso")*. Ou seja, sem a comprovação do dolo específico poderemos ter ações de improbidade fundadas em direito material prescrito. E nestas ações seria de rigor o arquivamento de ofício conforme determina o CPC. Entretanto, tais ações irão tramitar por 30 anos nas barras dos tribunais, para somente ao final decidir-se que não há o que ressarcir pois ou não há dolo, ou não há prejuízo, ou não há enriquecimento do agente (que pode até ter atuado com culpa).

Teremos ações que, frise-se novamente, pelas regras do CPC, estariam destinadas ao arquivamento "de ofício", mas que irão tramitar por décadas consumindo a vida dos réus e o tempo do judiciário. Claro que o art. 18 da Lei de Improbidade [8] obrigaria a que apenas os bens acrescidos ilicitamente sejam recupe-

---

5. LF 8.429/92: Art. 21. A aplicação das sanções previstas nesta lei independe: I - da efetiva ocorrência de dano ao patrimônio público; (revogado) I - da efetiva ocorrência de dano ao patrimônio público, salvo quanto à pena de ressarcimento; (Redação dada pela Lei nº 12.120, de 2009). II - da aprovação ou rejeição das contas pelo órgão de controle interno ou pelo Tribunal ou Conselho de Contas.
6. LF 8.429/92: Art. 22. Para apurar qualquer ilícito previsto nesta lei, o Ministério Público, de ofício, a requerimento de autoridade administrativa ou mediante representação formulada de acordo com o disposto no art. 14, poderá requisitar a instauração de inquérito policial ou procedimento administrativo.
7. LF 4.657/42 alterada pela LF 13.655/18: Art. 22. Na interpretação de normas sobre gestão pública, serão considerados os obstáculos e as dificuldades reais do gestor e as exigências das políticas públicas a seu cargo, sem prejuízo dos direitos dos administrados.
8. LF 8.429/92: Art. 18. A sentença que julgar procedente ação civil de reparação de dano ou decretar a perda dos bens havidos ilicitamente determinará o pagamento ou a reversão dos bens, conforme o caso, em favor da pessoa jurídica prejudicada pelo ilícito.

   § 1º Em decisão sobre regularidade de conduta ou validade de ato, contrato, ajuste, processo ou norma administrativa, serão consideradas as circunstâncias práticas que houverem imposto, limitado ou condicionado a ação do agente.

   § 2º Na aplicação de sanções, serão consideradas a natureza e a gravidade da infração cometida, os danos que dela provierem para a administração pública, as circunstâncias agravantes ou atenuantes e os antecedentes do agente.

   § 3º As sanções aplicadas ao agente serão levadas em conta na dosimetria das demais sanções de mesma natureza e relativas ao mesmo fato.

rados, quando for o caso. O tema é que o Ministério Público não tem ajuizado ações que respeitam este limite legal, sendo certo que a possibilidade de o Judiciário aplicar de plano a inépcia da inicial[9] é praticamente zero.

Perceba-se o perigo de se aceitar que a improbidade está prescrita, mas que a mesma ação pode ser ajuizada quando haja alegação genérica de ato doloso de improbidade. O perigo está justamente em que os órgãos de controle não possuem estrutura para perscrutar, por antecipação, um mínimo de indícios que aponte para ato doloso de improbidade. Até porque, nos casos em que haja ato doloso de improbidade com enriquecimento ilícito, parece inaceitável que o Ministério Público leve mais de 5 anos do início do prazo prescricional (que ainda conta com causas interruptivas do seu dia inicial) para aí sim começar a persecução judicial. E se havia ato doloso de improbidade, o responsável por instaurar a investigação precisa ser sindicado (como diria Juvenal: "*quis custodiet ipsos custodes?* ").

Que dolo então é este que o STF visualiza e aprova agora, por tênue maioria, 30 anos depois da promulgação da Constituição? Um dolo genérico-em-tese no plano estritamente normativo? Um dolo "abracadabra" desconectado da realidade? Uma palavra mágica que basta ser alegada e assim qualquer ação de improbidade pode ser ajuizada, mesmo que prescrita, ao argumento de que o patrimônio público teria sido lesado em termos de responsabilidade objetiva?

Como compatibilizar essa nova forma de responsabilidade objetiva decorrente de ato prescrito com o texto claro do art. 37, §6º, da CF [10] que assegura "o direito de regresso contra o responsável nos casos de dolo ou culpa"?

Uma tal compreensão facilitaria o mau uso da ação de improbidade, com petições iniciais genéricas que mais se aproximam de uma irregular ação de responsabilidade objetiva. Em casos de responsabilidade objetiva, basta a comprovação do nexo de causalidade entre o fato e o ato, requerida a prova da intenção do agente em lesar (ou minimamente sua imperícia, negligência ou imprudência no caso de atuação culposa) para fins de imputar responsabilidade pessoal ao agente. Mas aqui, na nova categoria das ações de improbidade prescritas, ditas dolosas (pois o ato culposo foi excluído pelo STF), parece que o Supremo teria criado uma nova forma de responsabilidade objetiva genérica (não categorizável nas fileiras do direito material).

As categorias do dolo e da culpa, pela própria natureza das coisas, não podem residir exclusivamente no plano normativo abstrato, mas sim no plano da realidade. A cosmovisão é importante, mas não pode se desconectar do mundo da vida. Até podemos admitir, como diagnóstico contemporâneo, um Estado Jurislador operando e condicionando a vida em sociedade, o que não significa aceitar a criação de institutos cuja eficácia real seja a de destruir o Estatuto do Cidadão em sua relação com os poderes constituídos (neste sentido ver o "O Estado Jurislador", Editora Forum, 2018).

Após ler e analisar centenas de ações de improbidade, estamos seguros em afirmar que ainda não encontramos uma única ação de improbidade, daquelas "bem estruturadas pelos bons promotores do MP" (e são muitos), que tenha levado mais de um ou dois anos até o ajuizamento (nestes tempos de informática fácil). Os temas sérios nunca passam do prazo quinquenal (e por isso ele foi escolhido por outras normas[11] e recheado de causas interruptivas[12]), até porque depois disso a prova se esfacela.

A porta da Justiça existe para todos. Só não vale matar o jurisdicionado, e depois oferecer à sua família um necrológio de absolvição tardia. Permitir o ajuizamento de ações de improbidade prescritas, pelo rito da ação de improbidade, destrói o direito de defesa, pois não será possível aos judicialmente sindicados instruírem o seu advogado para um patrocínio razoável da causa que leve a uma defesa eficaz.

Suporta a regra que tu mesmo fizeste STF. *"Tu patere legem quam is fecisti"* (aludindo aqui a ordem do general Manlius Torquato, que mandou executar o próprio filho por descumprimento de uma ordem sua). Atender ao reclamo da ineficiência não pode ser meta da justiça. O mesmo Tribunal, que é Corte de Garantias, não pode obliterar o acesso aos meios de prova e defesa, ao argumento de que resquícios de interesse público podem ser buscados por toda eternidade (contra o cidadão e não contra o promotor que deixou de ajuizar a ação a tempo e modo).

Os advogados querem trabalhar. Precisamos que o MP ajuíze as ações enquanto as provas ainda existem, sem o que não há direito de defesa nem segurança jurídica possíveis: "tempo que passa é verdade que foge". Prestigiar a inércia e a preguiça leva apenas à atuação tardia dos órgãos de controle e à impossibilidade de se identificar quem seria o responsável pela atuação vagarosa das competências públicas.

Algumas regras de ouro estão plasmadas em nosso regime constitucional, e se espalham pela legislação de direito material e de direito procedimental brasileiros. São elas.

1. Se até os crimes contra a vida prescrevem, o patrimônio não poderia ter regime infinito sem que isso seja texto expresso da Constituição *("ubi lex non distinguit nec nos distinguere debemus")*.

2. A Constituição Federal, impondo a prescrição da ação de ressarcimento, obriga os órgãos de controle a agirem com eficiência, e no tempo em que o cidadão ainda tem condições de amealhar as provas da sua inocência.

---

8. LF 8.429/92: Art. 23. As ações destinadas a levar a efeitos as sanções previstas nesta lei podem ser propostas: I - até cinco anos após o término do exercício de mandato, de cargo em comissão ou de função de confiança; II - dentro do prazo prescricional previsto em lei específica para faltas disciplinares puníveis com demissão a bem do serviço público, nos casos de exercício de cargo efetivo ou emprego. III - até cinco anos da data da apresentação à administração pública da prestação de contas final pelas entidades referidas no parágrafo único do art. 10 desta Lei. (Incluído pela Lei nº 13.019, de 2014)11.
9. CPC/15: Art. 330. A petição inicial será indeferida quando:
   I - for inepta;
   §1º Considera-se inepta a petição inicial quando:
   II - o pedido for indeterminado, ressalvadas as hipóteses legais em que se permite o pedido genérico;
10. CF: Art. 37, § 6º, "As pessoas jurídicas de direito público e as de direito privado prestadoras de serviços públicos responderão pelos danos que seus agentes, nessa qualidade, causarem a terceiros, assegurado o direito de regresso contra o responsável nos casos de dolo ou culpa".
11. Lei de Ação Popular: Art. 21. A ação prevista nesta lei prescreve em 5 (cinco) anos.
12. LF 9.494/97: Art. 1º-C. Prescreverá em cinco anos o direito de obter indenização dos danos causados por agentes de pessoas jurídicas de direito público e de pessoas jurídicas de direito privado prestadoras de serviços públicos.

3. A isonomia constitucional determina que o prazo quinquenal tenha duas mãos de direção, até que o legislador ordinário validamente aumente o prazo de prescrição das ações de ressarcimento, hipótese de alargamento contemplada no art. 37, §5º, da CF.

4. Tempo que passa é verdade que foge, e não há nada que justifique deixar de levar fatos já conhecidos à apreciação imediata do foro competente (perdendo tantos anos para iniciar uma investigação que tenderá a esfacelar-se).

5. Fatos novos podem sempre ser trazidos ao conhecimento das autoridades a qualquer tempo, sem esquecer das eventuais causas interruptivas ou suspensivas do prazo prescricional, que aumentam ainda mais o prazo de investigação.

6. Seria um contrassenso entender-se imprescritível a ação de ressarcimento para em seguida obrigar o investigado a litigar na mesma ação, quando a indenização tem por finalidade "deixar sem dano" aquele que teve prejuízo efetivo, e nunca ampliar o patrimônio de quem quer que seja (público ou privado).

7. Mesmo para os que leem na Constituição a imprescritibilidade do ressarcimento por improbidade, e para qualquer hipótese patrimonial, a comprovação do prejuízo, da conduta dolosa e do enriquecimento ilícito condicionam a atuação dos órgãos de controle, sem o que caberia ressarcir e devolver até mesmo o que não se perdeu (e aí perdidos ficam os valores Constitucionais aos quais todos nos filiamos).

A Constituição é mais de dar do que de tirar. Permitir que a interpretação degluta os rebentos constitucionais representa uma inaceitável autofagia jurídica.

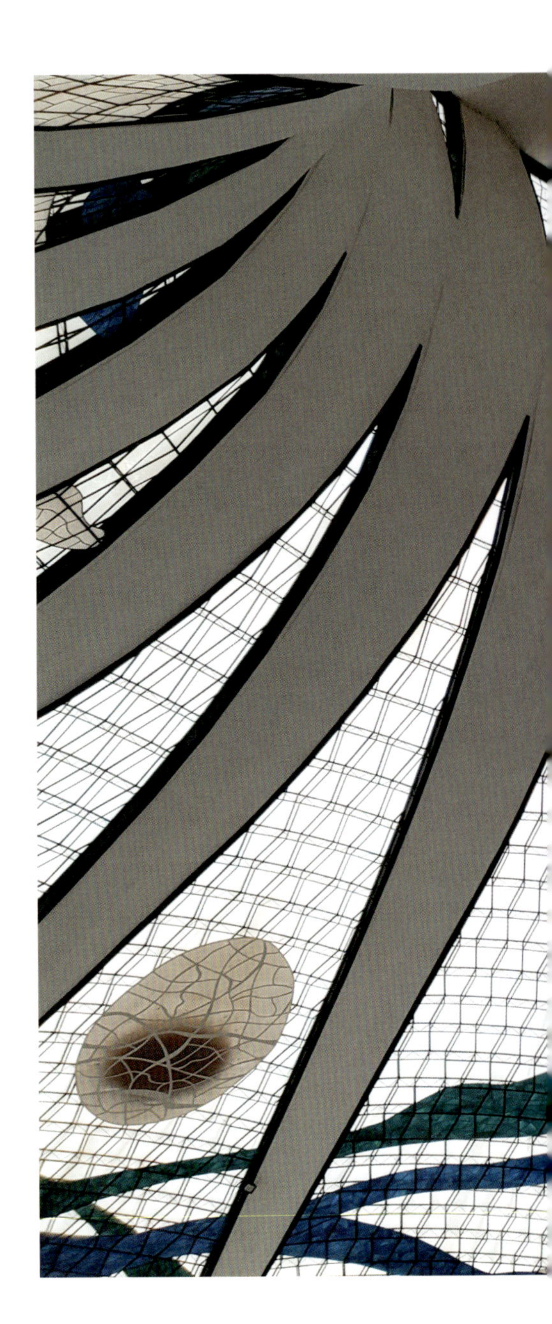

VITRAIS CATEDRAL METROPOLITANA

9

DIREITOS FUNDAMENTAIS E CIDADANIA JURIDICAMENTE PARTICIPATIVA NA CONSTITUIÇÃO DE 1988

GISELE CITTADINO *

Ao final da Assembleia Nacional Constituinte, em 1988, o Brasil passa a ter uma Constituição comprometida com o binômio dignidade humana-solidariedade social, que ultrapassa a concepção de direitos subjetivos para dar lugar às liberdades positivas. Em outras palavras, os direitos fundamentais não podem mais ser pensados apenas do ponto de vista dos indivíduos, enquanto faculdades ou poderes de que estes são titulares. É dominante a interpretação de que a nova Constituição vai além da concepção de direitos públicos subjetivos, que constituiriam um conceito técnico-jurídico do Estado liberal preso à concepção individualista do homem, para comprometer-se com as prerrogativas e instituições que asseguram as garantias de uma convivência digna, livre e igual para todas as pessoas. A partir daquela data, portanto, a expressão direitos fundamentais do homem deixa de significar, para nós, apenas uma referência à esfera privada contraposta à atividade pública, como simples limitação do Estado, mas restrição imposta pela soberania popular aos poderes constituídos do Estado que dela dependem. De outra parte, tal sistema de direitos fundamentais, ao mesmo tempo que se constitui em núcleo básico de todo o ordenamento constitucional, também funciona como seu critério de interpretação. Enquanto direitos positivados, são metas e objetivos a serem alcançados pelo Estado Democrático de Direito. Isso não significa nenhum compromisso com algum dogmatismo jusnaturalista, de vez que a dignidade humana não representa um valor abstrato, mas *"autonomia ética dos homens concretos"*[1] É, portanto, pela via da participação político-jurídica, aqui traduzida como o alargamento do círculo de intérpretes da constituição, que se processa a interligação entre os direitos fundamentais e a democracia participativa. Em outras palavras, a abertura constitucional permite que cidadãos, partidos políticos, associações etc. integrem o círculo de intérpretes da constituição, democratizando o processo interpretativo – na medida em que ele se torna aberto e público – e, ao mesmo tempo, concretizando a constituição.

* COORDENADORA E PROFESSORA DO PROGRAMA DE PÓS-GRADUAÇÃO EM DIREITO NA PUC-RIO.

Ocorre, entretanto, que diferentemente das regras de direito privado, por exemplo, as normas constitucionais relativas aos direitos fundamentais revelam programas de ação ou afirmações de princípios e não possuem uma regulamentação perfeita e completa, sendo quase sempre pouco descritivas, vagas e esquemáticas.[2] Concretizar o sistema de direitos constitucionais, portanto, pressupõe uma atividade interpretativa tanto mais intensa, efetiva e democrática quanto maior for o nível de abertura constitucional existente. Neste sentido, é exatamente porque não se prescreve o regime da aplicabilidade imediata da maioria das normas relativas aos direitos fundamentais que se espera a decisão política da comunidade histórica no sentido de efetivamente participar do grupo de intérpretes da constituição. E não há outra forma de viabilizar esta participação jurídico-política senão através da criação, pelo próprio ordenamento constitucional, de uma série de instrumentos processuais-procedimentais que, utilizados pelo círculo de intérpretes da constituição, possa vir a garantir a efetividade dos direitos fundamentais. Importa esclarecer que ao definir uma série de institutos processuais asseguradores dos direitos fundamentais, nossa Constituição, de vez que comprometida tanto com o ideal da igualdade-dignidade humanas, como com o processo de participação jurídico-política da comunidade, privilegia menos os procedimentos que reclamam um comportamento negativo do poder público do que aqueles que exigem prestações positivas por parte do Estado. Ou seja, confere prioridade ao *dever de ação* e não ao *dever de abstenção* por parte do Estado.

É precisamente contra este "não fazer" que a Constituição erige determinados instrumentos processuais que possam dar efetividade às normas constitucionais asseguradoras de direitos, especialmente dos direitos sociais, ainda não regulamentadas de forma eficaz. O dever de ação por parte do Estado, portanto, se associa, neste momento, à necessidade de pôr fim à omissão. Ou, de outra forma, controlar as omissões do poder público, seja do Legislativo, seja do Executivo, é a maneira pela qual se garante o dever de prestação.

Percebemos, portanto, que o processo de concretização da constituição, enquanto efetividade do seu sistema de direitos fundamentais, depende da capacidade de controle, por parte da comunidade, das omissões do poder público. E são os institutos processuais destinados a controlar diretamente estas omissões que viabilizam a participação jurídico-política, garantindo o valor dignidade da pessoa humana. Surge, assim, a ideia de "comunidade de intérpretes", que pressupõe, por um lado, uma concepção de "Constituição aberta"[3] e, por outro, a adoção de diversos e novos institutos que asseguram a determinados intérpretes informais da Consti-

---

1. Cf. José Carlos Vieira de Andrade. Os Direitos Fundamentais na Constituição Portuguesa de 1976, Coimbra, Livraria Almedina, 1983, p. 162.
2. A esse respeito ver José Carlos Vieira de Andrade, capítulo IV – "A Interpretação dos Preceitos Constitucionais relativos aos direitos fundamentais", in Os Direitos Fundamentais na Constituição Portuguesa de 1976, op. cit., p. 115.
3. As expressões "comunidade de intérpretes" e "Constituição aberta" são usadas por Peter Häberle em Hermenêutica Constitucional. A Sociedade aberta dos intérpretes da Constituição: Contribuição para a interpretação pluralista e "procedimental" da Constituição, tradução de Gilmar Ferreira Mendes, Porto Alegre, Sergio Antonio Fabris Editor, 1997.

PRÉDIO DA SUPREMA CORTE

tuição a capacidade para deflagrar processos de controle, especialmente judiciais. Assim ocorre:

a) no mandado de segurança coletivo, que pode ser impetrado por partido político, organização sindical, entidade de classe ou associação legalmente constituída, em defesa dos interesses de seus membros e associados (art. 50, LXX, b);

b) na ação popular, em que qualquer cidadão é parte legítima para postular a anulação de ato lesivo ao patrimônio público ou de entidade de que o Estado participe, à moralidade administrativa, ao meio ambiente e ao patrimônio histórico e cultural (art. 50, LXXIII);

c) na denúncia de irregularidades ou ilegalidades formulada por qualquer cidadão, partido político, associação ou sindicato ao Tribunal de Contas da União (art. 74, parágrafo 20);

d) no mandado de injunção, sempre que a falta de norma regulamentadora torne inviável o exercício de direitos e liberdades constitucionais e das prerrogativas inerentes à nacionalidade, à soberania e à cidadania (art. 50, LXXI);

e) na ação de inconstitucionalidade por omissão, que pode ser proposta, dentre outros, por partidos políticos, por confederações sindicais ou entidades de classe de âmbito nacional (art. 103, parágrafo 20).

Com esses institutos, portanto, pretendeu-se concretizar uma comunidade de intérpretes do texto constitucional, já que os cidadãos e as associações possuem legitimidade, assegurada pela própria Constituição, para deflagrar processos judiciais perante juízes e tribunais, especialmente no sentido de tornar efetivas as normas constitucionais protetoras dos direitos sociais fundamentais, combatendo as omissões dos poderes públicos.

É precisamente por isso que o nosso sistema de justiça deve recorrer a *procedimentos interpretativos de legitimação de aspirações sociais* à luz da Constituição e não a *procedimentos interpretativos de bloqueio*,[4] pretensamente neutros, vinculados a uma concepção de Estado mínimo e adequados a uma legalidade estritamente positivista. Daí, no entanto, não decorre que o nosso sistema de justiça – seja o Ministério Público, seja o Judiciário – possa vir a ser representado como uma espécie de regente republicano das liberdades positivas.

A sociedade brasileira se encontra, do ponto de vista jurídico, inteiramente aparelhada de instrumentos processuais constitucionais para a defesa dos direitos fundamentais individuais e coletivos. Nunca, antes, em nossa história, uma cidadania juridicamente participativa luta tanto na Justiça por seus direitos constitucionais. Dessa capacidade de construir um novo espaço político – o espaço judicial – não deriva, no entanto, a imagem de um sistema de justiça que se eleve acima dos demais poderes da República, seja porque recorra a argumentos de deslegitimação do Legislativo ou do Executivo, seja porque procure aparecer como uma espécie de vanguarda iluminista da sociedade brasileira. Se direitos foram assegurados na Constituição Federal e se instrumentos processuais foram igualmente previstos com o objetivo de dar aos primeiros a concretude desejada pelo constituinte, qualquer forma de ativismo judicial será incompatível com o caráter democrático que a Constituição Cidadã pretender dar ao Estado de Direito no Brasil.

---

4. Conceitos apresentados por Tércio Sampaio Ferraz Jr., Constituição de 1988. Legitimidade, Vigência e Eficácia Normativa, (em colaboração com Maria Helena Diniz e Ritinha A. Stevenson Georgakilas), São Paulo, Editora Atlas, 1989, p. 11.

10

O PRINCÍPIO CONSTITUCIONAL DA SEGURANÇA JURÍDICA

GUILHERME AMORIM CAMPOS DA SILVA *

A promulgação da Constituição Federal aos 5 de outubro de 1988, para além de recolocar o Brasil no marco do Estado democrático de direito constitucional, buscou estabelecer com seus cidadãos uma relação de confiança, pautada por valores republicanos de transparência e formação democrática de consensos.

Na perspectiva da Carta Constitucional de 1988, o princípio da segurança jurídica tanto mais se revela na medida da *estabilidade e eficácia* de normas constitucionais decorrentes do Estado de Direito, como a previsibilidade do direito, a anterioridade da lei, o respeito ao direito adquirido, ao ato jurídico perfeito e à coisa julgada, bem como aos direitos humanos fundamentais e ao denominado núcleo duro da sociedade democrática: proteção aos direitos e garantias individuais; a forma federativa de Estado; voto direto, secreto, universal e periódico; a separação dos Poderes, como forma de auto controle do exercício funcional do poder e melhor verificação de sua execução por parte da população.

NA LIÇÃO DE ANDRÉ RAMOS TAVARES:

> *Um direito à segurança jurídica, em sentido amplo, poderá abranger: i) a garantia do direito adquirido, ato jurídico perfeito e coisa julgada; ii) a garantia contra restrições legislativas dos direitos fundamentais (proporcionalidade) e, em particular, contra a retroatividade de leis punitivas; iii) o devido processo legal e o juiz natural; iv) a garantia contra a incidência do poder reformador da Constituição em cláusulas essenciais; v) o direito contra a violação de direitos; vi) o direito à efetividade dos direitos previstos e declarados solenemente; vii) o direito contra medidas de cunho retrocessivo (redução ou supressão de posições jurídicas já implementadas); viii) a proibição do retrocesso em matéria de implementação de direitos fundamentais; ix) o direito à proteção da segurança pessoal, social e coletiva; x) o direito à estabilidade máxima da ordem jurídica e da ordem constitucional. (2012: 766)*

O Supremo Tribunal Federal, na sua função de guardião da Constituição, tem uma missão *integrativa* do texto constitucional aliada à proteção de sua eficácia.

Como titular do exercício de controle concentrado das normas em abstrato, tem atualizado o significado de conteúdos jurídicos materiais constitucionais ao longo destes trinta anos.

* DOUTOR EM DIREITO DO ESTADO (2010) E MESTRE EM DIREITO CONSTITUCIONAL (2002) PELA PUC/SP. AUTOR DO LIVRO DIREITO AO DESENVOLVIMENTO. PROFESSOR DO PROGRAMA PERMANENTE DE MESTRADO EM DIREITO DA UNINOVE. ADVOGADO EM SÃO PAULO.

Resta saber se, nesta trajetória, tem contribuído para a ampliação dos vetores de segurança jurídica ou, se ao contrário, de alguma forma tem vulnerado o texto constitucional ou a sociedade brasileira com restrições não previstas, a princípio, originariamente, pelo legislador constitucional.

No espectro dos direitos e garantias individuais assegurados na Carta de 1988, o primado da liberdade e sua certeza em face da ação do Estado talvez se coloque dentre os *standards* de maior relevância no conjunto de direitos públicos subjetivos oponíveis a eventual arbítrio.

Neste sentido, a previsão do inciso LVII do artigo 5º de que *ninguém será considerado culpado até o trânsito em julgado de sentença penal condenatória* reforça o caráter de inviolabilidade do direito à liberdade do indivíduo, afirmado já no *caput* do artigo 5º.

O sistema jurídico brasileiro sempre tratou a possibilidade de restrição ao direito de liberdade do indivíduo de forma *excepcional*, tratando de seu encarceramento prematuro em normas penais circunstanciadas, destacando, nesta medida, sempre o interesse público, a proteção do próprio indivíduo, sua periculosidade, preservação eventual da investigação, dentre outros aspectos em que o bem jurídico tutelado da coletividade pode se impor *provisoriamente* ao individual e, recomendar, restrição à liberdade individual e, portanto, antecipação dos efeitos condenatórios de uma sentença transitada em julgado.

Com o passar dos anos e a deterioração de indicadores sociais, como violência[1], desemprego[2], de um lado, e a falência na prestação de serviços públicos essenciais, como na capacidade estatal dos serviços judiciários de prestação de justiça[3] e execução penal[4] , de outro lado, em nome do falacioso argumento de acompanhar a expectativa da sociedade por uma norma constitucional mais eficaz, o Supremo Tribunal Federal tem dispensado

---

1. Segundo o IPEA, a taxa de homicídios no Brasil teve um aumento de 10,6% entre 2005 a 2015, considerando-se para este ano o número de 59080 homicídios (disponível em *https://g1.globo.com/politica/noticia/taxa-de-homicidios-no-brasil-aumenta-mais-de-10-de-2005-a-2015.ghtml acessado em 05/09/2018).*
2. Segundo o IBGE, de 2014 a 2017 a média anual de desocupados passou de 6,7 milhões para 13,2 milhões de pessoas da populações economicamente ativa (disponível em *https://agenciadenoticias.ibge.gov.br/agencia-noticias/2013-agencia-de-noticias/releases/19756-pnad-continua-taxa-de-desocupacao-e-de-11-8-no-trimestre-encerrado-em-dezembro-e-a-media-de-2017-fecha-em-12-7.html acessado em 05/09/2018).*
3. Segundo o Conselho Nacional de Justiça "os casos não solucionados até o final de 2015 chamam a atenção. Na execução dos processos de primeiro grau, o tempo médio atinge oito anos e onze meses na Justiça Estadual e de 7 anos e 9 meses na Justiça Federal. Na Justiça do Trabalho, apesar de menor, a taxa atinge 4 anos e 11 meses. (...) Entre os casos baixados, as taxas também mostram que a fase de execução é o maior entrave à celeridade. Desconsiderados os juizados especiais e levando em consideração todos os ramos da Justiça, em média, essa etapa dura quatro anos e quatro meses, enquanto o conhecimento fica em onze meses. Nesse item, a Justiça Federal apresenta a maior distorção entre execução e conhecimento, com seis anos e um mês e dois anos, respectivamente. Na Justiça Estadual, enquanto a execução chega a quatro anos e um mês, o conhecimento fica em dois anos e dez meses. (...) Justiça criminal – Quanto ao tempo de duração do processo criminal, a fase de conhecimento dura, em média, três anos e três meses no juízo comum e dois anos e sete meses nos juizados especiais. Já o tempo de execução de punições não-privativas de liberdade, em média, ficou em um ano e nove meses (juízo comum) e dois anos (juizados especiais). No caso de penas privativas, a média atingiu dois anos e quatro meses" *(disponível em http://www.cnj.jus.br/noticias/cnj/83679-fase-de-execucao-e-a-que-mais-aumenta-tempo-de-tramitacao-de-processos acessado em 05/09/2018).*
4. *A nova população carcerária brasileira é de 711.463 presos, sendo 41% de presos provisórios (disponível em http://www.cnj.jus.br/noticias/cnj/61762-cnj-divulga-dados-sobre-nova-populacao-carceraria-brasileira acessado em 05/09/2018).*

interpretação ao dispositivo constitucional do inciso LVII do artigo 5º que ao invés de integralizar o seu conteúdo jurídico material na verdade vulnera a eficácia protetiva da Constituição notadamente no aspecto que lhe é mais caro: a defesa em face do arbítrio estatal.

A garantia de que ninguém será considerado culpado até o trânsito em julgado de sentença penal condenatória não poderia comportar, no nosso sentir, a inversão normativa que vem sendo admitida e, até mesmo, promovida pelo Supremo Tribunal Federal.

A excepcionalidade tem se tornado, assim, regra, expandindo-se, inclusive, para a seara de uma moralidade ampliada, como se observa pela intelecção que tem prevalecido normativamente na Corte:

> *A presunção de inocência consagrada no art. 5º, LVII, da CF deve ser reconhecida como uma regra e interpretada com o recurso da metodologia análoga a uma redução teleológica, que reaproxime o enunciado normativo da sua própria literalidade, de modo a reconduzi-la aos efeitos próprios da condenação criminal (que podem incluir a perda ou a suspensão de direitos políticos, mas não a inelegibilidade), sob pena de frustrar o propósito moralizante do art. 14, § 9º, da CF. Não é violado pela LC 135/2010 o princípio constitucional da vedação de retrocesso, posto não vislumbrado o pressuposto de sua aplicabilidade concernente na existência de consenso básico, que tenha inserido na consciência jurídica geral a extensão da presunção de inocência para o âmbito eleitoral*[5].

5 ADC 29, ADC 30 e ADI 4.578, ref. min. Luiz Fux, J. 16-2-2012, P, *DJE* de 29-6-2012.

O arranjo institucional, político e jurídico engendrado pelo constituinte de 1988 previu poderes harmônicos e independentes entre si. À toda evidência, pressupôs uma Corte Constitucional forte, abalizadora dos princípios constitucionais.

Nos limites de sua função constitucional de revelar o conteúdo jurídico material das normas constitucionais há a perspectiva de preservar, sempre, a defesa do denominado núcleo duro da Constituição, consistente na eficácia de normas e garantias individuais.

Neste sentido, a mitigação de direitos integrantes do próprio núcleo de Estado Democrático de Direito e da defesa do indivíduo em face do Estado é revelador do desarranjo interpretativo que o Supremo Tribunal Federal tem promovido na Constituição da República, vulnerando assim, no marco dos seus trinta anos, a importante conquista da democracia brasileira.

O permanente desafio das instituições democráticas ativas no espectro constitucional é defender e promover interpretações condizentes com a defesa da cidadania e a promoção dos valores republicanos no resgate dos limites da normativa da Constituição do Brasil.

REFERÊNCIAS BIBLIOGRÁFICAS

TAVARES, André Ramos. Curso de Direito Constitucional. São Paulo: Saraiva, 2012. 1426p. ISBN 978-85-02-15163-5

INTERIOR DO MUSEU NACIONAL

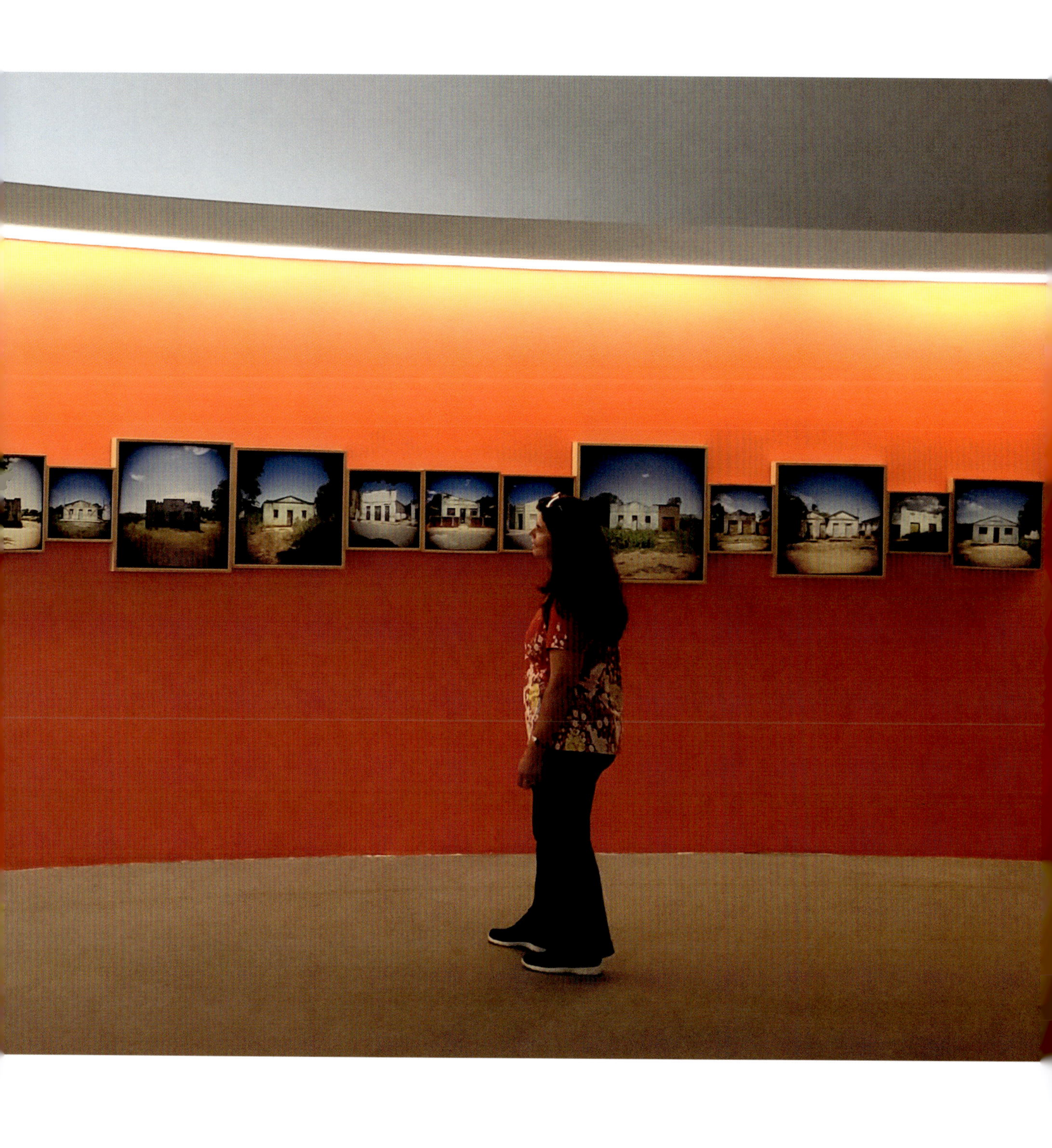

11

CONSTITUIÇÃO FINANCEIRA ENTRE ESTABILIDADE E CRISE

HELENO TAVEIRA TORRES *

Passados 30 anos, é possível fazer um balanço crítico da Constituição de 1988 no que concerne às matérias da chamada *Constituição Financeira*, que corresponde à parcela normativa que tem por objeto as regras, princípios, competências e valores que regem a *atividade financeira* do Estado, na unidade entre tributação ou outras fontes de obtenção de receitas, regulação do orçamento público e seus controle internos ou externos, bem como as modalidades de realização de despesas, desde o federalismo fiscal, passando pelos custos dos direitos e liberdades, gestão do patrimônio estatal ou medidas de atuação do Estado na ordem econômica e social.

O balanço é muito positivo. Diante de sucessivas crises fiscais, como foram aquelas enfrentadas antes do plano real, ou a que ora se vivencia, bem como nos momentos de equilíbrio e bonança, ela tem respondido em modo satisfatório, capaz de entabular limites ao gasto público e realizar os fins e valores que a Constituição total pretende concretizar.

Não pode existir um Estado sem finanças públicas.[1] Por isso, cabe à Constituição Financeira estabelecer todo o complexo de relações jurídicas e condições institucionais para que o Estado possa organizar suas atividades, com responsabilidade fiscal, controle e eficiência administrativa.

No Brasil, o sistema constitucional das finanças públicas é uno, pois na totalidade da Constituição encontramse todas as regras necessárias à definição da sua competência ou complementação de competências alheias, como são aquelas da Constituição Econômica ou da Constituição Social. Nesta totalidade, a Constituição Financeira tem funções a realizar. Ela responde pelas regras que instituem, regulam ou limitam a atividade financeira dos órgãos públicos no âmbito da atividade financeira do Estado. Sua força normativa encontra-se na limitação ao arbítrio e na estabilidade das relações jurídicas.

A Constituição Financeira depende do modelo de Estado que a Constituição total constitui juridicamente. No Brasil, a Constituição qualifica o Estado no preâmbulo, no art. 1.º ("Estado

* PROFESSOR TITULAR DE DIREITO FINANCEIRO E LIVRE-DOCENTE EM DIREITO TRIBUTÁRIO DA FACULDADE DE DIREITO DA USP. FOI VICE PRESIDENTE DA INTERNATIONAL FISCAL ASSOCIATION – IFA. ADVOGADO.

Democrático de Direito"), no art. 5.º, XLIV, e no art. 91, § 1.º, IV, como "Estado Democrático", sem referência à noção de "Estado Social". Não quer dizer que os valores do "Estado Social" foram olvidados. Em verdade, foram incorporados como parcela de efetividade dos direitos e liberdades, inclusive como direito ao "bemestar social", sucessivamente repetido ao longo da Constituição. Deveras, um *Estado de direito orientado pelos valores da democracia e participação de todos*, no qual o poder somente pode ser exercido conforme as instituições democráticas e com prevalência das liberdades e dos valores sociais.

A Constituição encarna um projeto de sociedade e de economia orientadas para o futuro. Coloca todos os meios do Estado a serviço desse empenho, ao não se restringir às necessidades imediatas. Neste sentido, a Constituição Financeira deve projetar a isonomia intergeracional, mediante permanente controle das finanças dos períodos futuros, na manutenção da capacidade de obtenção das receitas e equilíbrio das despesas para que não se transfiram compromissos financeiros gravosos ou excessivos para futuros governos e gerações, na forma de crises econômicas, inflação, empréstimos, gastos elevados com obras públicas não necessárias, desequilíbrios orçamentários injustificados e outros.

Crises reclamam ainda maior escassez e disputas institucionais. Daí a importância da arbitragem constitucional para reduzir espaços de conflitos.

Os limites orçamentários são sempre escassos para atender ao amplo campo de decisões e atuações dos órgãos ou das pessoas do federalismo, ao tempo que as demandas públicas são indefinidas. Por isso, a decisão política deve sempre operar as escolhas de prioridades e de preferências na aplicação dos recursos em conformidade com os critérios estabelecidos pela Constituição, para continuidade e preservação do Estado fiscal.

O aumento do gasto público, desde a famosa "lei de Wagner", segundo a qual as despesas públicas tendem a crescer de forma contínua e mais rapidamente que a renda nacional, o limite da despesa afirmou-se como tema capital[2]. São muitas as posições sobre os limites máximos de receitas e de despesas, segundo as mais variadas escolas econômicas.

Dentre estas hipóteses, discute-se sobre limite do gasto público na realização dos princípios do Estado Social da Constituição de 1988, bem como limites da arrecadação. O certo é que estes são definidos pela Constituição segundo critérios de forma (anualidade, orçamento etc.) ou por regras materiais expressas, inclu-

---

1. *"L'État moderne est un État de finances (Finanzstaat). C'est dire qu'il est nécessairement un État fiscal (Steuerstaat)". E continua o autor: "La transition de l'État vivant des revenus de son domaine (Domiinenstaat) à l'État établissant l'impôt (Steuerstaat) marque en même temps la naissance de l'État moderne, tel que ce dernier n'aura de cesse de se développer ensuite. Et liées indissolublement à l'État moderne, les finances le sont par suite à sa Constitution" (MANGIAVILLANO, Alexandre. Le contribuable et l'Etat L'impôt et la garantie constitutionnelle de la propriété* (Allemagne – France). Paris: Dalloz, 2013, p. 114 115).
2. Cf. WAGNER, Adolfo. *La scienza delle finanze.* Trad. de Maggiorino Ferraris e Giovanni Bistolfi. Torino: Unione Tipografica, 1891. p. 835.

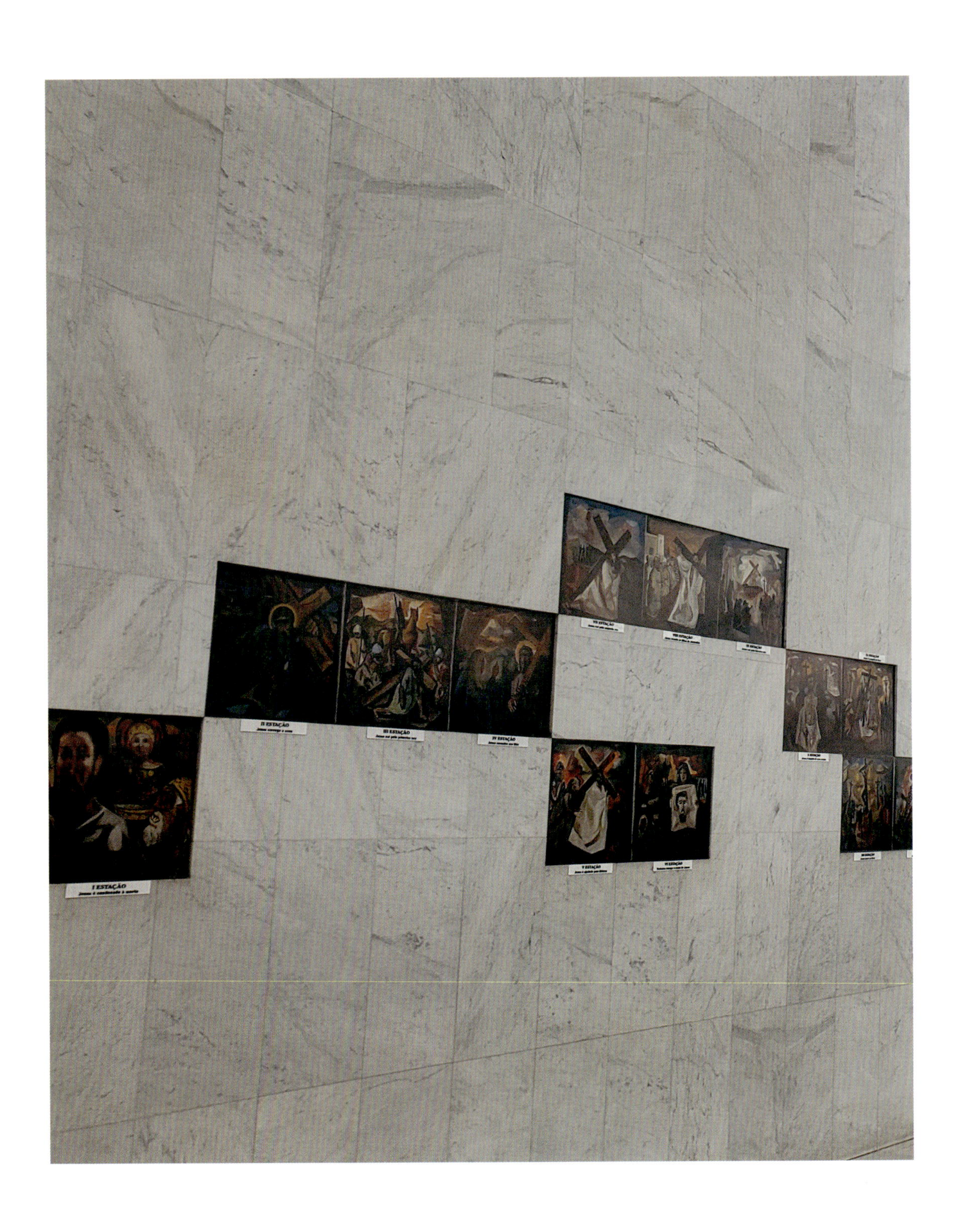
I ESTAÇÃO
II ESTAÇÃO
III ESTAÇÃO
IV ESTAÇÃO

INTERIOR DA CATEDRAL METROPOLITANA

sive quando admite que a legalidade prescreva os campos objetivos das restrições[3].

A cada momento, o Estado deve decidir como gerir seu patrimônio e alocar os recursos obtidos. Essa decisão é influenciada pela Economia e pela Política. Nos momentos de crise, estes fatores de disputas por alocações de recursos públicos testam a capacidade adaptativa da economia e da força normativa da Constituição, ao mesmo tempo que liquidam com as teorias de Estado mínimo e, tanto mais, com aquelas das finanças mínimas. Assim, a constituição financeira alinha regras para determinar os critérios das "escolhas" que se realizam por intermédio das decisões políticas.

A Teoria da Constituição Financeira assume o papel de delimitar os melhores parâmetros jurídicos para preparar a decisão política dos governos, ao estabelecer as prioridades e o destino dos gastos públicos, a partir das receitas obtidas, com tributos ou recursos hauridos do próprio patrimônio.

O limite das despesas públicas depende de fatores econômicos, quanto à capacidade de absorção das funções do Estado, mas é especialmente uma questão de ordem política, a ser debatida segundo os procedimentos democráticos, na consecução dos fins constitucionais do Estado, e para a qual a preocupação com o limite é sempre legítima.

Em conclusão, para conter a possibilidade de conflitos financeiros, a Constituição antecipa as regras sobre criação de receitas, competências como fontes geradoras de despesas a serem atendidas, competências para gestão e aplicação das receitas públicas e procedimentos de responsabilidade e controle. Neste particular, normas da Constituição Financeira prestam-se a estabilizar os interesses potencialmente em conflito, a evitar possíveis tensões entre as unidades do federalismo. Quando se trata de conflitos de interesses entre poderes ou entes estatais, em matéria financeira, somente a força normativa da Constituição, no sentido empregado por Konrad Hesse, tem capacidade para evitar ou eliminar a origem ou as consequências decorrentes, ao regular e gerar a harmonia determinada pela própria Constituição Político-Federativa, de modo a assegurar a continuidade do Estado fiscal.

---

3. BUCHANAN, James M. Límites constitucionales al poder fiscal del estado. In: ________; McCORMICK, R. E.; TOLLISON, R. D. *El análisis económico de lo político*. Madrid: Instituto de Estudios Económicos, 1984. p. 74. "Há de se instaurar uma justa distribuição de recursos, para que possa haver a democratização da sociedade. Isto se faz com a democratização dos gastos. O objetivo, pois, do direito financeiro, é dar efetividade aos direitos constitucionais. Não se está mencionando o direito à prestação negativa do Estado. O que se tem em mira é a eficácia das políticas públicas, obrigando se o Estado a ações positivas" (OLIVEIRA, Regis Fernandes de. *Curso de direito financeiro*. São Paulo: Revista dos Tribunais, 2013. p. 319).

12

A SEGURANÇA PÚBLICA DA CONSTITUIÇÃO: DIREITOS SOB TUTELA DE ESPADAS EM DESGOVERNO

JACQUELINE MUNIZ
E LUCIANE PATRICIO *

A Constituição Federal completa 30 anos no próximo 05 de outubro de 2018. Seu caráter cívico e os direitos de cidadania por ela vocalizados esbarram na perturbadora marca de 62.517 pessoas assassinadas no ano de 2016[1]: dado que corresponde a uma taxa anual de 30,3 mortes por 100 mil habitantes no Brasil. A garantia do ir e vir segue como uma ambição democrática diante de uma realidade cotidiana que, convertendo direitos em privilégios infraconstitucionais, faz-se desigual, excludente e seletiva.

Na contramão das expectativas progressistas, foi-se acentuando um hiato entre o "dever ser" jurídico do "mundo da lei" constitucional e o que acontece politicamente nas "leis do mundo" real da segurança pública. Foi-se caminhando algumas casas à frente, com avanços na formulação e implementação de políticas públicas, e voltando várias casas atrás, com retrocessos nos discursos e práticas de controle social[2]. Assistiu-se a descontinuidade de programas e ações independente de seus resultados promissores em termos de defesa dos direitos humanos como condição de possibilidade de eficácia e eficiência das agências de controle social. Apresentou-se uma lógica de vitrine com seus modismos conservadores e inovadores de ocasião, os quais reduziam experiências qualificadas de democratização das polícias e de prevenção da criminalidade violenta a experimentos pontuais com prazo de validade eleitoral.

Conservou-se, no tema da segurança pública, a estrutura político-administrativa da Constituição autoritária de 1967 e da sua emenda de 1969: um fruto amargo dos *lobbies* das polícias para manter seus *status quo* e garantir monopólios e quase-monopólios dos policiamentos públicos e estatais. A segurança pública permaneceu sem uma repactuação federativa que definisse, equilibrasse e articulasse as competências exclusivas e partilhadas entre os entes federados. Seguiu na "Carta Cidadã" com disfunções rentáveis e propositais que favoreceram incongruências e confrontos entre as previsões de direitos e as provisões do exercício do poder de polícia. Revelou-se uma dupla mensagem: enquanto uma mão constituinte positivou di-

* ANTROPÓLOGAS E PROFESSORAS DO DEPARTAMENTO DE SEGURANÇA PÚBLICA DA UNIVERSIDADE FEDERAL FLUMINENSE (DSP/INEAC/UFF).

reitos, uma outra mão obscureceu os deveres dos meios de forças policiais e combatentes possibilitando sua amplitude e autonomização. Possibilitou-se que as espadas pudessem ameaçar cortar a língua do verbo da política e ainda rasgar a letra da lei.

A contabilidade de vidas perdidas, a continuada acumulação social da violência e a perda gradual da confiança pública nas polícias foram seguidas por gastos expressivos com a segurança pública. Em 2016, União, Estados e Municípios gastaram juntos a cifra de 81 bilhões de reais. Mas, gastar muito não tem sido sinônimo de gastar bem. Salvo exceções, tem-se mantido uma lógica de balcão, onde se prioriza menos o financiamento de planos de segurança municipais e estaduais e mais o "enxuga gelo" do interesse corporativo e imediatista pela aquisição de meios. Segue-se reproduzindo mais do mesmo: "mais viatura, armamento e munição".

O Artigo 144, o único que reúne informações sobre o assunto, previra em seu texto que segurança pública é "dever do estado, direito e responsabilidade de todos". Lista em seus incisos os órgãos destinados a realizar esse trabalho, sem, contudo, definir as competências, atribuições ou delimitações do seu mandato. Tem-se um cheque em branco, ou melhor, uma procuração em aberto entregue aos dispositivos de controle, em particular aos meios de força comedidos (polícias) e combatentes (forças armadas). É como se a prescrição presente na lei fosse suficiente para pavimentar o caminho que definiria os meios, os modos e os fins de cada instituição. Desta forma, o âmbito, o alcance e o contorno de atuação das instituições de segurança pública estariam sempre abertos a acertos de gaveta, aos acordos selados no fio do bigode do principal poder concedido ao estado: o poder coercitivo. Produziu-se, com isso, um limbo normativo-procedimental, um passaporte para invisibilidade e baixa institucionalidade das práticas de controle e regulação sociais que vem comprometendo os esforços de controle externo, transparência e responsabilização das polícias.

No contexto da promulgação da Constituição Federal de 88 havia um pressuposto ideal: a abertura política e a enunciação da ampliação de direitos e de igualdade ("todos são iguais perante à lei") seriam um condão, suficiente

---

1. Uma apreciação das taxas de homicídios dolosos no Brasil encontra-se no "Atlas da Violência 2018", elaborado pelo Instituto de Pesquisas Econômicas Aplicadas (IPEA) com o Fórum Brasileiro de Segurança Pública (FBSP). Outras estatísticas sobre violências e crimes encontram-se nos Anuários Estatísticos do FBSP. Último acesso em 30/07/2018.
2. Para uma análise dos avanços e retrocessos no campo das políticas de segurança, ver principalmente: Muniz e Zacchi (2005), Soares (2007), Adorno (2008), Mesquita Neto (2008), Sento-Sé (2011), De Sá e Silva (2012; 2017), Ballesteros (2014) e Azevedo e Cifali (2017).
3. Uma análise crítica da Lei do SUSP (Lei 13.675 de 11 de junho de 2018) pode ser encontrada em Muniz e Patrício (2018).

para promover a redução das desigualdades e a solução de boa parte dos problemas sociais e econômicos vivenciados pela população. Porém, o que se tem observado é um agravamento das violações dos direitos civis. A conquista do direito de voto de fato permitiu liberdade e participação nas urnas, mas o desemprego, a violência, a oferta inadequada de serviços públicos, a desigualdade social, etc., continuam sendo problemas centrais na sociedade brasileira. Há um conjunto de cidadãos – sobretudo jovens, negros e pobres – que certamente estão bem distantes da promessa de igualdade e de cidadania para todos.

Ficou em segundo plano a discussão da natureza e dos objetivos das instituições do Estado da "Constituição Cidadã". A segurança pública foi sendo vista mais como uma "faculdade" do Estado do que como um direito social propriamente dito, onde a população é chamada a opinar, criticar e propor. Um legado liberal-autoritário que se estrutura a partir de uma noção de ordem administrada pelo Estado, que é concebida como algo exterior que inventaria a própria sociedade e explicaria seus rumos.

Nesses 30 anos de Constituição, o artigo 144 tem oscilado entre a ideia de segurança pública como razão de Estado e a ideia de segurança pública como direito de todos. Tem oscilado entre a ideia de segurança pública como assunto exclusivo ou "coisa de polícia" e a ideia de uma política pública que articula direitos e reconhece cidadãos. Uma lógica "pendular" que ora favorece a narrativa da segurança como lugar da obediência às regras do jogo de forma consentida e da regulação de direitos (constituídos, universais e reconhecidos), ora situa-se como lugar da sanção e da sujeição (e para tanto, com supressão e prejuízo de direitos).

Abriu-se mão, intencionalmente, da repactuação federativa da segurança e da justiça, em favor da manutenção do *status quo* das organizações de força, institucionalizando a batecão de cabeça e os conflitos de competência. Das Forças Armadas às Guardas Municipais, tem-se sobreposições, lacunas e limbos intencionais. A lei do SUSP (Sistema Único de Segurança Pública) recém aprovada[3] não resolve isso. O que há é uma justaposição de instituições e sua desregulamentação até os dias de hoje. Institucionalizou-se um ajuntamento invertebrado. Mantiveram-se as polícias como autarquias sem tutela, de modo a esvaziar a responsabilização política sobre as ações policiais, seus resultados e consequências. É curioso esse arranjo. Conseguimos conciliar cidadanias "tuteladas", "incompletas", ou **precarizadas**, com meios de força estatais sem tutela, com baixo controle. Temos controle demais sobre os cidadãos, mas controle de menos sobre as instituições encarregadas do controle.

---

4. No âmbito do Governo Federal, entre 2000 e 2017 foram lançados os seguintes planos nacionais de segurança pública: I Plano Nacional de Segurança Pública (O Brasil diz não à Violência), em 2000, governo FHC; II Plano Nacional de Segurança Pública (Projeto Segurança Pública para o Brasil), em 2002, governo Lula; Programa de Segurança Pública com Cidadania (PRONASCI), em 2007, governo Lula; Programa Brasil Mais Seguro/Programa de Redução da Criminalidade Violenta, em 2012, governo Dilma; III Plano Nacional de Segurança Pública, 2017, governo Temer.

Passados 30 anos, nota-se que o texto avançou em direitos, mas conservou um modelo de segurança do Estado (não da sociedade) e não necessariamente pública. Temos duas constituições numa só: a que ambiciona ampliar, reconhecer e garantir direitos, a soberania dos sujeitos e sua emancipação; e aquela que mantém sobrepoderes do Estado diante do cidadão e da sociedade. Um garantismo híbrido que aponta para a presença do Estado como um despachante indispensável em tudo na vida civil. Daí os dispositivos de segurança terem sido mantidos como estavam antes e sem a repactuação de suas competências e poderes. Fica-se com a impressão que esta armadilha foi intencionalmente construída pelos constituintes como um arranjo entre atores políticos díspares e posições inegociáveis. Tudo se passa como se fosse dito assim: a gente mantém cidadanias sob tutelas e dispositivos tutelares avulsos e autônomos, sem ossatura na estrutura estatal, de maneira a pôr na conta dos governos e seus governantes o modo de resolver isso, de forma pessoalizada. Se o governo for progressista, coloca freio nos tuteladores com espada ("segurança com respeito aos direitos", "segurança com cidadania"), e se for conservador, põe o tutelador como ente pedagógico, disciplinar e civilizador ("tiro, porrada e bomba"; "lei e ordem"). Na prática, não se trata de prover segurança pública, e sim impor um tipo de ordem e disciplina conforme o projeto de sociedade que se tem (que pode mudar ao sabor do governante da ocasião, da gestão da ocasião ou da orientação política da ocasião).

Reconhecemos avanços e retrocessos nas políticas de segurança iniciados, sobretudo, nos últimos 20 anos, a partir da criação da Secretaria Nacional de Segurança Pública, no Ministério da Justiça, em 1997, e do Fundo Nacional de Segurança Pública, em 2001. De lá para cá, vimos o surgimento de planos e políticas nacionais de segurança pública, com mais ou menos consistência . Mas, ao focalizar o texto constitucional, em se tratando dos direitos de cidadania no campo da segurança pública, eles seguiram sendo tutelados desde a sua promulgação. A existência dessas "duas constituições" mantém uma certa instabilidade na dinâmica político-institucional que obriga a negociar com a espada o seu próprio emprego. De lá para cá, são elas – as espadas – que, na contramão das exigências da governança democrática, têm definido, elas mesmas, a extensão e a profundidade de seu corte. E este tem-se mostrado terreno fértil para a manutenção de privilégios de classes e de categorias, não de igualdade entre cidadãos com direitos universais. As agências de controle social, reguladoras sem tutela, têm-se apresentado como dispositivos de controle, com pouco ou nenhum controle. Uma cidadania precarizada que tem possibilitado, por parte das agências encarregadas do controle social, uma política orientada por práticas com pouca ou nenhuma transparência, normalmente episódicas, emergenciais e urgentes. A desregulamentação do artigo 144 alimenta os imbróglios e conflitos de competências entre as corporações e favorecem mecanismos perversos entre as mesmas. Uma fragmentação crônica não resolvida até os dias atuais. Isto tem possibilitado que as polícias fiquem não só expostas às apropriações mercantis e às manipulações político-partidárias, como também vulneráveis à sua conversão em governos autônomos sem voto e sem lei.

REFERÊNCIAS BIBLIOGRÁFICAS

ADORNO, Sérgio. Políticas públicas de segurança e justiça criminal. In: Segurança Pública. São Paulo: Cadernos Adenauer, Ano IX, n. 4, 2008, p. 9-27.

Atlas da Violência 2018. IPEA e FBSP. Rio de Janeiro, 2018.

AZEVEDO, Rodrigo Ghiringhelli de.; CIFALI, Ana Cláudia. Segurança pública, política criminal e punição no Brasil nos governos Lula (2003-2010) e Dilma (2011-2014): mudanças e continuidades. In: Máximo Sozzo (org.). Pós-neoliberalismo e penalidade na América do Sul. 1ª ed. São Paulo: Fundação Perseu Abramo, 2017. v. 1, p. 27-98.BRASIL, Constituição Federal, 1988.

BRASIL, Lei 13.675 de 11 de junho de 2018. Disciplina a organização e o funcionamento dos órgãos responsáveis pela segurança pública, nos termos do § 7º do art. 144 da Constituição Federal; cria a Política Nacional de Segurança Pública e Defesa Social (PNSPDS); institui o Sistema Único de Segurança Pública (Susp).

BALLESTEROS, Paula R. Gestão de políticas de segurança pública no Brasil: problemas, impasses e desafios. Revista Brasileira de Segurança Pública. São Paulo, vol. 8, n. 1, p. 6-22. 2014.

CARVALHO, José Murilo de. Cidadania no Brasil: o longo caminho. Rio de Janeiro: Civilização Brasileira, 2001.

DAMATTA, Roberto. Cidadania: A questão da cidadania num universo relacional. In A casa e a rua. Rio de Janeiro: Rocco, 1997.

DE SÁ E SILVA, Fabio de. "Nem isto, nem aquilo": trajetória e características da política nacional de segurança pública (2000-2012). Revista Brasileira de Segurança Pública. São Paulo, v. 6, n. 2, p. 412-433, 2012.

________________. Barcos contra a Corrente: a Política Nacional de Segurança Pública de Dilma Rousseff a Michel Temer. Boletim de Análise Político-Institucional, v. 11, p. 17, 2017.

LIMA, Roberto Kant de; PIRES, Lenin ; EILBAUM, Lucía. Constituição e segurança pública: exercício de direitos, construção de verdade e a administração de conflitos. In: OLIVEN, Ruben George; RIDENTI, Marcelo; BRANDÃO, Gildo Marçal. (Org.). A Constituição de 1988 na vida brasileira. 1ªed. São Paulo: Aderaldo & Rothschild Ed.; ANPOCS, 2008, p. 152-190.

LIMA, Roberto Kant de. Entre as leis e as normas: Éticas corporativas e práticas profissionais na segurança pública e na Justiça Criminal. DILEMAS: Revista de Estudos de Conflito e Controle Social, v. 6, p. 549-580, 2013.

MESQUITA NETO, Paulo de. Reforma del sistema de seguridad pública en Brasil. In: FLACSO. Ensaios sobre seguridad ciudadana. Santiago, 2008, p. 285-301.

MUNIZ, Jacqueline de Oliveira; ZACCHI, Jose Marcelo. Avanços, Frustrações e Desafios para uma Política Progressista, Democrática e Efetiva de Segurança Pública no Brasil. In: Santiago Escobar. (Org.). Seguridad Ciudadana: concepciones y políticas. 1ed. Caracas: Nueva Sociedad, 2005, p. 85¬147.

MUNIZ, Jacqueline de Oliveira; PROENÇA JUNIOR, Domicio. Da Accountability Seletiva à Plena Responsabilidade Policial. In: Haydée Caruso; Jacqueline Muniz; Antônio Carlos Carballo Blanco. (Org.). Polícia, Estado e Sociedade: Saberes e Práticas Latino-americanos. 1ed. Rio de Janeiro: Publit Seleções Editoriais, 2007, v. 1, p. 21-73.

MUNIZ, Jacqueline de Oliveira; PROENÇA JUNIOR,

Domicio; PONCIONI, Paula Ferreira. Da Governança de Polícia à Governança Policial: controlar para saber, saber para governar. Revista Brasileira de Segurança Pública, v. 3, p. 14¬37, 2009.

MUNIZ, Jacqueline; CARUSO, Haydée; FREITAS, F. Os estudos policiais nas Ciências Sociais: um balanço sobre a produção brasileira a partir dos anos 2000. BIB. Revista Brasileira de Informação Bibliográfica em Ciências Sociais, 2018.

MUNIZ, Jacqueline de Oliveira; PATRICIO, Luciane. Da Fragmentação ao Amontoado. Folha de São Paulo, São Paulo, 09 jun. 2018. Opinião Tendência/ Debates. Disponível em https://www1.folha.uol.com.br/opiniao/2018/06/tal-como-foi-aprovado-o-sus-da-seguranca-publica-vai-trazer-avancos-no-combate-a-criminalidade-nao.shtml. Último acesso em: 30/07/2018.

PATRICIO, Luciane. Falar, ouvir, escutar e responder: modos e sentidos da participação em conselhos comunitários de segurança pública. 1ª ed. Rio de Janeiro: Consequência, 2016.

SANTOS, Wanderley Guilherme dos. Do Laissez-faire repressivo à cidadania em recesso. In Cidadania e Justiça. Rio de Janeiro: Campus, 1979.

SENTO-SÉ, João Trajano. A construção de um discurso sobre segurança pública no âmbito nacional: apontamentos para um programa de pesquisa. In: Dilemas – Revista de Estudos de Conflito e Controle Social, v. 4, n. 3, jul-set. 2011, p. 501-521.

SOARES, Luiz Eduardo. A Política Nacional de Segurança Pública: histórico, dilemas e perspectivas. Estudos Avançados – Dossiê crime organizado, v. 21, n. 61, set-dez. 2007, p. 77-97.

13

ENSAIO SOBRE 30 ANOS DE CONSTITUIÇÃO E O DESAFIO DE MANTER O RESPEITO À PROMESSA CONSTITUCIONAL

LÍGIA MARIA SILVA MELO DE CASIMIRO *

A história do Estado brasileiro se dá em um palco de instabilidades políticas, sociais e econômicas regidas por regimes burocráticos-autoritários e conservadores, ainda que inclua a conquista de marcos legais fundamentais progressistas, tendo a proteção e promoção do acesso aos direitos da pessoa humana como referência. O texto da Constituição de 1988 positivou tais direitos e provocou a instituição de um plexo de normas que balizam o comportamento do poder público, os direitos individuais e sua relação com o grupo social, em que toda pessoa tem garantias e obrigações em razão do lugar que ocupa na sociedade[1].

A lei maior descreve, em seu bojo, diretrizes para a condução de políticas públicas voltadas à promoção e proteção dos direitos sociais e econômicos, ultrapassando a esfera dos direitos civis e políticos. Destacando-se nesse ensaio que aos 30 anos da Constituição persistem, repetidamente, ataques de toda ordem contra suas previsões, sob a bandeira da necessidade de redução dos deveres do Estado em face dos custos de manutenção da máquina administrativa, ineficiência, da crise econômica e das reiteradas denúncias de corrupção.

Ao se firmar como tradução da vontade de um povo, a Constituição se constitui como documento indicativo dos valores jurídicos supremos, firmando diretrizes e programas que deverão nortear a atuação dos que governam e administram o Estado e a forma como se relacionam com os destinatários de suas ações. Essa afirmação destaca o valor que possui a norma fundamental do país, lembrando que a mesma extrai sua força de um processo legítimo de construção formal e material, não podendo ser reduzida a um corpo de normas sugestivas e desprovidas de efetividade sobre a realidade brasileira à qual se debruça.

Não se pode perder de vista que a dignidade da pessoa humana é posta como um dos fundamentos da República Federativa do Brasil, seguido por objetivos pautados na redução das desigualdades regionais, erradicação da pobreza - expressamente listados, pela positivação dos direitos e garantias fundamen-

* MESTRE EM DIREITO DO ESTADO PELA PUC/SP; ESPECIALISTA EM DIREITO CONSTITUCIONAL PELA UNIFOR-CE;. É PROFESSORA ADJUNTA EFETIVA DO CURSO DE DIREITO DA UNIVERSIDADE FEDERAL DO CEARÁ - UFC.

tais, pela definição de um regime jurídico administrativo de cunho republicano, social e democrático, em uma estrutura de texto que reforça a solidariedade dentro do sistema capitalista, com a proteção aos direitos sociais do indivíduo e o papel do Estado na regulação das relações e, novamente citando, na promoção do desenvolvimento humano.

O momento histórico, político e jurídico que resultou na Constituição de 1988 solicitou um arcabouço normativo sólido para fazer frente à implementação de grandes transformações que pretendiam resgatar o tempo do descaso das autoridades, tentando dar saneamento às grandes mazelas, como a busca pela redução das desigualdades sociais, melhor distribuição de renda, acesso equânime aos serviços públicos, investimentos em infraestrutura urbana para garantir mais condições de vida adequada e acesso à possibilidades de desenvolvimento, e não poderia prescindir de tutelar as intervenções nos espaços urbanos, consequência e causa de tantos problemas que envolvem as péssimas condições de vida nas cidades.

Para a concreção de tais metas e objetivos foram feitas previsões de direitos sociais, bem como o indicativo de regulamentação dos usos e ocupações do território urbano, na melhor perspectiva da gestão democrática, social e republicana, com a aprovação de uma lei federal de desenvolvimento urbano. Após 30 anos, ainda estamos buscando implementar instrumentos democráticos de gestão do solo e dos serviços - com grandes dificuldades de ver reconhecida a participação social -[2], proteger o que foi conquistado e restabelecer o que se perdeu, em especial a partir de 2016, ano do golpe político contra a democracia.

A análise sobre a promessa constitucional permite relacionar a previsão da função social da cidade e da propriedade, dialogando diretamente com a perspectiva de desenvolvimento tratada como objetivo do Estado Brasileiro. O traçado para a política urbana definiu parâmetros sociais ao formato, historicamente caótico, de crescimento das cidades, destacando o dever de planejamento urbano democrático, o uso da propriedade individual em conformidade com as necessidades que apresentam os aglomerados urbanos, balizas para a urbanização e o funcionamento das cidades[3], objetivando proteger seu território da captura predatória que o sistema capitalista é capaz de desenvolver.

Se em vários artigos do texto constitucional se verificam comandos que recomendam políticas promotoras de desenvolvimento humano nas cidades, com a indicação de planejamento e planificação construídos de maneira dialógica e transparente com a população, tem-se assistido a uma agressão recorrente contra

1. DUGUIT, Leon. Les Transformations du Droit Public. Paris: La Mémoire du Droit, 1999.p.13.
2. FREITAS, Eleusina Lavor Holanda de; BUENO, Laura Machado de Melo. Processos participativos para elaboração de Planos Diretores Municipais: inovações em experiências recentes. urbe, Rev. Bras. Gest. Urbana, Curitiba, v. 10, n. 2, p. 304-321, Aug. 2018. Available from <http://www.scielo.br/scielo.php?script=sci_arttext&pid=S2175-33692018000200304&lng=en&nrm=iso>. Acesso em 04 Set. 2018.
3. SILVA, José Afonso da. Direito Urbanístico Brasileiro. São Paulo: Ed. Malheiros, 2006. p. 27

os valores que compõem a ideia de função social da cidade, interesse público e desenvolvimento humano a partir da desestabilização de várias estruturas normativas, tais como a retirada de prazos para atuação do poder público, supressão das sanções por omissão do dever de agir ou reforço a ações de despejos em contraponto à regularização urbanística plena[4].

A sociedade humana atingiu um estágio de civilização urbana em que a cidade se firma definitivamente como a sede do poder econômico, aglomerando pessoas em determinado espaço territorial de tal forma intensa que, em países em desenvolvimento como o Brasil, provocam grandes impactos no uso e ocupação do solo urbano, levando a degradação ambiental, exclusão sócioespacial, dificuldade de circulação, difícil acessibilidade à moradia, ao trabalho, saúde e lazer, resultando na negação de tudo aquilo que busca e propõe a Constituição.

Não há jogo de palavras ao situar o tema entre cidade, propriedade privada, democracia e República, já que o valor impresso à noção de Estado social prevê a maneira como podem ser utilizados os bens sociais e econômicos e o modo como tal uso incide no território das cidades. Os efeitos materiais da inadequação do uso da propriedade aos fins legais estabelecidos refletem diretamente na potencialidade indispensável ao uso comum e de interesse difuso da cidade pelo grupo de pessoas que a ocupam[5].

Toda organização política de um povo possui um documento que delimita e referencia os órgãos constituídos no Estado, encerrando regras para o exercício do poder político[6]. No que se refere à questão urbana, a Constituição de 1988 demarcou os contornos da atividade administrativa e a importância da gestão democrática participativa, transcendendo a ideia de plano de governo, para compreender uma articulação entre os cidadãos, política, planejamento democrático e ações no exercício da função administrativa para o desenvolvimento[7].

A importância de acompanhar e controlar o processo de expansão das cidades, o uso e a ocupação do solo, movidos tão somente pelo poder econômico, passaram a ter um novo olhar jurídico a partir de 1988 e essa conquista não pode retroceder. As diretrizes firmadas pela Constituição compõem um conjunto de políticas públicas voltadas a impedir o crescimento da exclusão social, protegendo a noção de direito à cidade, pois o cenário onde aportam todas essas questões passou a ser também o território considerado mercadoria.

Após trinta anos do texto constitucional e o conhecimento adquirido ao longo de décadas sobre o que leva a um comportamento imprevidente e ineficiente do Estado, ainda há resistência a tais comandos. Pior, há tentativas constantes de tornar mais frágil ainda os limites de controle da organização dos espaços urbanos, em face de atender aos desejos de financeirização capitalista, que não se compatibilizam com os valores democráticos, sociais e republicanos[8].

O exercício das forças políticas voltadas para a questão urbana deve observância aos ditames principiológicos definidos na Constituição, espraiados por todo o texto constitucional, passando pelos artigos 1º a 7º; 21 ao 30, para depois chegar aos artigos 170, 182 a 183 e 225. Não é possível desconsiderar que a meta da Constituição de 1988 é uma sociedade justa e solidária e a promoção do acesso aos direitos passa por uma atuação estatal de matiz social.

Trinta anos depois de sua promulgação, o comprometimento do constituinte com a política urbana social ainda está por ser implementado e a transformação de territórios urbanos funcionais impõe aos gestores e aos diversos grupos assentados um conjunto de ações que não coincidirão a não ser na medida em que o diálogo se estabeleça permanente, transparente e democrático, no sentido de promover inclusão e integração social, vinculada à noção de solidariedade e redução das desigualdades, valores presentes na Constituição Federal de 1988.

---

4. Desde 2016 os marcos regulatórios da mobilidade urbana, estatuto da metrópole e da regularização fundiária receberam alterações que fragilizam a estrutura normativa que baliza a atuação das gestões públicas.
5. ALFONSIN, Jacques Távora. A função social da cidade e da propriedade privada urbana como propriedades de funções. In: FERNANDES, Edésio; ALFONSÍN, Betânia de Moraes. Direito à Moradia e Segurança da posse no Estatuto da Cidade. Belo Horizonte: Fórum, 2004, p.46-47.
6. KELSEN, Hans. Teoria Geral do Direito e do Estado. São Paulo: Martins Fontes, 2000.
7. BERCOVICI,Gilberto. Constituição econômica e desenvolvimento: uma leitura a partir da Constituição de 1988. São Paulo: Malheiros, 2005. p.63.
8. KLINK, Jeroen; BARCELLOS DE SOUZA, Marcos. Financeirização: conceitos, experiências e estatísticas para o planejamento do trabalho urbano brasileiro. Cadernos Metrópole 2017, 19 (Maio-Agosto): Acesso em 5 de setembro de 2018. Disponivel em: *<http://www.redalyc.org/articulo.oa?id=402852160002>*

REFERÊNCIAS BIBLIOGRÁFICAS

ALFONSIN, Jacques Távora. A função social da cidade e da propriedade privada urbana como propriedades de funções. In: FERNANDES, Edésio; ALFONSÍN, Betânia de Moraes. Direito à Moradia e Segurança da posse no Estatuto da Cidade. Belo Horizonte: Fórum, 2004.

BERCOVICI, Gilberto. Constituição econômica e desenvolvimento: uma leitura a partir da Constituição de 1988. São Paulo: Malheiros, 2005.

CARVALHO, Carlos Henrique Ribeiro de. Desafios da mobilidade urbana no Brasil. - Texto para discussão n. 2198. Instituto de Pesquisa Econômica Aplicada. Brasília: Rio de Janeiro: IPEA, 2016, p.10-12.

DUGUIT, Leon. Les Transformations du Droit Public. Paris: La Mémoire du Droit, 1999.

FREITAS, Eleusina Lavor Holanda de; BUENO, Laura Machado de Melo. Processos participativos para elaboração de Planos Diretores Municipais: inovações em experiências recentes. urbe, Rev. Bras. Gest. Urbana, Curitiba, v. 10, n. 2, p. 304-321, Ago. 2018. Disponível em *<http://www.scielo.br/scielo.php?script=sci_arttext&pid=S2175-33692018000200304&lng=en&nrm=iso>*. Acesso em 04 Set. 2018.

KELSEN, Hans. Teoria Geral do Direito e do Estado. São Paulo: Martins Fontes, 2000.

KLINK, Jeroen; BARCELLOS DE SOUZA, Marcos. Financeirização: conceitos, experiências e estatísticas para o planejamento do trabalho urbano brasileiro. Cadernos Metrópole 2017, 19 (Maio-Agosto): Acesso em 5 de setembro de 2018. Disponivel em: *<http://www.redalyc.org/articulo.oa?id=402852160002>*.

SILVA, José Afonso da. Direito Urbanístico Brasileiro. 4ª ed. rev. e atualizada. São Paulo: Malheiros, 2006.

PALÁCIO DO PLANALTO

14

O CAMINHO DA JUDICIALIZAÇÃO DAS POLÍTICAS PÚBLICAS NO BRASIL

LUCIANA TEMER *

A Constituição de 1988, fruto do processo de redemocratização do Brasil, é bastante complexa e prolixa, mas trouxe grandes avanços na proteção dos diretos individuais e sociais. O texto trata de questões da maior a menor relevância, e todos os assuntos acabaram constitucionalizados. Vamos nos deter em uma breve análise da relação estabelecida entre os Poderes.

Justamente em decorrência do momento histórico, o texto original desenhou um Poder Legislativo muito forte, quase preponderante em relação aos demais. Dois fatores conduziram a isso: primeiro, o fato já citado de que estávamos saindo de 20 anos de regime autoritário, com uma centralidade absoluta do Poder Executivo e precisávamos modificar este quadro; segundo, porque parte da Assembleia Constituinte acalentava o sonho de que, em 5 anos, adotaríamos o parlamentarismo como resultado do plebiscito previsto no artigo 2º do ADCT. Não adotamos o sistema parlamentarista de governo, mas, pelo menos, fomos salvos de voltar aos tempos da monarquia...

Permanecemos um Estado federal com um sistema presidencialista e, como é da tradição brasileira, em pouco tempo estávamos novamente concentrando poder na figura do Presidente da República. A medida provisória, que funcionaria muito bem em um sistema parlamentarista, começa a ser usada de forma indiscriminada e a paralisar a atuação do Poder Legislativo, que se retrai e busca resolver a questão com uma emenda constitucional limitadora desta espécie normativa, que foi finalmente editada em 2001, EC n. 32.

Enquanto isso, uma revolução silenciosa se desenha no âmbito do Poder Judiciário, com enorme empoderamento do Supremo Tribunal Federal por meio do sistema de controle da constitucionalidade. Para entender esse processo, necessário traçarmos um breve histórico do controle de constitucionalidade no Brasil, desde a proclamação da república até a Constituição vigente.

ADVOGADA, PROFESSORA DE DIREITO CONSTITUCIONAL NA PONTIFÍCIA UNIVERSIDADE CATÓLICA DE SÃO PAULO (PUC). PROFESSORA DO PROGRAMA PERMANENTE DE MESTRADO EM DIREITO DA UNINOVE.

A Constituição de 1891 admitia o controle difuso da constitucionalidade, modelo inspirado na decisão da Suprema Corte americana que, em 1803, decidiu no caso Marbury vs. Madison, pela supremacia da norma constitucional sobre a lei ordinária, rompendo pela primeira vez com o dogma da supremacia do parlamento como voz incontestável do povo. É o controle no caso concreto, também chamado de controle pela via de exceção.

A Constituição de 1934 manteve o controle difuso e inovou ao prever a Ação Direta Interventiva, necessária para algumas hipóteses de intervenção federal; a cláusula de reserva de plenário, por meio da qual só por maioria absoluta do voto de seus membros os tribunais podem declarar a inconstitucionalidade de lei ou ato normativo do Poder Público; e a atribuição do Senado Federal para suspender a execução, no todo ou em parte, de lei declarada inconstitucional em decisão definitiva da Corte.

A Constituição de 1937, em consonância com o regime autoritário, estabeleceu que as normas declaradas inconstitucionais pelo Poder Judiciário poderiam ser submetidas pelo Presidente a reexame do Legislativo que, por 2/3 dos votos de seus membros, invalidaria a declaração de inconstitucionalidade proferida.

A Constituição de 1946 manteve o controle difuso e a Ação Interventiva e, em 1965, já sob a égide do regime militar, previu por meio da Emenda Constitucional n. 16, a Ação Direta de Inconstitucionalidade genérica, ou seja, o controle concentrado, que deveria ser proposta junto ao Supremo Tribunal Federal pelo Procurador Geral da República, contra uma lei em tese. A Constituição de 67/69, manteve este sistema.

Importante lembrar que, neste momento, o chefe do Ministério Público Federal era escolhido pelo Presidente e demissível ad nutum, portanto, o controle concentrado da constitucionalidade só existia em função do interesse do Poder Executivo.

Agora passemos ao histórico pós Constituição Federal de 88, que ao ser promulgada já contava com fortes instrumentos de controle, mas que ao longo destes 30 anos teve seu sistema tremendamente ampliado e fortalecido, o que nos leva à atual situação de força da nossa Corte Constitucional.

O poder constituinte originário de 88 manteve o controle difuso da constitucionalidade; ampliou a legitimação para a propositura de Ação Direta de Inconstitucionalidade; criou a Ação Direta de Inconstitucionalidade por Omissão; o Mandado de Injunção e, ainda que como norma de eficácia limitada, portanto dependente de regulamentação; criou a Arguição de Descumprimento de Preceito Fundamental.

Em 1993, para resolver uma questão concreta, que era o afogamento da justiça federal em processos com incidente de inconstitucionalidade, criou-se, por meio da Emenda n. 3, a Ação Declaratória de Constitucionalidade. Esta medida passou a permitir que o Supremo, uma vez provocado, pudesse declarar constitucional uma lei cuja constitucionalidade estivesse sendo reiteradamente questionada judicialmente. Para poder resolver efetivamente o problema que deu origem à medida, deu-se efeito vinculante à decisão, uma grande e controversa inovação no sistema de controle brasileiro.

Em 1999, são promulgadas duas leis: a Lei 9.868 que normatiza o processo das ações diretas de inconstitucionalidade por ação e omissão e a Lei 9.882 que finalmente regulamenta a Arguição de Descumprimento de Preceito Fundamental e, ao fazê-lo, amplia o objeto do controle para abarcar as leis municipais, as leis anteriores à Constituição e os atos normativos do poder público. A ambas é dado, por lei infraconstitucional, efeito vinculante das decisões, além de permitir ao STF que module, pelo voto de 2/3 de seus membros, os efeitos da declaração de inconstitucionalidade.

Em 2004, por meio da emenda 45, o efeito vinculante das ações diretas de inconstitucionalidade foi constitucionalizado. Também foi ampliado o rol de legitimados para propor a Ação Declaratória de Constitucionalidade, equiparada agora ao rol da Ação Direta de Inconstitucionalidade. Para além disso, cria-se a possibilidade de edição de súmula vinculante nos casos de reiteradas decisões da Corte no mesmo sentido, em sede de controle difuso.

Ora, se somarmos os fatores: constitucionalização do direito, por meio do qual todas as questões são, de alguma forma, constitucionais, com os instrumentos amplíssimos de controle da constitucionalidade e a força que as decisões dos Supremo Tribunal Federal passaram a ter em razão do efeito vinculante, só poderíamos chegar ao resultado que temos hoje: a judicialização das políticas públicas.

E o que isso significa exatamente? Significa que decisões das mais diferentes ordens, antes tomadas na esfera do Executivo ou do Legislativo, têm sido assumidas pelo Judiciário. Alguns exemplos: perda de mandato por infidelidade partidária; reconhecimento do casamento homoafetivo; concessão de medicamentos fora da lista do SUS; obrigação de atendimento imediato do direto à creche; regulamentação do direito de greve dos servidores públicos; dentre outros.

A intenção deste brevíssimo artigo não é fazer um juízo de valor sobre este fato (sim, porque judicialização das políticas públicas é um fato), mas refletir um pouco sobre o caminho que nos trouxe ao momento jurídico que vivemos, no qual o Supremo Tribunal dá a última palavra sobre tudo que diz respeito à matéria constitucional. E tudo é matéria constitucional.

DETALHE DA CATEDRAL METROPOLITANA

15

O DIREITO ADMINISTRATIVO E O (DES) CUMPRIMENTO DA CONSTITUIÇÃO DE 1988 NOS 30 ANOS DE SUA VIGÊNCIA

MARIA SYLVIA ZANELLA DI PIETRO *

A Constituição de 1988 trouxe relevantes inovações em matéria de regime jurídico da Administração Pública. Muitas dessas inovações não vieram com a redação original, mas foram sendo introduzidas no decurso do tempo, por meio de Emendas à Constituição, que já chegaram a 99. Previu vários instrumentos voltados à valorização dos direitos fundamentais, dentre os quais a dignidade da pessoa humana, com reflexos na interpretação das normas, inclusive quanto à maneira de encarar as normas garantidoras dos direitos sociais, que deixaram de ser vistas como meramente programáticas e favoreceram a judicialização das políticas públicas nessa área. Ampliou a aplicação do princípio da função social da propriedade, estendendo-o para a área urbana. Protegeu o patrimônio cultural brasileiro e o meio ambiente. Estabeleceu novo regime remuneratório para os agentes políticos e servidores públicos, com a previsão dos subsídios e teto remuneratório para todas as categorias. Fez uma aproximação entre o regime estatutário do servidor público e o regime contratual dos empregados do setor privado, com a instituição do direito de greve e do direito de sindicalização, além do regime previdenciário de natureza contributiva, para fins de aposentadoria. Impôs maior transparência, com a exigência de publicidade, de motivação, de acesso à informação, além de novos instrumentos de controle. Deu fundamento à exigência de observância do devido processo legal na esfera administrativa. Elevou ao nível constitucional, de forma expressa ou implícita, os princípios da Administração Pública, que ampliaram o princípio da legalidade e passaram a desempenhar papel de relevo na interpretação da legislação infraconstitucional. Limitou a atuação direta do Estado na área econômica, com o intuito declarado de instituir o modelo do Estado Regulador.

Medida relevante foi a introdução do princípio da moralidade administrativa entre os de observância obrigatória, medida que se completou com a previsão da improbidade administrativa, tanto para os servidores públicos (art. 37, § 4º), como para os agentes políticos (art. 15, inciso V, e art. 85, inciso V).

* MESTRE, DOUTORA E LIVRE DOCENTE PELA UNIVERSIDADE DE SÃO PAULO (USP)

Não há dúvida de que muito se avançou em termos de moralização na atuação do poder público. É sensível a forma como se intensificou o combate à corrupção, pela promulgação e aplicação de toda uma legislação infraconstitucional aprovada, na vigência da atual Constituição, com esse objetivo: a lei de improbidade administrativa, a lei da ficha limpa, a lei de licitações (com previsão de infrações administrativas e de crimes), a lei anticorrupção ou lei da empresa limpa.

Essa ideia de moralização constitui, sem dúvida alguma, um dos grandes anseios da população brasileira, que vem testemunhando talvez a maior crise moral e ética que atinge praticamente todas as instituições dos três Poderes do Estado. Muita coisa vem sendo feita para combater a corrupção. Mas o caminho a percorrer é longo e cheio de percalços, representados especialmente pela resistência dos que se acostumaram com um modo de proceder ilícito que foi instaurado há tanto tempo, que praticamente passou a fazer parte de determinados procedimentos, lícitos na superfície, porém contaminados por graves vícios, na esfera administrativa e na esfera política, e com consequências extremamente danosas para o patrimônio público, visto em todos os seus aspectos (moral, ético, social e financeiro).

Para ficar na esfera do que interessa ao direito administrativo, é possível mencionar pelos menos dois vícios que impedem a implementação dos ideais de uma Constituição que se diz Cidadã.

De um lado, os procedimentos de contratação pública, disciplinados por uma lei que já se tornou velha – a Lei 8.666/93. Talvez já tenha nascido velha. Ela veio com o intuito declarado de moralizar esses procedimentos. Mas se revelou inteiramente inadequada para esse fim. Ela exagerou nos formalismos e propiciou a busca de caminhos paralelos, com quebra da isonomia entre os licitantes (exigida especificamente no art. 37, XXI, da Constituição) e celebração de contratos ruins para a Administração Pública, frustrando dois dos grandes objetivos do procedimento licitatório, expressos em seu artigo 3º. A lei deixou as portas abertas para que a corrupção se instalasse nos procedimentos de contratação, especialmente nos contratos mais complexos e de maior valor. Ao lado do procedimento formal, estabelecido em lei, licitantes e autoridades, por meio de conluios, propinas, troca de favores ilícitos, praticam atos de improbidade e crimes contra a Administração Pública e contra o erário.

Impõe-se a mudança da legislação, com a criação de procedimento aberto, transparente, menos formalista e que privilegie a escolha das propostas que realmente atendam ao interesse público e respeitem a igualdade entre os licitantes. Não adianta introduzir algumas alterações no procedimento. É preciso repensar a legislação, tentar analisar onde estão as falhas, para estabelecer novas regras que melhor resguardem os objetivos da licitação e moralizem os procedimentos de contratação pública.

De outro lado, também é preciso lembrar o reiterado descumprimento do sistema remuneratório dos servidores públicos. Desde a redação original da Constituição, foi previsto um teto de remuneração para todos os servidores públicos e para todos os agentes políticos. Reiteradamente descumprido, houve alteração pela Emenda Constitucional nº 19/98, conhecida como Emenda da Reforma Administrativa, com o intuito de tornar exequível a observância do teto. A mesma Emenda instituiu o regime de subsídios (com parcela única) para os servidores públicos de todas as categorias e também para os agentes políticos de todos os níveis de governo. Frustrado o objetivo de observância de um teto salarial, nova alteração veio com a Emenda Constitucional nº 41/03.

No entanto, o descumprimento desse regime remuneratório é reiterado para determinadas categorias, seja por invocação das regras da irredutibilidade de vencimentos e do direito adquirido, seja pela instituição de vantagens pecuniárias com pretenso caráter indenizatório e sem que ocorra, na vida real, o dano que deva ser reparado. O descumprimento da Constituição é flagrante, o que, por si, é suficientemente grave, caracterizando uma forma de corrupção ou de improbidade, com consequências danosas para o erário e com a agravante de que gera profunda desigualdade entre os que a ela se submetem, já que, para a grande maioria dos servidores, o teto salarial e o regime de subsídios são impostos e rigorosamente observados. Restam descumpridas, não só as regras constitucionais que definiram o regime remuneratório, como também a regra da isonomia. Afinal, é a Constituição que, no capítulo dos direitos fundamentais, coloca no caput do art. 5º a regra segundo a qual "todos são iguais perante a lei, sem distinção de qualquer natureza", e, no inciso I, a regra de que "homens e mulheres são iguais em direitos e obrigações, nos termos desta Constituição".

Estes são apenas alguns exemplos do descumprimento da Constituição.

Isto significa que a nossa Constituição somente cumprirá o ideal, que consta de seu Preâmbulo, de instituir um Estado Demo-

MUSEU NACIONAL

crático, destinado a assegurar, dentre outros valores, "o desenvolvimento, a igualdade e a justiça como valores supremos de uma sociedade fraterna, pluralista e sem preconceitos", a partir do momento em que a Constituição formal, tal como aprovada e promulgada em 5.10.1988 e alterada por sucessivas Emendas, coincidir com a Constituição real, paralela, tal como vem sendo aplicada pelos Poderes instituídos. Só então será possível falar em Estado Democrático de Direito. Só então se poderá falar em Constituição Cidadã.

BIBLIOTECA NACIONAL

EU LEITOR

16

A POLÍTICA PÚBLICA URBANA: O DESCOMPASSO ENTRE A EVOLUÇÃO LEGISLATIVA E A REALIDADE DAS CIDADES BRASILEIRAS

MARIANA CHIESA GOUVEIA NASCIMENTO *

* BACHAREL EM DIREITO PELA PUC/SP, MESTRE E DOUTORA EM DIREITO DO ESTADO PELA FADUSP. EXERCEU OS CARGOS DE ASSESSORA E CHEFE DE GABINETE DA SECRETARIA MUNICIPAL DE ASSISTÊNCIA DE DESENVOLVIMENTO SOCIAL DE SÃO PAULO (2013/16). ATUA NAS ÁREAS DE DIREITO ADMINISTRATIVO, URBANÍSTICO, TERCEIRO SETOR, ESPECIALMENTE NOS TEMAS ENVOLVENDO A FORMULAÇÃO DE PARCERIAS ENTRE O ESTADO E A INICIATIVA PRIVADA.

A partir dos movimentos que ganharam força no processo de redemocratização do país após o regime militar foi possível incorporar no texto Constitucional um capítulo específico para tratar da política urbana, além de conferir destaque aos Municípios na regulação do espaço urbano. A introdução da política urbana como um capítulo da Ordem Econômica e Financeira não foi por acaso, mas sim pelo reconhecimento de que o desenvolvimento das funções socias das cidades depende da articulação permanente com o desenvolvimento econômico, da vinculação da propriedade privada a sua função social e do enfrentamento das desigualdades de acesso à infraestrutura urbana.

As principais novidades explicitadas nos dois artigos trazidos do capítulo da política urbana, artigo 182 e artigo 183 da Constituição Federal, naquele momento foram: o reconhecimento do Plano Diretor como instrumento básico da política urbana, a expressa previsão de sanções para proprietários de solo urbano que não estejam cumprindo a função social da propriedade e a usucapião especial urbana com prazos e requisitos diversos das modalidades de usucapião reguladas pelo então Código Civil de 1916, como forma de dar alternativa aos processos de regularização fundiária já em andamento em diversas localidades no país.

Os instrumentos para sancionar proprietários de áreas em desacordo com a função social foram previstos em detalhe pela Constituição Federal, apesar da previsão de que este conteúdo seria esmiuçado em lei federal. A imposição de punições parte do parcelamento e edificação compulsórios, passa pela aplicação de uma alíquota progressiva de IPTU e pode culminar naquilo que se convencionou chamar de desapropriação sanção, já que o pagamento da indenização deve ocorrer por meio de títulos da dívida pública e não em dinheiro.

Nestes 30 anos que se passaram, diversas legislações foram sendo aprovadas para dar concretude aos ditames constitucionais[2]. No âmbito federal, o principal marco foi a aprovação da Lei federal nº 10.257/2001 - Estatuto da Cidade, que consolidou a política pública, detalhando suas diretrizes e elencando um vasto rol de instrumentos a serem incorporados nas legislações locais, em regra pelos Planos Diretores, para dar conta do objetivo de ordenar o pleno desenvolvimento das funções sociais da cidade e da propriedade urbana.

No tocante às diretrizes, seria possível categorizá-las em quatro divisões: (i) aquelas que conferem à política urbana um caráter corretivo, destinado a corrigir distorções consolidadas nos processos desiguais de ocupação das cidades; (ii) o rol de diretrizes que indicam o caráter indutor da política urbana, orientado a estimular o desenvolvimento urbano; (iii) aquelas que explicitam o caráter permeável às demandas da sociedade civil, por meio da participação social e da gestão democrática da cidade[2]; e (iv) as diretrizes que indicam o caráter integrador da política urbana com outras políticas setoriais.

Para destacar alguns dos instrumentos que dialogam com as referidas categorias, é possível mencionar no rol dos mecanismos corretivos o Parcelamento, Edificação e Utilização Compulsórios destinado à punição de proprietários, nos moldes do previsto na Constituição Federal com uma ampliação para incorporar o elemento do não uso como fato gerador de eventual punição.

Dentre os instrumentos indutores, a Outorga Onerosa do Direito de Construir, ao articular sua cobrança em determinadas situações/regiões, com descontos e isenções pode incentivar o desenvolvimento de atividades, direcionando-as para regiões estratégicas. Por exemplo, incentivando, por meio de descontos na outorga, a construção de habitação de interesse social em regiões onde há concentração de emprego e vice-versa, a consequência é a redução de deslocamentos pela cidade. Outros mecanismos inseridos neste rol são as Operações Urbanas Consorciadas, que utilizam a possibilidade de ampliação do potencial construtivo para estimular a atração de investimento ou, ainda, as concessões, que ampliam as possibilidades de viabilização de infraestrutura, indutor natural do desenvolvimento urbano.

No rol dos instrumentos voltados ao fortalecimento do caráter permeável à sociedade civil, pode-se destacar tanto a criação de Conselhos Municipais para o acompanhamento da política ou para gestão dos fundos vinculados à política urbana, como de Conselhos Gestores no âmbito das Zonas Especiais de Interesse Social, especialmente voltada para estimular a produção de habitação de interesse social, etc.

---

1. Além do Estatuto da Cidade, que será detalhado, outras legislações federais contribuíram para a consolidação do arcabouço normativo da política urbana. São elas: o Estatuto da Metrópole – Lei nº 13.089/2015, o Programa Minha Casa Minha Vida – Lei 11.977/2009, recentemente pela Lei federal nº 13.465/2017, a Lei de Saneamento – Lei nº 11.445/2007 alterada por meio da Medida Provisória nº 844/2018, a Política Nacional dos Resíduos Sólidos – Lei nº 12.305/2010, a Política Nacional de Mobilidade Urbana - Lei nº 12.587/2012, etc.
2. Importante destacar uma característica singular dos conflitos urbanos que são compostos não apenas por conflitos de interesse, mas também por valores diferentes de identidade, conforme destaca NOLON: *"Land use conflicts are not merely result of people's concerns about the impacts, costs, and benefits of land use choices. They also arise from the values people hold and their senses of identity"*. NOLON, *Sean; Land in conflict. Cambridge, USA: Lincoln Institute of Land Policy, 2013, p.58-59.*

SALÃO VERDE – JARDIM INTERNO CÂMARA DOS DEPUTADOS
AO FUNDO PAINEL VENTANIA DO ARTISTA ATHOS BULCÃO

No âmbito da quarta categoria, o principal instrumento integrador com outras políticas setoriais é o próprio Plano Diretor, que pode estabelecer todo o instrumental necessário e direcionar a cidade a viabilizar objetivos de outras políticas setoriais na cidade. No Plano Diretor do Municípios de São Paulo de 2014, a estratégia para uma futura utilização dos rios que cruzam a cidade é estruturada a partir da criação de novos eixos de deslocamento, para reduzir o uso das marginais e possibilitar alteração do atual uso no futuro. Esse instrumental definido no Plano Diretor é essencial para a concretização deste modal de transporte, no âmbito da política de mobilidade urbana.

Apesar do avanço no arcabouço normativo e no instrumental para o enfrentamento dos desafios que ganham complexidade com o desenvolvimento da sociedade, a incorporação efetiva dos instrumentos na prática da gestão pública está muito aquém das possibilidades que se colocam no campo jurídico e institucional.

Tomemos como exemplo as punições previstas desde 1988 aos proprietários que descumprem a função social. Mesmo previstas na Constituição Federal desde 1988, apenas em 2001, com o Estatuto da Cidade, passou a ser possível sua incorporação pelos Municípios, em razão de entendimento jurisprudencial. Ainda assim, o primeiro Município brasileiro a iniciar um processo de sanção foi São Paulo em 2014, por meio do Decreto municipal nº 55.638/2014. Além da regulamentação tardia, com a troca da gestão municipal em 2017, todas as notificações foram suspensas no início do mandato. Isso significa dizer que, o estoque de propriedades em desacordo com a função social permanece neste status por mais de 30 anos.

Os dados relacionados ao déficit habitacional, que aumenta em números absolutos e em percentuais, ou ao tempo de deslocamento nas cidades que prejudicam os trabalhadores de baixa renda são resultado dessa incapacidade de colocar em prática o arcabouço existente.

Esse contexto denota que os enfrentamentos que estão por traz do manejo dos instrumentos, que afetam diretamente a forma como o ambiente urbano se desenvolve, podem ser um dos fatores que contribuem para a pouca efetividade destes instrumentos na realização dos objetivos da política pública urbana, especialmente no tocante à utilização de seu potencial para reduzir desigualdades sociais refletidas no espaço urbano.

17
TRIBUTAÇÃO E JUSTIÇA SOCIAL

REGINA HELENA COSTA *

* LIVRE-DOCENTE EM DIREITO TRIBUTÁRIO, DOUTORA E MESTRE EM DIREITO DO ESTADO PELA PUC/SP; PROFESSORA DOS CURSOS DE GRADUAÇÃO E PÓS-GRADUAÇÃO EM DIREITO DA MESMA UNIVERSIDADE; MINISTRA DO SUPERIOR TRIBUNAL DE JUSTIÇA.

Ao ensejo do trigésimo aniversário da Constituição da República, entendemos oportuno trazer alguma reflexão sobre a conexão entre tributação e justiça social.

A justiça social é abrangente, compreendendo não apenas a realização da liberdade, mas também a paz e a felicidade. Diz, assim, com as condições concretas de vida do povo e, portanto, exige um conjunto de políticas públicas visando combater a desigualdade e a exclusão social.

A Constituição da República estampa farta normatividade acerca da dignidade humana e da justiça social. Logo em seu art. 1º, aponta *a dignidade da pessoa humana* como fundamento da República Federativa do Brasil (inciso III).

Adiante, ao arrolar os objetivos fundamentais desta, apresenta, dentre outros, a construção de uma *sociedade livre, justa e solidária* bem como a redução das desigualdades sociais e regionais (art. 3º, caput e incisos I e III).

Disciplinando a ordem econômica, o texto fundamental estabelece que ela é "fundada na valorização do trabalho humano e na livre iniciativa, tem por fim assegurar a todos uma *existência digna*, conforme os ditames da *justiça social*", observados diversos princípios, dentre eles a "*redução das desigualdades regionais e sociais*" (art. 170, caput e inciso VII, destaques nossos).

Nessa moldura constitucional, tão expressiva acerca da justiça social, cabe relembrar que o tributo constitui não apenas expediente arrecadatório, mas instrumento de transformação social, de efetivação da justiça social. Dentre as espécies tributárias, destacam-se, em tal contexto, os impostos.

O ponto de partida do entrelaçamento entre a justiça social e tributação é *o princípio da capacidade contributiva*, hospedado no art. 145, § 1º da Constituição. A capacidade contributiva pode ser definida como *a aptidão, da pessoa colocada na posição de destinatário legal tributário, para suportar a carga tributária, numa obrigação cujo objeto é o pagamento de imposto, sem o perecimento da riqueza lastreadora da tributação*[1].

Consubstancia a diretriz para a modulação da carga tributária em matéria de impostos, porquanto sendo esses tributos não vinculados a uma atuação estatal, sua graduação deve levar em conta circunstância que diga respeito ao próprio sujeito passivo.

Dentre os principais efeitos da aplicação desse princípio estão a manutenção do *mínimo vital* e a graduação dos impostos segundo a capacidade econômica do contribuinte. Cuidando-se de pessoa física, o mínimo vital é, em singela síntese, aquela quantidade de riqueza mínima a propiciar ao sujeito uma vida digna e, desse modo, a fixação desse *quantum* há de ser compatível com a realidade, considerando as despesas essenciais à sua manutenção e à de sua família.

A *graduação dos impostos segundo a capacidade econômica do contribuinte*, por sua vez, impõe a adoção da *progressividade*, técnica segundo a qual quanto maior a base de cálculo do imposto, maior a alíquota sobre ela incidente.

Posto isso, em outro viés, há de se recordar a noção de *carga tributária*: o grau de sacrifício que o Estado impõe aos seus cidadãos, por meio do pagamento de tributos, com vista aos objetivos que pretende alcançar. A escolha desse grau de sacrifício consubstancia, assim, autêntica *decisão política*.

No Brasil, historicamente, a tributação concentra-se no consumo de bens e serviços – a chamada *tributação indireta* – e não no patrimônio e na renda - *a tributação direta* - como ocorre nos países mais desenvolvidos. A demonstrá-lo os estudos desenvolvidos pelo Instituto de Pesquisa Econômica Aplicada – IPEA, que apontam, há décadas, que cerca de 2/3 da nossa carga tributária recaem sobre o consumo e apenas 1/3 sobre renda e patrimônio[2].

Como a tributação sobre o consumo não considera a capacidade contributiva de quem adquire os bens e serviços, ela acarreta a *regressividade* do sistema tributário, impondo maior carga tributária justamente àqueles que têm menor capacidade contributiva, com grave dano social. Por outro lado, a *regressividade* – noção oposta à de progressividade - alivia a carga tributária daqueles contribuintes de maior renda, onerando-os menos do que o devido.

Ainda, na chamada tributação direta - aquela recaente sobre a renda e o patrimônio – o sistema tributário apresenta baixa progressividade, porquanto a majoração da base de cálculo dos impostos correspondentes não se reflete no aumento das respectivas alíquotas.

Aliados os perfis da tributação direta e da indireta, o resultado é a alta *regressividade* do sistema tributário, com a oneração, em maior nível, justamente daqueles que ostentam menor capacidade contributiva, em detrimento da justiça social. Essa ausência de sintonia entre tributação e justiça social, persiste, em todos os níveis (federal, estadual, municipal), há décadas, como consequência da inexistência de prática do federalismo cooperativo ou solidário.

---

1. Cf. nosso Princípio da *Capacidade Contributiva*, 4ª ed., São Paulo, Malheiros, 2015, p. 112.
2. E.g Comunicado IPEA n. 92, "Equidade fiscal no Brasil : Impactos Distributivos da Tributação e do Gasto Social", 2011, disponível em *www.ipea.gov.br*

Diante desse quadro e na ocasião do trigésimo aniversário da Constituição de 1988, a conclusão que se impõe é a de que a verdadeira e necessária reforma tributária é a que venha a promover a justiça social, disciplinando a exigência de impostos consoante a aptidão econômica daqueles que os devem pagar.

Prescinde tal reforma de alteração constitucional – exige, ao revés, a integração de todos os entes federativos numa política fiscal conjunta que vise a diminuição da carga tributária indireta (consumo), minimizando, assim, a *regressividade* do sistema, bem como deslocando a concentração dessa carga na tributação direta (renda/patrimônio), com a elevação da progressividade do sistema tributário.

Somente assim o tributo cumprirá plenamente sua função social, de instrumento de promoção da redução das desigualdades sociais, da efetivação do princípio da dignidade humana e, enfim, da busca da justiça social.

REFERÊNCIAS BIBLIOGRÁFICAS:

Costa, Regina Helena. *Princípio da Capacidade Contributiva*. 4ª ed. São Paulo, Malheiros, 2015.

IPEA. Comunicado n. 92, "Equidade fiscal no Brasil: Impactos Distributivos da Tributação e do Gasto Social", 2011, disponível em *www.ipea.gov.br*, consulta em 1º.09.2018.

VISTA GERAL DA PRAÇA DOS TRÊS PODERES

18

CONSTITUIÇÃO FEDERAL E DIREITO PENAL: 30 ANOS DE MUDANÇAS NO FOCO INTERPRETATIVO

RENATO DE MELLO JORGE SILVEIRA *

* PROFESSOR TITULAR DA FACULDADE DE DIREITO DA UNIVERSIDADE DE SÃO PAULO (USP) E ADVOGADO.

INTRODUÇÃO

Trinta anos. Em três balzaquianas décadas de existência, diversas foram as mudanças em termos de leituras tidas na Constituição Federal. Nesse passo, o Direito Penal é um bom termômetro, ou campo de estudo, em relação às alterações de percepção havidas quanto a como deve ser lida a Carta Cidadã de Ulisses Guimarães.

Após o último período de força sentido no Brasil, muito se discutiu acerca dos direitos a serem assegurados em termos penais. Não sem razão, o capítulo constitucional relativo aos direitos e garantias individuais consagra muitas e diversas menções penais. Aqui, e ali, foram apostas questões restritivas e impositivas, criminalizantes e garantistas. Note-se, a princípio, que não são elas nitidamente estanques ou sucessivas, podendo, por vezes, ser verificada uma sobreposição das mesmas. No entanto, o avançar em anos transmutou muitas dessas conquistas, despregando-se do positivismo clássico para questões mais próximas de alegadas afirmações de direitos.

1. AS PRIMEIRAS VARIAÇÕES INCRIMINATÓRIAS E PRINCIPIOLÓGICAS

Uma leitura penal preliminar da Constituição Federal de 1988 pode dar a entender pela presença de questões variadas, grande parte delas sentida no próprio art. 5º, do Texto Maior, ao se tratar dos direitos e garantias individuais. Dizia-se, então, de garantias, de princípios e de necessárias incriminações.

Como se sabe, inúmeras eram, desde o princípio, as menções penais constitucionais. Entrementes, e em que pese o fato de autores vários terem se dedicado ao tema dos chamados princípios constitucionais, o tema das chamadas obrigações de criminalização era também bastante presente.[1] Genericamente, muito se debatia, então, sobre a obrigatoriedade das chamadas criminalizações constitucionais[3], e, em especial, sobre sua obrigatoriedade, como no caso emblemático dos chamados crimes hediondos. Mas não só.

Outro passo fundamental dado em termos penais constitucionais, contemporâneo ao primeiro fenômeno, foi o reconhecimento e asseguramento de uma certa principiologia penal. Com base em pressupostos já constantes principalmente da literatura peninsular, e buscando o que Palazzo chamava de atividade integrativa da doutrina e da jurisprudência[3], já se desenhava, desde aquele momento, uma real base assertiva quanto aos chamados princípios constitucionais penais[4].

É, pois, de se recordar que a construção filosófica penal envolvendo a noção de princípios penais diz, em muito, respeito à própria situação hodierna de crise por que passa o Direito Penal. Essa, a nem sempre lembrada lição de autores como Yacobucci, segundo o qual a busca teleológica racional é um tema a ser buscado por toda a dramaturgia criminal[5], questão das mais relevantes até os dias de hoje.

2. O NOVO MOMENTO PRINCIPIOLÓGICO E O RISCO DO ATIVISMO JUDICIAL

Mais modernamente, contudo, tem-se dito, e caminhado, por leituras judiciais que ultrapassam o anteriormente colocado. Trata-se do entendimento acerca de um passo a mais, em real caminho de um ativismo judicial, já visto em muitas oportunidades no Direito Comparado[6]. Traçando o que se pode ter por quase governo dos juízes, essa realidade finda por gerar dúvidas bastante pontuais. Indaga-se, assim, se poderia, o Judiciário, em termos de alegado respeito às premissas constitucionais, assumir um papel que deveria ser limitado ao Congresso Nacional. Em que pese o fato de influências alemãs[7], e norte-americanas nesse sentido, a questão mostra-se, em parte, preocupante.

É, em verdade, com essa base que alguns autores, o próprio Supremo Tribunal Federal, passa a estabelecer códigos de interpretação próprios, traçando o que Barroso denomina de interpretação vinculada ao conjunto de normas que espelham a ideologia da Constituição, seus postulados básicos e seus fins[8]. Em novo

---

1. Cf. TORON, Alberto Zacharias. Crimes hediondos. *O mito da repressão penal*. São Paulo: Revista dos Tribunais, 1996, pp. 69 e ss.
2. Cf. CUNHA, Maria da Conceição Ferreira da. Constituição e crime. *Uma perspectiva da criminalização e da descriminalização*. Porto: Universidade Católica do Porto, 1995, pp. 189 e ss. BIANCHINI, Alice. *Pressupostos materiais mínimos da tutela penal*. São Paulo: Revista dos Tribunais, 2002, pp. 95 e ss. PASCHOAL, Janaína Conceição. *Constituição, criminalização e direito penal mínimo*. São Paulo: Revista dos Tribunais, 2003, pp. 79 e ss.
3. Cf. PALAZZO, Francesco C. *Valores constitucionais e direito penal*. Tradução de Gérson Pereira dos Santos. Porto Alegre: Sergio Antonio Fabris, 1989, pp. 27 e ss.
4. Desse momento são emblemáticas as obras de Luisi, Chernicchiaro e Costa Júnior. Cf. LUISI, Luiz. *Os princípios constitucionais*. Porto Alegre: Sergio Antonio Fabris, 1993, pp. 17 e ss. CERNICCHIARO, Luiz Vicente; COSTA JÚNIOR, Paulo. *Direito penal na constituição*. São Paulo: Revista dos Tribunais, 1991, pp. 9 e ss.
5. Cf. YACOBUCCI, Guillermo J. *El sentido de los princípios penales*. Su naturaleza y funciones en la argumentación penal. Buenos Aires: Depalma, 1998, pp. 76 e ss.
6. Cf. RAMOS, Elival da Costa. *Ativismo judicial. Parâmetros dogmáticos*. São Paulo: Saraiva, 2010, pp. 104 e ss. GARCÍA G., José Francisco; VERDUGO R., Sergio. *Activismo judicial en Chile. ¿Hacia el gobierno de los jueces?* Santiago de Chile: LYD, 2013, pp. 27 e ss.
7. Cf. SCHWABE, Jürgen. *Cinquenta anos de jurisprudência do Tribunal Constitucional Federal Alemão*. Berlin: Konrad-Adenauer Stiftung, 2005, pp. 65 e ss. NOVAIS, Jorge Reis. *As restrições aos direitos fundamentais não expressamente autorizadas pela Constituição*. Coimbra: Coimbra Editora, 2003, pp. 727 e ss. 8.
8. Cf. BARROSO, Luís Roberto. Interpretação e aplicação da constituição. Fundamentos de uma dogmática constitucional transformadora. São Paulo: Saraiva, 2008, pp. 151 e ss.

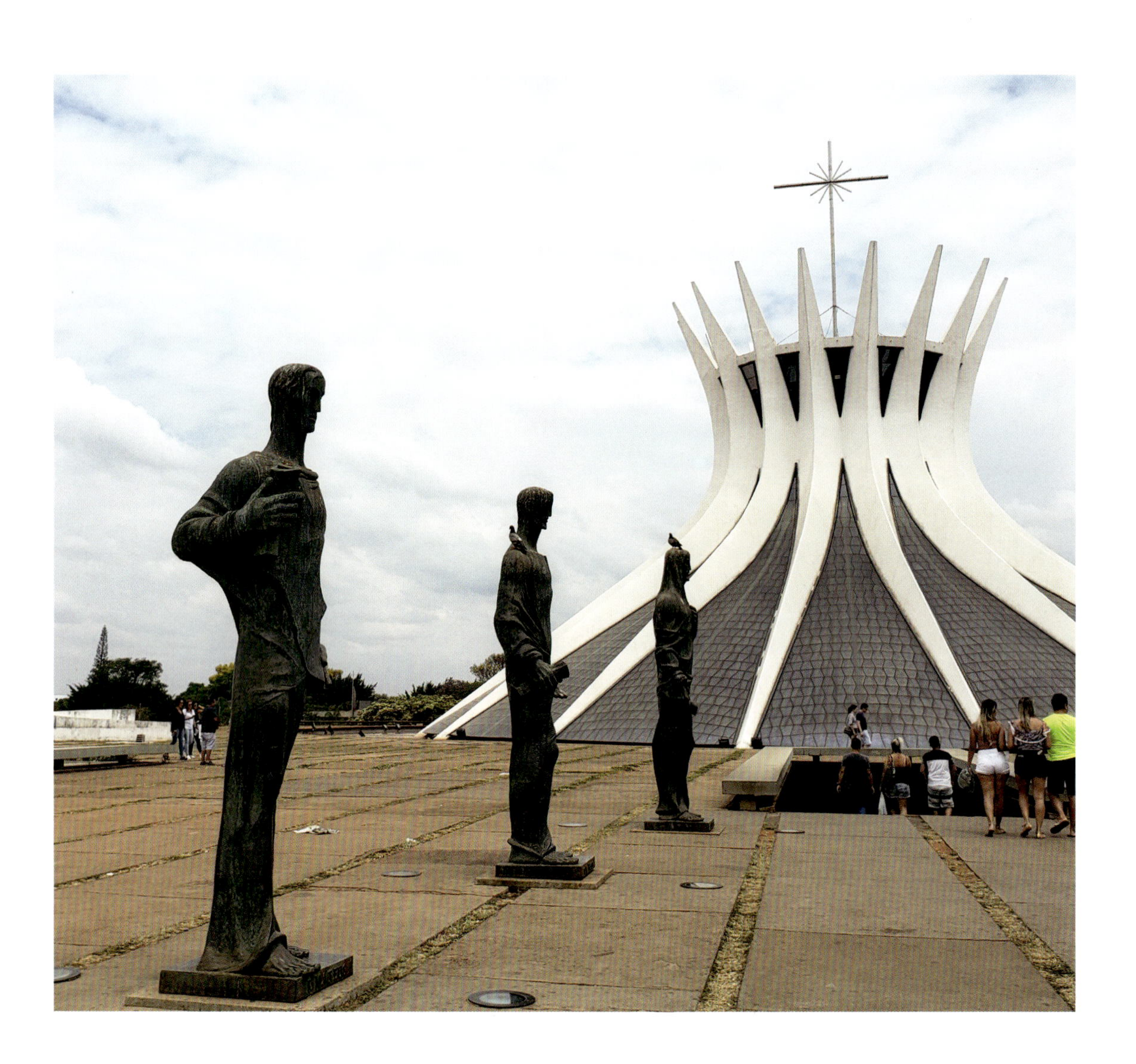

CATEDRAL NACIONAL

momento, passa-se a questionar, com preocupação, se os ideais criminalizantes e descriminalizantes devem ser vistos de tal forma.

3. NECESSÁRIOS LIMITES À INTERPRETAÇÃO PRINCIPIOLÓGICA

Passadas três décadas de vigência constitucional, a variação quanto ao resultado de algumas das suas leituras judiciais mais recentes foi, por um lado, interessante e elogiável. De se mencionar, por exemplo, a ampliação do chamado aborto legal a casos de anencefalia, consoante a decisão do Supremo Tribunal Federal na Ação de Descumprimento de Preceito Fundamental nº 54. Outras, no entanto, mostram-se um tanto duvidosas e preocupantes, como a suspensão e redefinição do chamado Indulto de Natal de 2017[9]. Cuidava-se, então, de uma releitura do que afirmado pelo próprio Congresso Nacional. Curiosamente, qual nos momentos posteriores à 1988, hoje vive-se, sim, uma nova "virada" conceitual: uma virada radical de releituras principiológicas, que não apenas limitam o foco de abrangência conceitual do Direito Penal, mas o reinterpretam. Sobre a validade destas, ainda caberão maiores reflexões, mas a dúvida reinante paira sobre a validade da assunção, por parte do Judiciário, de poderes antes vistos e havidos unicamente em sede do Legislativo.

Embora seja verdade que vários institutos penais já tenham, desde há muito, pregado por uma superação de um irracionalismo positivista (como seriam os casos de institutos como da adequação social, da insignificância, ou, mesmo, da avaliação do risco), fato é que eles versavam, cada qual a seu modo, sobre interpretações pontuais da lei penal, nunca em pregar por, simplesmente, revogar sua vigência ou redimensionar o seu traçado legal. Se isso talvez pudesse ser verdade em relação à temas de proporcionalidade, dificilmente se justificasse aos moldes como hoje se dão.

A consagração da democracia pontuou inúmeras menções penais, na sua maioria amplamente meritórias em seu tempo. Se críticas existiram quanto ao papel incriminador de algumas ponderações, o mesmo não se pode dizer em relação à consagração dos primados principiológicos, ainda hoje discutidos. Talvez tenha sido esse um dos maiores méritos das três últimas décadas de texto constitucional. A leitura lastreada em questões principiológicas desmitificou, em parte, a densificação positivada do Direito Penal, dando passo além do pontificado positivista. No entanto, ainda é de se esperar uma mínima responsabilidade do julgador em termos da vontade popular expressa no feitio, correto ou incorreto, de leis penais. Essa, talvez, uma lição ao futuro.

---

9. Cf. SILVEIRA, Renato de Mello Jorge. Permissões e restrições: o curioso caso dos indultos de 2017. Revista Jurídica Eletrônica nº 2. Disponível em: https://issuu.com/tjspoficial/docs/revistajuridicaeletronica_n2_2018-5. Acesso em: 7.9.2018.

19

30 ANOS DE PROGRAMAS E PRINCÍPIOS CONSTITUCIONAIS: ENTRE A UTOPIA E A EFETIVIDADE HÁ O ORÇAMENTO*

RICARDO PIRES CALCIOLARI **

Sonho que se sonha só
É só um sonho que se sonha só
Mas sonho que se sonha junto é realidade [1]

A já consagrada crise de efetividade dos direitos, em especial dos direitos sociais, toma corpo ainda maior em tempos recentes, e as normas constitucionais, dirigentes e programáticas, são consideradas utópicas e inalcançáveis. Resta aos defensores dos direitos sociais, que os buscam por intermédio da força da efetividade constitucional, o riso de escárnio da escrava trácia.

O episódio do riso da escrava trácia representa muito bem a problemática moderna da eficácia constitucional. Tales de Mileto, filósofo e matemático grego, observava as estrelas e o céu nas noites escuras, estabelecendo relações trigonométricas entre os astros. Com base em teorias matemáticas forneceu fundamentos teóricos que possibilitaram, inclusive, o cálculo da circunferência da Terra muito antes de Cristo. Numa determinada noite, ao observar o céu, o matemático caiu num poço e foi socorrido aos risos por uma escrava que o escarnecia por ficar olhando as estrelas e não observar o obstáculo que se encontrava a sua frente[2].

A clara marca da Constituição de 88 são seus princípios e programas. Nas classificações presentes nos manuais de Direito Constitucional, nossa atual Constituição é designada como programática, dirigente e principiológica. Tais programas e princípios buscam a implementação fática de direitos são constantemente designados de utópicos e irrealistas. Daí a metáfora apresentada: os constitucionalistas observam o céu e caem no poço, sob os risos da escrava trácia.

O custo dos direitos, sejam eles de quaisquer dimensões, pode e deve ser levado em consideração quando ponderada sua efetividade. Que os direitos sociais apresentam custos elevados de efetivação isso é inegável, contudo o mesmo se aplica (e provavelmente até com maior veemência) aos direitos de primeira dimensão (é só observar, por exemplo, os montantes atuais de gastos com segurança pública e compará-los ao as-

* DEDICO ESSE ARTIGO À RENATA HELLMEISTER DE ABREU, QUEM ME ENSINOU A IMPORTÂNCIA DA CONSTRUÇÃO DAS UTOPIAS EM CONJUNTO.

** ADVOGADO E PROFESSOR EM SÃO PAULO, BACHAREL E MESTRE PELA FACULDADE DE DIREITO DA USP (LARGO SÃO FRANCISCO), DOUTORANDO PELA PUC/SP.

sistencial ou com saúde). Assim, esta análise não deve ser simplória, partindo da premissa posta de uma impossibilidade preestabelecida. Para uma análise séria é mister o exame ponderado dos mecanismos tributários e orçamentários que garantem faticamente as formas pelas quais os direitos sociais são implementados pelo Estado.

Em tempos recentes vivenciamos ondas reformistas importantes da qual destacamos a previdenciária e o teto de gastos. Contudo, percebemos que o principal móvel dessa dinâmica não é a garantia e eficácia de direitos, mas a necessidade imediata de geração de caixa ou de valores para solucionar problemas de *déficit* primário ou de superdimensionamento da máquina pública. Nessa nossa metáfora, os direitos sociais, consagrados em programas e princípios, representam o nosso céu utópico e o custeio dos mesmos o poço real. Aqueles que desejam a implementação dos direitos constitucionais sofrem hoje os risos de escárnio da escrava trácia. Assim, entre os princípios utópicos impostos pelo dirigismo constitucional (céu) temos o imperativo fático orçamentário da falta de recursos (poço).

Utilizamos aqui a concepção de "Constituição dirigente" da forma como foi delineada por Canotilho[3]. Em suas formulações teóricas, o constitucionalista citado procura reconstruir o constitucionalismo de forma material e social[4], afirmando claramente a força de direção do Direito Constitucional[5]. Canotilho salienta ainda que a ideia de constituição dirigente possibilita a sua legitimação material pelos

1. Da música *Prelúdio*, de composição de Raul Santos Seixas, do álbum Gita, lançado em 1974.
2. Referimo-nos aqui ao episódio cujo significado cultural foi brilhantemente analisado por BLUMENBERG (1994) e utilizado por CANOTILHO (2006, p. 104-105) para exemplificar as críticas ao dirigismo constitucional. É uma clara referência de que a busca por utopias pode esbarrar na realidade empírica.
3. Para Canotilho (2001, p. 224-225) a Constituição dirigente é entendida como o bloco de normas constitucionais em que se definem fins e tarefas do Estado, se estabelecem diretivas e estatuem imposições.
4. Desse modo "a interdependência teorético-jurídica e teorético-social surge, no campo da <<reconstrução>> da teoria da constituição, através de uma teoria material da constituição concebida como teoria social". (CANOTILHO, 2001, p. 13-14). Essa relação entre Teoria Social, Teoria Geral do Estado e Teoria da Constituição é discutida na doutrina. Pelo corte metodológico por nós delineado optamos por passar ao largo da questão sem, contudo, deixar de remeter o leitor ao excelente artigo de Gilberto Bercovicci (2003b, p. 75 e s.) que aborda o tema.
5. A lição do autor português é clara: "(...) as teses do <<grau zero>> da eficácia constitutiva do direito constitucional partem de um cepticismo marcado quanto ao valor do direito como <<instrumento de direcção social>> e de uma teoria do direito exclusivamente <<coactiva>>. Mesmo que não se englobe o direito no âmbito mais vasto de <<ciência de direcção social>>, qualquer perspectiva <<não reducionista>> salienta hoje que ele não se circunscreve a um conjunto de <<normas negativa>>, antes aceita o <<desafio da sociedade>>, arrogando-se a uma <<função distributiva>> e a uma <<função promocional>>. Uma constiutição tem também de abandonar a imagem de ordenamento <<repressivo>>, onde apenas contam as inconstitucionalidades (sobretudo formais ou orgânicas), e afirmar-se, de acordo com as novas funções do direito, nas vestes de <<constituição distributiva>> e de <<constituição promocional>>. A concepção do direito que se deixa sugerida conduz a ver o problema de constituição dirigente sob um prisma sensivelmente diferente do da inconstitucionalidade por omissão. Reduzir a problemática jurídico-constitucional da <<actualização>> e <<execução>> do <<bloco diretivo>> da lei fundamental ao controle de inconstitucionalidades (por omissão e por acção) significa erguer o direito constitucional sobre os esquemas das teorias coactivas ou imperativísticas e esquecer uma das suas mais importantes dimensões positivas: impulso, incentivo e direcção do processo social. Função importante, mesmo que não haja sanção (no sentido imperativístico) ou esta se encontre submersa no campo de <<luta por posições constitucionais>>." (CANOTILHO, 2001, p. 29-30).

fins por ela dirigidos[6], o que reforça ainda mais a ideia dos direitos fundamentais sociais como legitimadores axiológicos da constituição, e sua efetivação uma parte legitimadora fática das Cartas Políticas.

Canotilho defende ainda, por intermédio dessa visão dirigente, uma concepção de indisponibilidade ao legislador, o que torna as metas constitucionais não simples sugestões, mas imposições. De fato, devemos concordar que

> *(...) se a legislação é o cumprimento material, ou melhor, se deve estar em conformidade material com as normas hierarquicamente superiores da constituição, o problema da determinação positiva dos actos legislativos pode e deve pôr-se. Saliente-se este ponto: a lei, no Estado de Direito Democrático-Constitucional, não é um acto livre dentro da consituição; é um acto, positiva e negativamente determinado pela lei fundamental. (CANOTILHO, 2001, p. 244).*

Devemos considerar que o pano de fundo dessa concepção dirigente é a crença no papel do Direito como propulsor de mudanças sociais, pois aqui o principal papel de uma Constituição deveria ser um programa de ação para modificação social[7] . Assim, para além de simples estatuto organizatório, elencando competência e regulando processos, a Constituição toma feição de verdadeiro plano normativo-material global, determinando tarefas e estabelecendo programas e finalidades.

Não obstante, como adverte o próprio Canotilho no prefácio da segunda edição de sua tese de doutorado, não podemos deixar repousar exclusivamente nas Constituições modernas a tarefa hercúlea de modificar a ordem social, mormente em países pobres e de renda extremamente concentrada, como é o caso brasileiro[8]. O texto constitucional, aberto à historicidade, deve receber novos influxos em busca de uma efetivação real, consciente das necessidades e possibilidades do seu tempo[9]. Isso, contudo, não significa um retorno a uma posição programática inoperante ou meramente sugestiva, mas sim uma afirmação crítica de que as mudanças sociais a serem empreendidas passam não só por um programa normativo, mas por uma atuação social[10] .

Queremos com isso estabelecer um liame lógico e axiológico entre a Ordem Social programaticamente assinalada na Constituição e a Ordem Financeira. Do ponto de vista axiológico, a legitimação dos estados modernos depende sobremaneira do reconhecimento da dignidade humana. Mas não basta o mero reconhecimento formal, é necessário o acesso fático a essa dignidade.

Não nos enganemos: qualquer dos direitos fundamentais necessita de aporte estatal para a sua garantia e efetivação[11]. Assim, a garantia dos direitos fundamentais não se dá, de forma simplista, pela sua mera enumeração, mas também pela afetação constitucional de receitas e pelo sistema orçamentário.

Aqui então devemos destacar a relação entre o dirigismo constitucional e a afetação de receitas. Como já pontuamos oportunamente (CALCIOLARI, 2009), a legitimação dos estados modernos se dá pela efetivação da dignidade humana, o que só se concretiza com a garantia de gozo dos direitos fundamentais.

6. "A mudança de função das leis constitucionais num sentido <<programático>> e a introdução de fins político-económicos representam, como se assinalou já, um esforço positivo para reforçar a própria legitimidade constitucional. A uma teoria da constituição constitucionalmente adequada incumbe <<investigar>>, <<justificar>> ou <<criticar>> a sociologização do direito constitucional que acompanha ou pode acompanhar a programática constitucional. Não se trata de formular juízos negativos sobre a ideologia da constituição em nome da ideologia do constitucionalismo, para acusar aquela do <<crepúsculo constitucional>> e atribuir a esta o mérito de manter a <<força normativa da constituição>>. Absolutizar uma compreensão historicamente situada, de lei fundamental (ex.: o arquétipo liberal), arvorando-a, a título permanente, em solução histórica, só pode conduzir a um conceito, materialmente empobrecido, de lei fundamental, apto para esgrimir conta a <<ideologia da constituição>>, mas incapaz de fornecer suporte teorético para adaptar a constituição à teoria e a teoria à constiutição." (CANOTILHO, 2001, p. 157-158).

7. Canotilho, após cercar-se de dois pensadores ideologicamente opostos (Marx e Jhering) para embasar sua concepção de mudança social através do direito, afirma a possibilidade dessa mudança, embora apontando caminhos diferentes: "Não se desconhece que o accionalismo tanto pode pretender transportar-se num modelo Jhering de mudança social através do direito, onde se pressupõe uma acção de mudança através da <<automovimentação do direito>>, exigente e vigente, como num modelo marxista, em que o direito é um meio de direcção social. Por isso, as constituições dirigentes, na formulação das suas normas de acção, tanto podem corresponder a um programa do <<liberalismo socialmente activista>> (uma <<teoria de alcance médio>>) como a um programa centrado numa praxis emancipatória ou reconstrutiva". (CANOTILHO, 2001, p. 458).

8. Muitos afoitos, interpretando, a nosso ver erroneamente o referido prefácio, declaram a morte da constituição dirigente, talvez motivados pelo seguinte trecho: "Em jeito de conclusão, dir-se-ia que a Constituição dirigente está morta se o dirigismo constitucional for entendido como normativismo constitucional revolucionário capaz de, só por si, operar transformações emancipatórias." (CANOTILHO, 2001, p. XXIX). O dirigismo constitucional erigido pelo distinto autor português nos parece uma resposta clara à problemática da inaplicabilidade das normas programáticas, da forma como essas foram originalmente delineadas Vezio Crisafulli (1952), que no Brasil encontrou forte eco entre renomados constitucionalistas como José Afonso da Silva (2007) e Paulo Bonavides (2006). Sabemos que a aplicabilidade dessa ideia progrática em terras tupiniquins não encontrou o mínimo êxito, seja pela falta de instrumentalização (como na inconstitucionalidade por omissão ou no mandado de injunção, embora a recente alteração jurisprudencial do Pretério Exelso nos dê algumas esperanças...), seja por deixar ao alvedrio político a aplicação desses programas. Não obstante, não se pode (e não nos parece que seja essa a concepção original do jurista lusitano com seu dirigismo) depositar uma fé inocente que a mera Constituição possa alterar drasticamente a realidade social. Para uma visão crítica do que brevemente expusemos nessa nota remetemos o leitor à obra organizada por Jacinto Nelson de Miranda Coutinho (2003) que aborda o tema com especificidade.

9. Em nossa interpretação não parece que Canotilho rompeu completamente com sua visão dirigista original, ele simplesmente ampliou-a de forma realista para um dirigismo historicamente situado, crente de que os textos normativos per se auxiliam, mas não bastam para a mudança social a ser empreendida. Em texto mais recente, utilizando analogia literária, afasta os risos da mulher trácia afirmando que: "A má utopia do sujeito de progresso histórico alojou-se em constituições plano e balanço onde a propriedade estatal dos meios de produção se misturava em ditadura partidária e coerção moral e psicológica. Alguns – entre os quais me incluo – só vieram a reconhecer isto tarde e lentamente demais." (CANOTILHO, 2006, p. 106).

10. Ressaltamos a dicção do próprio Canotilho novamente, no final do referido prefácio: "Alguma coisa ficou, porém, da programaticidade constitucional. Contra os que ergueram as normas programáticas a <<linha de caminho de ferro>> neutralizadora dos caminhos plurais da implantação da cidadania, acreditamos que os textos constitucionais devem estabelecer as premissas materiais fundantes das políticas públicas num Estado e numa sociedade que se pretendem continuar a chamar de direito, democráticos e sociais." (CANOTILHO, 2001, p. XXX).

11. Como já assinalamos anteriormente (item 1.1.2) há também necessidade de intervenção estatal para garantia dos direitos de primeira dimensão. Embora parte da doutrina o caracterize como simples "liberdades" não há como garanti-los sem intervenção e aporte estatal. Em suma, quaisquer direitos fundamentais necessitam de aporte estatal para concretização: "Il fatto che la tutela dei diritti fondamentali è finanziata dalle entrate fiscali ci aiuta a capire che i diritti sono appunto beni pubblici: servizi sociali finanziati dai contribuenti e gestiti dallo stato per migliorare il benessere collettivo e individuale. Tutti i diritti sono diritti positivi". (HOLMES; SUNSTEIN, 2000. p. 51).

Retomando a importância fundamental dada à dignidade humana como legitimador axiológico dos ordenamentos jurídicos modernos, o papel dos direitos fundamentais em efetivar a contento essa dignidade, a consideração dos direitos sociais como fundamentais, albergados inclusive pela limitação de reforma constitucional e a relação da efetividade desses direitos com o disposto na Ordem Financeira e Tributária podemos afirmar: a efetividade dos direitos sociais (e também dos direitos fundamentais como um todo, já que exibem um aspecto positivo na maioria dos casos) depende de recursos orçamentários (HOLMES; SUNSTEIN, 2000). Assim, seja pela eficácia irradiante dos direitos fundamentais seja pela interpretação sistêmica e teleológica dos dispositivos constitucionais, devemos pontuar que também são fundamentais alguns dispositivos tributários e orçamentários previstos na constituição.

As garantias sociais elencadas encontram fontes de custeio próprias, e a possibilidade de utilizar tais fontes para fins diversos do constitucionalmente previsto pode significar tanto a inoperância das normas constitucionais quanto a própria dificuldade de legitimação dos estados, na medida em que não cumpre minimamente suas tarefas. O orçamento então tem papel fundamental, na medida em que implementa, por intermédio dos gastos públicos dos direitos constitucionalmente previstos.

Nossa sétima Constituição trouxe importantes inovações originariamente. A temática orçamentária mereceu atenção, pois era vista como símbolo das prerrogativas parlamentares perdidas durante o governo militar. Dentre as novidades introduzidas destacamos duas: (i) o retorno da prerrogativa do Legislativo de propor emendas ao projeto de lei do orçamento acerca de despesas (artigo 166, § 3.°); (ii) melhor explicitação do princípio da universalidade orçamentária, considerando a multiplicidade de formas organizacionais do setor público (artigo 165, § 5.°).

Inovou também a Constituição de 1988 trazendo a figura do Orçamento da Seguridade Social no seu artigo 165, § 5.º, inciso III, formando parte integrante da lei orçamentária anual pelo princípio da unidade orçamentária, o qual abrange todas as entidades e órgãos vinculados à seguridade social, da administração direta ou indireta, bem como os fundos e fundações instituídos e mantidos pelo Poder Público.

O Orçamento torna-se grande instrumento de planejamento e efetivação das políticas públicas. Como já destacou José Maurício Conti (2017):

> *"o orçamento é uma lei, já reconhecida pelo STF como a mais importante depois da Constituição, mas a doutrina e jurisprudência caminham com dificuldade para convencer que tem que ser cumprida tal como aprovada, sendo seu conteúdo impositivo, e não autorizativo".*

Especificamente sobre a intervenção estatal na ordem social destacamos a necessidade de um planejamento específico. Como já pontuamos, a axiologia constitucional e sua concepção analítica e dirigente apontam os objetivos dessa intervenção social. A concretização da dignidade humana, materialmente considerada, impõe atenção especial aos planos governamentais. Assim, o direito já traça, embora em bases amplas, os objetivos do planejamento estatal no que tange a sua intervenção social. Também se deve considerar que a afetação de receitas para essa finalidade interventiva apresenta-se como verdadeiro instrumento para tal intervenção. Assim, os instrumentos de planejamento estatal já têm traçados, por bases constitucionais, tanto seus objetivos como suas formas de custeio específicas.

É certo que o planejamento estatal é retratado em inúmeros atos jurídicos, mas devemos salientar o relevo que pretendemos dar às normas relativas às receitas e despesas públicas. A razão principal desse relevo é que, num país em que a concentração de renda e a miséria são a regra, não há como estabelecer um projeto de intervenção social baseado exclusivamente na indução de condutas pelo mercado. A participação do estado, voltada para a garantia da dignidade humana deve considerar a axiologia constitucional e os objetivos de nossa República. Pontuada ainda a necessidade de se manter o equilíbrio fiscal das contas públicas, a questão torna-se ainda mais instigante.

Dessa forma a preocupação com o déficit ou superávit público deve considerar também a eficácia dos direitos e o papel de planejamento estatal na consecução das políticas públicas dado ao orçamento. O déficit é, sem dúvida, problema que poderá causar inflação, tributação crescente e forte ônus para a atividade privada. Outrossim, elaborar reformas constitucionais como a Proposta de Emenda Constitucional 287/2016 (Reforma da Previdência) ou a Emenda Constitucional n.º 95 (PEC do teto) com fundamento exclusivamente em imposições fiscais de superávit pode ser perigoso na medida em que retira o papel de planejamento e de intervenção social do Estado, relacionado à implementação de direitos.

Atualmente o Brasil tem apresentado forte déficit fiscal e o fundo previdenciário instituído pela LRF apresente déficits consecutivos desde seu surgimento. Não obstante, em tempos recentes em que se apresentava superávit primário pode-se afirmar que o déficit, tanto do fundo previdenciário quanto o alegado déficit do orçamento da seguridade social supriam o superávit fiscal. Mesmo em épocas recentes de crise o superávit foi mantido, à custa dos citados déficits previdenciário e da seguridade. Pensar o orçamento é também pensar a Constituição, considerada no seu viés fundamental: a efetividade.

Por mais benesses que tais políticas fiscais possam trazer, devemos frisar que além de configurar atentado às vinculações constitucionais e legais tal política acarreta redução de direitos e impossibilidade de efetivação de políticas públicas sociais eleitas prioritariamente pela própria Constituição. Isso, por fim, redundará na tão conhecida crise de efetivação dos direitos sociais, filas intermináveis nos postos de saúde, assistência social inócua e benefícios previdenciários que mal afastam os segurados de uma situação de miséria absoluta (a média dos benefícios pagos hoje aproxima-se de um salário mínimo).

A questão, além de social, tem viés democrático. A maior parte das decisões alocativas de recurso, consubstanciadas juridicamente pelas leis orçamentárias, tem como elaborador o Executivo, e é evidente que atualmente a participação Legislativa nessas questões hoje é meramente pontual. A ampla discussão da temática, a ponderação dos efeitos das decisões alocativas nas políticas públicas sociais, o custo social do superávit fiscal são temas que deveriam ser colocados em pauta no debate nacional.

Vivemos a metáfora do riso da escrava trácia: observamos os programas e princípios constitucionais como um céu repleto de utopias, mas nos deparamos com um poço orçamentário a nossa frente. Os direitos constitucionalmente previstos são objeto de risos de escárnio, como promessas fúteis em texto utópico. Precisamos reforçar a metáfora: ao observar o céu Tales de Mileto estabeleceu teorias geométricas fundamentais até hoje. Não devemos nunca deixar as utopias, mesmo que objeto de risos. A queda no poço deve ser superada, com mecanismos de adequação e seriedade com gastos públicos, mas sempre visando a efetividade dos direitos. Do contrário enfrentaremos sérias crises de legitimação do Estado.

Tal situação encerra um fato importante e novo no constitucionalismo brasileiro atual: o destaque ao Direito Financeiro como instrumento de efetivação constitucional. Não à toa o Constitucionalismo moderno apresentará com foco temas como o da reserva do financeiramente possível e as principais alterações constitucionais em debate tratam exatamente de questões conexas às financeiras, a citar os exemplos da EC do teto de gastos e da PEC da reforma previdenciária. A crise de pagamentos dos entes subnacionais (Estados e Municípios) nos dá mostra do salientado, bem como as dificuldades no fomento à pesquisa e a educação, tão criticadas no trágico episódio do incêndio ao Museu Nacional.

Encerramos essa breve exposição crítica com a máxima de François Rabelais, inscrita em Gargantua e Pantagruel, que nos servirá de epílogo: *Deficiente pecu, deficit omne, nia* (Quando falta dinheiro falta tudo).

REFERÊNCIAS BIBLIOGRÁFICAS

BERCOVICI, Gilberto; MASSONETTO, Luís Fernando. A constituição dirigente invertida: a blindagem da constituição financeira e a agonia da constituição econômica. *Boletim de Ciências Econômicas*, n.º XLIX, 2006.

______________. Desigualdades Regionais, Estados e Constituição. São Paulo: Max Limonad, 2003a.

______________. A Constituição Dirigente e a Crise da Teoria da Constituição. In: SOUZA NETO, Cláudio Pereira (et alli). *Teoria da Constituição: estudos sobre o lugar da política no direito constitucional*. Rio de Janeiro: Lumen Juris, 2003b.

BONAVIDES, Paulo. *Curso de Direito Constitucional*. 18.ª Ed. São Paulo: Malheiros, 2006.

BLUMENBERG, Hans. *O riso da mulher trácia: uma pré-história da teoria*. trad. para o português de Maria Adélia Silva e Melo e Sabine Urban. Lisboa: Diefel, 1994.

CANOTILHO, José Joaquim Gomes. *"Brancosos" e Interconstitucionalidade: itinerários dos discursos sobre a historicidade constitucional*. Coimbra: Almedina, 2006.

________________. *Constituição dirigente e vinculação do legislador: contributo para a compreensão das normas constitucionais programáticas.* 2.ª ed. Coimbra: Coimbra editora, 2001.

CALCIOLARI, Ricardo Pires. *O Orçamento da Seguridade Social e a Efetividade dos Direitos Sociais.* Curitiba: Juruá Editora, 2009.

________________. Aspectos jurídicos da guerra fiscal no Brasil. *Cadernos de Finanças Públicas*, n. 7, p. 5-29, dez. 2006.

CONTI, José Maurício. Devo, não nego: o Direito Financeiro e o dilema da dívida pública. *Revista Consultor Jurídico*, 17 de outubro de 2017. Disponível em: < *https://www.conjur.com.br/2017-out-17/contas-vista-devo-nao-nego-direito-financeiro-dilema-divida-publica*>. Acesso em 21.09.2018.

COUTINHO, Jacinto Nelson de Miranda (org.). *Canotilho e a Consituição Dirigente.* Rio de Janeiro: Renovar, 2003.

CRISAFULLI, Vezio. *La Constituzione e le sue Disposizioni di Principio.* Milano: Giufrè, 1952.

GRAU, Eros Roberto. *Planejamento econômico e regra jurídica.* São Paulo: RT, 1978.

HOLMES, Stephen; SUNSTEIN, CASS R. *Il costo dei diritti: perché la libertà dipende dalle tasse* (trad. CAGLIERI, Elisabetta). Bologna: Mulino, 2000.

RABELAIS, François. Garganta e Pantagruel, 1653. Freebooks on net. Disponível em vários idiomas e traduções em: <*http://manybooks.net/titles/ rabelaisetext-98ggpnt11.html*>. Acesso em 21.09.2018.

SILVA, José Afonso da. *Aplicabilidade das Normas Constitucionais.* 7.ª ed. São Paulo: Malheiros, 2007.

VIANA, Arizio de. *Orçamento Brasileiro.* 2.ª ed. Rio de Janeiro: Financeiras, 1950.

SALA DO CONGRESSO NACIONAL

20 NOVOS DESAFIOS PARA O TERCEIRO SETOR

RUBENS NAVES *

Se hoje a sociedade civil brasileira ampliou, de forma significativa, a sua atuação na esfera pública, grande parte desse avanço deve ser creditado às bases lançadas pela Constituição Federal de 1988. Além de estabelecer o conjunto dos direitos sociais, econômicos e culturais a serem assegurados a todo cidadão e toda cidadã, a carta magna identifica, em diversos de seus dispositivos, que a formulação e a execução de políticas públicas não são tarefas exclusivas dos governos, mas devem incluir a participação da comunidade. Tratava-se, assim, de um novo conceito de cidadania, construído com a presença decisiva de organizações da sociedade civil.

Atuantes no processo de redemocratização do país, essas organizações possuíam independência do poder público e da iniciativa privada, fazendo parte, assim, do terceiro setor. Tinham, contudo, um perfil diferente dos partidos políticos, sindicatos ou associações empresariais, encontrando seu sentido, sobretudo, em uma visão participativa da cidadania. Sua relação com o Estado foi consolidada em trabalhos conjuntos, por meio de parcerias ou prestação de serviços, em pressão política, com uma atenta fiscalização, e também por meio de apoio com sugestões ou exemplos alternativos de ação. Mesmo sem possuir um marco regulatório claramente estabelecido, ampliaram sua atuação na sociedade brasileira. Influenciadas pelo modelo norte-americano de organização social, passam a ser chamadas de Organizações não Governamentais (ONG), tendo por característica a atuação em prol do interesse público, com condições de formular projetos, monitorá-los e prestar contas de suas finanças.

No final da década de 1990, uma série de medidas foram implementadas pelo governo federal com o objetivo de aumentar a governança do Estado, limitar a sua atuação às funções que lhe são próprias e transferir da União para os estados e municípios as ações de caráter local. No âmbito dessa reforma administrativa, foram publicadas a Lei nº 9.637/98 (lei das "organizações sociais – OS) e a Lei nº 9.790/99 (lei das "organizações da sociedade civil de interesse público – OSCIP), que qualificaram as entidades do terceiro setor e criaram instru-

* ADVOGADO, GRADUADO PELA FACULDADE DE DIREITO PUC/SP, ONDE FOI PROFESSOR DE TEORIA GERAL DO ESTADO E EXERCEU A CHEFIA DO DEPARTAMENTO DE TEORIA GERAL DO DIREITO. CONSULTOR DE EMPRESAS, ASSOCIAÇÕES E FUNDAÇÕES. INTEGRA GRUPOS DE TRABALHO NA ESFERA GOVERNAMENTAL E DELEGAÇÕES INTERNACIONAIS. FAZ PARTE DO CONSELHO DO INSTITUTO PRO-BONO E DO CONSELHO EDITORIAL DO JORNAL LE MONDE DIPLOMATIQUE – BRASIL.

mentos para regular parcerias com o Estado (o "contrato de gestão" e o "termo de parceria"), possibilitando o aperfeiçoamento e profissionalização da gestão dessas organizações ao exigirem elevados níveis de transparência e controle social.

Ainda na década de 1990, percebe-se a preponderância política desse novo ator social. Uma pesquisa do Instituto Brasileiro de Geografia e Estatística (IBGE) em parceria com o Instituto de Pesquisa Econômica Aplicada (IPEA) mostra que 12,7% das Fundações e Associações sem Fins Lucrativos (FASFIL) ativas em 2010 foram criadas antes de 1980. Já as décadas de 1990 e 2000 foram responsáveis pela rápida expansão do terceiro setor no país: excluindo entidades religiosas, 53,2% das FASFIL em atividade em 2010 foram fundadas nesse período[1].

Os números sobre o terceiro setor estão em constante atualização. Uma pesquisa atual do IPEA traz informações relevantes:[2] já são mais de 820 mil Organizações da Sociedade Civil (OSCs) existentes no Brasil, cujos Cadastros Nacionais de Empresas Jurídicas (CNPJs) estavam ativos em 2016. Embora a pesquisa observe certa contração em 2014, aponta que houve uma expansão dessas organizações nos últimos anos: ao mapear as entidades, registra que todos os municípios do país possuem ao menos uma OSC. Distribuídas em diferentes áreas de atuação, com saúde, educação, direitos humanos, esportes etc., essas organizações possuem importância tanto nas ações de interesse público que realizam, como na esfera econômica do mercado de trabalho.

Apesar dos expressivos números que comprovam o papel fundamental das OSCs na formulação, na implementação, no monitoramento e na avaliação de políticas públicas, a mesma pesquisa revela uma redução dos recursos da União transferidos para essas parcerias nos últimos anos. Considerando o período de 2010 a 2017, o valor total da transferência federal chegou a alcançar 75 bilhões de reais. Ainda que não tenha sido linear, havia uma trajetória de crescimento até 2014 e, a partir desse ano, houve uma queda drástica nos valores, que passaram de 0,71% a 0,35% do orçamento. A redução não foi apenas nos valores transferidos, mas também na quantidade de OSCs beneficiadas: no mesmo período, o número de OSCs que recebeu recursos federais caiu de 13 mil para 7 mil – um número irrisório quando comparado ao total de 820 mil organizações existentes. Apesar do estudo do IPEA não ter incluído a análise dos repasses realizados diretamente por estados e municípios às OSCs, é possível afirmar que o mesmo cenário pode ser reproduzido, se não em escala mais crítica, diante do aumento do déficit de estados e municípios brasileiros.

Além desse quadro, vale apontar que as normas atuais apresentam avanços e limites sobre as organizações do terceiro setor. Veja-se, por exemplo, a Lei nº 13.204/2015, que estabeleceu significativas alterações no Marco

1. IBGE. As Fundações Privadas e Associações sem Fins Lucrativos no Brasil - 2010. In: Estudos e Pesquisas Informação Econômica, nº 20. Rio de Janeiro, 2012.

2. LOPEZ, Felix Garcia (org). Perfil das organizações da sociedade civil no Brasil. Brasília: Ipea, 2018

Legal das OSCs ao garantir maior respeito à autonomia das organizações e proporcionar sensível desburocratização nos processos de parceria entre o Estado e a sociedade civil ou, ainda, a possibilidade das OSCs formularem propostas de parceria por meio do Procedimento de Manifestação de Interesse Social – PMIS – mas que trouxe dificuldades para a sua utilização em parcerias envolvendo a prestação de serviços continuados, modelo de parceria atípico na esfera federal. Outro exemplo é o Decreto Federal nº 9.190/2017, que busca regulamentar e detalhar, na esfera federal, o tratamento das Organizações Sociais (OS). De maneira positiva, o decreto prevê a possiblidade de renovação do contrato de gestão por períodos sucessivos quando cumpridos seus termos e condições; pretere, contudo, setores cujas atividades estejam direcionadas a saúde, cultura e educação, além de não enfrentar problemas graves como a inconstâncias nos repasses, a insegurança jurídica no momento de prestação de contas e a instabilidade no relacionamento das OS com os órgãos de controle.

Delineia-se, nesse sentido, um cenário com novos e importantes desafios ao terceiro setor. O principal deles se dará no campo do orçamento público, na busca de pactuações que ofereçam maior segurança jurídica, além do aperfeiçoamento das ferramentas de gestão por parte das entidades visando eficácia em suas ações. Isso demandará articulação dessas organizações em coletivos que atuem na construção de objetivos comuns, como os já existentes nas áreas da cultura (Associação Brasileira das Organizações Sociais de Cultura – ABRAOSC) e da saúde (Instituto Brasileiro das Organizações Sociais de Saúde – IBROSS).

O crescimento das organizações do terceiro não é uma conquista apenas das entidades que o compõe, mas do conjunto da sociedade, que se consolida em termos de cidadania. O esforço pelo seu fortalecimento é, assim, uma demanda também coletiva, já que a redução dos repasses de recursos tem como consequência um retrocesso das políticas sociais e no acesso aos direitos fundamentais assegurados em nossa Constituição Federal.

VISTA DO PRÉDIO DO SENADO E DA CÂMARA DOS DEPUTADOS

AEROPORTO

21

IGUALDADE, CONTRATAÇÕES PÚBLICAS E DIREITOS DAS PESSOAS COM DEFICIÊNCIA

SILVIO LUIS FERREIRA DA ROCHA *

* MESTRE E DOUTOR EM DIREITO CIVIL PELA PUC-SP; DOUTOR E LIVRE-DOCENTE EM DIREITO ADMINISTRATIVO PELA PUC-SP;

1. IGUALDADE NA CONSTITUIÇÃO FEDERAL DE 1988

Oportuno, a propósito da comemoração dos 30 anos de nossa Constituição, revisitar o tema da Igualdade. No que diz respeito à Igualdade, a Constituição de 1988 conservou nossa tradição constitucional desde a Constituição Republicana de 1889 de prescrevê-la entre os homens. Temos aqui a dimensão da igualdade formal ou a dimensão liberal, que se baseia na ideia de que a igualdade expressa uma relação entre dois termos em que um pode substituir o outro no mesmo contexto, sem que mude o valor do contexto. Em termos jurídicos, isso significa a igualdade das pessoas perante a lei – Todos são iguais perante a lei – representa a possibilidade de substituir uma pessoa por outra nas situações previstas pela lei sem que mude o procedimento da lei, de tal forma que se um cidadão X acusado por um crime Y tem as prerrogativas A e B e os deveres processuais C e D, um cidadão Z acusado por um crime Y tem as mesmas prerrogativas e os mesmos deveres processuais. Tal dimensão impõe a igualdade na aplicação do direito assegurada pela universalidade da lei e pela proibição de diferenciação das pessoas com base em condições meramente subjetivas. Coloca fim às desigualdades oriundas de nascimento e de estatuto jurídico.

A igualdade formal ou a dimensão liberal da igualdade proíbe privilégios ou benefícios no gozo de qualquer direito ou na isenção de qualquer dever; proíbe o prejuízo ou detrimento na privação de qualquer direito ou na imposição de qualquer dever. A igualdade converte-se numa regra da generalidade na atribuição de direitos e na imposição de deveres. Os direitos e vantagens devem beneficiar a todos e os deveres e encargos devem onerar a todos.

A igualdade formal proíbe o arbítrio ao não admitir distinções de tratamento sem qualquer justificação razoável, de acordo com critérios de valor objetivamente relevantes e proíbe a discriminação baseada em categoria meramente subjetiva. Em termos políticos, a dimensão da igualdade formal, também conhecida por dimensão democrática, representa uma sociedade civil organizada sem privilégios ou favores reconhecidos a determinadas pessoas por causa de sua "classe" ou sua "cor", como lembranos a letra de música "Faroeste Caboclo" de Renato Russo. A igualdade formal em termos políticos exige a explícita proibição de discriminações na participação no exercício do poder político, seja no acesso a ele (sufrágio censitário), seja na relevância dele (desigualdade de voto), seja no acesso a cargos públicos.

É claro que a igualdade formal pressupõe que todas as pessoas tenham o mesmo valor e a mesma dignidade, mas não ignora que as pessoas não se encontram nas mesmas condições de saúde, idade ou força o que obriga a igualdade formal a aceitar uma cláusula de exceção que a complete, que a realize. Assim, tratar a todos igualmente seria tratar igualmente os iguais e desigualmente os desiguais, na medida de sua desigualdade, o que obriga o legislador a instituir um tratamento diferenciado para aqueles que se encontram numa situação diferenciada. O problema a ser enfrentado, nesse caso, é estabelecer critérios em que as discriminações possam ser consideradas aceitáveis ou inaceitáveis: a medida da desigualdade. A Constituição Federal indica um conjunto de fatores, meramente exemplificativos, que considera ilegítimos enquanto fatores de discriminação, como origem, raça, sexo, cor, idade (artigo 3º, inciso IV- promover o bem de todos, sem preconceitos de origem, raça, sexo, cor, idade). Normalmente, aceitamos discriminações legislativas que estejam fundamentadas em valores prescritos e acolhidos pela nossa própria Constituição e rejeitamos discriminações não fundamentadas. Assim, as distinções de tratamento podem ser constitucionais se (1) se fundamentam numa distinção objetiva de situações; (2) não se baseiam nos fatores de origem, raça, sexo, cor e idade; (3) procurem realizar um fim desejado pelo ordenamento jurídico, especialmente o constitucional; (4) se revelem necessárias, adequadas e proporcionais (proporcionalidade). O tratamento desigual requer uma justificação material da desigualdade.

O problema se agrava quando se acrescentam outras dimensões à igualdade. Sob uma forte crítica das ideias socialistas e marxistas questiona-se o valor dessa dimensão da igualdade formal, acusando-a de ideológica por esconder uma desigualdade real e substancial das pessoas. As pessoas não são economicamente iguais. Existem aquelas que são proprietárias dos meios de produção e existem aquelas que detêm única e exclusivamente sua força de trabalho. Essa distinção embaralha-se: existem aquelas que são proprietárias e aquelas que não são proprietárias. As ricas, os remediados e os pobres. As classes estabelecidas por critérios como propriedade, renda, escolaridade e profissão. A dimensão econômica da igualdade – que alguns chamam de igualdade substancial - põe um novo desafio ao Estado. Como reduzir as desigualdades econômicas entre as pessoas, mas com opção por um sistema econômico – o capitalista – que é essencialmente desigual e cuja lógica é o de aprofundar essa desigualdade pela acumulação e apropriação de riquezas (art. 170 da C.F). A resposta se dá por um Estado que utiliza instrumentos convencionais como tributação, salário e assistência social como forma de redistribuição de recursos escassos. Políticas tributárias que favoreçam a tributação progressiva, políticas salariais que aumentem o valor real dos salários e políticas assistências, como programas de distribuição de renda para os mais pobres – bolsa família - ou de assistência social com o pagamento de benefícios assistenciais a idosos, aliado à prestação de serviços públicos gratuitos como educação e saúde podem provocar resultados satisfatórios, como a retirada de milhões de pessoas da linha da pobreza, mas possui limites postos por um esgotamento da capacidade contributiva dos membros da sociedade, que provoca a necessidade de uma redução do déficit público e consequentemente uma contenção das políticas de aumento de salários e políticas sociais.

Na dimensão da igualdade substancial põe-se o tema do resgate histórico das classes tradicionalmente marginalizadas e vítimas de opressão, como os índios, os negros e as mulheres. Em pauta as ações afirmativas estatais, como a política de cotas, como forma de correção dessas desigualdades históricas. O tema apresenta-se polêmico, porquanto, a depender do ponto de vista assumido, as ações afirmativas podem caracterizar medida de correção de desigualdades ou fator de discriminação indevida. Consideramos constitucionais as ações afirmativas por configurar instrumento de correção de desigualdades históricas e por promover a justiça. E mais, parece-nos que a reparação deveria passar pela formação de um fundo monetário a partir da estimativa da espoliação, da apropriação e contribuição dessas classes para a formação da riqueza nacional, que deveria ser utilizado exclusivamente pelo governo para financiar políticas de acesso a bens universais como educação de qualidade, saúde, emprego, moradia, cultura e lazer a esses grupos e classes de pessoas historicamente marginalizados.

No Brasil, de 1988 para cá, nesses 30 anos, assistimos, com maior ou menor ênfase, um esforço do Estado Brasileiro em utilizar todos esses instrumentos para produzir uma melhor redistribuição de renda. O curioso é que a política monetária ou financeira do Estado, que privilegia a cobrança de juros altos pelas instituições financeiras a pretexto de atrair investidores anula os ganhos dessa política de redistribuição (Dizem que o aumento de 0,5% na taxa de juros representa o ingresso no patrimônio de 8.000 investidores brasileiros em títulos da dívida pública de todos os recursos gastos em 1 ano com políticas assistencialistas de redução da pobreza) e no Brasil, apesar de todos os esforços nos últimos anos, nos governos do ex-presidentes Lula e Dilma, nós não tivemos uma modificação da concentração de renda. Poucos detêm a quase totalidade das nossas riquezas.

A igualdade tem também outra dimensão. A igualdade solidária ou fraterna. Somos iguais nas diferenças. Devemos aprender a conviver com a diversidade, com a diferença: em uma palavra sermos tolerantes. Podemos ser diferentes. A sociedade da informação do século XXI é a sociedade da diversidade e das preferências pessoais. A moral, enquanto fator de coesão e coerção social, normalmente organizada em torno da sexualidade, responsável por uma uniformidade de padrões comportamentais, diluiu-se numa pluralidade de gostos, opções e preferências. A sociedade não é mais bicolor, mas multicolor. Daí conquistas importantes, como o casamento homoafetivo, o reconhecimento da possibilidade de pessoas do mesmo sexo constituírem um negócio jurídico extrapatrimonial reconhecido pelo ordenamento e com consequências jurídicas definidas. A possibilidade de adoção conjunta de crianças e adolescentes por pessoas do mesmo sexo. Políticas sérias que combatem o racismo, o preconceito.

A igualdade vincula o exercício da função legislativa, administrativa, jurisdicional e privada. A **igualdade** na **função legislativa** tem relevo na forma de **igualdade formal** ou **igualdade perante a lei**, que proíbe discriminações ilegítimas, o tratamento diferenciado injustificado por lei e na forma de igualdade através da lei que o obriga a concretizar as ordens constitucionais direcionadas à eliminação das desigualdades fáticas que impedem o exercício de alguns direitos fundamentais.

A **vinculação da administração pelo princípio da igualdade**:

a) proíbe a Administração de tomar medidas administrativas portadoras de encargos ou sacrifícios desiguais na esfera jurídica dos cidadãos,

b) obriga-a a conceder benefícios ou prestações isonômicas;

c) vincula a administração pública no exercício de uma competência discricionária a utilizar critérios idênticos para a resolução de casos idênticos;

d) impõe a ela o dever de compensar os sacrifícios especiais exigidos dos particulares e desrespeitoso do princípio da igualdade perante os encargos públicos.

A **vinculação da Jurisdição pelo princípio da igualdade requer**:

1) igualdade de acesso das pessoas à jurisdição;

2) igualdade das pessoas perante a justiça, que será garantida pelo desenvolvimento do devido processo legal e a ideia de igualdade/paridade de armas e

3) a igualdade na aplicação do direito com a vinculação do juiz ao princípio da igualdade ao deliberar sobre a lide.

A vinculação dos particulares pelo princípio da igualdade se dá mediante

1) a proibição de discriminações com base em critérios subjetivos:

2) dever de tratamento igual por parte dos indivíduos ou organizações que sejam titulares de posições de poder social.

2. A IGUALDADE E PESSOAS COM DEFICIÊNCIA

Hoje acumulamos conhecimento e sensibilidade suficientes para entender que o conceito de deficiência é complexo por envolver, na verdade, uma patologia e duas deficiências: uma individual e uma social e o nosso maior desafio reside em tratar a pessoa com deficiência não como um mero objeto de políticas públicas sanitárias, assistenciais ou de emprego, mas reconhecê-la como um sujeito efetivo de direitos concedidos para viabilizar o exercício pleno da cidadania.

A longa trajetória aponta para diversos modelos reconhecidos ao longo da história e que hoje se uniram num esforço de síntese.

O senso comum explica a deficiência como a falta de aptidão para realizar alguma tarefa normalmente causada por uma lesão, uma doença. Essa concepção é realçada pelo modelo biomédico que encara a deficiência como um resultado, uma consequência de uma lesão, de uma doença, o que leva a pessoa a ser alvo de cuidados médicos e assistenciais específicos. Daí iniciativas como catalogar as possíveis doenças ou lesões capazes de incapacitar uma pessoa. A crítica que se faz a esse modelo exclusivamente biomédico é que não enxerga a deficiência como social, mas apenas individual, além de reforçar a denominada cultura da normalidade que divide as pessoas em normais e anormais e compreende a deficiência como uma tragédia pessoal. Os estudiosos do assunto indicam que o Brasil acolheu o modelo biomédico até 2008 em decorrência de sua legislação, bem como da Convenção da Organização Internacional do Trabalho (OIT) 159 que foi internalizada pelo Dec. 129/1991 com posição de lei ordinária e que dispôs sobre a reabilitação profissional e o emprego de pessoas deficientes.

O *modelo social* propôs, no entanto, a separação radical entre lesão e deficiência para que a lesão fosse objeto de ações biomédicas, enquanto a deficiência seria vista como uma questão social, resultado ou fruto não tanto da lesão, mas da falta de condições sociais, jurídicas, econômicas da sociedade para lidar com a diversidade, isto é, com o humano em suas múltiplas manifestações. Cria-se assim ao lado do chamado *corpo lesado* a ideia de *sociedade deficiente*, de modo que o conceito de deficiência serve para definir toda e qualquer experiência existencial de opressão compartilhada por pessoas com diferentes tipos de lesões.

As ideias do modelo biomédico e as ideias do modelo social foram reunidas num terceiro modelo chamado biossocial ou biopsicossocial que adotou a perspectiva social, a psicológica, sem perder a perspectiva biomédica, de modo que se compreende a deficiência como a ausência de inserção social promovida por uma lesão ou barreiras sociais. O modelo biossocial funda-se na interdependência social e na solidariedade de modo que a pessoa com deficiência reivindica o direito de ser reconhecida e tratada como igual a todas as outras em estigmas. Esse conceito foi adotado pela Convenção sobre os Direitos das Pessoas com Deficiência da ONU, que em seu artigo 1º definia pessoas com deficiência:

> "Pessoas com deficiência são aquelas que têm impedimentos de longo prazo de natureza física, mental, intelectual ou sensorial, os quais, em interação com diversas barreiras, podem obstruir sua participação plena e efetiva na sociedade em igualdades de condições com as demais pessoas."

E repetido pelo atual estatuto da pessoa com deficiência. Com efeito dispõe o artigo 2º da Lei 13.146:

> Art. 2o Considera-se pessoa com deficiência aquela que tem impedimento de longo prazo de natureza física, mental, intelectual ou sensorial, o qual, em interação com uma ou mais barreiras, pode obstruir sua participação plena e efetiva na sociedade em igualdade de condições com as demais pessoas.

A legislação brasileira é corretiva e integradora, pois ela visa eliminar os fatores de desigualdade, assegurar às pessoas com deficiência a igualdade de oportunidades e suprimir toda e qualquer forma de distinção, restrição, exclusão feita com o propósito de prejudicar, impedir, anular o reconhecimento ou o exercício dos direitos e liberdades. O Brasil sempre procurou integrar as pessoas com deficiência. Além do texto constitucional, que nesse ano completa 30 anos, que estabelece como um de seus objetivos fundamentais promover o bem de todos, sem qualquer forma de discriminação (Art. 3º, IV, da C.F), um marco legal que merece ser destacado é a Lei 7.953/99 e o seu regulamento o Decreto nº 3.298/99 que possibilitaram o acesso de pessoas com deficiência no mercado privado de trabalho. A citada lei estabeleceu normas gerais que buscam assegurar o pleno exercício dos direitos individuais e sociais das pessoas portadoras de deficiências, e sua efetiva integração social baseada nos valores da igualdade de tratamento e oportunidade, da justiça social, do respeito à dignidade da pessoa humana, do bem-estar com vistas a garantir às pessoas portadoras de deficiência as ações governamentais necessárias a afastar as discriminações e os preconceitos de qualquer espécie. No que diz respeito à inserção no mercado privado e público de trabalho a citada lei determinou, entre outras providências, a promoção de ações eficazes que propiciem a inserção, nos setores públicos e privado, de pessoas portadoras de deficiência, bem como a adoção de legislação específica que discipline a reserva de mercado de trabalho, em favor das pessoas portadoras de deficiência, nas entidades da Administração Pública e do setor privado. Tivemos dessa forma o Decreto nº 3.298/99 que no âmbito das relações privadas de trabalho estabeleceu modalidades de inserção laboral da pessoa portadora de deficiência, entre elas, a colocação seletiva e a promoção do trabalho por conta própria, além de estipular para as empresas privadas com cem ou mais empregados um número mínimo de empregados com deficiência física que obrigatoriamente deveriam ser contratados.

Destaca-se no contexto de promoção dos Direitos das pessoas com deficiência, a Convenção sobre os Direitos das Pessoas com Deficiência, que, no Brasil, foi incorporada ao nosso ordenamento jurídico pelo Decreto Legislativo 186/08. Na sequência, em data mais recente, tivemos a aprovação da Lei Brasileira de Inclusão da Pessoa com Deficiência, também conhecida como o Estatuto da Pessoa com Deficiência, Lei 13.146, de 06 de julho de 2015, que, entre outros direitos, assegurou às pessoas com deficiência o direito a igualdade de oportunidades; a não discriminação; a proteção contra negligência, discriminação, exploração, violência, tortura, crueldade, opressão, tratamento desumano; a não afetação da capacidade para o casamento, direitos sexuais e reprodutivos, planejamento familiar, reconhecimento de direito à família; o atendimento prioritário, bem como todos demais direitos fundamentais, em especial o direito à saúde, à educação, à moradia, ao trabalho, à assistência social, à previdência social, à cultura, ao transporte e mobilidade, à acessibilidade, à tecnologia assistiva, à participação na vida pública e política.

Realçamos, como relevante, o reconhecimento legal que a deficiência, em especial a intelectual, não afeta a capacidade da pessoa para o casamento, a convivência, os respectivos direitos sexuais e reprodutivos, a constituição da família, de ter filhos, mantê-los sob sua guarda, ou mesmo adotá-los revogando o disposto no artigo 3º do Código Civil que considerava absolutamente incapazes de exercer pessoalmente os atos da vida civil, por exemplo, os que por enfermidade ou deficiência mental não tinham o necessário discernimento para a prática desses atos e o disposto no artigo 1.548, I, do Código Civil que considerava nulo o casamento contraído pelo enfermo mental sem o necessário discernimento para os atos da vida civil. Eliminou-se o preconceito que recaia sobre a pessoa com deficiência e promoveu-se um real reconhecimento de igualdade perante a lei, tanto que o instituto da curatela, embora mantido, deverá ser reinterpretado à luz dessa nova configuração axiológica em torno da compreensão da deficiência.

3. A ADMINISTRAÇÃO PÚBLICA E AS PESSOAS COM DEFICIÊNCIA

Tradicionalmente, o auxílio na integração de pessoas com deficiência por parte da Administração Pública ocorre pela contratação de pessoas com deficiência para cargos e empregos público. A Constituição Federal no artigo 37, VIII, da CF, determinou que a lei reservasse percentual de cargos e empregos públicos para as pessoas portadoras de deficiência e definisse os critérios de sua admissão, tema que no âmbito nacional foi disciplinado, como dito, pelo Decreto nº 3.298/99, que regulamentou o artigo 37,§ 1º, da Lei 7.853, de 24.10.89, que estatuiu que o candidato portador de deficiência concorrerá a todas as vagas, mas ser-lhe-á reservado no mínimo o percentual de 5% em face da classificação obtida e que no âmbito federal foi disciplinado pela Lei 8.112, de 11.12.1990, que no art. 5º, § 2º, garante aos portadores de deficiência até 20% das vagas oferecidas no concurso.

O Supremo Tribunal Federal declarou que "a vigente Constituição da República, ao proclamar e assegurar a reserva de vagas em concursos públicos para os portadores de deficiência, consagrou cláusula de proteção viabilizadora de ações afirmativas em favor de tais pessoas, o que veio a ser concretizado com a edição de atos legislativos, como as Leis 7.853/1989 e 8.112/1990 (art. 5º, § 2º), e com a celebração da Convenção Internacional das Nações Unidas sobre os Direitos das Pessoas com Deficiência (2007), já formalmente incorporada, com força, hierarquia e eficácia constitucionais (CF, art. 5º, § 3º), ao plano do ordenamento positivo interno do Estado brasileiro. Essa Convenção das Nações Unidas, que atribui maior densidade normativa à cláusula fundada no inciso VIII do art. 37 da Constituição da República, legitima a instituição e a implementação, pelo poder público, de mecanismos compensatórios destinados a corrigir as profundas desvantagens sociais que afetam as pessoas vulneráveis, em ordem a propiciar-lhes maior grau de inclusão e a viabilizar a sua efetiva participação, em condições equânimes e mais justas, na vida econômica, social e cultural do País." [RMS 32.732 AgR, rel. min. Celso de Mello, j. 3-6-2014, 2ª T, DJE de 1º-8-2014.].

4. CONTRATAÇÕES PÚBLICAS E DIREITOS DA PESSOA COM DEFICIÊNCIA

Indaga-se, no entanto, se a contratação pública, enquanto instituto do Direito público, pode contribuir, de alguma forma, para integrar as pessoas com deficiência.

Todos nós sabemos que a Administração Pública, no exercício de uma função administrativa, deve atingir determinados fins e para isso ela necessita de meios, de instrumentos, expressos por bens móveis, bens imóveis e serviços. Para obter tais bens, necessários ao atingimento de certos fins, a Administração Pública pode utilizar de meios unilaterais, que dispensam a vontade e a colaboração dos proprietários desses bens, como a ocupação temporária, a requisição e a desapropriação ou pode utilizar de meios bilaterais, normais, que dependem da vontade e da colaboração dos proprietários desses bens, como o contrato.

Contudo, ao recorrer ao uso do instituto do contrato uma dificuldade adicional se coloca à Administração, porque, em decorrência do princípio da igualdade e da impessoalidade, a ela não se reconhece a liberdade, existente na ordem jurídica privada, de escolher o particular que irá contratar com ela e lhe fornecer os bens ou prestar os serviços dos quais necessita. Por isso, a Administração Pública deve antes de contratar licitar. A licitação constitui antecedente lógico e necessário do contrato administrativo. Se os particulares em geral gozam de ampla liberdade para contratar, em razão do princípio da autonomia privada, o Poder Público – em particular a Administração Pública –, em decorrência do princípio da indisponibilidade do interesse público está obrigado pela Constituição a seguir procedimento preliminar determinado e preestabelecido, na conformidade da lei, denominado licitação.

A licitação se presta a atingir alguns objetivos. O primeiro, o de proporcionar à Administração a oportunidade de realizar o negócio mais vantajoso, embora às vezes – e esta não é a regra – a licitação possa acarretar desvantagens, como uma alta de preços pelo fato de os interessados tomarem conhecimento das necessidades da Administração, ou afastar o interesse de pessoas que, eventualmente, poderiam satisfazer melhor a Administração. O segundo, o de assegurar aos administrados a possibilidade de disputarem, em igualdade de condições, o direito de contratar com o Estado.

Os dois objetivos acima constituem o que chamamos de objetivos ordinários da licitação. No entanto, a licitação pode buscar objetivos extraordinários, não vinculados diretamente à sua finalidade, mas considerados relevantes, como o "desenvolvimento nacional sustentável". Assim, embora esteja correto o entendimento de que a promoção do desenvolvimento nacional sustentável seria uma finalidade da contratação administrativa, o referido fim pode ser buscado pela própria licitação quando o edital requer dos interessados em dela participar o atendimento de certas condições de sustentabilidade social ou ambiental – como não empregar mão de obra de menores de idade ou degradar o meio ambiente.

Estamos diante de um fenômeno relativo novo na Administração Pública no âmbito das contratações e que pode ser chamado de parafinalidade, isto é, o uso dos institutos da contratação pública (licitação e contratos administrativos) não apenas para o atingimento dos objetivos ordinários, como a obtenção do negócio mais vantajoso, mas, também, outros objetivos, socialmente relevantes, que não guardem relação direta e imediata com os institutos das contratações públicas. Esse fenômeno se consolidou com a redação dada ao artigo 3º da Lei Geral de Licitações pela Lei 12.349 que ao estabelecer os fins da licitação incluiu além da observância do princípio constitucional da isonomia e a seleção da proposta mais vantajosa para a Administração *a promoção do desenvolvimento nacional sustentável.*

Para alguns, como Marçal Justen Filho, o atendimento dessa finalidade ocorre com o fomento às atividades no país e a adoção de práticas ambientalmente corretas. O fomento às atividades no pais implicaria em assegurar tratamento preferencial às empresas estabelecidas no Brasil ou, então, estabelecer encargos sobre produtos estrangeiros, enquanto a adoção de práticas ambientalmente corretas resultaria na exigência de comportamentos que mitigassem ou eliminassem danos ao meio ambiente[1].

O mesmo autor relata, no entanto, julgado do Tribunal de Contas da União, que sustenta que a promoção do desenvolvimento nacional, disposição finalística, somente poderia ser realizada, à falta de modificação legislativa, pelas condutas preferenciais descrita nos §§ 5º a 12 do artigo 3º da Lei 8.666/93, entre elas:

a) a fixação de margem de preferência para produtos manufaturados ou serviços nacionais;

b) a exigência de cumprimento de medidas de compensação comercial, industrial, tecnológica ou de acesso a condições vantajosas de financiamento;

c) restrição nas contratações de tecnologia da informação e comunicação consideradas estratégicas, a bens e serviços com tecnologia desenvolvida no país ou, em seguida, a bens e serviços produzidos de acordo com processo produtivo básico, em condições equivalentes de prazo, suporte, qualidade, padronização, compatibilidade, desempenho e preço; d) tratamento diferenciado às microempresas empresas de pequeno porte[2].

A pluralidade de finalidades imporia, no entanto, segundo Marçal Justen Filho, uma composição harmônica, mediante a observação do princípio da proporcionalidade, de modo que a escolha deve produzir o resultado mais satisfatório possível, tomado em vista os diversos valores em conflito.

Com relação ao tema das pessoas com deficiência as contratações públicas já serviriam para promover a necessária inclusão social de pessoas com deficiência. O artigo 24, inciso XX, autorizava a contratação direta de entidade dedicada a inclusão de pessoas com deficiência. Dispõe o citado artigo: É dispensável a licitação na *contratação de associação de por-*

1. Comentários à Lei de Licitações e Contratos Administrativos, 15ª edição, p.62
2. Comentários à Lei de Licitações e Contratos Administrativos, 15ª edição, p.65
3. Comentários à Lei de Licitações e Contratos Administrativos, 15ª edição, p.67
4. Marçal Justen Filho.Comentários à Lei de Licitações e Contratos Administrativos, 15ª edição, p.382

tador de deficiência física, sem fins lucrativo e de comprovada idoneidade, por órgãos ou entidades da Administração Pública, para a prestação de serviços ou fornecimento de mão-de-obra, desde que o preço contratado seja compatível com o praticado no mercado.

Admite-se, nesse caso, a contratação direta em favor de associação de pessoas portadores de deficiência, não apenas a física, como trata literalmente o dispositivo, mas qualquer tipo de deficiência. Tal contratação direta, com dispensa de licitação, não infringe o princípio da isonomia porquanto o tratamento jurídico diferenciado dispensável a pessoas com deficiência encontra amparo no ordenamento jurídico, em especial o artigo 203, IV, da C.F.

De acordo com Marçal Justen Filho a Administração Pública "ao promover a contratação de instituição que preencha os requisitos do inc. XX do art. 24 a Administração está fomentando a superação de carências individuais e a eliminação das desigualdades. Busca reduzir as diferenças entre as diversas classes sociais, promover a dignidade das pessoas e assegurar trabalho aos excluídos e aos carentes são deveres do Estado".

O Estatuto da Pessoa com Deficiência, Lei 13.146, de 06 de julho de 2015, introduziu modificações na Lei de 8.666, de 21 de junho de 1993, de modo a reforçar o uso dos instrumentos da contratação pública para promover a inclusão de pessoas com deficiência. O artigo 104 do Estatuto da Pessoa com Deficiência introduziu alterações no artigo 3º, § 2º, V e § 5º, I e II, e o artigo 66-A, que ficaram com a seguinte redação:

Art. 3o A licitação destina-se a garantir a observância do princípio constitucional da isonomia, a seleção da proposta mais vantajosa para a administração e a promoção do desenvolvimento nacional sustentável e será processada e julgada em estrita conformidade com os princípios básicos da legalidade, da impessoalidade, da moralidade, da igualdade, da publicidade, da probidade administrativa, da vinculação ao instrumento convocatório, do julgamento objetivo e dos que lhes são correlatos. (Redação dada pela Lei nº 12.349, de 2010) (Regulamento) (Regulamento) (Regulamento)

§ 1o É vedado aos agentes públicos:
I - admitir, prever, incluir ou tolerar, nos atos de convocação, cláusulas ou condições que comprometam, restrinjam ou frustrem o seu caráter competitivo, inclusive nos casos de sociedades cooperativas, e estabeleçam preferências ou distinções em razão da naturalidade, da sede ou domicílio dos licitantes ou de qualquer outra circunstância impertinente ou irrelevante para o específico objeto do contrato, ressalvado o disposto nos §§ 5o a 12 deste artigo e no art. 3o da Lei no 8.248, de 23 de outubro de 1991; (Redação dada pela Lei nº 12.349, de 2010)
II - estabelecer tratamento diferenciado de natureza comercial, legal, trabalhista, previdenciária ou qualquer outra, entre empresas brasileiras e estrangeiras, inclusive no que se refere a moeda, modalidade e local de pagamentos, mesmo quando envolvidos financiamentos de agências internacionais, ressalvado o disposto no parágrafo seguinte e no art. 3o da Lei no 8.248, de 23 de outubro de 1991.

§ 2o Em igualdade de condições, como critério de desempate, será assegurada preferência, sucessivamente, aos bens e serviços:
I - (Revogado pela Lei nº 12.349, de 2010)
II - produzidos no País;
III - produzidos ou prestados por empresas brasileiras.

IV - produzidos ou prestados por empresas que invistam em pesquisa e no desenvolvimento de tecnologia no País. (Incluído pela Lei nº 11.196, de 2005)

V - produzidos ou prestados por empresas que comprovem cumprimento de reserva de cargos prevista em lei para pessoa com deficiência ou para reabilitado da Previdência Social e que atendam às regras de acessibilidade previstas na legislação. (Incluído pela Lei nº 13.146, de 2015) (Vigência)

§ 3o A licitação não será sigilosa, sendo públicos e acessíveis ao público os atos de seu procedimento, salvo quanto ao conteúdo das propostas, até a respectiva abertura.

§ 4º (Vetado). (Incluído pela Lei nº 8.883, de 1994)

§ 5o Nos processos de licitação, poderá ser estabelecida margem de preferência para: (Redação dada pela Lei nº 13.146, de 2015) (Vigência)

I - produtos manufaturados e para serviços nacionais que atendam a normas técnicas brasileiras; e (Incluído pela Lei nº 13.146, de 2015)

II - bens e serviços produzidos ou prestados por empresas que comprovem cumprimento de reserva de cargos prevista em lei para pessoa com deficiência ou para reabilitado da Previdência Social e que atendam às regras de acessibilidade previstas na legislação. (Incluído pela Lei nº 13.146, de 2015)

Art. 66-A. As empresas enquadradas no inciso V do § 2o e no inciso II do § 5o do art. 3o desta Lei deverão cumprir, durante todo o período de execução do contrato, a reserva de cargos prevista em lei para pessoa com deficiência ou para reabilitado da Previdência Social, bem como as regras de acessibilidade previstas na legislação. (Incluído pela Lei nº 13.146, de 2015) (Vigência)

Parágrafo único. Cabe à administração fiscalizar o cumprimento dos requisitos de acessibilidade nos serviços e nos ambientes de trabalho. (Incluído pela Lei nº 13.146, de 2015)

Em igualdade de condições, como critério de desempate, será assegurada preferência aos bens e serviços produzidos ou prestados por empresas que comprovem cumprimento de reserva de cargos prevista em lei para pessoas com deficiência. A pessoa jurídica escolhida por esse critério deverá cumprir, durante todo o período de execução do contrato, a reserva de cargos prevista em lei para pessoa com deficiência.

5. CONCLUSÃO

A Administração Pública vinculada pelo princípio da igualdade ao dever de corrigir desigualdades pode usar da contratação pública para promover a inclusão das pessoas com deficiência em nossa sociedade.

A par disso, não devemos perder de vista a compreensão da igualdade como fator de mudanças em nossa sociedade. Passados 30 (trinta) anos de promulgação de nossa Constituição Cidadã, devemos compreender que se a moral privada, a moral particular fragmentou-se, a moral pública ampliou-se. Os meios tecnológicos, como celulares, câmaras, as redes sociais, permitem flagrantes dos vícios públicos. As infrações cometidas pelos agentes públicos são captadas, gravadas, expostas na internet. A cultura da transparência expõe as incongruências das

5. Comentários à Lei de Licitações e Contratos Administrativos, 15ª edição, p.383.

políticas estatais remuneratórias cheias de penduricalhos, auxílios, prebendas e sinecuras que contrastam com a simplicidade das rubricas dos salários dos trabalhadores, que normalmente estampam duas colunas: uma destinada aos salários e a outra destinada aos descontos. Daí a revolta popular. Uma parte dessa revolta é o sentimento da violação brutal e cotidiana do princípio da igualdade: enquanto o agente público desloca-se para o trabalho em carro de luxo com motorista o trabalhador tem de enfrentar o transporte coletivo lotado com todas as suas imperfeições. Enquanto o agente público mora num palácio ou num apartamento funcional ou percebe auxílio-moradia, ele mora num cômodo e cozinha com mais seis pessoas numa edícula na periferia. Enquanto ele sofre na fila do atendimento do SUS, o agente público utiliza um excelente plano de saúde que lhe garante acesso aos melhores hospitais privados. Enquanto ele assiste à deseducação do seu filho na escola pública, o Estado financia cursos universitários de qualidade duvidosa. Todas essas distorções mostram que o caminho da igualdade no Brasil é longo, tortuoso e cheio de obstáculos. Mas como diz um velho provérbio Chinês: uma longa caminhada começa com os primeiros passos.

REFERÊNCIAS BIBLIOGRÁFICAS

JUSTEN FILHO, Marçal. Comentários à Lei de Licitações e Contratos Administrativos 15ª edição, São Paulo, Dialética.

SALÃO PRINCIPAL DO
CONGRESSO NACIONAL

CONSTITUIÇÃO DA REPÚBLICA FEDERATIVA DO BRASIL DE 1988

ACOMPANHA ÍNDICE TEMÁTICO

PÁGINAS 148 A 361

DECLARAÇÃO UNIVERSAL DOS DIREITOS HUMANOS

PÁGINAS 362 A 366

22
CONSTITUIÇÃO DA REPÚBLICA FEDERATIVA DO BRASIL DE 1988

TEXTO COMPILADO

Atualizado até Emenda Constitucional nº 99, de 14 de dezembro de 2017

PREÂMBULO

Nós, representantes do povo brasileiro, reunidos em Assembléia Nacional Constituinte para instituir um Estado Democrático, destinado a assegurar o exercício dos direitos sociais e individuais, a liberdade, a segurança, o bem-estar, o desenvolvimento, a igualdade e a justiça como valores supremos de uma sociedade fraterna, pluralista e sem preconceitos, fundada na harmonia social e comprometida, na ordem interna e internacional, com a solução pacífica das controvérsias, promulgamos, sob a proteção de Deus, a seguinte CONSTITUIÇÃO DA REPÚBLICA FEDERATIVA DO BRASIL.

TÍTULO I

Dos Princípios Fundamentais

Art. 1º A República Federativa do Brasil, formada pela união indissolúvel dos Estados e Municípios e do Distrito Federal, constitui-se em Estado Democrático de Direito e tem como fundamentos:

I - a soberania;

II - a cidadania

III - a dignidade da pessoa humana;

IV - os valores sociais do trabalho e da livre iniciativa;

V - o pluralismo político.

Parágrafo único. Todo o poder emana do povo, que o exerce por meio de representantes eleitos ou diretamente, nos termos desta Constituição.

Art. 2º São Poderes da União, independentes e harmônicos entre si, o Legislativo, o Executivo e o Judiciário.

Art. 3º Constituem objetivos fundamentais da República Federativa do Brasil:
I - construir uma sociedade livre, justa e solidária;
II - garantir o desenvolvimento nacional;
III - erradicar a pobreza e a marginalização e reduzir as desigualdades sociais e regionais;
IV - promover o bem de todos, sem preconceitos de origem, raça, sexo, cor, idade e quaisquer outras formas de discriminação.

Art. 4º A República Federativa do Brasil rege-se nas suas relações internacionais pelos seguintes princípios:

I - independência nacional;

II - prevalência dos direitos humanos;

III - autodeterminação dos povos;

IV - não-intervenção;

V - igualdade entre os Estados;

VI - defesa da paz;

VII - solução pacífica dos conflitos;

VIII - repúdio ao terrorismo e ao racismo;

IX - cooperação entre os povos para o progresso da humanidade;

X - concessão de asilo político.

Parágrafo único. A República Federativa do Brasil buscará a integração econômica, política, social e cultural dos povos da América Latina, visando à formação de uma comunidade latino-americana de nações.

TÍTULO II

Dos Direitos e Garantias Fundamentais

CAPÍTULO I

Dos direitos e deveres individuais e coletivos

Art. 5º Todos são iguais perante a lei, sem distinção de qualquer natureza, garantindo-se aos brasileiros e aos estrangeiros residentes no País a inviolabilidade do direito à vida, à liberdade, à igualdade, à segurança e à propriedade, nos termos seguintes:

I - homens e mulheres são iguais em direitos e obrigações, nos termos desta Constituição;

II - ninguém será obrigado a fazer ou deixar de fazer alguma coisa senão em virtude de lei;

III - ninguém será submetido a tortura nem a tratamento desumano ou degradante;

IV - é livre a manifestação do pensamento, sendo vedado o anonimato;

V - é assegurado o direito de resposta, proporcional ao agravo, além da indenização por dano material, moral ou à imagem;

VI - é inviolável a liberdade de consciência e de crença, sendo assegurado o livre exercício dos cultos religiosos e garantida, na forma da lei, a proteção aos locais de culto e a suas liturgias;

VII - é assegurada, nos termos da lei, a prestação de assistência religiosa nas entidades civis e militares de internação coletiva;

VIII - ninguém será privado de direitos por motivo de crença religiosa ou de convicção filosófica ou política, salvo se as invocar para eximir-se de obrigação legal a todos imposta e recusar-se a cumprir prestação alternativa, fixada em lei;

IX - é livre a expressão da atividade intelectual, artística, científica e de comunicação, independentemente de censura ou licença;

X - são invioláveis a intimidade, a vida privada, a honra e a imagem das pessoas, assegurado o direito a indenização pelo dano material ou moral decorrente de sua violação;

XI - a casa é asilo inviolável do indivíduo, ninguém nela podendo penetrar sem consentimento do morador, salvo em caso de flagrante delito ou desastre, ou para prestar socorro, ou, durante o dia, por determinação judicial;

XII - é inviolável o sigilo da correspondência e das comunicações telegráficas, de dados e das comunicações telefônicas, salvo, no último caso, por ordem judicial, nas hipóteses e na forma que a lei estabelecer para fins de investigação criminal ou instrução processual penal;

XIII - é livre o exercício de qualquer trabalho, ofício ou profissão, atendidas as qualificações profissionais que a lei estabelecer;

XIV - é assegurado a todos o acesso à informação e resguardado o sigilo da fonte, quando necessário ao exercício profissional;

XV - é livre a locomoção no território nacional em tempo de paz, podendo qualquer pessoa, nos termos da lei, nele entrar, permanecer ou dele sair com seus bens;

XVI - todos podem reunir-se pacificamente, sem armas, em locais abertos ao público, independentemente de autorização, desde que não frustrem outra reunião anteriormente convocada para o mesmo local, sendo apenas exigido prévio aviso à autoridade competente;

XVII - é plena a liberdade de associação para fins lícitos, vedada a de caráter paramilitar;

XVIII - a criação de associações e, na forma da lei, a de cooperativas independem de autorização, sendo vedada a interferência estatal em seu funcionamento;

XIX - as associações só poderão ser compulsoriamente dissolvidas ou ter suas atividades suspensas por decisão judicial, exigindo-se, no primeiro caso, o trânsito em julgado;

XX - ninguém poderá ser compelido a associar-se ou a permanecer associado;

XXI - as entidades associativas, quando expressamente autorizadas, têm legitimidade para representar seus filiados judicial ou extrajudicialmente;

XXII - é garantido o direito de propriedade;

XXIII - a propriedade atenderá a sua função social;

XXIV - a lei estabelecerá o procedimento para desapropriação por necessidade ou utilidade pública, ou por interesse social, mediante justa e prévia indenização em dinheiro, ressalvados os casos previstos nesta Constituição;

XXV - no caso de iminente perigo público, a autoridade competente poderá usar de propriedade particular, assegurada ao proprietário indenização ulterior, se houver dano;

XXVI - a pequena propriedade rural, assim definida em lei, desde que trabalhada pela família, não será objeto de penhora para pagamento de débitos decorrentes de sua atividade produtiva, dispondo a lei sobre os meios de financiar o seu desenvolvimento;

XXVII - aos autores pertence o direito exclusivo de utilização, publicação ou reprodução de suas obras, transmissível aos herdeiros pelo tempo que a lei fixar;

XXVIII - são assegurados, nos termos da lei:

a) a proteção às participações individuais em obras coletivas e à reprodução da imagem e voz humanas, inclusive nas atividades desportivas;

b) o direito de fiscalização do aproveitamento econômico das obras que criarem ou de que participarem aos criadores, aos intérpretes e às respectivas representações sindicais e associativas;

XXIX - a lei assegurará aos autores de inventos industriais privilégio temporário para sua utilização, bem como proteção às criações industriais, à propriedade das marcas, aos nomes de empresas e a outros signos distintivos, tendo em vista o interesse social e o desenvolvimento tecnológico e econômico do País;

XXX - é garantido o direito de herança;

XXXI - a sucessão de bens de estrangeiros situados no País será regulada pela lei brasileira em benefício do cônjuge ou dos filhos brasileiros, sempre que não lhes seja mais favorável a lei pessoal do "de cujus";

XXXII - o Estado promoverá, na forma da lei, a defesa do consumidor;

XXXIII - todos têm direito a receber dos órgãos públicos informações de seu interesse particular, ou de interesse coletivo ou geral, que serão prestadas no prazo da lei, sob pena de responsabilidade, ressalvadas aquelas cujo sigilo seja imprescindível à segurança da sociedade e do Estado;

XXXIV - são a todos assegurados, independentemente do pagamento de taxas:

a) o direito de petição aos Poderes Públicos em defesa de direitos ou contra ilegalidade ou abuso de poder;

b) a obtenção de certidões em repartições públicas, para defesa de direitos e esclarecimento de situações de interesse pessoal;

XXXV - a lei não excluirá da apreciação do Poder Judiciário lesão ou ameaça a direito;

XXXVI - a lei não prejudicará o direito adquirido, o ato jurídico perfeito e a coisa julgada;

XXXVII - não haverá juízo ou tribunal de exceção;

XXXVIII - é reconhecida a instituição do júri, com a organização que lhe der a lei, assegurados:

a) a plenitude de defesa;

b) o sigilo das votações;

c) a soberania dos veredictos;

d) a competência para o julgamento dos crimes dolosos contra a vida;

XXXIX - não há crime sem lei anterior que o defina, nem pena sem prévia cominação legal;

XL - a lei penal não retroagirá, salvo para beneficiar o réu;

XLI - a lei punirá qualquer discriminação atentatória dos direitos e liberdades fundamentais;

XLII - a prática do racismo constitui crime inafiançável e imprescritível, sujeito à pena de reclusão, nos termos da lei;

XLIII - a lei considerará crimes inafiançáveis e insuscetíveis de graça ou anistia a prática da tortura, o tráfico ilícito de entorpecentes e drogas afins, o terrorismo e os definidos como crimes hediondos, por eles respondendo os mandantes, os executores e os que, podendo evitá-los, se omitirem; *(Regulamento)*

XLIV - constitui crime inafiançável e imprescritível a ação de grupos armados, civis ou militares, contra a ordem constitucional e o Estado Democrático;

XLV - nenhuma pena passará da pessoa do condenado, podendo a obrigação de reparar o dano e a decretação do perdimento de bens ser, nos termos da lei, estendidas aos sucessores e contra eles executadas, até o limite do valor do patrimônio transferido;

XLVI - a lei regulará a individualização da pena e adotará, entre outras, as seguintes:

a) privação ou restrição da liberdade;

b) perda de bens;

c) multa;

d) prestação social alternativa;

e) suspensão ou interdição de direitos;

XLVII - não haverá penas:

a) de morte, salvo em caso de guerra declarada, nos termos do art. 84, XIX;

b) de caráter perpétuo;

c) de trabalhos forçados;

d) de banimento;

e) cruéis;

XLVIII - a pena será cumprida em estabelecimentos distintos, de acordo com a natureza do delito, a idade e o sexo do apenado;

XLIX - é assegurado aos presos o respeito à integridade física e moral;

L - às presidiárias serão asseguradas condições para que possam permanecer com seus filhos durante o período de amamentação;

LI - nenhum brasileiro será extraditado, salvo o naturalizado, em caso de crime comum, praticado antes da naturalização, ou de comprovado envolvimento em tráfico ilícito de entorpecentes e drogas afins, na forma da lei;

LII - não será concedida extradição de estrangeiro por crime político ou de opinião;

LIII - ninguém será processado nem sentenciado senão pela autoridade competente;

LIV - ninguém será privado da liberdade ou de seus bens sem o devido processo legal;

LV - aos litigantes, em processo judicial ou administrativo, e aos acusados em geral são assegurados o contraditório e ampla defesa, com os meios e recursos a ela inerentes;

LVI - são inadmissíveis, no processo, as provas obtidas por meios ilícitos;

LVII - ninguém será considerado culpado até o trânsito em julgado de sentença penal condenatória;

LVIII - o civilmente identificado não será submetido a identificação criminal, salvo nas hipóteses previstas em lei; (Regulamento).

LIX - será admitida ação privada nos crimes de ação pública, se esta não for intentada no prazo legal;

LX - a lei só poderá restringir a publicidade dos atos processuais quando a defesa da intimidade ou o interesse social o exigirem;

LXI - ninguém será preso senão em flagrante delito ou por ordem escrita e fundamentada de autoridade judiciária competente, salvo nos casos de transgressão militar ou crime propriamente militar, definidos em lei;

LXII - a prisão de qualquer pessoa e o local onde se encontre serão comunicados imediatamente ao juiz competente e à família do preso ou à pessoa por ele indicada;

LXIII - o preso será informado de seus direitos, entre os quais o de permanecer calado, sendo-lhe assegurada a assistência da família e de advogado;

LXIV - o preso tem direito à identificação dos responsáveis por sua prisão ou por seu interrogatório policial;

LXV - a prisão ilegal será imediatamente relaxada pela autoridade judiciária;

LXVI - ninguém será levado à prisão ou nela mantido, quando a lei admitir a liberdade provisória, com ou sem fiança;

LXVII - não haverá prisão civil por dívida, salvo a do responsável pelo inadimplemento voluntário e inescusável de obrigação alimentícia e a do depositário infiel;

LXVIII - conceder-se-á habeas corpus sempre que alguém sofrer ou se achar ameaçado de sofrer violência ou coação em sua liberdade de locomoção, por ilegalidade ou abuso de poder;

LXIX - conceder-se-á mandado de segurança para proteger direito líquido e certo, não amparado por habeas corpus ou habeas data, quando o responsável pela ilegalidade ou abuso de poder for autoridade pública ou agente de pessoa jurídica no exercício de atribuições do Poder Público;

LXX - o mandado de segurança coletivo pode ser impetrado por:

a) partido político com representação no Congresso Nacional;

b) organização sindical, entidade de classe ou associação legalmente constituída e em funcionamento há pelo menos um ano, em defesa dos interesses de seus membros ou associados;

LXXI - conceder-se-á mandado de injunção sempre que a falta de norma regulamentadora torne inviável o exercício dos direitos e liberdades constitucionais e das prerrogativas inerentes à nacionalidade, à soberania e à cidadania;

LXXII - conceder-se-á habeas data:

a) para assegurar o conhecimento de informações relativas à pessoa do impetrante, constantes de registros ou bancos de dados de entidades governamentais ou de caráter público;

b) para a retificação de dados, quando não se prefira fazê-lo por processo sigiloso, judicial ou administrativo;

LXXIII - qualquer cidadão é parte legítima para propor ação popular que vise a anular ato lesivo ao patrimônio público ou de entidade de que o Estado participe, à moralidade administrativa, ao meio ambiente e ao patrimônio histórico e cultural, ficando o autor, salvo comprovada má-fé, isento de custas judiciais e do ônus da sucumbência;

LXXIV - o Estado prestará assistência jurídica integral e gratuita aos que comprovarem insuficiência de recursos;

LXXV - o Estado indenizará o condenado por erro judiciário, assim como o que ficar preso além do tempo fixado na sentença;

LXXVI - são gratuitos para os reconhecidamente pobres, na forma da lei: *(Vide Lei nº 7.844, de 1989)*

a) o registro civil de nascimento;

b) a certidão de óbito;

LXXVII - são gratuitas as ações de habeas corpus e habeas data, e, na forma da lei, os atos necessários ao exercício da cidadania.

LXXVIII a todos, no âmbito judicial e administrativo, são assegurados a razoável duração do processo e os meios que garantam a celeridade de sua tramitação. *(Incluído pela Emenda Constitucional nº 45, de 2004)*

§ 1º As normas definidoras dos direitos e garantias fundamentais têm aplicação imediata.

§ 2º Os direitos e garantias expressos nesta Constituição não excluem outros decorrentes do regime e dos princípios por ela adotados, ou dos tratados internacionais em que a República Federativa do Brasil seja parte.

§ 3º Os tratados e convenções internacionais sobre direitos humanos que forem aprovados, em cada Casa do Congresso Nacional, em dois turnos, por três quintos dos votos dos respectivos membros, serão equivalentes às emendas constitucionais. *(Incluído pela Emenda Constitucional nº 45, de 2004) (Atos aprovados na forma deste parágrafo)*

§ 4º O Brasil se submete à jurisdição de Tribunal Penal Internacional a cuja criação tenha manifestado adesão. *(Incluído pela Emenda Constitucional nº 45, de 2004)*

CAPÍTULO II

Dos direitos sociais

Art. 6º São direitos sociais a educação, a saúde, a alimentação, o trabalho, a moradia, o transporte, o lazer, a segurança, a previdência social, a proteção à maternidade e à infância, a assistência aos desamparados, na forma desta Constituição. *(Redação dada pela Emenda Constitucional nº 90, de 2015)*

Art. 7º São direitos dos trabalhadores urbanos e rurais, além de outros que visem à melhoria de sua condição social:

I - relação de emprego protegida contra despedida arbitrária ou sem justa causa, nos termos de lei complementar, que preverá indenização compensatória, dentre outros direitos;

II - seguro-desemprego, em caso de desemprego involuntário;

III - fundo de garantia do tempo de serviço;

IV - salário mínimo , fixado em lei, nacionalmente unificado, capaz de atender a suas necessidades vitais básicas e às de sua família com moradia, alimentação, educação, saúde, lazer, vestuário, higiene, transporte e previdência social, com reajustes periódicos que lhe preservem o poder aquisitivo, sendo vedada sua vinculação para qualquer fim;

V - piso salarial proporcional à extensão e à complexidade do trabalho;

VI - irredutibilidade do salário, salvo o disposto em convenção ou acordo coletivo;

VII - garantia de salário, nunca inferior ao mínimo, para os que percebem remuneração variável;

VIII - décimo terceiro salário com base na remuneração integral ou no valor da aposentadoria;

IX – remuneração do trabalho noturno superior à do diurno;

X - proteção do salário na forma da lei, constituindo crime sua retenção dolosa;

XI – participação nos lucros, ou resultados, desvinculada da remuneração, e, excepcionalmente, participação na gestão da empresa, conforme definido em lei;

XII - salário-família pago em razão do dependente do trabalhador de baixa renda nos termos da lei; *(Redação dada pela Emenda Constitucional nº 20, de 1998)*

XIII - duração do trabalho normal não superior a oito horas diárias e quarenta e quatro semanais, facultada a compensação de horários e a redução da jornada, mediante acordo ou convenção coletiva de trabalho; *(vide Decreto-Lei nº 5.452, de 1943)*

XIV - jornada de seis horas para o trabalho realizado em turnos ininterruptos de revezamento, salvo negociação coletiva;

XV - repouso semanal remunerado, preferencialmente aos domingos;

XVI - remuneração do serviço extraordinário superior, no mínimo, em cinqüenta por cento à do normal; *(Vide Del 5.452, art. 59 § 1º)*

XVII - gozo de férias anuais remuneradas com, pelo menos, um terço a mais do que o salário normal;

XVIII - licença à gestante, sem prejuízo do emprego e do salário, com a duração de cento e vinte dias;

XIX - licença-paternidade, nos termos fixados em lei;

XX - proteção do mercado de trabalho da mulher, mediante incentivos específicos, nos termos da lei;

XXI - aviso prévio proporcional ao tempo de serviço, sendo no mínimo de trinta dias, nos termos da lei;

XXII - redução dos riscos inerentes ao trabalho, por meio de normas de saúde, higiene e segurança;

XXIII - adicional de remuneração para as atividades penosas, insalubres ou perigosas, na forma da lei;

XXIV - aposentadoria;

XXV - assistência gratuita aos filhos e dependentes desde o nascimento até 5 (cinco) anos de idade em creches e pré-escolas; *(Redação dada pela Emenda Constitucional nº 53, de 2006)*

XXVI - reconhecimento das convenções e acordos coletivos de trabalho;

XXVII - proteção em face da automação, na forma da lei;

XXVIII - seguro contra acidentes de trabalho, a cargo do empregador, sem excluir a indenização a que este está obrigado, quando incorrer em dolo ou culpa;

XXIX - ação, quanto aos créditos resultantes das relações de trabalho, com prazo prescricional de cinco anos para os trabalhadores urbanos e rurais, até o limite de dois anos após a extinção do contrato de trabalho; *(Redação dada pela Emenda Constitucional nº 28, de 25/05/2000)*

a) (Revogada). (Redação dada pela Emenda Constitucional nº 28, de 25/05/2000)

b) (Revogada). (Redação dada pela Emenda Constitucional nº 28, de 25/05/2000)

XXX - proibição de diferença de salários, de exercício de funções e de critério de admissão por motivo de sexo, idade, cor ou estado civil;

XXXI - proibição de qualquer discriminação no tocante a salário e critérios de admissão do trabalhador portador de deficiência;

XXXII - proibição de distinção entre trabalho manual, técnico e intelectual ou entre os profissionais respectivos;

XXXIII - proibição de trabalho noturno, perigoso ou insalubre a menores de dezoito e de qualquer trabalho a menores de dezesseis anos, salvo na condição de aprendiz, a partir de quatorze anos; *(Redação dada pela Emenda Constitucional nº 20, de 1998)*

XXXIV - igualdade de direitos entre o trabalhador com vínculo empregatício permanente e o trabalhador avulso.

Parágrafo único. São assegurados à categoria dos trabalhadores domésticos os direitos previstos nos incisos IV, VI, VII, VIII, X, XIII, XV, XVI, XVII, XVIII, XIX, XXI, XXII, XXIV, XXVI, XXX, XXXI e XXXIII e, atendidas as condições estabelecidas em lei e observada a simplificação do cumprimento das obrigações tributárias, principais e acessórias, decorrentes da relação de trabalho e suas peculiaridades, os previstos nos incisos I, II, III, IX, XII, XXV e XXVIII, bem como a sua integração à previdência social. *(Redação dada pela Emenda Constitucional nº 72, de 2013)*

Art. 8º É livre a associação profissional ou sindical, observado o seguinte:

I - a lei não poderá exigir autorização do Estado para a fundação de sindicato, ressalvado o registro no órgão competente, vedadas ao Poder Público a interferência e a intervenção na organização sindical;

II - é vedada a criação de mais de uma organização sindical, em qualquer grau, representativa de categoria profissional ou econômica, na mesma base territorial, que será definida pelos trabalhadores ou empregadores interessados, não podendo ser inferior à área de um Município;

III - ao sindicato cabe a defesa dos direitos e interesses coletivos ou individuais da categoria, inclusive em questões judiciais ou administrativas;

IV - a assembléia geral fixará a contribuição que, em se tratando de categoria profissional, será descontada em folha, para custeio do sistema confederativo da representação sindical respectiva, independentemente da contribuição prevista em lei;

V - ninguém será obrigado a filiar-se ou a manter-se filiado a sindicato;

VI - é obrigatória a participação dos sindicatos nas negociações coletivas de trabalho;

VII - o aposentado filiado tem direito a votar e ser votado nas organizações sindicais;

VIII - é vedada a dispensa do empregado sindicalizado a partir do registro da candidatura a cargo de direção ou representação sindical e, se eleito, ainda que suplente, até um ano após o final do mandato, salvo se cometer falta grave nos termos da lei.

Parágrafo único. As disposições deste artigo aplicam-se à organização de sindicatos rurais e de colônias de pescadores, atendidas as condições que a lei estabelecer.

Art. 9º É assegurado o direito de greve, competindo aos trabalhadores decidir sobre a oportunidade de exercê-lo e sobre os interesses que devam por meio dele defender.

§ 1º A lei definirá os serviços ou atividades essenciais e disporá sobre o atendimento das necessidades inadiáveis da comunidade.

§ 2º Os abusos cometidos sujeitam os responsáveis às penas da lei.

Art. 10. É assegurada a participação dos trabalhadores e empregadores nos colegiados dos órgãos públicos em que seus interesses profissionais ou previdenciários sejam objeto de discussão e deliberação.

Art. 11. Nas empresas de mais de duzentos empregados, é assegurada a eleição de um representante destes com a finalidade exclusiva de promover-lhes o entendimento direto com os empregadores.

CAPÍTULO III

Da nacionalidade

Art. 12. São brasileiros:

I - natos:

a) os nascidos na República Federativa do Brasil, ainda que de pais estrangeiros, desde que estes não estejam a serviço de seu país;

b) os nascidos no estrangeiro, de pai brasileiro ou mãe brasileira, desde que qualquer deles esteja a serviço da República Federativa do Brasil;

c) os nascidos no estrangeiro de pai brasileiro ou de mãe brasileira, desde que sejam registrados em repartição brasileira competente ou venham a residir na República Federativa do Brasil e optem, em qualquer tempo, depois de atingida a maioridade, pela nacionalidade brasileira; (Redação dada pela Emenda Constitucional nº 54, de 2007)

II - naturalizados:

a) os que, na forma da lei, adquiram a nacionalidade brasileira, exigidas aos originários de países de língua portuguesa apenas residência por um ano ininterrupto e idoneidade moral;

b) os estrangeiros de qualquer nacionalidade, residentes na República Federativa do Brasil há mais de quinze anos ininterruptos e sem condenação penal, desde que requeiram a nacionalidade brasileira. *(Redação dada pela Emenda Constitucional de Revisão nº 3, de 1994)*

§ 1º Aos portugueses com residência permanente no País, se houver reciprocidade em favor de brasileiros, serão atribuídos os direitos inerentes ao brasileiro, salvo os casos previstos nesta Constituição. *(Redação dada pela Emenda Constitucional de Revisão nº 3, de 1994)*

§ 2º A lei não poderá estabelecer distinção entre brasileiros natos e naturalizados, salvo nos casos previstos nesta Constituição.

§ 3º São privativos de brasileiro nato os cargos:

I - de Presidente e Vice-Presidente da República;

II - de Presidente da Câmara dos Deputados;

III - de Presidente do Senado Federal;

IV - de Ministro do Supremo Tribunal Federal;

V - da carreira diplomática;

VI - de oficial das Forças Armadas.

VII - de Ministro de Estado da Defesa *(Incluído pela Emenda Constitucional nº 23, de 1999)*

§ 4º - Será declarada a perda da nacionalidade do brasileiro que:

I - tiver cancelada sua naturalização, por sentença judicial, em virtude de atividade nociva ao interesse nacional;

II - adquirir outra nacionalidade, salvo nos casos: *(Redação dada pela Emenda Constitucional de Revisão nº 3, de 1994)*

a) de reconhecimento de nacionalidade originária pela lei estrangeira; (Incluído pela Emenda Constitucional de Revisão nº 3, de 1994)

b) de imposição de naturalização, pela norma estrangeira, ao brasileiro residente em estado estrangeiro, como condição para permanência em seu território ou para o exercício de direitos civis; *(Incluído pela Emenda Constitucional de Revisão nº 3, de 1994)*

Art. 13. A língua portuguesa é o idioma oficial da República Federativa do Brasil.

§ 1º São símbolos da República Federativa do Brasil a bandeira, o hino, as armas e o selo nacionais.

§ 2º Os Estados, o Distrito Federal e os Municípios poderão ter símbolos próprios.

CAPÍTULO IV

Dos Direitos Políticos

Art. 14. A soberania popular será exercida pelo sufrágio universal e pelo voto direto e secreto, com valor igual para todos, e, nos termos da lei, mediante:

I. plebiscito;

II. referendo;

III. iniciativa popular.

§ 1º O alistamento eleitoral e o voto são:

I. obrigatórios para os maiores de dezoito anos;

II. facultativos para:

a) os analfabetos;

b) os maiores de setenta anos;

c) os maiores de dezesseis e menores de dezoito anos.

§ 2º Não podem alistar-se como eleitores os estrangeiros e, durante o período do serviço militar obrigatório, os conscritos.

§ 3º São condições de elegibilidade, na forma da lei:

I. a nacionalidade brasileira;

II. o pleno exercício dos direitos políticos;

III. o alistamento eleitoral;

IV. o domicílio eleitoral na circunscrição;

V. a filiação partidária; *(Regulamentado pela Lei nº 9.096, de 1995)*

VI. a idade mínima de:

a) trinta e cinco anos para Presidente e Vice-Presidente da República e Senador;

b) trinta anos para Governador e Vice-Governador de Estado e do Distrito Federal;

c) vinte e um anos para Deputado Federal, Deputado Estadual ou Distrital, Prefeito, Vice-Prefeito e juiz de paz;

d) dezoito anos para Vereador.

§ 4º São inelegíveis os inalistáveis e os analfabetos.

§ 5º O Presidente da República, os Governadores de Estado e do Distrito Federal, os Prefeitos e quem os houver sucedido ou substituído no curso dos mandatos poderão ser reeleitos para um único período subsequente. *(Redação dada pela Emenda Constitucional nº 16, de 1997)*

§ 6º Para concorrerem a outros cargos, o Presidente da República, os Governadores de Estado e do Distrito Federal e os Prefeitos devem renunciar aos respectivos mandatos até seis meses antes do pleito.

§ 7º São inelegíveis, no território de jurisdição do titular, o cônjuge e os parentes consanguíneos ou afins, até o segundo grau ou por adoção, do Presidente da República, de Governador de Estado ou Território, do Distrito Federal, de Prefeito ou de quem os haja substituído dentro dos seis meses anteriores ao pleito, salvo se já titular de mandato eletivo e candidato à reeleição.

§ 8º O militar alistável é elegível, atendidas as seguintes condições:

I. se contar menos de dez anos de serviço, deverá afastar-se da atividade;

II. se contar mais de dez anos de serviço, será agregado pela autoridade superior e, se eleito, passará automaticamente, no ato da diplomação, para a inatividade.

§ 9º Lei complementar estabelecerá outros casos de inelegibilidade e os prazos de sua cessação, a fim de proteger a probidade administrativa, a moralidade para exercício de mandato considerada vida pregressa do candidato, e a normalidade e legitimidade das eleições contra a influência do poder econômico ou o abuso do exercício de função, cargo ou emprego na administração direta ou indireta. *(Redação dada pela Emenda Constitucional de Revisão nº 4, de 1994)*

§ 10. O mandato eletivo poderá ser impugnado ante a Justiça Eleitoral no prazo de quinze dias contados da diplomação, instruída a ação com provas de abuso do poder econômico, corrupção ou fraude.

§ 11. A ação de impugnação de mandato tramitará em segredo de justiça, respondendo o autor, na forma da lei, se temerária ou de manifesta má-fé.

Art. 15. É vedada a cassação de direitos políticos, cuja perda ou suspensão só se dará nos casos de:

I. cancelamento da naturalização por sentença transitada em julgado;

II. incapacidade civil absoluta;

III. condenação criminal transitada em julgado, enquanto durarem seus efeitos;

IV. recusa de cumprir obrigação a todos imposta ou prestação alternativa, nos termos do art. 5º, VIII;

V. improbidade administrativa, nos termos do art. 37, § 4º.

Art. 16. A lei que alterar o processo eleitoral entrará em vigor na data de sua publicação, não se aplicando à eleição que ocorra até um ano da data de sua vigência. *(Redação dada pela Emenda Constitucional nº 4, de 1993)*

CAPÍTULO V

Dos Partidos Políticos

Art. 17. É livre a criação, fusão, incorporação e extinção de partidos políticos, resguardados a soberania nacional, o regime democrático, o pluripartidarismo, os direitos fundamentais da pessoa humana e observados os seguintes preceitos: *Regulamento*

I. caráter nacional;

II. proibição de recebimento de recursos financeiros de entidade ou governo estrangeiros ou de subordinação a estes;

III. prestação de contas à Justiça Eleitoral;

IV. funcionamento parlamentar de acordo com a lei.

§ 1º É assegurada aos partidos políticos autonomia para definir sua estrutura interna e estabelecer regras sobre escolha, formação e duração de seus órgãos permanentes e provisórios e sobre sua organização e funcionamento e para adotar os critérios de escolha e o regime de suas coligações nas eleições majoritárias, vedada a sua celebração nas eleições proporcionais, sem obrigatoriedade de vinculação entre as candidaturas em âmbito nacional, estadual, distrital ou municipal, devendo seus estatutos estabelecer normas de disciplina e fidelidade partidária. *(Redação dada pela Emenda Constitucional nº 97, de 2017)*

§ 2º Os partidos políticos, após adquirirem personalidade jurídica, na forma da lei civil, registrarão seus estatutos no Tribunal Superior Eleitoral.

§ 3º Somente terão direito a recursos do fundo partidário e acesso gratuito ao rádio e à televisão, na forma da lei, os partidos políticos que alternativamente: *(Redação dada pela Emenda Constitucional nº 97, de 2017)*

I. obtiverem, nas eleições para a Câmara dos Deputados, no mínimo, 3% (três por cento) dos votos válidos, distribuídos em pelo menos um terço das unidades da Federação, com um mínimo de 2% (dois por cento) dos votos válidos em cada uma delas; ou *(Incluído pela Emenda Constitucional nº 97, de 2017)*

II. tiverem elegido pelo menos quinze Deputados Federais distribuídos em pelo menos um terço das unidades da Federação. *(Incluído pela Emenda Constitucional nº 97, de 2017)*

§ 4º É vedada a utilização pelos partidos políticos de organização paramilitar.

§ 5º Ao eleito por partido que não preencher os requisitos previstos no § 3º deste artigo é assegurado o mandato e facultada a filiação, sem perda do mandato, a outro partido que os tenha atingido, não sendo essa filiação considerada para fins de distribuição dos recursos do fundo partidário e de acesso gratuito ao tempo de rádio e de televisão. *(Incluído pela Emenda Constitucional nº 97, de 2017)*

TÍTULO III
Da Organização do Estado

CAPÍTULO I
Da Organização Político-Administrativa

Art. 18. A organização político-administrativa da República Federativa do Brasil compreende a União, os Estados, o Distrito Federal e os Municípios, todos autônomos, nos termos desta Constituição.

§ 1º Brasília é a Capital Federal.

§ 2º Os Territórios Federais integram a União, e sua criação, transformação em Estado ou reintegração ao Estado de origem serão reguladas em lei complementar.

§ 3º Os Estados podem incorporar-se entre si, subdividir-se ou desmembrar-se para se anexarem a outros, ou formarem novos Estados ou Territórios Federais, mediante aprovação da população diretamente interessada, através de plebiscito, e do Congresso Nacional, por lei complementar.

§ 4º A criação, a incorporação, a fusão e o desmembramento de Municípios far-se-ão por lei estadual, dentro do período determinado por Lei Complementar Federal, e dependerão de consulta prévia, mediante plebiscito, às populações dos

Municípios envolvidos, após divulgação dos Estudos de Viabilidade Municipal, apresentados e publicados na forma da lei. *(Redação dada pela Emenda Constitucional nº 15, de 1996)*

Art. 19. É vedado à União, aos Estados, ao Distrito Federal e aos Municípios:

I. estabelecer cultos religiosos ou igrejas, subvencioná-los, embaraçar-lhes o funcionamento ou manter com eles ou seus representantes relações de dependência ou aliança, ressalvada, na forma da lei, a colaboração de interesse público;

II. recusar fé aos documentos públicos;

III. criar distinções entre brasileiros ou preferências entre si.

CAPÍTULO II

Da União

Art. 20. São bens da União:

I. os que atualmente lhe pertencem e os que lhe vierem a ser atribuídos;

II. as terras devolutas indispensáveis à defesa das fronteiras, das fortificações e construções militares, das vias federais de comunicação e à preservação ambiental, definidas em lei;

III. os lagos, rios e quaisquer correntes de água em terrenos de seu domínio, ou que banhem mais de um Estado, sirvam de limites com outros países, ou se estendam a território estrangeiro ou dele provenham, bem como os terrenos marginais e as praias fluviais;

IV. as ilhas fluviais e lacustres nas zonas limítrofes com outros países; as praias marítimas; as ilhas oceânicas e as costeiras, excluídas, destas, as que contenham a sede de Municípios, exceto aquelas áreas afetadas ao serviço público e a unidade ambiental federal, e as referidas no art. 26, II; *(Redação dada pela Emenda Constitucional nº 46, de 2005)*

V. os recursos naturais da plataforma continental e da zona econômica exclusiva;

VI. o mar territorial;

VII. os terrenos de marinha e seus acrescidos;

VIII. os potenciais de energia hidráulica;

IX. os recursos minerais, inclusive os do subsolo;

X. as cavidades naturais subterrâneas e os sítios arqueológicos e pré-históricos;

XI. as terras tradicionalmente ocupadas pelos índios.

§ 1º É assegurada, nos termos da lei, aos Estados, ao Distrito Federal e aos Municípios, bem como a órgãos da administração direta da União, participação no resultado da exploração de petróleo ou gás natural, de recursos hídricos para fins de geração de energia elétrica e de outros recursos minerais no respectivo território, plataforma continental, mar territorial ou zona econômica exclusiva, ou compensação financeira por essa exploração.

§ 2º A faixa de até cento e cinquenta quilômetros de largura, ao longo das fronteiras terrestres, designada como faixa de fronteira, é considerada fundamental para defesa do território nacional, e sua ocupação e utilização serão reguladas em lei.

Art. 21. Compete à União:

I. manter relações com Estados estrangeiros e participar de organizações internacionais;

II. declarar a guerra e celebrar a paz;

III. assegurar a defesa nacional;

IV. permitir, nos casos previstos em lei complementar, que forças estrangeiras transitem pelo território nacional ou nele permaneçam temporariamente;

V. decretar o estado de sítio, o estado de defesa e a intervenção federal;

VI. autorizar e fiscalizar a produção e o comércio de material bélico;

VII. emitir moeda;

VIII. administrar as reservas cambiais do País e fiscalizar as operações de natureza financeira, especialmente as de crédito, câmbio e capitalização, bem como as de seguros e de previdência privada;

IX. elaborar e executar planos nacionais e regionais de ordenação do território e de desenvolvimento econômico e social;

X. manter o serviço postal e o correio aéreo nacional;

XI. explorar, diretamente ou mediante autorização, concessão ou permissão, os serviços de telecomunicações, nos termos da lei, que disporá sobre a organização dos serviços, a criação de um órgão regulador e outros aspectos institucionais; *(Redação dada pela Emenda Constitucional nº 8, de 1995)*

XII. explorar, diretamente ou mediante autorização, concessão ou permissão:

a) os serviços de radiodifusão sonora, e de sons e imagens; *(Redação dada pela Emenda Constitucional nº 8, de 1995)*

b) os serviços e instalações de energia elétrica e o aproveitamento energético dos cursos de água, em articulação com os Estados onde se situam os potenciais hidroenergéticos;

c) a navegação aérea, aeroespacial e a infraestrutura aeroportuária;

d) os serviços de transporte ferroviário e aquaviário entre portos brasileiros e fronteiras nacionais, ou que transponham os limites de Estado ou Território;

e) os serviços de transporte rodoviário interestadual e internacional de passageiros;

f) os portos marítimos, fluviais e lacustres;

XIII. organizar e manter o Poder Judiciário, o Ministério Público do Distrito Federal e dos Territórios e a Defensoria Pública dos Territórios; *(Redação dada pela Emenda Constitucional nº 69, de 29 de março de 2012, em vigor na data de sua publicação, produzindo efeitos quanto ao disposto no art. 1º após decorridos 120 dias de sua publicação oficial)*

XIV. organizar e manter a polícia civil, a polícia militar e o corpo de bombeiros militar do Distrito Federal, bem como prestar assistência financeira ao Distrito Federal para a execução de serviços públicos, por meio de fundo próprio; *(Redação dada pela Emenda Constitucional nº 19, de 1998)*

XV. organizar e manter os serviços oficiais de estatística, geografia, geologia e cartografia de âmbito nacional;

XVI. exercer a classificação, para efeito indicativo, de diversões públicas e de programas de rádio e televisão;

XVII. conceder anistia;

XVIII. planejar e promover a defesa permanente contra as calamidades públicas, especialmente as secas e as inundações;

XIX. instituir sistema nacional de gerenciamento de recursos hídricos e definir critérios de outorga de direitos de seu uso; *(Regulamentado pela Lei 9.433, de 1997)*

XX. instituir diretrizes para o desenvolvimento urbano, inclusive habitação, saneamento básico e transportes urbanos;

XXI. estabelecer princípios e diretrizes para o sistema nacional de viação;

XXII. executar os serviços de polícia marítima, aeroportuária e de fronteiras; *(Redação dada pela Emenda Constitucional nº 19, de 1998)*

XXIII. explorar os serviços e instalações nucleares de qualquer natureza e exercer monopólio estatal sobre a pesquisa, a lavra, o enriquecimento e reprocessamento, a industrialização e o comércio de minérios nucleares e seus derivados, atendidos os seguintes princípios e condições:

a) toda atividade nuclear em território nacional somente será admitida para fins pacíficos e mediante aprovação do Congresso Nacional;

b) sob regime de permissão, são autorizadas a comercialização e a utilização de radioisótopos para a pesquisa e usos médicos, agrícolas e industriais; *(Redação dada pela Emenda Constitucional nº 49, de 2006)*

c) sob regime de permissão, são autorizadas a produção, comercialização e utilização de radioisótopos de meia-vida igual ou inferior a duas horas; *(Redação dada pela Emenda Constitucional nº 49, de 2006)*

d) a responsabilidade civil por danos nucleares independe da existência de culpa; *(Redação dada pela Emenda Constitucional nº 49, de 2006)*

XXIV. organizar, manter e executar a inspeção do trabalho;

XXV. estabelecer as áreas e as condições para o exercício da atividade de garimpagem, em forma associativa.

Art. 22. Compete privativamente à União legislar sobre:

I. direito civil, comercial, penal, processual, eleitoral, agrário, marítimo, aeronáutico, espacial e do trabalho;

II. desapropriação;

III. requisições civis e militares, em caso de iminente perigo e em tempo de guerra;

IV. águas, energia, informática, telecomunicações e radiodifusão;

V. serviço postal;

VI. sistema monetário e de medidas, títulos e garantias dos metais;

VII. política de crédito, câmbio, seguros e transferência de valores;

VIII. comércio exterior e interestadual;

IX. diretrizes da política nacional de transportes;

X. regime dos portos, navegação lacustre, fluvial, marítima, aérea e aeroespacial;

XI. trânsito e transporte;

XII. jazidas, minas, outros recursos minerais e metalurgia;

XIII. nacionalidade, cidadania e naturalização;

XIV. populações indígenas;

XV. emigração e imigração, entrada, extradição e expulsão de estrangeiros;

XVI. organização do sistema nacional de emprego e condições para o exercício de profissões;

XVII. organização judiciária, do Ministério Público do Distrito Federal e dos Territórios e da Defensoria Pública dos Territórios, bem como organização administrativa destes; *(Redação dada pela Emenda Constitucional nº 69, de 2012, em vigor na data de sua publicação, produzindo efeitos quanto ao disposto no art. 1º após decorridos 120 dias de sua publicação oficial)*

XVIII. sistema estatístico, sistema cartográfico e de geologia nacionais;

XIX. sistemas de poupança, captação e garantia da poupança popular;

XX. sistemas de consórcios e sorteios;

XXI. normas gerais de organização, efetivos, material bélico, garantias, convocação e mobilização das polícias militares e corpos de bombeiros militares;

XXII. competência da polícia federal e das polícias rodoviária e ferroviária federais;

XXIII. seguridade social;

XXIV. diretrizes e bases da educação nacional;

XXV. registros públicos;

XXVI. atividades nucleares de qualquer natureza;

XXVII. normas gerais de licitação e contratação, em todas as modalidades, para as administrações públicas diretas, autárquicas e fundacionais da União, Estados, Distrito Federal e Municípios, obedecido o disposto no art. 37, XXI, e para as empresas públicas e sociedades de economia mista, nos termos do art. 173, § 1°, III; *(Redação dada pela Emenda Constitucional nº 19, de 1998)*

XXVIII. defesa territorial, defesa aeroespacial, defesa marítima, defesa civil e mobilização nacional;

XXIX. propaganda comercial.

Parágrafo único. Lei complementar poderá autorizar os Estados a legislar sobre questões específicas das matérias relacionadas neste artigo.

Art. 23. É competência comum da União, dos Estados, do Distrito Federal e dos Municípios:

I. zelar pela guarda da Constituição, das leis e das instituições democráticas e conservar o patrimônio público;

II. cuidar da saúde e assistência pública, da proteção e garantia das pessoas portadoras de deficiência;

III. proteger os documentos, as obras e outros bens de valor histórico, artístico e cultural, os monumentos, as paisagens naturais notáveis e os sítios arqueológicos;

IV. impedir a evasão, a destruição e a descaracterização de obras de arte e de outros bens de valor histórico, artístico ou cultural;

V. proporcionar os meios de acesso à cultura, à educação, à ciência, à tecnologia, à pesquisa e à inovação; *(Redação dada pela Emenda Constitucional nº 85, de 2015)*

VI. proteger o meio ambiente e combater a poluição em qualquer de suas formas;

VII. preservar as florestas, a fauna e a flora;

VIII. fomentar a produção agropecuária e organizar o abastecimento alimentar;

IX. promover programas de construção de moradias e a melhoria das condições habitacionais e de saneamento básico;

X. combater as causas da pobreza e os fatores de marginalização, promovendo a integração social dos setores desfavorecidos;

XI. registrar, acompanhar e fiscalizar as concessões de direitos de pesquisa e exploração de recursos hídricos e minerais em seus territórios;

XII. estabelecer e implantar política de educação para a segurança do trânsito.

Parágrafo único. Leis complementares fixarão normas para a cooperação entre a União e os Estados, o Distrito Federal e os Municípios, tendo em vista o equilíbrio do desenvolvimento e do bem-estar em âmbito nacional. *(Redação dada pela Emenda Constitucional nº 53, de 2006)*

Art. 24. Compete à União, aos Estados e ao Distrito Federal legislar concorrentemente sobre:

I. direito tributário, financeiro, penitenciário, econômico e urbanístico;

II. orçamento;

III. juntas comerciais;

IV. custas dos serviços forenses;

V. produção e consumo;

VI. florestas, caça, pesca, fauna, conservação da natureza, defesa do solo e dos recursos naturais, proteção do meio ambiente e controle da poluição;

VII. proteção ao patrimônio histórico, cultural, artístico, turístico e paisagístico;

VIII. responsabilidade por dano ao meio ambiente, ao consumidor, a bens e direitos de valor artístico, estético, histórico, turístico e paisagístico;

IX. educação, cultura, ensino, desporto, ciência, tecnologia, pesquisa, desenvolvimento e inovação; *(Redação dada pela Emenda Constitucional nº 85, de 2015)*

X. criação, funcionamento e processo do juizado de pequenas causas;

XI. procedimentos em matéria processual;

XII. previdência social, proteção e defesa da saúde;

XIII. assistência jurídica e Defensoria pública;

XIV. proteção e integração social das pessoas portadoras de deficiência;

XV. proteção à infância e à juventude;

XVI. organização, garantias, direitos e deveres das polícias civis.

§ 1º No âmbito da legislação concorrente, a competência da União limitar-se-á a estabelecer normas gerais.

§ 2º A competência da União para legislar sobre normas gerais não exclui a competência suplementar dos Estados.

§ 3º Inexistindo lei federal sobre normas gerais, os Estados exercerão a competência legislativa plena, para atender a suas peculiaridades.

§ 4º A superveniência de lei federal sobre normas gerais suspende a eficácia da lei estadual, no que lhe for contrário.

CAPÍTULO III

Dos Estados Federados

Art. 25. Os Estados organizam-se e regem-se pelas Constituições e leis que adotarem, observados os princípios desta Constituição.

§ 1º São reservadas aos Estados as competências que não lhes sejam vedadas por esta Constituição.

§ 2º Cabe aos Estados explorar diretamente, ou mediante concessão, os serviços locais de gás canalizado, na forma da lei, vedada a edição de medida provisória para a sua regulamentação. *(Redação dada pela Emenda Constitucional nº 5, de 1995)*

§ 3º Os Estados poderão, mediante lei complementar, instituir regiões metropolitanas, aglomerações urbanas e microrregiões, constituídas por agrupamentos de municípios limítrofes, para integrar a organização, o planejamento e a execução de funções públicas de interesse comum.

Art. 26. Incluem-se entre os bens dos Estados:

I. as águas superficiais ou subterrâneas, fluentes, emergentes e em depósito, ressalvadas, neste caso, na forma da lei, as decorrentes de obras da União;

II. as áreas, nas ilhas oceânicas e costeiras, que estiverem no seu domínio, excluídas aquelas sob domínio da União, Municípios ou terceiros;

III. as ilhas fluviais e lacustres não pertencentes à União;

IV. as terras devolutas não compreendidas entre as da União.

Art. 27. O número de Deputados à Assembleia Legislativa corresponderá ao triplo da representação do Estado na Câmara dos Deputados e, atingido o número de trinta e seis, será acrescido de tantos quantos forem os Deputados Federais acima de doze.

§ 1º Será de quatro anos o mandato dos Deputados Estaduais, aplicando-se-lhes as regras desta Constituição sobre sistema eleitoral, inviolabilidade, imunidades, remuneração, perda de mandato, licença, impedimentos e incorporação às Forças Armadas.

§ 2º O subsídio dos Deputados Estaduais será fixado por lei de iniciativa da Assembleia Legislativa, na razão de, no máximo, setenta e cinco por cento daquele estabelecido, em espécie, para os Deputados Federais, observado o que dispõem os arts. 39, § 4º, 57, § 7º, 150, II, 153, III, e 153, § 2º, I. *(Redação dada pela Emenda Constitucional nº 19, de 1998)*

§ 3º Compete às Assembleias Legislativas dispor sobre seu regimento interno, polícia e serviços administrativos de sua secretaria, e prover os respectivos cargos.

§ 4º A lei disporá sobre a iniciativa popular no processo legislativo estadual.

Art. 28. A eleição do Governador e do Vice-Governador de Estado, para mandato de quatro anos, realizar-se-á no primeiro domingo de outubro, em primeiro turno, e no último domingo de outubro, em segundo turno, se houver, do ano anterior ao do término do mandato de seus antecessores, e a posse ocorrerá em primeiro de janeiro do ano subsequente, observado, quanto ao mais, o disposto no art. 77. *(Redação dada pela Emenda Constitucional nº 16, de1997)*

§ 1º Perderá o mandato o Governador que assumir outro cargo ou função na administração pública direta ou indireta, ressalvada a posse em virtude de concurso público e observado o disposto no art. 38, I, IV e V. *(Renumerado do parágrafo único, pela Emenda Constitucional nº 19, de 1998)*

§ 2º Os subsídios do Governador, do Vice-Governador e dos Secretários de Estado serão fixados por lei de iniciativa da Assembleia Legislativa, observado o que dispõem os arts. 37, XI, 39, § 4º, 150, II, 153, III, e 153, § 2º, I. *(Incluído pela Emenda Constitucional nº 19, de 1998)*

CAPÍTULO IV

Dos Municípios

Art. 29. O Município reger-se-á por lei orgânica, votada em dois turnos, com o interstício mínimo de dez dias, e aprovada por dois terços dos membros da Câmara Municipal, que a promulgará, atendidos os princípios estabelecidos nesta Constituição, na Constituição do respectivo Estado e os seguintes preceitos:

I. eleição do Prefeito, do Vice-Prefeito e dos Vereadores, para mandato de quatro anos, mediante pleito direto e simultâneo realizado em todo o País;

II. eleição do Prefeito e do Vice-Prefeito realizada no primeiro domingo de outubro do ano anterior ao término do mandato dos que devam suceder, aplicadas as regras do art. 77, no caso de Municípios com mais de duzentos mil eleitores; *(Redação dada pela Emenda Constitucional nº 16, de 1997)*

III. posse do Prefeito e do Vice-Prefeito no dia 1º de janeiro do ano subsequente ao da eleição;

IV. para a composição das Câmaras Municipais, será observado o limite máximo de: *(Redação dada pela Emenda Constitucional nº 58, de 2009, em vigor na data de sua promulgação, produzindo efeitos quanto ao disposto no art. 1º, a partir do processo eleitoral de 2008; e ao disposto no art. 2º, a partir de 1º de de janeiro do ano subsequente ao da promulgação desta Emenda), (Vide ADIN nº 4.307, de 2013)*

a) 9 (nove) Vereadores, nos Municípios de até 15.000 (quinze mil) habitantes; *(Redação dada pela Emenda Constitucional nº 58, de 2009)*

b) 11 (onze) Vereadores, nos Municípios de mais de 15.000 (quinze mil) habitantes e de até 30.000 (trinta mil) habitantes; *(Redação dada pela Emenda Constitucional nº 58, de 2009)*

c) 13 (treze) Vereadores, nos Municípios com mais de 30.000 (trinta mil) habitantes e de até 50.000 (cinquenta mil) habitantes; *(Redação dada pela Emenda Constitucional nº 58, de 2009)*

d) 15 (quinze) Vereadores, nos Municípios de mais de 50.000 (cinquenta mil) habitantes e de até 80.000 (oitenta mil) habitantes; *(Incluída pela Emenda Constitucional nº 58, de 2009)*

e) 17 (dezessete) Vereadores, nos Municípios de mais de 80.000 (oitenta mil) habitantes e de até 120.000 (cento e vinte mil) habitantes; *(Incluída pela Emenda Constitucional nº 58, de 2009)*

f) 19 (dezenove) Vereadores, nos Municípios de mais de 120.000 (cento e vinte mil) habitantes e de até 160.000 (cento sessenta mil) habitantes; *(Incluída pela Emenda Constitucional nº 58, de 2009)*

g) 21 (vinte e um) Vereadores, nos Municípios de mais de 160.000 (cento e sessenta mil) habitantes e de até 300.000 (trezentos mil) habitantes; *(Incluída pela Emenda Constitucional nº 58, de 2009)*

h) 23 (vinte e três) Vereadores, nos Municípios de mais de 300.000 (trezentos mil) habitantes e de até 450.000 (quatrocentos e cinquenta mil) habitantes; *(Incluída pela Emenda Constitucional nº 58, de 2009)*

i) 25 (vinte e cinco) Vereadores, nos Municípios de mais de 450.000 (quatrocentos e cinquenta mil) habitantes e de até 600.000 (seiscentos mil) habitantes; *(Incluída pela Emenda Constitucional nº 58, de 2009)*

j) 27 (vinte e sete) Vereadores, nos Municípios de mais de 600.000 (seiscentos mil) habitantes e de até 750.000 (setecentos cinquenta mil) habitantes; *(Incluída pela Emenda Constitucional nº 58, de 2009)*

k) 29 (vinte e nove) Vereadores, nos Municípios de mais de 750.000 (setecentos e cinquenta mil) habitantes e de até 900.000 (novecentos mil) habitantes; *(Incluída pela Emenda Constitucional nº 58, de 2009)*

l) 31 (trinta e um) Vereadores, nos Municípios de mais de 900.000 (novecentos mil) habitantes e de até 1.050.000 (um milhão e cinquenta mil) habitantes; *(Incluída pela Emenda Constitucional nº 58, de 2009)*

m) 33 (trinta e três) Vereadores, nos Municípios de mais de 1.050.000 (um milhão e cinquenta mil) habitantes e de até 1.200.000 (um milhão e duzentos mil) habitantes; *(Incluída pela Emenda Constitucional nº 58, de 2009)*

n) 35 (trinta e cinco) Vereadores, nos Municípios de mais de 1.200.000 (um milhão e duzentos mil) habitantes e de até 1.350.000 (um milhão e trezentos e cinquenta mil) habitantes; *(Incluída pela Emenda Constitucional nº 58, de 2009)*

o) 37 (trinta e sete) Vereadores, nos Municípios de 1.350.000 (um milhão e trezentos e cinquenta mil) habitantes e de até 1.500.000 (um milhão e quinhentos mil) habitantes; *(Incluída pela Emenda Constitucional nº 58, de 2009)*

p) 39 (trinta e nove) Vereadores, nos Municípios de mais de 1.500.000 (um milhão e quinhentos mil) habitantes e de até 1.800.000 (um milhão e oitocentos mil) habitantes; *(Incluída pela Emenda Constitucional nº 58, de 2009)*

q) 41 (quarenta e um) Vereadores, nos Municípios de mais de 1.800.000 (um milhão e oitocentos mil) habitantes e de até 2.400.000 (dois milhões e quatrocentos mil) habitantes; *(Incluída pela Emenda Constitucional nº 58, de 2009)*

r) 43 (quarenta e três) Vereadores, nos Municípios de mais de 2.400.000 (dois milhões e quatrocentos mil) habitantes e de até 3.000.000 (três milhões) de habitantes; *(Incluída pela Emenda Constitucional nº 58, de 2009)*

s) 45 (quarenta e cinco) Vereadores, nos Municípios de mais de 3.000.000 (três milhões) de habitantes e de até 4.000.000 (quatro milhões) de habitantes; *(Incluída pela Emenda Constitucional nº 58, de 2009)*

t) 47 (quarenta e sete) Vereadores, nos Municípios de mais de 4.000.000 (quatro milhões) de habitantes e de até 5.000.000 (cinco milhões) de habitantes; *(Incluída pela Emenda Constitucional nº 58, de 2009)*

u) 49 (quarenta e nove) Vereadores, nos Municípios de mais de 5.000.000 (cinco milhões) de habitantes e de até 6.000.000 (seis milhões) de habitantes; *(Incluída pela Emenda Constitucional nº 58, de 2009)*

v) 51 (cinquenta e um) Vereadores, nos Municípios de mais de 6.000.000 (seis milhões) de habitantes e de até 7.000.000 (sete milhões) de habitantes; *(Incluída pela Emenda Constitucional nº 58, de 2009)*

w) 53 (cinquenta e três) Vereadores, nos Municípios de mais de 7.000.000 (sete milhões) de habitantes e de até 8.000.000 (oito milhões) de habitantes; e *(Incluída pela Emenda Constitucional nº 58, de 2009)*

x) 55 (cinquenta e cinco) Vereadores, nos Municípios de mais de 8.000.000 (oito milhões) de habitantes; *(Incluída pela Emenda Constitucional nº 58, de 2009)*

V. subsídios do Prefeito, do Vice-Prefeito e dos Secretários Municipais fixados por lei de iniciativa da Câmara Municipal, observado o que dispõem os arts. 37, XI, 39, § 4º, 150, II, 153, III, e 153, § 2º, I; *(Redação dada pela Emenda Constitucional nº 19, de 1998)*

VI. o subsídio dos Vereadores será fixado pelas respectivas Câmaras Municipais em cada legislatura para a subsequente, observado o que dispõe esta Constituição, observados os critérios estabelecidos na respectiva Lei Orgânica e os seguintes limites máximos: *(Redação dada pela Emenda Constitucional nº 25, de 2000)*

a) em Municípios de até 10.000 (dez mil) habitantes, o subsídio máximo dos Vereadores corresponderá a 20% (vinte por cento) do subsídio dos Deputados Estaduais; *(Incluída pela Emenda Constitucional nº 25, de 2000)*

b) em Municípios de 10.001 (dez mil e um) a 50.000 (cinquenta mil habitantes), o subsídio máximo dos Vereadores corresponderá a 30% (trinta por cento) do subsídio dos Deputados Estaduais; *(Incluída pela Emenda Constitucional nº 25, de 2000)*

c) em Municípios de 50.001 (cinquenta mil e um) a 100.000 (cem mil habitantes), o subsídio máximo dos Vereadores corresponderá a 40% (quarenta por cento) do subsídio dos Deputados Estaduais; *(Incluída pela Emenda Constitucional nº 25, de 2000)*

d) em Municípios de 100.001 (cem mil e um) a 300.000 (trezentos mil habitantes), o subsídio máximo dos Vereadores corresponderá a 50% (cinquenta por cento) do subsídio dos Deputados Estaduais; *(Incluída pela Emenda Constitucional nº 25, de 2000)*

e) em Municípios de 300.001 (trezentos mil e um) a 500.000 (quinhentos mil habitantes), o subsídio máximo dos Vereadores corresponderá a 60% (sessenta por cento) do subsídio dos Deputados Estaduais; *(Incluída pela Emenda Constitucional nº 25, de 2000)*

f) em Municípios de mais de 500.000 (quinhentos mil habitantes), o subsídio máximo dos Vereadores corresponderá a 75% (setenta e cinco por cento) do subsídio dos Deputados Estaduais; *(Incluída pela Emenda Constitucional nº 25, de 2000)*

VII. o total da despesa com a remuneração dos Vereadores não poderá ultrapassar o montante de 5% (cinco por cento) da receita do Município; *(Incluída pela Emenda Constitucional nº 1, de 1992)*

VIII. inviolabilidade dos Vereadores por suas opiniões, palavras e votos no exercício do mandato e na circunscrição do Município; *(Renumerado do inciso VI, pela Emenda Constitucional nº 1, de 1992)*

IX. proibições e incompatibilidades, no exercício da vereança, similares, no que couber, ao disposto nesta Constituição para os membros do Congresso Nacional e na Constituição do respectivo Estado para os membros da Assembleia Legislativa; *(Renumerado do inciso VII, pela Emenda Constitucional nº 1, de 1992)*

X. julgamento do Prefeito perante o Tribunal de Justiça; *(Renumerado do inciso VIII, pela Emenda Constitucional nº 1, de 1992)*

XI. organização das funções legislativas e fiscalizadoras da Câmara Municipal; *(Renumerado do inciso IX, pela Emenda Constitucional nº 1, de 1992)*

XII. cooperação das associações representativas no planejamento municipal; *(Renumerado do inciso X, pela Emenda Constitucional nº 1, de 1992)*

XIII. iniciativa popular de projetos de lei de interesse específico do Município, da cidade ou de bairros, através de manifestação de, pelo menos, 5% (cinco por cento) do eleitorado; *(Renumerado do inciso XI, pela Emenda Constitucional nº 1, de 1992)*

XIV. perda do mandato do Prefeito, nos termos do art. 28, **Parágrafo único.** *(Renumerado do inciso XII, pela Emenda Constitucional nº 1, de 1992)*

Art. 29-A. O total da despesa do Poder Legislativo Municipal, incluídos os subsídios dos Vereadores e excluídos os gastos com inativos, não poderá ultrapassar os seguintes percentuais, relativos ao somatório da receita tributária e das transferências previstas no § 5º do art. 153 e nos arts. 158 e 159, efetivamente realizado no exercício anterior: *(Incluído pela Emenda Constitucional nº 25, de 2000)*

I. 7% (sete por cento) para Municípios com população de até 100.000 (cem mil) habitantes; *(Redação dada pela Emenda Constitucional nº 58, de 2009, em vigor na data de sua promulgação, produzindo efeitos quanto ao disposto no art. 1º, a partir do processo eleitoral de 2008; e ao disposto no art. 2º, a partir de 1º de de janeiro do ano subsequente ao da promulgação desta Emenda)*

II. 6% (seis por cento) para Municípios com população entre 100.000 (cem mil) e 300.000 (trezentos mil) habitantes; *(Redação dada pela Emenda Constituição Constitucional nº 58, de 2009)*

III. 5% (cinco por cento) para Municípios com população entre 300.001 (trezentos mil e um) e 500.000 (quinhentos mil) habitantes; *(Redação dada pela Emenda Constituição Constitucional nº 58, de 2009)*

IV. 4,5% (quatro inteiros e cinco décimos por cento) para Municípios com população entre 500.001 (quinhentos mil e um) e 3.000.000 (três milhões) de habitantes; *(Redação dada pela Emenda Constituição Constitucional nº 58, de 2009)*

V. 4% (quatro por cento) para Municípios com população entre 3.000.001 (três milhões e um) e 8.000.000 (oito milhões) de habitantes; *(Incluído pela Emenda Constituição Constitucional nº 58, de 2009)*

VI. 3,5% (três inteiros e cinco décimos por cento) para Municípios com população acima de 8.000.001 (oito milhões e um) habitantes. *(Incluído pela Emenda Constituição Constitucional nº 58, de 2009)*

§ 1º A Câmara Municipal não gastará mais de 70% (setenta por cento) de sua receita com folha de pagamento, incluído o gasto com o subsídio de seus Vereadores. *(Incluído pela Emenda Constitucional nº 25, de 2000)*

§ 2º Constitui crime de responsabilidade do Prefeito Municipal: *(Incluído pela Emenda Constitucional nº 25, de 2000)*

I. efetuar repasse que supere os limites definidos neste artigo; *(Incluído pela Emenda Constitucional nº 25, de 2000)*

II. não enviar o repasse até o dia 20 (vinte) de cada mês; ou *(Incluído pela Emenda Constitucional nº 25, de 2000)*

III. enviá-lo a menor em relação à proporção fixada na Lei Orçamentária. *(Incluído pela Emenda Constitucional nº 25, de 2000)*

§ 3º Constitui crime de responsabilidade do Presidente da Câmara Municipal o desrespeito ao § 1º deste artigo. *(Incluído pela Emenda Constitucional nº 25, de 2000)*

Art. 30. Compete aos Municípios:

I. legislar sobre assuntos de interesse local;

II. suplementar a legislação federal e a estadual no que couber;

III. instituir e arrecadar os tributos de sua competência, bem como aplicar suas rendas, sem prejuízo da obrigatoriedade de prestar contas e publicar balancetes nos prazos fixados em lei;

IV. criar, organizar e suprimir distritos, observada a legislação estadual;

V. organizar e prestar, diretamente ou sob regime de concessão ou permissão, os serviços públicos de interesse local, incluído o de transporte coletivo, que tem caráter essencial;

VI. manter, com a cooperação técnica e financeira da União e do Estado, programas de educação infantil e de ensino fundamental; *(Redação dada pela Emenda Constitucional nº 53, de 2006)*

VII. prestar, com a cooperação técnica e financeira da União e do Estado, serviços de atendimento à saúde da população;

VIII. promover, no que couber, adequado ordenamento territorial, mediante planejamento e controle do uso, do parcelamento e da ocupação do solo urbano;

IX. promover a proteção do patrimônio histórico-cultural local, observada a legislação e a ação fiscalizadora federal e estadual.

Art. 31. A fiscalização do Município será exercida pelo Poder Legislativo Municipal, mediante controle externo, e pelos sistemas de controle interno do Poder Executivo Municipal, na forma da lei.

§ 1º O controle externo da Câmara Municipal será exercido com o auxílio dos Tribunais de Contas dos Estados ou do Município ou dos Conselhos ou Tribunais de Contas dos Municípios, onde houver.

§ 2º O parecer prévio, emitido pelo órgão competente sobre as contas que o Prefeito deve anualmente prestar, só deixará de prevalecer por decisão de dois terços dos membros da Câmara Municipal.

§ 3º As contas dos Municípios ficarão, durante sessenta dias, anualmente, à disposição de qualquer contribuinte, para exame e apreciação, o qual poderá questionar-lhes a legitimidade, nos termos da lei.

§ 4º É vedada a criação de Tribunais, Conselhos ou órgãos de Contas Municipais.

CAPÍTULO V
Do Distrito Federal e dos Territórios

SEÇÃO I
Do Distrito Federal

Art. 32. O Distrito Federal, vedada sua divisão em Municípios, reger-se-á por lei orgânica, votada em dois turnos com interstício mínimo de dez dias, e aprovada por dois terços da Câmara Legislativa, que a promulgará, atendidos os princípios estabelecidos nesta Constituição.

§ 1º Ao Distrito Federal são atribuídas as competências legislativas reservadas aos Estados e Municípios.

§ 2º A eleição do Governador e do Vice-Governador, observadas as regras do art. 77, e dos Deputados Distritais coincidirá com a dos Governadores e Deputados Estaduais, para mandato de igual duração.

§ 3º Aos Deputados Distritais e à Câmara Legislativa aplica-se o disposto no art. 27.

§ 4º Lei federal disporá sobre a utilização, pelo Governo do Distrito Federal, das polícias civil e militar e do corpo de bombeiros militar.

SEÇÃO II
Dos Territórios

Art. 33. A lei disporá sobre a organização administrativa e judiciária dos Territórios.

§ 1º Os Territórios poderão ser divididos em Municípios, aos quais se aplicará, no que couber, o disposto no Capítulo IV deste Título.

§ 2º As contas do Governo do Território serão submetidas ao Congresso Nacional, com parecer prévio do Tribunal de Contas da União.

§ 3º Nos Territórios Federais com mais de cem mil habitantes, além do Governador nomeado na forma desta Constituição, haverá órgãos judiciários de primeira e segunda instância, membros do Ministério Público e defensores públicos federais; a lei disporá sobre as eleições para a Câmara Territorial e sua competência deliberativa.

CAPÍTULO VI
Da Intervenção

Art. 34. A União não intervirá nos Estados nem no Distrito Federal, exceto para:

I. manter a integridade nacional;

II. repelir invasão estrangeira ou de uma unidade da Federação em outra;

III. pôr termo a grave comprometimento da ordem pública;

IV. garantir o livre exercício de qualquer dos Poderes nas unidades da Federação;

V. reorganizar as finanças da unidade da Federação que:

a) suspender o pagamento da dívida fundada por mais de dois anos consecutivos, salvo motivo de força maior;

b) deixar de entregar aos Municípios receitas tributárias fixadas nesta Constituição, dentro dos prazos estabelecidos em lei;

VI. prover a execução de lei federal, ordem ou decisão judicial;

VII. assegurar a observância dos seguintes princípios constitucionais:

a) forma republicana, sistema representativo e regime democrático;

b) direitos da pessoa humana;

c) autonomia municipal;

d) prestação de contas da administração pública, direta e indireta.

e) aplicação do mínimo exigido da receita resultante de impostos estaduais, compreendida a proveniente de transferências, na manutenção e desenvolvimento do ensino e nas ações e serviços públicos de saúde. *(Redação dada pela Emenda Constitucional nº 29, de 2000)*

Art. 35. O Estado não intervirá em seus Municípios, nem a União nos Municípios localizados em Território Federal, exceto quando:

I. deixar de ser paga, sem motivo de força maior, por dois anos consecutivos, a dívida fundada;

II. não forem prestadas contas devidas, na forma da lei;

III. não tiver sido aplicado o mínimo exigido da receita municipal na manutenção e desenvolvimento do ensino e nas ações e serviços públicos de saúde; *(Redação dada pela Emenda Constitucional nº 29, de 2000)*

IV. o Tribunal de Justiça der provimento a representação para assegurar a observância de princípios indicados na Constituição Estadual, ou para prover a execução de lei, de ordem ou de decisão judicial.

Art. 36. A decretação da intervenção dependerá:

I. no caso do art. 34, IV, de solicitação do Poder Legislativo ou do Poder Executivo coato ou impedido, ou de requisição do Supremo Tribunal Federal, se a coação for exercida contra o Poder Judiciário;

II. no caso de desobediência a ordem ou decisão judiciária, de requisição do Supremo Tribunal Federal, do Superior Tribunal de Justiça ou do Tribunal Superior Eleitoral;

III. de provimento, pelo Supremo Tribunal Federal, de representação do Procurador-Geral da República, na hipótese do art. 34, VII, e no caso de recusa à execução de lei federal. *(Redação dada pela Emenda Constitucional nº 45, de 2004)*

IV. *(Revogado pela Emenda Constitucional nº 45, de 2004)*

§ 1º O decreto de intervenção, que especificará a amplitude, o prazo e as condições de execução e que, se couber, nomeará o interventor, será submetido à apreciação do Congresso Nacional ou da Assembleia Legislativa do Estado, no prazo de vinte e quatro horas.

§ 2º Se não estiver funcionando o Congresso Nacional ou a Assembleia Legislativa, far-se-á convocação extraordinária, no mesmo prazo de vinte e quatro horas.

§ 3º Nos casos do art. 34, VI e VII, ou do art. 35, IV, dispensada a apreciação pelo Congresso Nacional ou pela Assembleia Legislativa, o decreto limitar-

-se-á a suspender a execução do ato impugnado, se essa medida bastar ao restabelecimento da normalidade.

§ 4º Cessados os motivos da intervenção, as autoridades afastadas de seus cargos a estes voltarão, salvo impedimento legal.

CAPÍTULO VII

Da Administração Pública

SEÇÃO I

Disposições Gerais

Art. 37. A administração pública direta e indireta de qualquer dos Poderes da União, dos Estados, do Distrito Federal e dos Municípios obedecerá aos princípios de legalidade, impessoalidade, moralidade, publicidade e eficiência e, também, ao seguinte: *(Redação dada pela Emenda Constitucional nº 19, de 1998)*

I. os cargos, empregos e funções públicas são acessíveis aos brasileiros que preencham os requisitos estabelecidos em lei, assim como aos estrangeiros, na forma da lei; *(Redação dada pela Emenda Constitucional nº 19, de 1998)*

II. a investidura em cargo ou emprego público depende de aprovação prévia em concurso público de provas ou de provas e títulos, de acordo com a natureza e a complexidade do cargo ou emprego, na forma prevista em lei, ressalvadas as nomeações para cargo em comissão declarado em lei de livre nomeação e exoneração; *(Redação dada pela Emenda Constitucional nº 19, de 1998)*

III. o prazo de validade do concurso público será de até dois anos, prorrogável uma vez, por igual período;

IV. durante o prazo improrrogável previsto no edital de convocação, aquele aprovado em concurso público de provas ou de provas e títulos será convocado com prioridade sobre novos concursados para assumir cargo ou emprego, na carreira;

V. as funções de confiança, exercidas exclusivamente por servidores ocupantes de cargo efetivo, e os cargos em comissão, a serem preenchidos por servidores de carreira nos casos, condições e percentuais mínimos previstos em lei, destinam-se apenas às atribuições de direção, chefia e assessoramento; *(Redação dada pela Emenda Constitucional nº 19, de 1998)*

VI. é garantido ao servidor público civil o direito à livre associação sindical;

VII. o direito de greve será exercido nos termos e nos limites definidos em lei específica; *(Redação dada pela Emenda Constitucional nº 19, de 1998)*

VIII. a lei reservará percentual dos cargos e empregos públicos para as pessoas portadoras de deficiência e definirá os critérios de sua admissão;

IX. a lei estabelecerá os casos de contratação por tempo determinado para atender a necessidade temporária de excepcional interesse público;

X. a remuneração dos servidores públicos e o subsídio de que trata o § 4º do art. 39 somente poderão ser fixados ou alterados por lei específica, observada a iniciativa privativa em cada caso, assegurada revisão geral anual, sempre na mesma data e sem distinção de índices; *(Redação dada pela Emenda Constitucional nº 19, de 1998) (Regulamentado pela Lei nº 10.331, de 2001)*

XI. a remuneração e o subsídio dos ocupantes de cargos, funções e empregos públicos da administração direta, autárquica e fundacional, dos membros de qualquer dos Poderes da União, dos Estados, do Distrito Federal e dos Municípios, dos detentores de mandato eletivo e dos demais agentes políticos e os proventos, pensões ou outra espécie remuneratória, percebidos cumulativamente ou não, incluídas as vantagens pessoais ou de qualquer outra natureza, não poderão exceder o subsídio mensal, em espécie, dos Ministros do Supremo Tribunal Federal, aplicando-se como limite, nos Municípios, o subsídio do Prefeito, e nos

Estados e no Distrito Federal, o subsídio mensal do Governador no âmbito do Poder Executivo, o subsídio dos Deputados Estaduais e Distritais no âmbito do Poder Legislativo e o subsidio dos Desembargadores do Tribunal de Justiça, limitado a noventa inteiros e vinte e cinco centésimos por cento do subsídio mensal, em espécie, dos Ministros do Supremo Tribunal Federal, no âmbito do Poder Judiciário, aplicável este limite aos membros do Ministério Público, aos Procuradores e aos Defensores Públicos; *(Redação dada pela Emenda Constitucional nº 41, de 2003)*

XII. os vencimentos dos cargos do Poder Legislativo e do Poder Judiciário não poderão ser superiores aos pagos pelo Poder Executivo;

XIII. é vedada a vinculação ou equiparação de quaisquer espécies remuneratórias para o efeito de remuneração de pessoal do serviço público; *(Redação dada pela Emenda Constitucional nº 19, de 1998)*

XIV. os acréscimos pecuniários percebidos por servidor público não serão computados nem acumulados para fins de concessão de acréscimos ulteriores; *(Redação dada pela Emenda Constitucional nº 19, de 1998)*

XV. o subsídio e os vencimentos dos ocupantes de cargos e empregos públicos são irredutíveis, ressalvado o disposto nos incisos XI e XIV deste artigo e nos arts. 39, § 4º; 150, II; 153, III; e 153, § 2º, I; *(Redação dada pela Emenda Constitucional nº 19, de 1998)*

XVI. é vedada a acumulação remunerada de cargos públicos, exceto, quando houver compatibilidade de horários, observado em qualquer caso o disposto no inciso XI: *(Redação dada pela Emenda Constitucional nº 19, de 1998)*

a) a de dois cargos de professor; *(Redação dada pela Emenda Constitucional nº 19, de 1998)*

b) a de um cargo de professor com outro técnico ou científico; *(Redação dada pela Emenda Constitucional nº 19, de 1998)*

c) a de dois cargos ou empregos privativos de profissionais de saúde, com profissões regulamentadas; *(Redação dada pela Emeda Constitucional nº 34, de 2001)*

XVII. a proibição de acumular estende-se a empregos e funções e abrange autarquias, fundações, empresas públicas, sociedades de economia mista, suas subsidiárias, e sociedades controladas, direta ou indiretamente, pelo poder público; *(Redação dada pela Emenda Constitucional nº 19, de 1998)*

XVIII. a administração fazendária e seus servidores fiscais terão, dentro de suas áreas de competência e jurisdição, precedência sobre os demais setores administrativos, na forma da lei;

XIX. somente por lei específica poderá ser criada autarquia e autorizada a instituição de empresa pública, de sociedade de economia mista e de fundação, cabendo à lei complementar, neste último caso, definir as áreas de sua atuação; *(Redação dada pela Emenda Constitucional nº 19, de 1998)*

XX. depende de autorização legislativa, em cada caso, a criação de subsidiárias das entidades mencionadas no inciso anterior, assim como a participação de qualquer delas em empresa privada;

XXI. ressalvados os casos especificados na legislação, as obras, serviços, compras e alienações serão contratados mediante processo de licitação pública que assegure igualdade de condições a todos os concorrentes, com cláusulas que estabeleçam obrigações de pagamento, mantidas as condições efetivas da proposta, nos termos da lei, o qual somente permitirá as exigências de qualificação técnica e econômica indispensáveis à garantia do cumprimento das obrigações. *(Regulamentado pela Lei nº 8.666, de 1993)*

XXII. as administrações tributárias da União, dos Estados, do Distrito Federal e dos Municípios, atividades essenciais ao funcionamento do Estado, exercidas por servidores de carreiras específicas, terão recursos prioritários para a realização de suas atividades e atuarão de forma integrada, inclusive com o compartilhamento de cadastros e de informações fiscais, na forma da lei ou convênio. *(Incluído pela Emenda Constitucional nº 42, de 2003)*

§ 1º A publicidade dos atos, programas, obras, serviços e campanhas dos órgãos públicos deverá ter caráter educativo, informativo ou de orientação social, dela não podendo constar nomes, símbolos ou imagens que caracterizem promoção pessoal de autoridades ou servidores públicos.

§ 2º A não observância do disposto nos incisos II e III implicará a nulidade do ato e a punição da autoridade responsável, nos termos da lei.

§ 3º A lei disciplinará as formas de participação do usuário na administração pública direta e indireta, regulando especialmente: *(Redação dada pela Emenda Constitucional nº 19, de 1998)*

I. as reclamações relativas à prestação dos serviços públicos em geral, asseguradas a manutenção de serviços de atendimento ao usuário e a avaliação periódica, externa e interna, da qualidade dos serviços; *(Incluído pela Emenda Constitucional nº 19, de 1998)*

II. o acesso dos usuários a registros administrativos e a informações sobre atos de governo, observado o disposto no art. 5º, X e XXXIII; *(Incluído pela Emenda Constitucional nº 19, de 1998)*

III. a disciplina da representação contra o exercício negligente ou abusivo de cargo, emprego ou função na administração pública. *(Incluído pela Emenda Constitucional nº 19, de 1998)*

§ 4º Os atos de improbidade administrativa importarão a suspensão dos direitos políticos, a perda da função pública, a indisponibilidade dos bens e o ressarcimento ao erário, na forma e gradação previstas em lei, sem prejuízo da ação penal cabível.

§ 5º A lei estabelecerá os prazos de prescrição para ilícitos praticados por qualquer agente, servidor ou não, que causem prejuízos ao erário, ressalvadas as respectivas ações de ressarcimento.

§ 6º As pessoas jurídicas de direito público e as de direito privado prestadoras de serviços públicos responderão pelos danos que seus agentes, nessa qualidade, causarem a terceiros, assegurado o direito de regresso contra o responsável nos casos de dolo ou culpa.

§ 7º A lei disporá sobre os requisitos e as restrições ao ocupante de cargo ou emprego da administração direta e indireta que possibilite o acesso a informações privilegiadas. *(Incluído pela Emenda Constitucional nº 19, de 1998)*

§ 8º A autonomia gerencial, orçamentária e financeira dos órgãos e entidades da administração direta e indireta poderá ser ampliada mediante contrato, a ser firmado entre seus administradores e o poder público, que tenha por objeto a fixação de metas de desempenho para o órgão ou entidade, cabendo à lei dispor sobre: *(Incluído pela Emenda Constitucional nº 19, de 1998)*

I. o prazo de duração do contrato;

II. os controles e critérios de avaliação de desempenho, direitos, obrigações e responsabilidade dos dirigentes;

III. a remuneração do pessoal.

§ 9º O disposto no inciso XI aplica-se às empresas públicas e às sociedades de economia mista, e suas subsidiárias, que receberem recursos da União, dos Estados, do Distrito Federal ou dos Municípios para pagamento de despesas de pessoal ou de custeio em geral. *(Incluído pela Emenda Constitucional nº 19, de 1998)*

§ 10. É vedada a percepção simultânea de proventos de aposentadoria decorrentes do art. 40 ou dos arts. 42 e 142 com a remuneração de cargo, emprego ou função pública, ressalvados os cargos acumuláveis na forma desta Constituição, os cargos eletivos e os cargos em comissão declarados em lei de livre nomeação e exoneração. *(Incluído pela Emenda Constitucional nº 20, de 1998)*

§ 11. Não serão computadas, para efeito dos limites remuneratórios de que trata o inciso XI do *caput* deste artigo, as parcelas de caráter indenizatório previstas em lei. *(Incluído pela Emenda Constitucional nº 47, de 2005)*

§ 12. Para os fins do disposto no inciso XI do *caput* deste artigo, fica facultado aos Estados e ao Distrito Federal fixar, em seu âmbito, mediante emenda às respectivas Constituições e Lei Orgânica, como limite único, o subsídio mensal dos Desembargadores do respectivo Tribunal de Justiça, limitado a noventa inteiros e vinte e cinco centésimos por cento do subsídio mensal dos Ministros do Supremo Tribunal Federal, não se aplicando o disposto neste parágrafo aos subsídios dos Deputados Estaduais e Distritais e dos Vereadores. *(Incluído pela Emenda Constitucional nº 47, de 2005)*

Art. 38. Ao servidor público da administração direta, autárquica e fundacional, no exercício de mandato eletivo, aplicam-se as seguintes disposições: *(Redação dada pela Emenda Constitucional nº 19, de 1998)*

I. tratando-se de mandato eletivo federal, estadual ou distrital, ficará afastado de seu cargo, emprego ou função;

II. investido no mandato de Prefeito, será afastado do cargo, emprego ou função, sendo-lhe facultado optar pela sua remuneração;

III. investido no mandato de Vereador, havendo compatibilidade de horários, perceberá as vantagens de seu cargo, emprego ou função, sem prejuízo da remuneração do cargo eletivo, e, não havendo compatibilidade, será aplicada a norma do inciso anterior;

IV. em qualquer caso que exija o afastamento para o exercício de mandato eletivo, seu tempo de serviço será contado para todos os efeitos legais, exceto para promoção por merecimento;

V. para efeito de benefício previdenciário, no caso de afastamento, os valores serão determinados como se no exercício estivesse.

SEÇÃO II

Dos Servidores Públicos

(Redação dada pela Emenda Constitucional nº 18, de 1998)

Art. 39. A União, os Estados, o Distrito Federal e os Municípios instituirão conselho de política de administração e remuneração de pessoal, integrado por servidores designados pelos respectivos Poderes. *(Redação dada pela Emenda Constitucional nº 19, de 1998) (Vide ADIN nº 2.135-4)*

§ 1º A fixação dos padrões de vencimento e dos demais componentes do sistema remuneratório observará: *(Redação dada pela Emenda Constitucional nº 19, de 1998)*

I. a natureza, o grau de responsabilidade e a complexidade dos cargos componentes de cada carreira; *(Incluído pela Emenda Constitucional nº 19, de 1998)*

II. os requisitos para a investidura; *(Incluído pela Emenda Constitucional nº 19, de 1998)*

III. as peculiaridades dos cargos. *(Incluído pela Emenda Constitucional nº 19, de 1998)*

§ 2º A União, os Estados e o Distrito Federal manterão escolas de governo para a formação e o aperfeiçoamento dos servidores públicos, constituindo-se a participação nos cursos um dos requisitos para a promoção na carreira, facultada, para isso, a celebração de convênios ou contratos entre os entes federados. *(Redação dada pela Emenda Constitucional nº 19, de 1998)*

§ 3º Aplica-se aos servidores ocupantes de cargo público o disposto no art. 7º, IV, VII, VIII, IX, XII, XIII, XV, XVI, XVII, XVIII, XIX, XX, XXII e XXX, podendo a lei estabelecer requisitos diferenciados de admissão quando a natureza do cargo o exigir. *(Incluído pela Emenda Constitucional nº 19, de 1998)*

§ 4º O membro de Poder, o detentor de mandato eletivo, os Ministros de Estado e os Secretários

Estaduais e Municipais serão remunerados exclusivamente por subsídio fixado em parcela única, vedado o acréscimo de qualquer gratificação, adicional, abono, prêmio, verba de representação ou outra espécie remuneratória, obedecido, em qualquer caso, o disposto no art. 37, X e XI. *(Incluído pela Emenda Constitucional nº 19, de 1998)*

§ 5º Lei da União, dos Estados, do Distrito Federal e dos Municípios poderá estabelecer a relação entre a maior e a menor remuneração dos servidores públicos, obedecido, em qualquer caso, o disposto no art. 37, XI. *(Incluído pela Emenda Constitucional nº 19, de 1998)*

§ 6º Os Poderes Executivo, Legislativo e Judiciário publicarão anualmente os valores do subsídio e da remuneração dos cargos e empregos públicos. *(Incluído pela Emenda Constitucional nº 19, de 1998)*

§ 7º Lei da União, dos Estados, do Distrito Federal e dos Municípios disciplinará a aplicação de recursos orçamentários provenientes da economia com despesas correntes em cada órgão, autarquia e fundação, para aplicação no desenvolvimento de programas de qualidade e produtividade, treinamento e desenvolvimento, modernização, reaparelhamento e racionalização do serviço público, inclusive sob a forma de adicional ou prêmio de produtividade. *(Incluído pela Emenda Constitucional nº 19, de 1998)*

§ 8º A remuneração dos servidores públicos organizados em carreira poderá ser fixada nos termos do § 4º. *(Incluído pela Emenda Constitucional nº 19, de 1998)*

Art. 40. Aos servidores titulares de cargos efetivos da União, dos Estados, do Distrito Federal e dos Municípios, incluídas suas autarquias e fundações, é assegurado regime de previdência de caráter contributivo e solidário, mediante contribuição do respectivo ente público, dos servidores ativos e inativos e dos pensionistas, observados critérios que preservem o equilíbrio financeiro e atuarial e o disposto neste artigo. *(Redação dada pela Emenda Constitucional nº 41, de 2003)*

§ 1º Os servidores abrangidos pelo regime de previdência de que trata este artigo serão aposentados, calculados os seus proventos a partir dos valores fixados na forma dos §§ 3º e 17: *(Redação dada pela Emenda Constitucional nº 41, de 2003)*

I. por invalidez permanente, sendo os proventos proporcionais ao tempo de contribuição, exceto se decorrente de acidente em serviço, moléstia profissional ou doença grave, contagiosa ou incurável, na forma da lei; *(Redação dada pela Emenda Constitucional nº 41, de 2003)*

II. compulsoriamente, com proventos proporcionais ao tempo de contribuição, aos 70 (setenta) anos de idade, ou aos 75 (setenta e cinco) anos de idade, na forma de lei complementar; *(Redação dada pela Emenda Constitucional nº 88, de 2015)*

III. voluntariamente, desde que cumprido tempo mínimo de dez anos de efetivo exercício no serviço público e cinco anos no cargo efetivo em que se dará a aposentadoria, observadas as seguintes condições: *(Redação dada pela Emenda Constitucional nº 20, de 1998)*

a) sessenta anos de idade e trinta e cinco de contribuição, se homem, e cinquenta e cinco anos de idade e trinta de contribuição, se mulher; *(Redação dada pela Emenda Constitucional nº 20, de 1998)*

b) sessenta e cinco anos de idade, se homem, e sessenta anos de idade, se mulher, com proventos proporcionais ao tempo de contribuição. *(Redação dada pela Emenda Constitucional nº 20, de 1998)*

§ 2º Os proventos de aposentadoria e as pensões, por ocasião de sua concessão, não poderão exceder a remuneração do respectivo servidor, no cargo efetivo em que se deu a aposentadoria ou que serviu de referência para a concessão da pensão. *(Redação dada pela Emenda Constitucional nº 20, de 1998)*

§ 3º Para o cálculo dos proventos de aposentadoria, por ocasião da sua concessão, serão consideradas as remunerações utilizadas como base para as contribuições do servidor aos regimes de previdência de que tratam este artigo e o art. 201, na forma da lei. *(Redação dada pela Emenda Constitucional nº 41, de 2003)*

§ 4º É vedada a adoção de requisitos e critérios diferenciados para a concessão de aposentadoria aos abrangidos pelo regime de que trata este artigo, ressalvados, nos termos definidos em leis complementares, os casos de servidores: *(Redação dada pela Emenda Constitucional nº 47, de 2005)*

I. portadores de deficiência; *(Incluído pela Emenda Constitucional nº 47, de 2005)*

II. que exerçam atividades de risco; *(Incluído pela Emenda Constitucional nº 47, de 2005)*

III. cujas atividades sejam exercidas sob condições especiais que prejudiquem a saúde ou a integridade física. *(Incluído pela Emenda Constitucional nº 47, de 2005)*

§ 5º Os requisitos de idade e de tempo de contribuição serão reduzidos em cinco anos, em relação ao disposto no § 1º, III, "a", para o professor que comprove exclusivamente tempo de efetivo exercício das funções de magistério na educação infantil e no ensino fundamental e médio. *(Redação dada pela Emenda Constitucional nº 20, de 1998)*

§ 6º Ressalvadas as aposentadorias decorrentes dos cargos acumuláveis na forma desta Constituição, é vedada a percepção de mais de uma aposentadoria à conta do regime de previdência previsto neste artigo. *(Redação dada pela Emenda Constitucional nº 20, de 1998)*

§ 7º Lei disporá sobre a concessão do benefício de pensão por morte, que será igual: *(Redação dada pela Emenda Constitucional nº 41, de 2003)*

I. ao valor da totalidade dos proventos do servidor falecido, até o limite máximo estabelecido para os benefícios do regime geral de previdência social de que trata o art. 201, acrescido de setenta por cento da parcela excedente a este limite, caso aposentado à data do óbito; ou *(Incluído pela Emenda Constitucional nº 41, de 2003)*

II. ao valor da totalidade da remuneração do servidor no cargo efetivo em que se deu o falecimento, até o limite máximo estabelecido para os benefícios do regime geral de previdência social de que trata o art. 201, acrescido de setenta por cento da parcela excedente a este limite, caso em atividade na data do óbito. *(Incluído pela Emenda Constitucional nº 41, de 2003)*

§ 8º É assegurado o reajustamento dos benefícios para preservar-lhes, em caráter permanente, o valor real, conforme critérios estabelecidos em lei. *(Redação dada pela Emenda Constitucional nº 41, de 2003)*

§ 9º O tempo de contribuição federal, estadual ou municipal será contado para efeito de aposentadoria e o tempo de serviço correspondente para efeito de disponibilidade. *(Incluído pela Emenda Constitucional nº 20, de 1998)*

§ 10. A lei não poderá estabelecer qualquer forma de contagem de tempo de contribuição fictício. *(Incluído pela Emenda Constitucional nº 20, de 1998)*

§ 11. Aplica-se o limite fixado no art. 37, XI, à soma total dos proventos de inatividade, inclusive quando decorrentes da acumulação de cargos ou empregos públicos, bem como de outras atividades sujeitas a contribuição para o regime geral de previdência social, e ao montante resultante da adição de proventos de inatividade com remuneração de cargo acumulável na forma desta Constituição, cargo em comissão declarado em lei de livre nomeação e exoneração, e de cargo eletivo. *(Incluído pela Emenda Constitucional nº 20, de 1998)*

§ 12. Além do disposto neste artigo, o regime de previdência dos servidores públicos titulares de cargo efetivo observará, no que couber, os requisitos e critérios fixados para o regime geral de previdência social. *(Incluído pela Emenda Constitucional nº 20, de 1998)*

§ 13. Ao servidor ocupante, exclusivamente, de cargo em comissão declarado em lei de livre nomeação e exoneração, bem como de outro cargo temporário ou de emprego público, aplica-se o regime geral de previdência social. *(Incluído pela Emenda Constitucional nº 20, de 1998)*

§ 14. A União, os Estados, o Distrito Federal e os Municípios, desde que instituam regime de previdência complementar para os seus respectivos servidores titulares de cargo efetivo, poderão fixar, para o valor das aposentadorias e pensões a serem concedidas pelo regime de que trata este artigo, o limite máximo estabelecido para os benefícios do regime geral de previdência social de que trata o art. 201. *(Incluído pela Emenda Constitucional nº 20, de 1998)*

§ 15. O regime de previdência complementar de que trata o § 14 será instituído por lei de iniciativa do respectivo Poder Executivo, observado o disposto no art. 202 e seus parágrafos, no que couber, por intermédio de entidades fechadas de previdência complementar, de natureza pública, que oferecerão aos respectivos participantes planos de benefícios somente na modalidade de contribuição definida. *(Redação dada pela Emenda Constitucional nº 41, de 2003)*

§ 16. Somente mediante sua prévia e expressa opção, o disposto nos §§ 14 e 15 poderá ser aplicado ao servidor que tiver ingressado no serviço público até a data da publicação do ato de instituição do correspondente regime de previdência complementar. *(Incluído pela Emenda Constitucional nº 20, de 1998)*

§ 17. Todos os valores de remuneração considerados para o cálculo do benefício previsto no § 3° serão devidamente atualizados, na forma da lei. *(Incluído pela Emenda Constitucional nº 41, de 2003)*

§ 18. Incidirá contribuição sobre os proventos de aposentadorias e pensões concedidas pelo regime de que trata este artigo que superem o limite máximo estabelecido para os benefícios do regime geral de previdência social de que trata o art. 201, com percentual igual ao estabelecido para os servidores titulares de cargos efetivos. *(Incluído pela Emenda Constitucional nº 41, de 2003)*

§ 19. O servidor de que trata este artigo que tenha completado as exigências para aposentadoria voluntária estabelecidas no § 1º, III, a, e que opte por permanecer em atividade fará jus a um abono de permanência equivalente ao valor da sua contribuição previdenciária até completar as exigências para aposentadoria compulsória contidas no § 1º, II. *(Incluído pela Emenda Constitucional nº 41, de 2003)*

§ 20. Fica vedada a existência de mais de um regime próprio de previdência social para os servidores titulares de cargos efetivos, e de mais de uma unidade gestora do respectivo regime em cada ente estatal, ressalvado o disposto no art. 142, § 3º, X. *(Incluído pela Emenda Constitucional nº 41, de 2003)*

§ 21. A contribuição prevista no § 18 deste artigo incidirá apenas sobre as parcelas de proventos de aposentadoria e de pensão que superem o dobro do limite máximo estabelecido para os benefícios do regime geral de previdência social de que trata o art. 201 desta Constituição, quando o beneficiário, na forma da lei, for portador de doença incapacitante. *(Incluído pela Emenda Constitucional nº 47, de 2005)*

Art. 41. São estáveis após três anos de efetivo exercício os servidores nomeados para cargo de provimento efetivo em virtude de concurso público. *(Redação dada pela Emenda Constitucional nº 19, de 1998)*

§ 1º O servidor público estável só perderá o cargo: *(Redação dada pela Emenda Constitucional nº 19, de 1998)*

I. em virtude de sentença judicial transitada em julgado; *(Incluído pela Emenda Constitucional nº 19, de 1998)*

II. mediante processo administrativo em que lhe seja assegurada ampla defesa; *(Incluído pela Emenda Constitucional nº 19, de 1998)*

III. mediante procedimento de avaliação periódica de desempenho, na forma de lei complementar, assegurada ampla defesa. *(Incluído pela Emenda Constitucional nº 19, de 1998)*

§ 2º Invalidada por sentença judicial a demissão do servidor estável, será ele reintegrado, e o eventual ocupante da vaga, se estável, reconduzido ao cargo de origem, sem direito a indenização, aproveitado em outro cargo ou posto em disponibilidade com remuneração proporcional ao tempo de serviço. *(Redação dada pela Emenda Constitucional nº 19, de 1998)*

§ 3º Extinto o cargo ou declarada a sua desnecessidade, o servidor estável ficará em disponibilidade, com remuneração proporcional ao tempo de serviço, até seu adequado aproveitamento em outro cargo. *(Redação dada pela Emenda Constitucional nº 19, de 1998)*

§ 4º Como condição para a aquisição da estabilidade, é obrigatória a avaliação especial de desempenho por comissão instituída para essa finalidade. *(Incluído pela Emenda Constitucional nº 19, de 1998)*

SEÇÃO III

Dos Militares dos Estados, do Distrito Federal e dos Territórios

(Redação dada pela Emenda Constitucional nº 18, de 1998)

Art. 42. Os membros das Polícias Militares e Corpos de Bombeiros Militares, instituições organizadas com base na hierarquia e disciplina, são militares dos Estados, do Distrito Federal e dos Territórios. *(Redação dada pela Emenda Constitucional nº 18, de 1998)*

§ 1º Aplicam-se aos militares dos Estados, do Distrito Federal e dos Territórios, além do que vier a ser fixado em lei, as disposições do art. 14, § 8º; do art. 40, § 9º; e do art. 142, §§ 2º e 3º, cabendo a lei estadual específica dispor sobre as matérias do art. 142, § 3º, inciso X, sendo as patentes dos oficiais conferidas pelos respectivos governadores. *(Redação dada pela Emenda Constitucional nº 20, de 1998)*

§ 2º Aos pensionistas dos militares dos Estados, do Distrito Federal e dos Territórios aplica-se o que for fixado em lei específica do respectivo ente estatal. *(Redação dada pela Emenda Constitucional nº 41, de 2003)*

SEÇÃO IV

Das Regiões

Art. 43. Para efeitos administrativos, a União poderá articular sua ação em um mesmo complexo geoeconômico e social, visando a seu desenvolvimento e à redução das desigualdades regionais.

§ 1º Lei complementar disporá sobre:

I. as condições para integração de regiões em desenvolvimento;

II. a composição dos organismos regionais que executarão, na forma da lei, os planos regionais, integrantes dos planos nacionais de desenvolvimento econômico e social, aprovados juntamente com estes.

§ 2º Os incentivos regionais compreenderão, além de outros, na forma da lei:

I. igualdade de tarifas, fretes, seguros e outros itens de custos e preços de responsabilidade do Poder Público;

II. juros favorecidos para financiamento de atividades prioritárias;

III. isenções, reduções ou diferimento temporário de tributos federais devidos por pessoas físicas ou jurídicas;

IV. prioridade para o aproveitamento econômico e social dos rios e das massas de água represadas ou represáveis nas regiões de baixa renda, sujeitas a secas periódicas.

§ 3º Nas áreas a que se refere o § 2º, IV, a União incentivará a recuperação de terras áridas e cooperará com os pequenos e médios proprietários rurais para o estabelecimento, em suas glebas, de fontes de água e de pequena irrigação.

TÍTULO IV

Da Organização dos Poderes

(Redação dada pela Emenda Constitucional nº 80, de 2014)

CAPÍTULO I

Do Poder Legislativo

SEÇÃO I

Do Congresso Nacional

Art. 44. O Poder Legislativo é exercido pelo Congresso Nacional, que se compõe da Câmara dos Deputados e do Senado Federal.

Parágrafo único. Cada legislatura terá a duração de quatro anos.

Art. 45. A Câmara dos Deputados compõe-se de representantes do povo, eleitos, pelo sistema proporcional, em cada Estado, em cada Território e no Distrito Federal.

§ 1º O número total de Deputados, bem como a representação por Estado e pelo Distrito Federal, será estabelecido por lei complementar, proporcionalmente à população, procedendo-se aos ajustes necessários, no ano anterior às eleições, para que nenhuma daquelas unidades da Federação tenha menos de oito ou mais de setenta Deputados.

§ 2º Cada Território elegerá quatro Deputados.

Art. 46. O Senado Federal compõe-se de representantes dos Estados e do Distrito Federal, eleitos segundo o princípio majoritário.

§ 1º Cada Estado e o Distrito Federal elegerão três Senadores, com mandato de oito anos.

§ 2º A representação de cada Estado e do Distrito Federal será renovada de quatro em quatro anos, alternadamente, por um e dois terços.

§ 3º Cada Senador será eleito com dois suplentes.

Art. 47. Salvo disposição constitucional em contrário, as deliberações de cada Casa e de suas Comissões serão tomadas por maioria dos votos, presente a maioria absoluta de seus membros.

SEÇÃO II

Das Atribuições do Congresso Nacional

Art. 48. Cabe ao Congresso Nacional, com a sanção do Presidente da República, não exigida esta para o especificado nos arts. 49, 51 e 52, dispor sobre todas as matérias de competência da União, especialmente sobre:

I. sistema tributário, arrecadação e distribuição de rendas;

II. plano plurianual, diretrizes orçamentárias, orçamento anual, operações de crédito, dívida pública e emissões de curso forçado;

III. fixação e modificação do efetivo das Forças Armadas;

IV. planos e programas nacionais, regionais e setoriais de desenvolvimento;

V. limites do território nacional, espaço aéreo e marítimo e bens do domínio da União;

VI. incorporação, subdivisão ou desmembramento de áreas de Territórios ou Estados, ouvidas as respectivas Assembleias Legislativas;

VII. transferência temporária da sede do Governo Federal;

VIII. concessão de anistia;

IX. organização administrativa, judiciária, do Ministério Público e da Defensoria Pública da União e dos Territórios e organização judiciária e do Ministério Público do Distrito Federal; *(Redação dada pela Emenda Constitucional nº 69, de 2012, em vigor na data de sua publicação, produzindo efeitos quanto ao disposto no art. 1º após decorridos 120 dias de sua publicação oficial)*

X. criação, transformação e extinção de cargos, empregos e funções públicas, observado o que estabelece o art. 84, VI, "b"; *(Redação dada pela Emenda Constitucional nº 32, de 2001)*

XI. criação e extinção de Ministérios e órgãos da administração pública; *(Redação dada pela Emenda Constitucional nº 32, de 2001)*

XII. telecomunicações e radiodifusão;

XIII. matéria financeira, cambial e monetária, instituições financeiras e suas operações;

XIV. moeda, seus limites de emissão, e montante da dívida mobiliária federal.

XV. fixação do subsídio dos Ministros do Supremo Tribunal Federal, observado o que dispõem os arts. 39, § 4º; 150, II; 153, III; e 153, § 2º, I. *(Redação dada pela Emenda Constitucional nº 41, de 2003)*

Art. 49. É da competência exclusiva do Congresso Nacional:

I. resolver definitivamente sobre tratados, acordos ou atos internacionais que acarretem encargos ou compromissos gravosos ao patrimônio nacional;

II. autorizar o Presidente da República a declarar guerra, a celebrar a paz, a permitir que forças estrangeiras transitem pelo território nacional ou nele permaneçam temporariamente, ressalvados os casos previstos em lei complementar;

III. autorizar o Presidente e o Vice-Presidente da República a se ausentarem do País, quando a ausência exceder a quinze dias;

IV. aprovar o estado de defesa e a intervenção federal, autorizar o estado de sítio, ou suspender qualquer uma dessas medidas;

V. sustar os atos normativos do Poder Executivo que exorbitem do poder regulamentar ou dos limites de delegação legislativa;

VI. mudar temporariamente sua sede;

VII. fixar idêntico subsídio para os Deputados Federais e os Senadores, observado o que dispõem os arts. 37, XI; 39, § 4º; 150, II; 153, III, e 153, § 2º, I; *(Redação dada pela Emenda Constitucional nº 19, de 1998)*

VIII. fixar os subsídios do Presidente e do Vice-Presidente da República e dos Ministros de Estado, observado o que dispõem os arts. 37, XI; 39, § 4º; 150, II; 153, III, e 153, § 2º, I; *(Redação dada pela Emenda Constitucional nº 19, de 1998)*

IX. julgar anualmente as contas prestadas pelo Presidente da República e apreciar os relatórios sobre a execução dos planos de governo;

X. fiscalizar e controlar, diretamente, ou por qualquer de suas Casas, os atos do Poder Executivo, incluídos os da administração indireta;

XI. zelar pela preservação de sua competência legislativa em face da atribuição normativa dos outros Poderes;

XII. apreciar os atos de concessão e renovação de concessão de emissoras de rádio e televisão;

XIII. escolher dois terços dos membros do Tribunal de Contas da União;

XIV. aprovar iniciativas do Poder Executivo referentes a atividades nucleares;

XV. autorizar referendo e convocar plebiscito;

XVI. autorizar, em terras indígenas, a exploração e o aproveitamento de recursos hídricos e a pesquisa e lavra de riquezas minerais;

XVII. aprovar, previamente, a alienação ou concessão de terras públicas com área superior a dois mil e quinhentos hectares.

Art. 50. A Câmara dos Deputados e o Senado Federal, ou qualquer de suas Comissões, poderão convocar Ministro de Estado ou quaisquer titulares de órgãos diretamente subordinados à Presidência da República para prestarem, pessoalmente, informações sobre assunto previamente determinado, importando crime de responsabilidade a ausência sem justificação adequada. *(Redação dada pela Emenda Constitucional de Revisão nº 2, de 1994)*

§ 1º Os Ministros de Estado poderão comparecer ao Senado Federal, à Câmara dos Deputados, ou a qualquer de suas Comissões, por sua iniciativa e mediante entendimentos com a Mesa respectiva, para expor assunto de relevância de seu Ministério.

§ 2º As Mesas da Câmara dos Deputados e do Senado Federal poderão encaminhar pedidos escritos de informações a Ministros de Estado ou a qualquer das pessoas referidas no *caput* deste artigo, importando em crime de responsabilidade a recusa, ou o não atendimento, no prazo de trinta dias, bem como a prestação de informações falsas. *(Redação dada pela Emenda Constitucional de Revisão nº 2, de 1994)*

SEÇÃO III

Da Câmara dos Deputados

Art. 51. Compete privativamente à Câmara dos Deputados:

I. autorizar, por dois terços de seus membros, a instauração de processo contra o Presidente e o Vice-Presidente da República e os Ministros de Estado;

II. proceder à tomada de contas do Presidente da República, quando não apresentadas ao Congresso Nacional dentro de sessenta dias após a abertura da sessão legislativa;

III. elaborar seu regimento interno;

IV. dispor sobre sua organização, funcionamento, polícia, criação, transformação ou extinção dos cargos, empregos e funções de seus serviços, e a iniciativa de lei para fixação da respectiva remuneração, observados os parâmetros estabelecidos na lei de diretrizes orçamentárias; *(Redação dada pela Emenda Constitucional nº 19, de 1998)*

V. eleger membros do Conselho da República, nos termos do art. 89, VII.

SEÇÃO IV

Do Senado Federal

Art. 52. Compete privativamente ao Senado Federal:

I. processar e julgar o Presidente e o Vice-Presidente da República nos crimes de responsabilidade, bem como os Ministros de Estado e os Comandantes da Marinha, do Exército e da Aeronáutica nos crimes da mesma natureza conexos com aqueles; *(Redação dada pela Emenda Constitucional nº 23, de 1999)*

II. processar e julgar os Ministros do Supremo Tribunal Federal, os membros do Conselho Nacional de Justiça e do Conselho Nacional do Ministério Público, o Procurador-Geral da República e o Advogado-Geral da União nos crimes de responsabilidade; *(Redação dada pela Emenda Constitucional nº 45, de 2004)*

III. aprovar previamente, por voto secreto, após arguição pública, a escolha de:

a) Magistrados, nos casos estabelecidos nesta Constituição;

b) Ministros do Tribunal de Contas da União indicados pelo Presidente da República;

c) Governador de Território;

d) Presidente e diretores do banco central;

e) Procurador-Geral da República;

f) titulares de outros cargos que a lei determinar;

IV. aprovar previamente, por voto secreto, após arguição em sessão secreta, a escolha dos chefes de missão diplomática de caráter permanente;

V. autorizar operações externas de natureza financeira, de interesse da União, dos Estados, do Distrito Federal, dos Territórios e dos Municípios;

VI. fixar, por proposta do Presidente da República, limites globais para o montante da dívida consolidada da União, dos Estados, do Distrito Federal e dos Municípios;

VII. dispor sobre limites globais e condições para as operações de crédito externo e interno da União, dos Estados, do Distrito Federal e dos Municípios, de suas autarquias e demais entidades controladas pelo Poder Público federal;

VIII. dispor sobre limites e condições para a concessão de garantia da União em operações de crédito externo e interno;

IX. estabelecer limites globais e condições para o montante da dívida mobiliária dos Estados, do Distrito Federal e dos Municípios;

X. suspender a execução, no todo ou em parte, de lei declarada inconstitucional por decisão definitiva do Supremo Tribunal Federal;

XI. aprovar, por maioria absoluta e por voto secreto, a exoneração, de ofício, do Procurador-Geral da República antes do término de seu mandato;

XII. elaborar seu regimento interno;

XIII. dispor sobre sua organização, funcionamento, polícia, criação, transformação ou extinção dos cargos, empregos e funções de seus serviços, e a iniciativa de lei para fixação da respectiva remuneração, observados os parâmetros estabelecidos na lei de diretrizes orçamentárias; *(Redação dada pela Emenda Constitucional nº 19, de 1998)*

XIV. eleger membros do Conselho da República, nos termos do art. 89, VII.

XV. avaliar periodicamente a funcionalidade do Sistema Tributário Nacional, em sua estrutura e seus componentes, e o desempenho das administrações tributárias da União, dos Estados e do Distrito Federal e dos Municípios. *(Incluído pela Emenda Constitucional nº 42, de 2003)*

Parágrafo único. Nos casos previstos nos incisos I e II, funcionará como Presidente o do Supremo Tribunal Federal, limitando-se a condenação, que somente será proferida por dois terços dos votos do Senado Federal, à perda do cargo, com inabilitação, por oito anos, para o exercício de função pública, sem prejuízo das demais sanções judiciais cabíveis.

SEÇÃO V

Dos Deputados e dos Senadores

Art. 53. Os Deputados e Senadores são invioláveis, civil e penalmente, por quaisquer de suas opiniões, palavras e votos. *(Redação dada pela Emenda Constitucional nº 35, de 2001)*

§ 1º Os Deputados e Senadores, desde a expedição do diploma, serão submetidos a julgamento perante o Supremo Tribunal Federal. *(Redação dada pela Emenda Constitucional nº 35, de 2001)*

§ 2º Desde a expedição do diploma, os membros do Congresso Nacional não poderão ser presos, salvo em flagrante de crime inafiançável. Nesse caso, os autos serão remetidos dentro de vinte e quatro horas à Casa respectiva, para que, pelo voto da maioria de seus membros, resolva sobre a prisão. *(Redação dada pela Emenda Constitucional nº 35, de 2001)*

§ 3º Recebida a denúncia contra o Senador ou Deputado, por crime ocorrido após a diplomação, o Supremo Tribunal Federal dará ciência à Casa respectiva, que, por iniciativa de partido político nela representado e pelo voto da maioria de seus membros, poderá, até a decisão final, sustar o andamento da ação. *(Redação dada pela Emenda Constitucional nº 35, de 2001)*

§ 4º O pedido de sustação será apreciado pela Casa respectiva no prazo improrrogável de quarenta e cinco dias do seu recebimento pela Mesa Diretora. *(Redação dada pela Emenda Constitucional nº 35, de 2001)*

§ 5º A sustação do processo suspende a prescrição, enquanto durar o mandato. *(Redação dada pela Emenda Constitucional nº 35, de 2001)*

§ 6º Os Deputados e Senadores não serão obrigados a testemunhar sobre informações recebidas ou prestadas em razão do exercício do mandato, nem sobre as pessoas que lhes confiaram ou deles receberam informações. *(Redação dada pela Emenda Constitucional nº 35, de 2001)*

§ 7º A incorporação às Forças Armadas de Deputados e Senadores, embora militares e ainda que em tempo de guerra, dependerá de prévia licença da Casa respectiva. *(Redação dada pela Emenda Constitucional nº 35, de 2001)*

§ 8º As imunidades de Deputados ou Senadores subsistirão durante o estado de sítio, só podendo ser suspensas mediante o voto de dois terços dos membros da Casa respectiva, nos casos de atos praticados fora do recinto do Congresso Nacional, que sejam incompatíveis com a execução da medida. *(Incluído pela Emenda Constitucional nº 35, de 2001)*

Art. 54. Os Deputados e Senadores não poderão:

I. desde a expedição do diploma:

a) firmar ou manter contrato com pessoa jurídica de direito público, autarquia, empresa pública, sociedade de economia mista ou empresa concessionária de serviço público, salvo quando o contrato obedecer a cláusulas uniformes;

b) aceitar ou exercer cargo, função ou emprego remunerado, inclusive os de que sejam demissíveis *ad nutum*, nas entidades constantes da alínea anterior;

II. desde a posse:

a) ser proprietários, controladores ou diretores de empresa que goze de favor decorrente de contrato com pessoa jurídica de direito público, ou nela exercer função remunerada;

b) ocupar cargo ou função de que sejam demissíveis *ad nutum*, nas entidades referidas no inciso I, "a";

c) patrocinar causa em que seja interessada qualquer das entidades a que se refere o inciso I, "a";

d) ser titulares de mais de um cargo ou mandato público eletivo.

Art. 55. Perderá o mandato o Deputado ou Senador:

I. que infringir qualquer das proibições estabelecidas no artigo anterior;

II. cujo procedimento for declarado incompatível com o decoro parlamentar;

III. que deixar de comparecer, em cada sessão legislativa, à terça parte das sessões ordinárias da Casa a que pertencer, salvo licença ou missão por esta autorizada;

IV. que perder ou tiver suspensos os direitos políticos;

V. quando o decretar a Justiça Eleitoral, nos casos previstos nesta Constituição;

VI. que sofrer condenação criminal em sentença transitada em julgado.

§ 1º É incompatível com o decoro parlamentar, além dos casos definidos no regimento interno, o abuso das prerrogativas asseguradas a membro do Congresso Nacional ou a percepção de vantagens indevidas.

§ 2º Nos casos dos incisos I, II e VI, a perda do mandato será decidida pela Câmara dos Deputados ou pelo Senado Federal, por maioria absoluta, mediante provocação da respectiva Mesa ou de partido político representado no Congresso Nacional, assegurada ampla defesa. *(Redação dada pela Emenda Constitucional nº 76, de 2013)*

§ 3º Nos casos previstos nos incisos III a V, a perda será declarada pela Mesa da Casa respectiva, de ofício ou mediante provocação de qualquer de seus membros, ou de partido político representado no Congresso Nacional, assegurada ampla defesa.

§ 4º A renúncia de parlamentar submetido a processo que vise ou possa levar à perda do mandato, nos termos deste artigo, terá seus efeitos suspensos até as deliberações finais de que tratam os §§ 2º e 3º. *(Incluído pela Emenda Constitucional de Revisão nº 6, de 1994)*

Art. 56. Não perderá o mandato o Deputado ou Senador:

I. investido no cargo de Ministro de Estado, Governador de Território, Secretário de Estado, do Distrito Federal, de Território, de Prefeitura de Capital ou chefe de missão diplomática temporária;

II. licenciado pela respectiva Casa por motivo de doença, ou para tratar, sem remuneração, de interesse particular, desde que, neste caso, o afastamento não ultrapasse cento e vinte dias por sessão legislativa.

§ 1º O suplente será convocado nos casos de vaga, de investidura em funções previstas neste artigo ou de licença superior a cento e vinte dias.

§ 2º Ocorrendo vaga e não havendo suplente, far-se-á eleição para preenchê-la se faltarem mais de quinze meses para o término do mandato.

§ 3º Na hipótese do inciso I, o Deputado ou Senador poderá optar pela remuneração do mandato.

SEÇÃO VI

Das Reuniões

Art. 57. O Congresso Nacional reunir-se-á, anualmente, na Capital Federal, de 2 de fevereiro a 17 de julho e de 1º de agosto a 22 de dezembro. *(Redação dada pela Emenda Constitucional nº 50, de 2006)*

§ 1º As reuniões marcadas para essas datas serão transferidas para o primeiro dia útil subsequente, quando recaírem em sábados, domingos ou feriados.

§ 2º A sessão legislativa não será interrompida sem a aprovação do projeto de lei de diretrizes orçamentárias.

§ 3º Além de outros casos previstos nesta Constituição, a Câmara dos Deputados e o Senado Federal reunir-se-ão em sessão conjunta para:

I. inaugurar a sessão legislativa;

II. elaborar o regimento comum e regular a criação de serviços comuns às duas Casas;

III. receber o compromisso do Presidente e do Vice-Presidente da República;

IV. conhecer do veto e sobre ele deliberar.

§ 4º Cada uma das Casas reunir-se-á em sessões preparatórias, a partir de 1º de fevereiro, no primeiro ano da legislatura, para a posse de seus membros e eleição das respectivas Mesas, para mandato de 2 (dois) anos, vedada a recondução para o mesmo cargo na eleição imediatamente subsequente. *(Redação dada pela Emenda Constitucional nº 50, de 2006)*

§ 5º A Mesa do Congresso Nacional será presidida pelo Presidente do Senado Federal, e os demais cargos serão exercidos, alternadamente, pelos ocupantes de cargos equivalentes na Câmara dos Deputados e no Senado Federal.

§ 6º A convocação extraordinária do Congresso Nacional far-se-á: *(Redação dada pela Emenda Constitucional nº 50, de 2006)*

I. pelo Presidente do Senado Federal, em caso de decretação de estado de defesa ou de intervenção federal, de pedido de autorização para a decretação de estado de sítio e para o compromisso e a posse do Presidente e do Vice-Presidente da República;

II. pelo Presidente da República, pelos Presidentes da Câmara dos Deputados e do Senado Federal ou a requerimento da maioria dos membros de ambas as Casas, em caso de urgência ou interesse público relevante, em todas as hipóteses deste inciso com a aprovação da maioria absoluta de cada uma das Casas do Congresso Nacional. *(Redação dada pela Emenda Constitucional nº 50, de 2006)*

§ 7º Na sessão legislativa extraordinária, o Congresso Nacional somente deliberará sobre a matéria para a qual foi convocado, ressalvada a hipótese do § 8º deste artigo, vedado o pagamento de parcela indenizatória, em razão da convocação. *(Redação dada pela Emenda Constitucional nº 50, de 2006)*

§ 8º Havendo medidas provisórias em vigor na data de convocação extraordinária do Congresso Nacional, serão elas automaticamente incluídas na pauta da convocação. *(Incluído pela Emenda Constitucional nº 32, de 2001)*

SEÇÃO VII

Das Comissões

Art. 58. O Congresso Nacional e suas Casas terão comissões permanentes e temporárias, constituídas na forma e com as atribuições previstas no respectivo regimento ou no ato de que resultar sua criação.

§ 1º Na constituição das Mesas e de cada Comissão, é assegurada, tanto quanto possível, a representação proporcional dos partidos ou dos blocos parlamentares que participam da respectiva Casa.

§ 2º Às comissões, em razão da matéria de sua competência, cabe:

I. discutir e votar projeto de lei que dispensar, na forma do regimento, a competência do Plenário, salvo se houver recurso de um décimo dos membros da Casa;

II. realizar audiências públicas com entidades da sociedade civil;

III. convocar Ministros de Estado para prestar informações sobre assuntos inerentes a suas atribuições;

IV. receber petições, reclamações, representações ou queixas de qualquer pessoa contra atos ou omissões das autoridades ou entidades públicas;

V. solicitar depoimento de qualquer autoridade ou cidadão;

VI. apreciar programas de obras, planos nacionais, regionais e setoriais de desenvolvimento e sobre eles emitir parecer.

§ 3º As comissões parlamentares de inquérito, que terão poderes de investigação próprios das autoridades judiciais, além de outros previstos nos regimentos das respectivas Casas, serão criadas pela Câmara dos Deputados e pelo Senado Federal, em conjunto ou separadamente, mediante requerimento de um terço de seus membros, para a apuração de fato determinado e por prazo certo, sendo suas conclusões, se for o caso, encaminhadas ao Ministério Público, para que promova a responsabilidade civil ou criminal dos infratores.

§ 4º Durante o recesso, haverá uma Comissão representativa do Congresso Nacional, eleita por suas Casas na última sessão ordinária do período legislativo, com atribuições definidas no regimento comum, cuja composição reproduzirá, quanto possível, a proporcionalidade da representação partidária.

SEÇÃO VIII
Do Processo Legislativo

SUBSEÇÃO I
Disposição Geral

Art. 59. O processo legislativo compreende a elaboração de:

I. emendas à Constituição;

II. leis complementares;

III. leis ordinárias;

IV. leis delegadas;

V. medidas provisórias;

VI. decretos legislativos;

VII. resoluções.

Parágrafo único. Lei complementar disporá sobre a elaboração, redação, alteração e consolidação das leis.

SUBSEÇÃO II
Da Emenda à Constituição

Art. 60. A Constituição poderá ser emendada mediante proposta:

I. de um terço, no mínimo, dos membros da Câmara dos Deputados ou do Senado Federal;

II. do Presidente da República;

III. de mais da metade das Assembleias Legislativas das unidades da Federação, manifestando-se, cada uma delas, pela maioria relativa de seus membros.

§ 1º A Constituição não poderá ser emendada na vigência de intervenção federal, de estado de defesa ou de estado de sítio.

§ 2º A proposta será discutida e votada em cada Casa do Congresso Nacional, em dois turnos, considerando-se aprovada se obtiver, em ambos, três quintos dos votos dos respectivos membros.

§ 3º A emenda à Constituição será promulgada pelas Mesas da Câmara dos Deputados e do Senado Federal, com o respectivo número de ordem.

§ 4º Não será objeto de deliberação a proposta de emenda tendente a abolir:

I. a forma federativa de Estado;

II. o voto direto, secreto, universal e periódico;

III. a separação dos Poderes;

IV. os direitos e garantias individuais.

§ 5º A matéria constante de proposta de emenda rejeitada ou havida por prejudicada não pode ser objeto de nova proposta na mesma sessão legislativa.

SUBSEÇÃO III

Das Leis

Art. 61. A iniciativa das leis complementares e ordinárias cabe a qualquer membro ou Comissão da Câmara dos Deputados, do Senado Federal ou do Congresso Nacional, ao Presidente da República, ao Supremo Tribunal Federal, aos Tribunais Superiores, ao Procurador-Geral da República e aos cidadãos, na forma e nos casos previstos nesta Constituição.

§ 1º São de iniciativa privativa do Presidente da República as leis que:

I. fixem ou modifiquem os efetivos das Forças Armadas;

II. disponham sobre:

a) criação de cargos, funções ou empregos públicos na administração direta e autárquica ou aumento de sua remuneração;

b) organização administrativa e judiciária, matéria tributária e orçamentária, serviços públicos e pessoal da administração dos Territórios;

c) servidores públicos da União e Territórios, seu regime jurídico, provimento de cargos, estabilidade e aposentadoria; *(Redação dada pela Emenda Constitucional nº 18, de 1998)*

d) organização do Ministério Público e da Defensoria Pública da União, bem como normas gerais para a organização do Ministério Público e da Defensoria Pública dos Estados, do Distrito Federal e dos Territórios;

e) criação e extinção de Ministérios e órgãos da administração pública, observado o disposto no art. 84, VI; *(Redação dada pela Emenda Constitucional nº 32, de 2001)*

f) militares das Forças Armadas, seu regime jurídico, provimento de cargos, promoções, estabilidade, remuneração, reforma e transferência para a reserva. *(Incluída pela Emenda Constitucional nº 18, de 1998)*

§ 2º A iniciativa popular pode ser exercida pela apresentação à Câmara dos Deputados de projeto de lei subscrito por, no mínimo, um por cento do eleitorado nacional, distribuído pelo menos por cinco Estados, com não menos de três décimos por cento dos eleitores de cada um deles.

Art. 62. Em caso de relevância e urgência, o Presidente da República poderá adotar medidas provisórias, com força de lei, devendo submetê-las de imediato ao Congresso Nacional. *(Redação dada pela Emenda Constitucional nº 32, de 2001)*

§ 1º É vedada a edição de medidas provisórias sobre matéria: *(Incluído pela Emenda Constitucional nº 32, de 2001)*

I. relativa a: *(Incluído pela Emenda Constitucional nº 32, de 2001)*

a) nacionalidade, cidadania, direitos políticos, partidos políticos e direito eleitoral; *(Incluída pela Emenda Constitucional nº 32, de 2001)*

b) direito penal, processual penal e processual civil; *(Incluído pela Emenda Constitucional nº 32, de 2001)*

c) organização do Poder Judiciário e do Ministério Público, a carreira e a garantia de seus membros; *(Incluído pela Emenda Constitucional nº 32, de 2001)*

d) planos plurianuais, diretrizes orçamentárias, orçamento e créditos adicionais e suplementares, ressalvado o previsto no art. 167, § 3º; *(Incluído pela Emenda Constitucional nº 32, de 2001)*

II. que vise a detenção ou sequestro de bens, de poupança popular ou qualquer outro ativo financeiro; *(Incluído pela Emenda Constitucional nº 32, de 2001)*

III. reservada a lei complementar; *(Incluído pela Emenda Constitucional nº 32, de 2001)*

IV. já disciplinada em projeto de lei aprovado pelo Congresso Nacional e pendente de sanção ou veto do Presidente da República. *(Incluído pela Emenda Constitucional nº 32, de 2001)*

§ 2º Medida provisória que implique instituição ou majoração de impostos, exceto os previstos nos arts. 153, I, II, IV, V, e 154, II, só produzirá efeitos no exercício financeiro seguinte se houver sido convertida em lei até o último dia daquele em que foi editada.*(Incluído pela Emenda Constitucional nº 32, de 2001)*

§ 3º As medidas provisórias, ressalvado o disposto nos §§ 11 e 12 perderão eficácia, desde a edição, se não forem convertidas em lei no prazo de sessenta dias, prorrogável, nos termos do § 7º, uma vez por igual período, devendo o Congresso Nacional disciplinar, por decreto legislativo, as relações jurídicas delas decorrentes. *(Incluído pela Emenda Constitucional nº 32, de 2001)*

§ 4º O prazo a que se refere o § 3º contar-se-á da publicação da medida provisória, suspendendo-se durante os períodos de recesso do Congresso Nacional.*(Incluído pela Emenda Constitucional nº 32, de 2001)*

§ 5º A deliberação de cada uma das Casas do Congresso Nacional sobre o mérito das medidas provisórias dependerá de juízo prévio sobre o atendimento de seus pressupostos constitucionais. *(Incluído pela Emenda Constitucional nº 32, de 2001)*

§ 6º Se a medida provisória não for apreciada em até quarenta e cinco dias contados de sua publicação, entrará em regime de urgência, subsequentemente, em cada uma das Casas do Congresso Nacional, ficando sobrestadas, até que se ultime a votação, todas as demais deliberações legislativas da Casa em que estiver tramitando. *(Incluído pela Emenda Constitucional nº 32, de 2001)*

§ 7º Prorrogar-se-á uma única vez por igual período a vigência de medida provisória que, no prazo de sessenta dias, contado de sua publicação, não tiver a sua votação encerrada nas duas Casas do Congresso Nacional. *(Incluído pela Emenda Constitucional nº 32, de 2001)*

§ 8º As medidas provisórias terão sua votação iniciada na Câmara dos Deputados. *(Incluído pela Emenda Constitucional nº 32, de 2001)*

§ 9º Caberá à comissão mista de Deputados e Senadores examinar as medidas provisórias e sobre elas emitir parecer, antes de serem apreciadas, em sessão separada, pelo plenário de cada uma das Casas do Congresso Nacional. *(Incluído pela Emenda Constitucional nº 32, de 2001)*

§ 10. É vedada a reedição, na mesma sessão legislativa, de medida provisória que tenha sido rejeitada ou que tenha perdido sua eficácia por decurso de prazo. *(Incluído pela Emenda Constitucional nº 32, de 2001)*

§ 11. Não editado o decreto legislativo a que se refere o § 3º até sessenta dias após a rejeição ou perda de eficácia de medida provisória, as relações jurídicas constituídas e decorrentes de atos praticados durante sua vigência conservar-se-ão por ela regidas. *(Incluído pela Emenda Constitucional nº 32, de 2001)*

§ 12. Aprovado projeto de lei de conversão alterando o texto original da medida provisória, esta manter-se-á integralmente em vigor até que seja sancionado ou vetado o projeto. *(Incluído pela Emenda Constitucional nº 32, de 2001)*

Art. 63. Não será admitido aumento da despesa prevista:

I. nos projetos de iniciativa exclusiva do Presidente da República, ressalvado o disposto no art. 166, § 3º e § 4º;

II. nos projetos sobre organização dos serviços administrativos da Câmara dos Deputados, do Senado Federal, dos Tribunais Federais e do Ministério Público.

Art. 64. A discussão e votação dos projetos de lei de iniciativa do Presidente da República, do Supremo Tribunal Federal e dos Tribunais Superiores terão início na Câmara dos Deputados.

§ 1º O Presidente da República poderá solicitar urgência para apreciação de projetos de sua iniciativa.

§ 2º Se, no caso do § 1º, a Câmara dos Deputados e o Senado Federal não se manifestarem sobre a proposição, cada qual sucessivamente, em até quarenta e cinco dias, sobrestar-se-ão todas as demais deliberações legislativas da respectiva Casa, com exceção das que tenham prazo constitucional determinado, até que se ultime a votação. *(Redação dada pela Emenda Constitucional nº 32, de 2001)*

§ 3º A apreciação das emendas do Senado Federal pela Câmara dos Deputados far-se-á no prazo de dez dias, observado quanto ao mais o disposto no parágrafo anterior.

§ 4º Os prazos do § 2º não correm nos períodos de recesso do Congresso Nacional, nem se aplicam aos projetos de código.

Art. 65. O projeto de lei aprovado por uma Casa será revisto pela outra, em um só turno de discussão e votação, e enviado à sanção ou promulgação, se a Casa revisora o aprovar, ou arquivado, se o rejeitar.

Parágrafo único. Sendo o projeto emendado, voltará à Casa iniciadora.

Art. 66. A Casa na qual tenha sido concluída a votação enviará o projeto de lei ao Presidente da República, que, aquiescendo, o sancionará.

§ 1º Se o Presidente da República considerar o projeto, no todo ou em parte, inconstitucional ou contrário ao interesse público, vetá-lo-á total ou parcialmente, no prazo de quinze dias úteis, contados da data do recebimento, e comunicará, dentro de quarenta e oito horas, ao Presidente do Senado Federal os motivos do veto.

§ 2º O veto parcial somente abrangerá texto integral de artigo, de parágrafo, de inciso ou de alínea.

§ 3º Decorrido o prazo de quinze dias, o silêncio do Presidente da República importará sanção.

§ 4º O veto será apreciado em sessão conjunta, dentro de trinta dias a contar de seu recebimento, só podendo ser rejeitado pelo voto da maioria absoluta dos Deputados e Senadores. *(Redação dada pela Emenda Constitucional nº 76, de 2013)*

§ 5º Se o veto não for mantido, será o projeto enviado, para promulgação, ao Presidente da República.

§ 6º Esgotado sem deliberação o prazo estabelecido no § 4º, o veto será colocado na ordem do dia da sessão imediata, sobrestadas as demais proposições, até sua votação final. *(Redação dada pela Emenda Constitucional nº 32, de 2001)*

§ 7º Se a lei não for promulgada dentro de quarenta e oito horas pelo Presidente da República, nos casos dos § 3º e § 5º, o Presidente do Senado a promulgará, e, se este não o fizer em igual prazo, caberá ao Vice-Presidente do Senado fazê-lo.

Art. 67. A matéria constante de projeto de lei rejeitado somente poderá constituir objeto de novo projeto, na mesma sessão legislativa, mediante proposta da maioria absoluta dos membros de qualquer das Casas do Congresso Nacional.

Art. 68. As leis delegadas serão elaboradas pelo Presidente da República, que deverá solicitar a delegação ao Congresso Nacional.

§ 1º Não serão objeto de delegação os atos de competência exclusiva do Congresso Nacional, os de competência privativa da Câmara dos Deputados ou do Senado Federal, a matéria reservada à lei complementar, nem a legislação sobre:

I. organização do Poder Judiciário e do Ministério Público, a carreira e a garantia de seus membros;

II. nacionalidade, cidadania, direitos individuais, políticos e eleitorais;

III. planos plurianuais, diretrizes orçamentárias e orçamentos.

§ 2º A delegação ao Presidente da República terá a forma de resolução do Congresso Nacional, que especificará seu conteúdo e os termos de seu exercício.

§ 3º Se a resolução determinar a apreciação do projeto pelo Congresso Nacional, este a fará em votação única, vedada qualquer emenda.

Art. 69. As leis complementares serão aprovadas por maioria absoluta.

SEÇÃO IX

Da Fiscalização Contábil, Financeira e Orçamentária

Art. 70. A fiscalização contábil, financeira, orçamentária, operacional e patrimonial da União e das entidades da administração direta e indireta, quanto à legalidade, legitimidade, economicidade, aplicação das subvenções e renúncia de receitas, será exercida pelo Congresso Nacional, mediante controle externo, e pelo sistema de controle interno de cada Poder.

Parágrafo único. Prestará contas qualquer pessoa física ou jurídica, pública ou privada, que utilize, arrecade, guarde, gerencie ou administre dinheiros, bens e valores públicos ou pelos quais a União responda, ou que, em nome desta, assuma obrigações de natureza pecuniária. *(Redação dada pela Emenda Constitucional nº 19, de 1998)*

Art. 71. O controle externo, a cargo do Congresso Nacional, será exercido com o auxílio do Tribunal de Contas da União, ao qual compete:

I. apreciar as contas prestadas anualmente pelo Presidente da República, mediante parecer prévio que deverá ser elaborado em sessenta dias a contar de seu recebimento;

II. julgar as contas dos administradores e demais responsáveis por dinheiros, bens e valores públicos da administração direta e indireta, incluídas as fundações e sociedades instituídas e mantidas pelo Poder Público federal, e as contas daqueles que derem causa a perda, extravio ou outra irregularidade de que resulte prejuízo ao erário público;

III. apreciar, para fins de registro, a legalidade dos atos de admissão de pessoal, a qualquer título, na administração direta e indireta, incluídas as fundações instituídas e mantidas pelo Poder Público, excetuadas as nomeações para cargo de provimento em comissão, bem como a das concessões de aposentadorias, reformas e pensões, ressalvadas as melhorias posteriores que não alterem o fundamento legal do ato concessório;

IV. realizar, por iniciativa própria, da Câmara dos Deputados, do Senado Federal, de Comissão técnica ou de inquérito, inspeções e auditorias de natureza contábil, financeira, orçamentária, operacional e patrimonial, nas unidades administrativas dos Poderes Legislativo, Executivo e Judiciário, e demais entidades referidas no inciso II;

V. fiscalizar as contas nacionais das empresas supranacionais de cujo capital social a União participe, de forma direta ou indireta, nos termos do tratado constitutivo;

VI. fiscalizar a aplicação de quaisquer recursos repassados pela União mediante convênio, acordo, ajuste ou outros instrumentos congêneres, a Estado, ao Distrito Federal ou a Município;

VII. prestar as informações solicitadas pelo Congresso Nacional, por qualquer de suas Casas, ou por qualquer das respectivas Comissões, sobre a fiscalização contábil, financeira, orçamentária, operacional e patrimonial e sobre resultados de auditorias e inspeções realizadas;

VIII. aplicar aos responsáveis, em caso de ilegalidade de despesa ou irregularidade de contas, as sanções previstas em lei, que estabelecerá, entre outras cominações, multa proporcional ao dano causado ao erário;

IX. assinar prazo para que o órgão ou entidade adote as providências necessárias ao exato cumprimento da lei, se verificada ilegalidade;

X. sustar, se não atendido, a execução do ato impugnado, comunicando a decisão à Câmara dos Deputados e ao Senado Federal;

XI. representar ao Poder competente sobre irregularidades ou abusos apurados.

§ 1º No caso de contrato, o ato de sustação será adotado diretamente pelo Congresso Nacional, que solicitará, de imediato, ao Poder Executivo as medidas cabíveis.

§ 2º Se o Congresso Nacional ou o Poder Executivo, no prazo de noventa dias, não efetivar as medidas previstas no parágrafo anterior, o Tribunal decidirá a respeito.

§ 3º As decisões do Tribunal de que resulte imputação de débito ou multa terão eficácia de título executivo.

§ 4º O Tribunal encaminhará ao Congresso Nacional, trimestral e anualmente, relatório de suas atividades.

Art. 72. A Comissão mista permanente a que se refere o art. 166, §1º, diante de indícios de despesas não autorizadas, ainda que sob a forma de investimentos não programados ou de subsídios não aprovados, poderá solicitar à autoridade governamental responsável que, no prazo de cinco dias, preste os esclarecimentos necessários.

§ 1º Não prestados os esclarecimentos, ou considerados estes insuficientes, a Comissão solicitará ao Tribunal pronunciamento conclusivo sobre a matéria, no prazo de trinta dias.

§ 2º Entendendo o Tribunal irregular a despesa, a Comissão, se julgar que o gasto possa causar dano irreparável ou grave lesão à economia pública, proporá ao Congresso Nacional sua sustação.

Art. 73. O Tribunal de Contas da União, integrado por nove Ministros, tem sede no Distrito Federal, quadro próprio de pessoal e jurisdição em todo o território nacional, exercendo, no que couber, as atribuições previstas no art. 96.

§ 1º Os Ministros do Tribunal de Contas da União serão nomeados dentre brasileiros que satisfaçam os seguintes requisitos:

I. mais de trinta e cinco e menos de sessenta e cinco anos de idade;

II. idoneidade moral e reputação ilibada;

III. notórios conhecimentos jurídicos, contábeis, econômicos e financeiros ou de administração pública;

IV. mais de dez anos de exercício de função ou de efetiva atividade profissional que exija os conhecimentos mencionados no inciso anterior.

§ 2º Os Ministros do Tribunal de Contas da União serão escolhidos:

I. um terço pelo Presidente da República, com aprovação do Senado Federal, sendo dois alternadamente dentre auditores e membros do Ministério Público junto ao Tribunal, indicados em lista tríplice pelo Tribunal, segundo os critérios de antiguidade e merecimento;

II. dois terços pelo Congresso Nacional.

§ 3ºOs Ministros do Tribunal de Contas da União terão as mesmas garantias, prerrogativas, impedimentos, vencimentos e vantagens dos Ministros do Superior Tribunal de Justiça, aplicando-se-lhes, quanto à aposentadoria e pensão, as normas constantes do art. 40. *(Redação dada pela Emenda Constitucional nº 20, de 1998)*

§ 4º O auditor, quando em substituição a Ministro, terá as mesmas garantias e impedimentos do titular e, quando no exercício das demais atribuições da judicatura, as de juiz de Tribunal Regional Federal.

Art. 74. Os Poderes Legislativo, Executivo e Judiciário manterão, de forma integrada, sistema de controle interno com a finalidade de:

I. avaliar o cumprimento das metas previstas no plano plurianual, a execução dos programas de governo e dos orçamentos da União;

II. comprovar a legalidade e avaliar os resultados, quanto à eficácia e eficiência, da gestão orçamentária, financeira e patrimonial nos órgãos e entidades da administração federal, bem como da aplicação de recursos públicos por entidades de direito privado;

III. exercer o controle das operações de crédito, avais e garantias, bem como dos direitos e haveres da União;

IV. apoiar o controle externo no exercício de sua missão institucional.

§ 1º Os responsáveis pelo controle interno, ao tomarem conhecimento de qualquer irregularidade ou ilegalidade, dela darão ciência ao Tribunal de Contas da União, sob pena de responsabilidade solidária.

§ 2º Qualquer cidadão, partido político, associação ou sindicato é parte legítima para, na forma da lei, denunciar irregularidades ou ilegalidades perante o Tribunal de Contas da União.

Art. 75. As normas estabelecidas nesta seção aplicam-se, no que couber, à organização, composição e fiscalização dos Tribunais de Contas dos Estados e do Distrito Federal, bem como dos Tribunais e Conselhos de Contas dos Municípios.

Parágrafo único. As Constituições estaduais disporão sobre os Tribunais de Contas respectivos, que serão integrados por sete Conselheiros.

CAPÍTULO II

Do Poder Executivo

SEÇÃO I

Do Presidente e do Vice-Presidente da República

Art. 76. O Poder Executivo é exercido pelo Presidente da República, auxiliado pelos Ministros de Estado.

Art. 77. A eleição do Presidente e do Vice-Presidente da República realizar-se-á, simultaneamente, no primeiro domingo de outubro, em primeiro turno, e no último domingo de outubro, em segundo turno, se houver, do ano anterior ao do término do mandato presidencial vigente. *(Redação dada pela Emenda Constitucional nº 16, de 1997)*

§ 1º A eleição do Presidente da República importará a do Vice-Presidente com ele registrado.

§ 2º Será considerado eleito Presidente o candidato que, registrado por partido político, obtiver a maioria absoluta de votos, não computados os em branco e os nulos.

§ 3º Se nenhum candidato alcançar maioria absoluta na primeira votação, far-se-á nova eleição em até vinte dias após a proclamação do resultado, concorrendo os dois candidatos mais votados e considerando-se eleito aquele que obtiver a maioria dos votos válidos.

§ 4º Se, antes de realizado o segundo turno, ocorrer morte, desistência ou impedimento legal de candidato, convocar-se-á, dentre os remanescentes, o de maior votação.

§ 5º Se, na hipótese dos parágrafos anteriores, remanescer, em segundo lugar, mais de um candidato com a mesma votação, qualificar-se-á o mais idoso.

Art. 78. O Presidente e o Vice-Presidente da República tomarão posse em sessão do Congresso Nacional, prestando o compromisso de manter, defender e cumprir a Constituição, observar as leis, promover o bem geral do povo brasileiro, sustentar a união, a integridade e a independência do Brasil.

Parágrafo único. Se, decorridos dez dias da data fixada para a posse, o Presidente ou o Vice-Presidente, salvo motivo de força maior, não tiver assumido o cargo, este será declarado vago.

Art. 79. Substituirá o Presidente, no caso de impedimento, e suceder-lhe-á, no de vaga, o Vice-Presidente.

Parágrafo único. O Vice-Presidente da República, além de outras atribuições que lhe forem conferidas por lei complementar, auxiliará o Presidente, sempre que por ele convocado para missões especiais.

Art. 80. Em caso de impedimento do Presidente e do Vice-Presidente, ou vacância dos respectivos cargos, serão sucessivamente chamados ao exercício da Presidência o Presidente da Câmara dos Deputados, o do Senado Federal e o do Supremo Tribunal Federal.

Art. 81. Vagando os cargos de Presidente e Vice-Presidente da República, far-se-á eleição noventa dias depois de aberta a última vaga.

§ 1º Ocorrendo a vacância nos últimos dois anos do período presidencial, a eleição para ambos os cargos será feita trinta dias depois da última vaga, pelo Congresso Nacional, na forma da lei.

§ 2º Em qualquer dos casos, os eleitos deverão completar o período de seus antecessores.

Art. 82. O mandato do Presidente da República é de quatro anos e terá início em primeiro de janeiro do ano seguinte ao da sua eleição. *(Redação dada pela Emenda Constitucional nº 16, de 1997)*

Art. 83. O Presidente e o Vice-Presidente da República não poderão, sem licença do Congresso Nacional, ausentar-se do País por período superior a quinze dias, sob pena de perda do cargo.

SEÇÃO II

Das Atribuições do Presidente da República

Art. 84. Compete privativamente ao Presidente da República:

I. nomear e exonerar os Ministros de Estado;

II. exercer, com o auxílio dos Ministros de Estado, a direção superior da administração federal;

III. iniciar o processo legislativo, na forma e nos casos previstos nesta Constituição;

IV. sancionar, promulgar e fazer publicar as leis, bem como expedir decretos e regulamentos para sua fiel execução;

V. vetar projetos de lei, total ou parcialmente;

VI. dispor, mediante decreto, sobre: *(Redação dada pela Emenda Constitucional nº 32, de 2001)*

a) organização e funcionamento da administração federal, quando não implicar aumento de despesa nem criação ou extinção de órgãos públicos; *(Incluído pela Emenda Constitucional nº 32, de 2001)*

b) extinção de funções ou cargos públicos, quando vagos; *(Incluído pela Emenda Constitucional nº 32, de 2001)*

VII. manter relações com Estados estrangeiros e acreditar seus representantes diplomáticos;

VIII. celebrar tratados, convenções e atos internacionais, sujeitos a referendo do Congresso Nacional;

IX. decretar o estado de defesa e o estado de sítio;

X. decretar e executar a intervenção federal;

XI. remeter mensagem e plano de governo ao Congresso Nacional por ocasião da abertura da sessão legislativa, expondo a situação do País e solicitando as providências que julgar necessárias;

XII. conceder indulto e comutar penas, com audiência, se necessário, dos órgãos instituídos em lei;

XIII. exercer o comando supremo das Forças Armadas, nomear os Comandantes da Marinha, do Exército e da Aeronáutica, promover seus oficiais-generais e nomeá-los para os cargos que lhes são privativos; *(Redação dada pela Emenda Constitucional nº 23, de 1999)*

XIV. nomear, após aprovação pelo Senado Federal, os Ministros do Supremo Tribunal Federal e dos Tribunais Superiores, os Governadores de Territórios, o Procurador-Geral da República, o presidente e os diretores do banco central e outros servidores, quando determinado em lei;

XV. nomear, observado o disposto no art. 73, os Ministros do Tribunal de Contas da União;

XVI. nomear os magistrados, nos casos previstos nesta Constituição, e o Advogado-Geral da União;

XVII. nomear membros do Conselho da República, nos termos do art. 89, VII;

XVIII. convocar e presidir o Conselho da República e o Conselho de Defesa Nacional;

XIX. declarar guerra, no caso de agressão estrangeira, autorizado pelo Congresso Nacional ou referendado por ele, quando ocorrida no intervalo das sessões legislativas, e, nas mesmas condições, decretar, total ou parcialmente, a mobilização nacional;

XX. celebrar a paz, autorizado ou com o referendo do Congresso Nacional;

XXI. conferir condecorações e distinções honoríficas;

XXII. permitir, nos casos previstos em lei complementar, que forças estrangeiras transitem pelo território nacional ou nele permaneçam temporariamente;

XXIII. enviar ao Congresso Nacional o plano plurianual, o projeto de lei de diretrizes orçamentárias e as propostas de orçamento previstos nesta Constituição;

XXIV. prestar, anualmente, ao Congresso Nacional, dentro de sessenta dias após a abertura da sessão legislativa, as contas referentes ao exercício anterior;

XXV. prover e extinguir os cargos públicos federais, na forma da lei;

XXVI. editar medidas provisórias com força de lei, nos termos do art. 62;

XXVII. exercer outras atribuições previstas nesta Constituição.

Parágrafo único. O Presidente da República poderá delegar as atribuições mencionadas nos incisos VI, XII e XXV, primeira parte, aos Ministros de Estado, ao Procurador-Geral da República ou ao Advogado-Geral da União, que observarão os limites traçados nas respectivas delegações.

SEÇÃO III

Da Responsabilidade
do Presidente da República

Art. 85. São crimes de responsabilidade os atos do Presidente da República que atentem contra a Constituição Federal e, especialmente, contra:

I. a existência da União;

II. o livre exercício do Poder Legislativo, do Poder Judiciário, do Ministério Público e dos Poderes constitucionais das unidades da Federação;

III. o exercício dos direitos políticos, individuais e sociais;

IV. a segurança interna do País;

V. a probidade na administração;

VI. a lei orçamentária;

VII. o cumprimento das leis e das decisões judiciais.

Parágrafo único. Esses crimes serão definidos em lei especial, que estabelecerá as normas de processo e julgamento.

Art. 86. Admitida a acusação contra o Presidente da República, por dois terços da Câmara dos Deputados, será ele submetido a julgamento perante o Supremo Tribunal Federal, nas infrações penais comuns, ou perante o Senado Federal, nos crimes de responsabilidade.

§ 1º O Presidente ficará suspenso de suas funções:

I. nas infrações penais comuns, se recebida a denúncia ou queixa-crime pelo Supremo Tribunal Federal;

II. nos crimes de responsabilidade, após a instauração do processo pelo Senado Federal.

§ 2º Se, decorrido o prazo de cento e oitenta dias, o julgamento não estiver concluído, cessará o afastamento do Presidente, sem prejuízo do regular prosseguimento do processo.

§ 3º Enquanto não sobrevier sentença condenatória, nas infrações comuns, o Presidente da República não estará sujeito a prisão.

§ 4º O Presidente da República, na vigência de seu mandato, não pode ser responsabilizado por atos estranhos ao exercício de suas funções.

SEÇÃO IV

Dos Ministros de Estado

Art. 87. Os Ministros de Estado serão escolhidos dentre brasileiros maiores de vinte e um anos e no exercício dos direitos políticos.

Parágrafo único. Compete ao Ministro de Estado, além de outras atribuições estabelecidas nesta Constituição e na lei:

I. exercer a orientação, coordenação e supervisão dos órgãos e entidades da administração federal na área de sua competência e referendar os atos e decretos assinados pelo Presidente da República;

II. expedir instruções para a execução das leis, decretos e regulamentos;

III. apresentar ao Presidente da República relatório anual de sua gestão no Ministério;

IV. praticar os atos pertinentes às atribuições que lhe forem outorgadas ou delegadas pelo Presidente da República.

Art. 88. A lei disporá sobre a criação e extinção de Ministérios e órgãos da administração pública. *(Redação dada pela Emenda Constitucional nº 32, de 2001)*

SEÇÃO V

Do Conselho da República e do Conselho de Defesa Nacional

SUBSEÇÃO I

Do Conselho da República

Art. 89. O Conselho da República é órgão superior de consulta do Presidente da República, e dele participam:

I. o Vice-Presidente da República;

II. o Presidente da Câmara dos Deputados;

III. o Presidente do Senado Federal;

IV. os líderes da maioria e da minoria na Câmara dos Deputados;

V. os líderes da maioria e da minoria no Senado Federal;

VI. o Ministro da Justiça;

VII. seis cidadãos brasileiros natos, com mais de

trinta e cinco anos de idade, sendo dois nomeados pelo Presidente da República, dois eleitos pelo Senado Federal e dois eleitos pela Câmara dos Deputados, todos com mandato de três anos, vedada a recondução.

Art. 90. Compete ao Conselho da República pronunciar-se sobre:

I. intervenção federal, estado de defesa e estado de sítio;

II. as questões relevantes para a estabilidade das instituições democráticas.

§ 1º O Presidente da República poderá convocar Ministro de Estado para participar da reunião do Conselho, quando constar da pauta questão relacionada com o respectivo Ministério.

§ 2º A lei regulará a organização e o funcionamento do Conselho da República.

SUBSEÇÃO II

Do Conselho de Defesa Nacional

Art. 91. O Conselho de Defesa Nacional é órgão de consulta do Presidente da República nos assuntos relacionados com a soberania nacional e a defesa do Estado democrático, e dele participam como membros natos:

I. o Vice-Presidente da República;

II. o Presidente da Câmara dos Deputados;

III. o Presidente do Senado Federal;

IV. o Ministro da Justiça;

V. o Ministro de Estado da Defesa; *(Redação dada pela Emenda Constitucional nº 23, de 1999)*

VI. o Ministro das Relações Exteriores;

VII. o Ministro do Planejamento.

VIII. os Comandantes da Marinha, do Exército e da Aeronáutica. *(Incluído pela Emenda Constitucional nº 23, de 1999)*

§ 1º Compete ao Conselho de Defesa Nacional:

I. opinar nas hipóteses de declaração de guerra e de celebração da paz, nos termos desta Constituição;

II. opinar sobre a decretação do estado de defesa, do estado de sítio e da intervenção federal;

III. propor os critérios e condições de utilização de áreas indispensáveis à segurança do território nacional e opinar sobre seu efetivo uso, especialmente na faixa de fronteira e nas relacionadas com a preservação e a exploração dos recursos naturais de qualquer tipo;

IV. estudar, propor e acompanhar o desenvolvimento de iniciativas necessárias a garantir a independência nacional e a defesa do Estado democrático.

§ 2º A lei regulará a organização e o funcionamento do Conselho de Defesa Nacional.

CAPÍTULO III

Do Poder Judiciário

SEÇÃO I

Disposições Gerais

Art. 92. São órgãos do Poder Judiciário:

I. o Supremo Tribunal Federal;

I-A. o Conselho Nacional de Justiça; *(Incluído pela Emenda Constitucional nº 45, de 2004)*

II. o Superior Tribunal de Justiça;

II-A. o Tribunal Superior do Trabalho; *(Incluído pela Emenda Constitucional nº 92, de 2016)*

III. os Tribunais Regionais Federais e Juízes Federais;

IV. os Tribunais e Juízes do Trabalho;

V. os Tribunais e Juízes Eleitorais;

VI. os Tribunais e Juízes Militares;

VII. os Tribunais e Juízes dos Estados e do Distrito Federal e Territórios.

§ 1º O Supremo Tribunal Federal, o Conselho Nacional de Justiça e os Tribunais Superiores têm sede na Capital Federal. *(Incluído pela Emenda Constitucional nº 45, de 2004)*

§ 2º O Supremo Tribunal Federal e os Tribunais Superiores têm jurisdição em todo o território nacional. *(Incluído pela Emenda Constitucional nº 45, de 2004)*

Art. 93. Lei complementar, de iniciativa do Supremo Tribunal Federal, disporá sobre o Estatuto da Magistratura, observados os seguintes princípios:

I. ingresso na carreira, cujo cargo inicial será o de juiz substituto, mediante concurso público de provas e títulos, com a participação da Ordem dos Advogados do Brasil em todas as fases, exigindo-se do bacharel em direito, no mínimo, três anos de atividade jurídica e obedecendo-se, nas nomeações, à ordem de classificação; *(Redação dada pela Emenda Constitucional nº 45, de 2004)*

II. promoção de entrância para entrância, alternadamente, por antiguidade e merecimento, atendidas as seguintes normas:

a) é obrigatória a promoção do juiz que figure por três vezes consecutivas ou cinco alternadas em lista de merecimento;

b) a promoção por merecimento pressupõe dois anos de exercício na respectiva entrância e integrar o juiz a primeira quinta parte da lista de antiguidade desta, salvo se não houver com tais requisitos quem aceite o lugar vago;

c) aferição do merecimento conforme o desempenho e pelos critérios objetivos de produtividade e presteza no exercício da jurisdição e pela frequência e aproveitamento em cursos oficiais ou reconhecidos de aperfeiçoamento; *(Redação dada pela Emenda Constitucional nº 45, de 2004)*

d) na apuração de antiguidade, o tribunal somente poderá recusar o juiz mais antigo pelo voto fundamentado de dois terços de seus membros, conforme procedimento próprio, e assegurada ampla defesa, repetindo-se a votação até fixar-se a indicação; *(Redação dada pela Emenda Constitucional nº 45, de 2004)*

e) não será promovido o juiz que, injustificadamente, retiver autos em seu poder além do prazo legal, não podendo devolvê-los ao cartório sem o devido despacho ou decisão; *(Incluída pela Emenda Constitucional nº 45, de 2004)*

III. o acesso aos tribunais de segundo grau far-se-á por antiguidade e merecimento, alternadamente, apurados na última ou única entrância; *(Redação dada pela Emenda Constitucional nº 45, de 2004)*

IV. previsão de cursos oficiais de preparação, aperfeiçoamento e promoção de magistrados, constituindo etapa obrigatória do processo de vitaliciamento a participação em curso oficial ou reconhecido por escola nacional de formação e aperfeiçoamento de magistrados; *(Redação dada pela Emenda Constitucional nº 45, de 2004)*

V. o subsídio dos Ministros dos Tribunais Superiores corresponderá a noventa e cinco por cento do subsídio mensal fixado para os Ministros do Supremo Tribunal Federal e os subsídios dos demais magistrados serão fixados em lei e escalonados, em nível federal e estadual, conforme as respectivas categorias da estrutura judiciária nacional, não podendo a diferença entre uma e outra ser superior a dez por cento ou inferior a cinco por cento, nem exceder a noventa e cinco por cento do subsídio mensal dos Ministros dos Tribunais Superiores, obedecido, em qualquer caso, o disposto nos arts. 37, XI, e 39, § 4º; *(Redação dada pela Emenda Constitucional nº 19, de 1998)*

VI. a aposentadoria dos magistrados e a pensão de seus dependentes observarão o disposto no art. 40; *(Redação dada pela Emenda Constitucional nº 20, de 1998)*

VII. o juiz titular residirá na respectiva comarca, salvo autorização do tribunal; *(Redação dada pela Emenda Constitucional nº 45, de 2004)*

VIII. o ato de remoção, disponibilidade e aposentadoria do magistrado, por interesse público, fundar-se-á em decisão por voto da maioria absoluta do respectivo tribunal ou do Conselho Nacional de Justiça, assegurada ampla defesa; *(Redação dada pela Emenda Constitucional nº 45, de 2004)*

VIII-A. a remoção a pedido ou a permuta de magistrados de comarca de igual entrância atenderá, no que couber, ao disposto nas alíneas "a", "b", "c" e "e" do inciso II; *(Incluído pela Emenda Constitucional nº 45, de 2004)*

IX. todos os julgamentos dos órgãos do Poder Judiciário serão públicos, e fundamentadas todas as decisões, sob pena de nulidade, podendo a lei limitar a presença, em determinados atos, às próprias partes e a seus advogados, ou somente a estes, em casos nos quais a preservação do direito à intimidade do interessado no sigilo não prejudique o interesse público à informação; *(Redação dada pela Emenda Constitucional nº 45, de 2004)*

X. as decisões administrativas dos tribunais serão motivadas e em sessão pública, sendo as disciplinares tomadas pelo voto da maioria absoluta de seus membros; *(Redação dada pela Emenda Constitucional nº 45, de 2004)*

XI. nos tribunais com número superior a vinte e cinco julgadores, poderá ser constituído órgão especial, com o mínimo de onze e o máximo de vinte e cinco membros, para o exercício das atribuições administrativas e jurisdicionais delegadas da competência do tribunal pleno, provendo-se metade das vagas por antiguidade e a outra metade por eleição pelo tribunal pleno; *(Redação dada pela Emenda Constitucional nº 45, de 2004)*

XII. a atividade jurisdicional será ininterrupta, sendo vedado férias coletivas nos juízos e tribunais de segundo grau, funcionando, nos dias em que não houver expediente forense normal, juízes em plantão permanente; *(Incluído pela Emenda Constitucional nº 45, de 2004)*

XIII. o número de juízes na unidade jurisdicional será proporcional à efetiva demanda judicial e à respectiva população; *(Incluído pela Emenda Constitucional nº 45, de 2004)*

XIV. os servidores receberão delegação para a prática de atos de administração e atos de mero expediente sem caráter decisório; *(Incluído pela Emenda Constitucional nº 45, de 2004)*

XV. a distribuição de processos será imediata, em todos os graus de jurisdição. *(Incluído pela Emenda Constitucional nº 45, de 2004)*

Art. 94. Um quinto dos lugares dos Tribunais Regionais Federais, dos Tribunais dos Estados, e do Distrito Federal e Territórios será composto de membros, do Ministério Público, com mais de dez anos de carreira, e de advogados de notório saber jurídico e de reputação ilibada, com mais de dez anos de efetiva atividade profissional, indicados em lista sêxtupla pelos órgãos de representação das respectivas classes.

Parágrafo único. Recebidas as indicações, o tribunal formará lista tríplice, enviando-a ao Poder Executivo, que, nos vinte dias subsequentes, escolherá um de seus integrantes para nomeação.

Art. 95. Os juízes gozam das seguintes garantias:

I. vitaliciedade, que, no primeiro grau, só será adquirida após dois anos de exercício, dependendo a perda do cargo, nesse período, de deliberação do tribunal a que o juiz estiver vinculado, e, nos demais casos, de sentença judicial transitada em julgado;

II. inamovibilidade, salvo por motivo de interesse público, na forma do art. 93, VIII;

III. irredutibilidade de subsídio, ressalvado o disposto nos arts. 37, X e XI; 39, § 4º; 150, II; 153, III; e 153, § 2º, I. *(Redação dada pela Emenda Constitucional nº 19, de 1998)*

Parágrafo único. Aos juízes é vedado:

I. exercer, ainda que em disponibilidade, outro cargo ou função, salvo uma de magistério;

II. receber, a qualquer título ou pretexto, custas ou participação em processo;

III. dedicar-se à atividade político-partidária.

IV. receber, a qualquer título ou pretexto, auxílios ou contribuições de pessoas físicas, entidades públicas ou privadas, ressalvadas as exceções previstas em lei; *(Incluído pela Emenda Constitucional nº 45, de 2004)*

V. exercer a advocacia no juízo ou tribunal do qual se afastou, antes de decorridos três anos do afastamento do cargo por aposentadoria ou exoneração. *(Incluído pela Emenda Constitucional nº 45, de 2004)*

Art. 96. Compete privativamente:

I. aos tribunais:

a) eleger seus órgãos diretivos e elaborar seus regimentos internos, com observância das normas de processo e das garantias processuais das partes, dispondo sobre a competência e o funcionamento dos respectivos órgãos jurisdicionais e administrativos;

b) organizar suas secretarias e serviços auxiliares e os dos juízos que lhes forem vinculados, velando pelo exercício da atividade correicional respectiva;

c) prover, na forma prevista nesta Constituição, os cargos de juiz de carreira da respectiva jurisdição;

d) propor a criação de novas varas judiciárias;

e) prover, por concurso público de provas, ou de provas e títulos, obedecido o disposto no art. 169, parágrafo único, os cargos necessários à administração da Justiça, exceto os de confiança assim definidos em lei;

f) conceder licença, férias e outros afastamentos a seus membros e aos juízes e servidores que lhes forem imediatamente vinculados;

II. ao Supremo Tribunal Federal, aos Tribunais Superiores e aos Tribunais de Justiça propor ao Poder Legislativo respectivo, observado o disposto no art. 169:

a) a alteração do número de membros dos tribunais inferiores;

b) a criação e a extinção de cargos e a remuneração dos seus serviços auxiliares e dos juízos que lhes forem vinculados, bem como a fixação do subsídio de seus membros e dos juízes, inclusive dos tribunais inferiores, onde houver; *(Redação dada pela Emenda Constitucional nº 41, de 2003)*

c) a criação ou extinção dos tribunais inferiores;

d) a alteração da organização e da divisão judiciárias;

III. aos Tribunais de Justiça julgar os juízes estaduais e do Distrito Federal e Territórios, bem como os membros do Ministério Público, nos crimes comuns e de responsabilidade, ressalvada a competência da Justiça Eleitoral.

Art. 97. Somente pelo voto da maioria absoluta de seus membros ou dos membros do respectivo órgão especial poderão os tribunais declarar a inconstitucionalidade de lei ou ato normativo do Poder Público.

Art. 98. A União, no Distrito Federal e nos Territórios, e os Estados criarão:

I. juizados especiais, providos por juízes togados, ou togados e leigos, competentes para a conciliação, o julgamento e a execução de causas cíveis de menor complexidade e infrações penais de menor potencial ofensivo, mediante os procedimentos oral e sumariíssimo, permitidos, nas hipóteses previstas em lei, a transação e o julgamento de recursos por turmas de juízes de primeiro grau;

II. justiça de paz, remunerada, composta de cidadãos eleitos pelo voto direto, universal e secreto, com mandato de quatro anos e competência para, na forma da lei, celebrar casamentos, verificar, de ofício ou em face de impugnação apresentada, o processo de habilitação e exercer atribuições conciliatórias, sem caráter jurisdicional, além de outras previstas na legislação.

§ 1º Lei federal disporá sobre a criação de juizados especiais no âmbito da Justiça Federal. *(Renumerado pela Emenda Constitucional nº 45, de 2004)*

§ 2º As custas e emolumentos serão destinados exclusivamente ao custeio dos serviços afetos às atividades específicas da Justiça. *(Incluído pela Emenda Constitucional nº 45, de 2004)*

Art. 99. Ao Poder Judiciário é assegurada autonomia administrativa e financeira.

§ 1º Os tribunais elaborarão suas propostas orçamentárias dentro dos limites estipulados conjuntamente com os demais Poderes na lei de diretrizes orçamentárias.

§ 2º O encaminhamento da proposta, ouvidos os outros tribunais interessados, compete:

I. no âmbito da União, aos Presidentes do Supremo Tribunal Federal e dos Tribunais Superiores, com a aprovação dos respectivos tribunais;

II. no âmbito dos Estados e no do Distrito Federal e Territórios, aos Presidentes dos Tribunais de Justiça, com a aprovação dos respectivos tribunais.

§ 3º Se os órgãos referidos no § 2º não encaminharem as respectivas propostas orçamentárias dentro do prazo estabelecido na lei de diretrizes orçamentárias, o Poder Executivo considerará, para fins de consolidação da proposta orçamentária anual, os valores aprovados na lei orçamentária vigente, ajustados de acordo com os limites estipulados na forma do § 1º deste artigo. *(Incluído pela Emenda Constitucional nº 45, de 2004)*

§ 4º Se as propostas orçamentárias de que trata este artigo forem encaminhadas em desacordo com os limites estipulados na forma do § 1º, o Poder Executivo procederá aos ajustes necessários para fins de consolidação da proposta orçamentária anual. *(Incluído pela Emenda Constitucional nº 45, de 2004)*

§ 5º Durante a execução orçamentária do exercício, não poderá haver a realização de despesas ou a assunção de obrigações que extrapolem os limites estabelecidos na lei de diretrizes orçamentárias, exceto se previamente autorizadas, mediante a abertura de créditos suplementares ou especiais. *(Incluído pela Emenda Constitucional nº 45, de 2004)*

Art. 100. Os pagamentos devidos pelas Fazendas Públicas Federal, Estaduais, Distrital e Municipais, em virtude de sentença judiciária, far-se-ão exclusivamente na ordem cronológica de apresentação dos precatórios e à conta dos créditos respectivos, proibida a designação de casos ou de pessoas nas dotações orçamentárias e nos créditos adicionais abertos para este fim. *(Redação dada pela Emenda Constitucional nº 62, de 2009)*

§ 1º Os débitos de natureza alimentícia compreendem aqueles decorrentes de salários, vencimentos, proventos, pensões e suas complementações, benefícios previdenciários e indenizações por morte ou por invalidez, fundadas em responsabilidade civil, em virtude de sentença judicial transitada em julgado, e serão pagos com preferência sobre todos os demais débitos, exceto sobre aqueles referidos no § 2º deste artigo. *(Redação dada pela Emenda Constitucional nº 62, de 2009)*

§ 2º Os débitos de natureza alimentícia cujos titulares, originários ou por sucessão hereditária, tenham 60 (sessenta) anos de idade, ou sejam portadores de doença grave, ou pessoas com deficiência, assim definidos na forma da lei, serão pagos com preferência sobre todos os demais débitos, até o valor equivalente ao triplo fixado em lei para os fins do disposto no § 3º deste artigo, admitido o fracionamento para essa finalidade, sendo que o restante será pago na ordem cronológica de apresentação do precatório. *(Redação dada pela Emenda Constitucional nº 94, de 2016)*

§ 3º O disposto no *caput* deste artigo relativamente à expedição de precatórios não se aplica aos pagamentos de obrigações definidas em leis como de pequeno valor que as Fazendas referidas devam fazer em virtude de sentença judicial transitada em julgado. *(Redação dada pela Emenda Constitucional nº 62, de 2009)*

§ 4º Para os fins do disposto no § 3º, poderão ser fixados, por leis próprias, valores distintos às entidades de direito público, segundo as diferentes capacidades econômicas, sendo o mínimo igual ao valor do maior benefício do regime geral de previdência social. *(Redação dada pela Emenda Constitucional nº 62, de 2009)*

§ 5º É obrigatória a inclusão, no orçamento das entidades de direito público, de verba necessária ao pagamento de seus débitos, oriundos de sentenças transitadas em julgado, constantes de precatórios judiciários apresentados até 1º de julho, fazendo-se o pagamento até o final do exercício seguinte, quando terão seus valores atualizados monetariamente. *(Redação dada pela Emenda Constitucional nº 62, de 2009)*

§ 6º As dotações orçamentárias e os créditos abertos serão consignados diretamente ao Poder Judiciário, cabendo ao Presidente do Tribunal que proferir a decisão exequenda determinar o pagamento integral e autorizar, a requerimento do credor e exclusivamente para os casos de preterimento de seu direito de precedência ou de não alocação orçamentária do valor necessário à satisfação do seu débito, o sequestro da quantia respectiva. *(Redação dada pela Emenda Constitucional nº 62, de 2009)*

§ 7º O Presidente do Tribunal competente que, por ato comissivo ou omissivo, retardar ou tentar frustrar a liquidação regular de precatórios incorrerá em crime de responsabilidade e responderá, também, perante o Conselho Nacional de Justiça. *(Incluído pela Emenda Constitucional nº 62, de 2009)*

§ 8º É vedada a expedição de precatórios complementares ou suplementares de valor pago, bem como o fracionamento, repartição ou quebra do valor da execução para fins de enquadramento de parcela do total ao que dispõe o § 3º deste artigo. *(Incluído pela Emenda Constitucional nº 62, de 2009)*

§ 9º No momento da expedição dos precatórios, independentemente de regulamentação, deles deverá ser abatido, a título de compensação, valor correspondente aos débitos líquidos e certos, inscritos ou não em dívida ativa e constituídos contra o credor original pela Fazenda Pública devedora, incluídas parcelas vincendas de parcelamentos, ressalvados aqueles cuja execução esteja suspensa em virtude de contestação administrativa ou judicial. *(Incluído pela Emenda Constitucional nº 62, de 2009)*

§ 10. Antes da expedição dos precatórios, o Tribunal solicitará à Fazenda Pública devedora, para resposta em até 30 (trinta) dias, sob pena de perda do direito de abatimento, informação sobre os débitos que preencham as condições estabelecidas no § 9º, para os fins nele previstos. *(Incluído pela Emenda Constitucional nº 62, de 2009)*

§ 11. É facultada ao credor, conforme estabelecido em lei da entidade federativa devedora, a entrega de créditos em precatórios para compra de imóveis públicos do respectivo ente federado. *(Incluído pela Emenda Constitucional nº 62, de 2009)*

§ 12. A partir da promulgação desta Emenda Constitucional, a atualização de valores de requisitórios, após sua expedição, até o efetivo pagamento, independentemente de sua natureza, será feita pelo índice oficial de remuneração básica da caderneta de poupança, e, para fins de compensação da mora, incidirão juros simples no mesmo percentual de juros incidentes sobre a caderneta de poupança, ficando excluída a incidência de juros compensatórios. *(Incluído pela Emenda Constitucional nº 62, de 2009)*

§ 13. O credor poderá ceder, total ou parcialmente, seus créditos em precatórios a terceiros, independentemente da concordância do devedor, não se aplicando ao cessionário o disposto nos §§ 2º e 3º. *(Incluído pela Emenda Constitucional nº 62, de 2009)*

§ 14. A cessão de precatórios somente produzirá efeitos após comunicação, por meio de petição protocolizada, ao tribunal de origem e à entidade devedora. *(Incluído pela Emenda Constitucional nº 62, de 2009)*

§ 15. Sem prejuízo do disposto neste artigo, lei complementar a esta Constituição Federal poderá estabelecer regime especial para pagamento de crédito de precatórios de Estados, Distrito Federal e Municípios, dispondo sobre vinculações à receita corrente líquida e forma e prazo de liquidação. *(Incluído pela Emenda Constitucional nº 62, de 2009)*

§ 16. A seu critério exclusivo e na forma de lei, a União poderá assumir débitos, oriundos de precatórios, de Estados, Distrito Federal e Municípios, refinanciando-os diretamente. *(Incluído pela Emenda Constitucional nº 62, de 2009)*

§ 17. A União, os Estados, o Distrito Federal e os Municípios aferirão mensalmente, em base anual, o comprometimento de suas respectivas receitas correntes líquidas com o pagamento de precatórios e obrigações de pequeno valor. *(Incluído pela Emenda Constitucional nº 94, de 2016)*

§ 18. Entende-se como receita corrente líquida, para os fins de que trata o § 17, o somatório das receitas tributárias, patrimoniais, industriais, agropecuárias, de contribuições e de serviços, de transferências correntes e outras receitas correntes, incluindo as oriundas do § 1º do art. 20 da Constituição Federal, verificado no período compreendido pelo segundo mês imediatamente anterior ao de referência e os 11 (onze) meses precedentes, excluídas as duplicidades, e deduzidas: *(Incluído pela Emenda Constitucional nº 94, de 2016)*

I. na União, as parcelas entregues aos Estados, ao Distrito Federal e aos Municípios por determinação constitucional; *(Incluído pela Emenda Constitucional nº 94, de 2016)*

II. nos Estados, as parcelas entregues aos Municípios por determinação constitucional; *(Incluído pela Emenda Constitucional nº 94, de 2016)*

III. na União, nos Estados, no Distrito Federal e nos Municípios, a contribuição dos servidores para custeio de seu sistema de previdência e assistência social e as receitas provenientes da compensação financeira referida no § 9º do art. 201 da Constituição Federal. *(Incluído pela Emenda Constitucional nº 94, de 2016)*

§ 19. Caso o montante total de débitos decorrentes de condenações judiciais em precatórios e obrigações de pequeno valor, em período de 12 (doze) meses, ultrapasse a média do comprometimento percentual da receita corrente líquida nos 5 (cinco) anos imediatamente anteriores, a parcela que exceder esse percentual poderá ser financiada, excetuada dos limites de endividamento de que tratam os incisos VI e VII do art. 52 da Constituição Federal e de quaisquer outros limites de endividamento previstos, não se aplicando a esse financiamento a vedação de vinculação de receita prevista no inciso IV do art. 167 da Constituição Federal. *(Incluído pela Emenda Constitucional nº 94, de 2016)*

§ 20. Caso haja precatório com valor superior a 15% (quinze por cento) do montante dos precatórios apresentados nos termos do § 5º deste artigo, 15% (quinze por cento) do valor deste precatório serão pagos até o final do exercício seguinte e o restante em parcelas iguais nos cinco exercícios subsequentes, acrescidas de juros de mora e correção monetária, ou mediante acordos diretos, perante Juízos Auxiliares de Conciliação de Precatórios, com redução máxima de 40% (quarenta por cento) do valor do crédito atualizado, desde que em relação ao crédito não penda recurso ou defesa judicial e que sejam observados os requisitos definidos na regulamentação editada pelo ente federado. *(Incluído pela Emenda Constitucional nº 94, de 2016)*

SEÇÃO II

Do Supremo Tribunal Federal

Art. 101. O Supremo Tribunal Federal compõe-se de onze Ministros, escolhidos dentre cidadãos com mais de trinta e cinco e menos de sessenta e cinco anos de idade, de notável saber jurídico e reputação ilibada.

Parágrafo único. Os Ministros do Supremo Tribunal Federal serão nomeados pelo Presidente da República, depois de aprovada a escolha pela maioria absoluta do Senado Federal.

Art. 102. Compete ao Supremo Tribunal Federal, precipuamente, a guarda da Constituição, cabendo-lhe:

I. processar e julgar, originariamente:

a) a ação direta de inconstitucionalidade de lei ou ato normativo federal ou estadual e a ação declaratória de constitucionalidade de lei ou ato normativo federal; *(Redação dada pela Emenda Constitucional nº 3, de 1993)*

b) nas infrações penais comuns, o Presidente da República, o Vice-Presidente, os membros do Congresso Nacional, seus próprios Ministros e o Procurador-Geral da República;

c) nas infrações penais comuns e nos crimes de responsabilidade, os Ministros de Estado e os Comandantes da Marinha, do Exército e da Aeronáutica, ressalvado o disposto no art. 52, I, os membros dos Tribunais Superiores, os do Tribunal de Contas da União e os chefes de missão diplomática de caráter permanente; *(Redação dada pela Emenda Constitucional nº 23, de 1999)*

d) o *habeas corpus*, sendo paciente qualquer das pessoas referidas nas alíneas anteriores; o mandado de segurança e o *habeas data* contra atos do Presidente da República, das Mesas da Câmara dos Deputados e do Senado Federal, do Tribunal de Contas da União, do Procurador-Geral da República e do próprio Supremo Tribunal Federal;

e) o litígio entre Estado estrangeiro ou organismo internacional e a União, o Estado, o Distrito Federal ou o Território;

f) as causas e os conflitos entre a União e os Estados, a União e o Distrito Federal, ou entre uns e outros, inclusive as respectivas entidades da administração indireta;

g) a extradição solicitada por Estado estrangeiro;

h) *(Revogado pela Emenda Constitucional nº 45, de 2004)*

i) o *habeas corpus*, quando o coator for Tribunal Superior ou quando o coator ou o paciente for autoridade ou funcionário cujos atos estejam sujeitos diretamente à jurisdição do Supremo Tribunal Federal, ou se trate de crime sujeito à mesma jurisdição em uma única instância; *(Redação dada pela Emenda Constitucional nº 22, de 1999)*

j) a revisão criminal e a ação rescisória de seus julgados;

l) a reclamação para a preservação de sua competência e garantia da autoridade de suas decisões;

m) a execução de sentença nas causas de sua competência originária, facultada a delegação de atribuições para a prática de atos processuais;

n) a ação em que todos os membros da magistratura sejam direta ou indiretamente interessados, e aquela em que mais da metade dos membros do tribunal de origem estejam impedidos ou sejam direta ou indiretamente interessados;

o) os conflitos de competência entre o Superior Tribunal de Justiça e quaisquer tribunais, entre Tribunais Superiores, ou entre estes e qualquer outro tribunal;

p) o pedido de medida cautelar das ações diretas de inconstitucionalidade;

q) o mandado de injunção, quando a elaboração da norma regulamentadora for atribuição do Presidente da República, do Congresso Nacional, da Câmara dos Deputados, do Senado Federal, das Mesas de uma dessas Casas Legislativas, do Tribunal de Contas da União, de um dos Tribunais Superiores, ou do próprio Supremo Tribunal Federal;

r) as ações contra o Conselho Nacional de Justiça e contra o Conselho Nacional do Ministério Público; *(Incluído pela Emenda Constitucional nº 45, de 2004)*

II. julgar, em recurso ordinário:

a) o *habeas corpus*, o mandado de segurança, o *habeas data* e o mandado de injunção decididos em única instância pelos Tribunais Superiores, se denegatória a decisão;

b) o crime político;

III. julgar, mediante recurso extraordinário, as causas decididas em única ou última instância, quando a decisão recorrida:

a) contrariar dispositivo desta Constituição;

b) declarar a inconstitucionalidade de tratado ou lei federal;

c) julgar válida lei ou ato de governo local contestado em face desta Constituição.

d) julgar válida lei local contestada em face de lei federal. *(Incluído pela Emenda Constitucional nº 45, de 2004)*

§ 1º A arguição de descumprimento de preceito fundamental, decorrente desta Constituição, será apreciada pelo Supremo Tribunal Federal, na forma da lei. *(Transformado do parágrafo único em § 1º pela Emenda Constitucional nº 3, de 1993)*

§ 2º As decisões definitivas de mérito, proferidas pelo Supremo Tribunal Federal, nas ações diretas de inconstitucionalidade e nas ações declaratórias de constitucionalidade produzirão eficácia contra todos e efeito vinculante, relativamente aos demais órgãos do Poder Judiciário e à administração pública direta e indireta, nas esferas federal, estadual e municipal. *(Redação dada pela Emenda Constitucional nº 45, de 2004)*

§ 3º No recurso extraordinário o recorrente deverá demonstrar a repercussão geral das questões constitucionais discutidas no caso, nos termos da lei, a fim de que o Tribunal examine a admissão do recurso, somente podendo recusá-lo pela manifestação de dois terços de seus membros. *(Incluído pela Emenda Constitucional nº 45, de 2004)*

Art. 103. Podem propor a ação direta de inconstitucionalidade e a ação declaratória de constitucionalidade: *(Redação dada pela Emenda Constitucional nº 45, de 2004)*

I. o Presidente da República;

II. a Mesa do Senado Federal;

III. a Mesa da Câmara dos Deputados;

IV. a Mesa de Assembleia Legislativa ou da Câmara Legislativa do Distrito Federal; *(Redação dada pela Emenda Constitucional nº 45, de 2004)*

V. o Governador de Estado ou do Distrito Federal; *(Redação dada pela Emenda Constitucional nº 45, de 2004)*

VI. o Procurador-Geral da República;

VII. o Conselho Federal da Ordem dos Advogados do Brasil;

VIII. partido político com representação no Congresso Nacional;

IX. confederação sindical ou entidade de classe de âmbito nacional.

§ 1º O Procurador-Geral da República deverá ser previamente ouvido nas ações de inconstitucionalidade e em todos os processos de competência do Supremo Tribunal Federal.

§ 2º Declarada a inconstitucionalidade por omissão de medida para tornar efetiva norma constitucional, será dada ciência ao Poder competente para a adoção das providências necessárias e, em se tratando de órgão administrativo, para fazê-lo em trinta dias.

§ 3º Quando o Supremo Tribunal Federal apreciar a inconstitucionalidade, em tese, de norma legal ou ato normativo, citará, previamente, o Advogado-Geral da União, que defenderá o ato ou texto impugnado.

§ 4º *(Revogado pela Emenda Constitucional nº 45, de 2004)*

Art. 103-A. O Supremo Tribunal Federal poderá, de ofício ou por provocação, mediante decisão de dois terços dos seus membros, após reiteradas decisões sobre matéria constitucional, aprovar súmula que, a partir de sua publicação na imprensa oficial, terá efeito vinculante em relação aos demais órgãos do Poder Judiciário e à administração pública direta e indireta, nas esferas federal, estadual e municipal, bem como proceder à sua revisão ou cancelamento, na forma estabelecida em lei. *(Incluído pela Emenda Constitucional nº 45, de 2004)*

§ 1º A súmula terá por objetivo a validade, a interpretação e a eficácia de normas determinadas, acerca das quais haja controvérsia atual entre órgãos judiciários ou entre esses e a administração pública que acarrete grave insegurança jurídica e relevante multiplicação de processos sobre questão idêntica. *(Incluído pela Emenda Constitucional nº 45, de 2004)*

§ 2º Sem prejuízo do que vier a ser estabelecido em lei, a aprovação, revisão ou cancelamento de súmula poderá ser provocada por aqueles que podem propor a ação direta de inconstitucionalidade. *(Incluído pela Emenda Constitucional nº 45, de 2004)*

§ 3º Do ato administrativo ou decisão judicial que contrariar a súmula aplicável ou que indevidamente a aplicar, caberá reclamação ao Supremo Tribunal Federal que, julgando-a procedente, anulará o ato administrativo ou cassará a decisão judicial reclamada, e determinará que outra seja proferida com ou sem a aplicação da súmula, conforme o caso. *(Incluído pela Emenda Constitucional nº 45, de 2004)*

Art. 103-B. O Conselho Nacional de Justiça compõe-se de 15 (quinze) membros com mandato de 2 (dois) anos, admitida 1 (uma) recondução, sendo: *(Redação dada pela Emenda Constitucional nº 61, de 2009)*

I. o Presidente do Supremo Tribunal Federal; *(Redação dada pela Emenda Constitucional nº 61, de 2009)*

II. um Ministro do Superior Tribunal de Justiça, indicado pelo respectivo tribunal; *(Incluído pela Emenda Constitucional nº 45, de 2004)*

III. um Ministro do Tribunal Superior do Trabalho, indicado pelo respectivo tribunal; *(Incluído pela Emenda Constitucional nº 45, de 2004)*

IV. um desembargador de Tribunal de Justiça, indicado pelo Supremo Tribunal Federal; *(Incluído pela Emenda Constitucional nº 45, de 2004)*

V. um juiz estadual, indicado pelo Supremo Tribunal Federal; *(Incluído pela Emenda Constitucional nº 45, de 2004)*

VI. um juiz de Tribunal Regional Federal, indicado pelo Superior Tribunal de Justiça; *(Incluído pela Emenda Constitucional nº 45, de 2004)*

VII. um juiz federal, indicado pelo Superior Tribunal de Justiça; *(Incluído pela Emenda Constitucional nº 45, de 2004)*

VIII. um juiz de Tribunal Regional do Trabalho, indicado pelo Tribunal Superior do Trabalho; *(Incluído pela Emenda Constitucional nº 45, de 2004)*

IX. um juiz do trabalho, indicado pelo Tribunal Superior do Trabalho; *(Incluído pela Emenda Constitucional nº 45, de 2004)*

X. um membro do Ministério Público da União, indicado pelo Procurador-Geral da República; *(Incluído pela Emenda Constitucional nº 45, de 2004)*

XI. um membro do Ministério Público estadual, escolhido pelo Procurador-Geral da República dentre os nomes indicados pelo órgão competente de cada instituição estadual; *(Incluído pela Emenda Constitucional nº 45, de 2004)*

XII. dois advogados, indicados pelo Conselho Federal da Ordem dos Advogados do Brasil; *(Incluído pela Emenda Constitucional nº 45, de 2004)*

XIII. dois cidadãos, de notável saber jurídico e reputação ilibada, indicados um pela Câmara dos

Deputados e outro pelo Senado Federal. *(Incluído pela Emenda Constitucional nº 45, de 2004)*

§ 1º O Conselho será presidido pelo Presidente do Supremo Tribunal Federal e, nas suas ausências e impedimentos, pelo Vice-Presidente do Supremo Tribunal Federal. *(Redação dada pela Emenda Constitucional nº 61, de 2009)*

§ 2º Os demais membros do Conselho serão nomeados pelo Presidente da República, depois de aprovada a escolha pela maioria absoluta do Senado Federal. *(Redação dada pela Emenda Constitucional nº 61, de 2009)*

§ 3º Não efetuadas, no prazo legal, as indicações previstas neste artigo, caberá a escolha ao Supremo Tribunal Federal. *(Incluído pela Emenda Constitucional nº 45, de 2004)*

§ 4º Compete ao Conselho o controle da atuação administrativa e financeira do Poder Judiciário e do cumprimento dos deveres funcionais dos juízes, cabendo-lhe, além de outras atribuições que lhe forem conferidas pelo Estatuto da Magistratura: *(Incluído pela Emenda Constitucional nº 45, de 2004)*

I. zelar pela autonomia do Poder Judiciário e pelo cumprimento do Estatuto da Magistratura, podendo expedir atos regulamentares, no âmbito de sua competência, ou recomendar providências; *(Incluído pela Emenda Constitucional nº 45, de 2004)*

II. zelar pela observância do art. 37 e apreciar, de ofício ou mediante provocação, a legalidade dos atos administrativos praticados por membros ou órgãos do Poder Judiciário, podendo desconstituí-los, revê-los ou fixar prazo para que se adotem as providências necessárias ao exato cumprimento da lei, sem prejuízo da competência do Tribunal de Contas da União; *(Incluído pela Emenda Constitucional nº 45, de 2004)*

III. receber e conhecer das reclamações contra membros ou órgãos do Poder Judiciário, inclusive contra seus serviços auxiliares, serventias e órgãos prestadores de serviços notariais e de registro que atuem por delegação do poder público ou oficializados, sem prejuízo da competência disciplinar e correicional dos tribunais, podendo avocar processos disciplinares em curso e determinar a remoção, a disponibilidade ou a aposentadoria com subsídios ou proventos proporcionais ao tempo de serviço e aplicar outras sanções administrativas, assegurada ampla defesa; *(Incluído pela Emenda Constitucional nº 45, de 2004)*

IV. representar ao Ministério Público, no caso de crime contra a administração pública ou de abuso de autoridade; *(Incluído pela Emenda Constitucional nº 45, de 2004)*

V. rever, de ofício ou mediante provocação, os processos disciplinares de juízes e membros de tribunais julgados há menos de um ano; *(Incluído pela Emenda Constitucional nº 45, de 2004)*

VI. elaborar semestralmente relatório estatístico sobre processos e sentenças prolatadas, por unidade da Federação, nos diferentes órgãos do Poder Judiciário; *(Incluído pela Emenda Constitucional nº 45, de 2004)*

VII. elaborar relatório anual, propondo as providências que julgar necessárias, sobre a situação do Poder Judiciário no País e as atividades do Conselho, o qual deve integrar mensagem do Presidente do Supremo Tribunal Federal a ser remetida ao Congresso Nacional, por ocasião da abertura da sessão legislativa. *(Incluído pela Emenda Constitucional nº 45, de 2004)*

§ 5º O Ministro do Superior Tribunal de Justiça exercerá a função de Ministro-Corregedor e ficará excluído da distribuição de processos no Tribunal, competindo-lhe, além das atribuições que lhe forem conferidas pelo Estatuto da Magistratura, as seguintes: *(Incluído pela Emenda Constitucional nº 45, de 2004)*

I. receber as reclamações e denúncias, de qualquer interessado, relativas aos magistrados e aos serviços judiciários; *(Incluído pela Emenda Constitucional nº 45, de 2004)*

II. exercer funções executivas do Conselho, de inspeção e de correição geral; *(Incluído pela Emenda Constitucional nº 45, de 2004)*

III. requisitar e designar magistrados, delegando-lhes atribuições, e requisitar servidores de juízos ou tribunais, inclusive nos Estados, Distrito Federal e Territórios. *(Incluído pela Emenda Constitucional nº 45, de 2004)*

§ 6º Junto ao Conselho oficiarão o Procurador-Geral da República e o Presidente do Conselho Federal da Ordem dos Advogados do Brasil. *(Incluído pela Emenda Constitucional nº 45, de 2004)*

§ 7º A União, inclusive no Distrito Federal e nos Territórios, criará ouvidorias de justiça, competentes para receber reclamações e denúncias de qualquer interessado contra membros ou órgãos do Poder Judiciário, ou contra seus serviços auxiliares, representando diretamente ao Conselho Nacional de Justiça. *(Incluído pela Emenda Constitucional nº 45, de 2004)*

SEÇÃO III

Do Superior Tribunal de Justiça

Art. 104. O Superior Tribunal de Justiça compõe-se de, no mínimo, trinta e três Ministros.

Parágrafo único. Os Ministros do Superior Tribunal de Justiça serão nomeados pelo Presidente da República, dentre brasileiros com mais de trinta e cinco e menos de sessenta e cinco anos, de notável saber jurídico e reputação ilibada, depois de aprovada a escolha pela maioria absoluta do Senado Federal, sendo: *(Redação dada pela Emenda Constitucional nº 45, de 2004)*

I. um terço dentre juízes dos Tribunais Regionais Federais e um terço dentre desembargadores dos Tribunais de Justiça, indicados em lista tríplice elaborada pelo próprio Tribunal;

II. um terço, em partes iguais, dentre advogados e membros do Ministério Público Federal, Estadual, do Distrito Federal e Territórios, alternadamente, indicados na forma do art. 94.

Art. 105. Compete ao Superior Tribunal de Justiça:

I. processar e julgar, originariamente:

a) nos crimes comuns, os Governadores dos Estados e do Distrito Federal, e, nestes e nos de responsabilidade, os desembargadores dos Tribunais de Justiça dos Estados e do Distrito Federal, os membros dos Tribunais de Contas dos Estados e do Distrito Federal, os dos Tribunais Regionais Federais, dos Tribunais Regionais Eleitorais e do Trabalho, os membros dos Conselhos ou Tribunais de Contas dos Municípios e os do Ministério Público da União que oficiem perante tribunais;

b) os mandados de segurança e os *habeas data* contra ato de Ministro de Estado, dos Comandantes da Marinha, do Exército e da Aeronáutica ou do próprio Tribunal; *(Redação dada pela Emenda Constitucional nº 23, de 1999)*

c) os *habeas corpus*, quando o coator ou paciente for qualquer das pessoas mencionadas na alínea "a", ou quando o coator for tribunal sujeito à sua jurisdição, Ministro de Estado ou Comandante da Marinha, do Exército ou da Aeronáutica, ressalvada a competência da Justiça Eleitoral; *(Redação dada pela Emenda Constitucional nº 23, de 1999)*

d) os conflitos de competência entre quaisquer tribunais, ressalvado o disposto no art. 102, I, "o", bem como entre tribunal e juízes a ele não vinculados e entre juízes vinculados a tribunais diversos;

e) as revisões criminais e as ações rescisórias de seus julgados;

f) a reclamação para a preservação de sua competência e garantia da autoridade de suas decisões;

g) os conflitos de atribuições entre autoridades administrativas e judiciárias da União, ou entre autoridades judiciárias de um Estado e administrativas de outro ou do Distrito Federal, ou entre as deste e da União;

h) o mandado de injunção, quando a elaboração da norma regulamentadora for atribuição de órgão, entidade ou autoridade federal, da administração direta ou indireta, excetuados os casos de competência do Supremo Tribunal Federal e dos órgãos da Justiça Militar, da Justiça Eleitoral, da Justiça do Trabalho e da Justiça Federal;

i) a homologação de sentenças estrangeiras e a concessão de exequatur às cartas rogatórias; *(Incluído pela Emenda Constitucional nº 45, de 2004)*

II. julgar, em recurso ordinário:

a) os *habeas corpus* decididos em única ou última instância pelos Tribunais Regionais Federais ou pelos tribunais dos Estados, do Distrito Federal e Territórios, quando a decisão for denegatória;

b) os mandados de segurança decididos em única instância pelos Tribunais Regionais Federais ou pelos tribunais dos Estados, do Distrito Federal e Territórios, quando denegatória a decisão;

c) as causas em que forem partes Estado estrangeiro ou organismo internacional, de um lado, e, do outro, Município ou pessoa residente ou domiciliada no País;

III. julgar, em recurso especial, as causas decididas, em única ou última instância, pelos Tribunais Regionais Federais ou pelos tribunais dos Estados, do Distrito Federal e Territórios, quando a decisão recorrida:

a) contrariar tratado ou lei federal, ou negar-lhes vigência;

b) julgar válido ato de governo local contestado em face de lei federal; *(Redação dada pela Emenda Constitucional nº 45, de 2004)*

c) der a lei federal interpretação divergente da que lhe haja atribuído outro tribunal.

Parágrafo único. Funcionarão junto ao Superior Tribunal de Justiça: *(Redação dada pela Emenda Constitucional nº 45, de 2004)*

I. a Escola Nacional de Formação e Aperfeiçoamento de Magistrados, cabendo-lhe, dentre outras funções, regulamentar os cursos oficiais para o ingresso e promoção na carreira; *(Incluído pela Emenda Constitucional nº 45, de 2004)*

II. o Conselho da Justiça Federal, cabendo-lhe exercer, na forma da lei, a supervisão administrativa e orçamentária da Justiça Federal de primeiro e segundo graus, como órgão central do sistema e com poderes correicionais, cujas decisões terão caráter vinculante. *(Incluído pela Emenda Constitucional nº 45, de 2004)*

SEÇÃO IV

Dos Tribunais Regionais
Federais e dos Juízes Federais

Art. 106. São órgãos da Justiça Federal:

I. os Tribunais Regionais Federais;

II. os Juízes Federais.

Art. 107. Os Tribunais Regionais Federais compõem-se de, no mínimo, sete juízes, recrutados, quando possível, na respectiva região e nomeados pelo Presidente da República dentre brasileiros com mais de trinta e menos de sessenta e cinco anos, sendo:

I. um quinto dentre advogados com mais de dez anos de efetiva atividade profissional e membros do Ministério Público Federal com mais de dez anos de carreira;

II. os demais, mediante promoção de juízes federais com mais de cinco anos de exercício, por antiguidade e merecimento, alternadamente.

§ 1º A lei disciplinará a remoção ou a permuta de juízes dos Tribunais Regionais Federais e determinará sua jurisdição e sede. *(Renumerado do parágrafo único, pela Emenda Constitucional nº 45, de 2004)*

§ 2º Os Tribunais Regionais Federais instalarão a justiça itinerante, com a realização de audiências e demais funções da atividade jurisdicional, nos limites territoriais da respectiva jurisdição, servindo-se de equipamentos públicos e comunitários. *(Incluído pela Emenda Constitucional nº 45, de 2004)*

§ 3º Os Tribunais Regionais Federais poderão funcionar descentralizadamente, constituindo Câmaras regionais, a fim de assegurar o pleno acesso do jurisdicionado à justiça em todas as fases do processo. *(Incluído pela Emenda Constitucional nº 45, de 2004)*

Art. 108. Compete aos Tribunais Regionais Federais:

I. processar e julgar, originariamente:

a) os juízes federais da área de sua jurisdição, incluídos os da Justiça Militar e da Justiça do Trabalho, nos crimes comuns e de responsabilidade, e os membros do Ministério Público da União, ressalvada a competência da Justiça Eleitoral;

b) as revisões criminais e as ações rescisórias de julgados seus ou dos juízes federais da região;

c) os mandados de segurança e os *habeas data* contra ato do próprio Tribunal ou de juiz federal;

d) os *habeas corpus*, quando a autoridade coatora for juiz federal;

e) os conflitos de competência entre juízes federais vinculados ao Tribunal;

II. julgar, em grau de recurso, as causas decididas pelos juízes federais e pelos juízes estaduais no exercício da competência federal da área de sua jurisdição.

Art. 109. Aos juízes federais compete processar e julgar:

I. as causas em que a União, entidade autárquica ou empresa pública federal forem interessadas na condição de autoras, rés, assistentes ou oponentes, exceto as de falência, as de acidentes de trabalho e as sujeitas à Justiça Eleitoral e à Justiça do Trabalho;

II. as causas entre Estado estrangeiro ou organismo internacional e Município ou pessoa domiciliada ou residente no País;

III. as causas fundadas em tratado ou contrato da União com Estado estrangeiro ou organismo internacional;

IV. os crimes políticos e as infrações penais praticadas em detrimento de bens, serviços ou interesse da União ou de suas entidades autárquicas ou empresas públicas, excluídas as contravenções e ressalvada a competência da Justiça Militar e da Justiça Eleitoral;

V. os crimes previstos em tratado ou convenção internacional, quando, iniciada a execução no País, o resultado tenha ou devesse ter ocorrido no estrangeiro, ou reciprocamente;

V-A. as causas relativas a direitos humanos a que se refere o § 5º deste artigo; *(Incluído pela Emenda Constitucional nº 45, de 2004)*

VI. os crimes contra a organização do trabalho e, nos casos determinados por lei, contra o sistema financeiro e a ordem econômico-financeira;

VII. os *habeas corpus*, em matéria criminal de sua competência ou quando o constrangimento provier de autoridade cujos atos não estejam diretamente sujeitos a outra jurisdição;

VIII. os mandados de segurança e os *habeas data* contra ato de autoridade federal, excetuados os casos de competência dos tribunais federais;

IX. os crimes cometidos a bordo de navios ou aeronaves, ressalvada a competência da Justiça Militar;

X. os crimes de ingresso ou permanência irregular de estrangeiro, a execução de carta rogatória, após o *exequatur*, e de sentença estrangeira, após a homologação, as causas referentes à nacionalidade, inclusive a respectiva opção, e à naturalização;

XI. a disputa sobre direitos indígenas.

§ 1º As causas em que a União for autora serão aforadas na seção judiciária onde tiver domicílio a outra parte.

§ 2º As causas intentadas contra a União poderão ser aforadas na seção judiciária em que for domiciliado o autor, naquela onde houver ocorrido o ato ou fato que deu origem à demanda ou onde esteja situada a coisa, ou, ainda, no Distrito Federal.

§ 3º Serão processadas e julgadas na justiça estadual, no foro do domicílio dos segurados ou beneficiários, as causas em que forem parte instituição de previdência social e segurado, sempre que a comarca não seja sede de vara do juízo federal, e, se verificada essa condição, a lei poderá permitir que outras causas sejam também processadas e julgadas pela justiça estadual.

§ 4º Na hipótese do parágrafo anterior, o recurso cabível será sempre para o Tribunal Regional Federal na área de jurisdição do juiz de primeiro grau.

§ 5º Nas hipóteses de grave violação de direitos humanos, o Procurador-Geral da República, com a finalidade de assegurar o cumprimento de obrigações decorrentes de tratados internacionais de direitos humanos dos quais o Brasil seja parte, poderá suscitar, perante o Superior Tribunal de Justiça, em qualquer fase do inquérito ou processo, incidente de deslocamento de competência para a Justiça Federal. *(Incluído pela Emenda Constitucional nº 45, de 2004)*

Art. 110. Cada Estado, bem como o Distrito Federal, constituirá uma seção judiciária que terá por sede a respectiva Capital, e varas localizadas segundo o estabelecido em lei.

Parágrafo único. Nos Territórios Federais, a jurisdição e as atribuições cometidas aos juízes federais caberão aos juízes da justiça local, na forma da lei.

SEÇÃO V

Do Tribunal Superior do Trabalho,
dos Tribunais Regionais do Trabalho
e dos Juízes do Trabalho
(Redação dada pela Emenda Constitucional nº 92, de 2016)

Art. 111. São órgãos da Justiça do Trabalho:

I. o Tribunal Superior do Trabalho;

II. os Tribunais Regionais do Trabalho;

III. Juízes do Trabalho. *(Redação dada pela Emenda Constitucional nº 24, de 1999)*

§§ 1º a 3º *(Revogados pela Emenda Constitucional nº 45, de 2004)*

Art. 111-A. O Tribunal Superior do Trabalho compor-se-á de vinte e sete Ministros, escolhidos dentre brasileiros com mais de trinta e cinco anos e menos de sessenta e cinco anos, de notável saber jurídico e reputação ilibada, nomeados pelo Presidente da República após aprovação pela maioria absoluta do Senado Federal, sendo: *(Redação dada pela Emenda Constitucional nº 92, de 2016)*

I. um quinto dentre advogados com mais de dez anos de efetiva atividade profissional e membros do Ministério Público do Trabalho com mais de dez anos de efetivo exercício, observado o disposto no art. 94; *(Incluído pela Emenda Constitucional nº 45, de 2004)*

II. os demais dentre juízes dos Tribunais Regionais do Trabalho, oriundos da magistratura da carreira, indicados pelo próprio Tribunal Superior. *(Incluído pela Emenda Constitucional nº 45, de 2004)*

§ 1º A lei disporá sobre a competência do Tribunal Superior do Trabalho. *(Incluído pela Emenda Constitucional nº 45, de 2004)*

§ 2º Funcionarão junto ao Tribunal Superior do Trabalho: *(Incluído pela Emenda Constitucional nº 45, de 2004)*

I. a Escola Nacional de Formação e Aperfeiçoamento de Magistrados do Trabalho, cabendo-lhe, dentre outras funções, regulamentar os cursos oficiais para o ingresso e promoção na carreira; *(Incluído pela Emenda Constitucional nº 45, de 2004)*

II. o Conselho Superior da Justiça do Trabalho, cabendo-lhe exercer, na forma da lei, a supervisão administrativa, orçamentária, financeira e patrimonial da Justiça do Trabalho de primeiro e segundo graus, como órgão central do sistema, cujas decisões terão efeito vinculante. *(Incluído pela Emenda Constitucional nº 45, de 2004)*

§ 3º Compete ao Tribunal Superior do Trabalho processar e julgar, originariamente, a reclamação para a preservação de sua competência e garantia da autoridade de suas decisões. *(Incluído pela Emenda Constitucional nº 92, de 2016)*

Art. 112. A lei criará varas da Justiça do Trabalho, podendo, nas comarcas não abrangidas por sua jurisdição, atribuí-la aos juízes de direito, com recurso para o respectivo Tribunal Regional do Trabalho. *(Redação dada pela Emenda Constitucional nº 45, de 2004)*

Art. 113. A lei disporá sobre a constituição, investidura, jurisdição, competência, garantias e condições de exercício dos órgãos da Justiça do Trabalho. *(Redação dada pela Emenda Constitucional nº 24, de 1999)*

Art. 114. Compete à Justiça do Trabalho processar e julgar: *(Redação dada pela Emenda Constitucional nº 45, de 2004)*

I. as ações oriundas da relação de trabalho, abrangidos os entes de direito público externo e da administração pública direta e indireta da União, dos Estados, do Distrito Federal e dos Municípios; *(Incluído pela Emenda Constitucional nº 45, de 2004)*

II. as ações que envolvam exercício do direito de greve; *(Incluído pela Emenda Constitucional nº 45, de 2004)*

III. as ações sobre representação sindical, entre sindicatos, entre sindicatos e trabalhadores, e entre sindicatos e empregadores; *(Incluído pela Emenda Constitucional nº 45, de 2004)*

IV. os mandados de segurança, *habeas corpus* e *habeas data* , quando o ato questionado envolver matéria sujeita à sua jurisdição; *(Incluído pela Emenda Constitucional nº 45, de 2004)*

V. os conflitos de competência entre órgãos com jurisdição trabalhista, ressalvado o disposto no art. 102, I, "o"; *(Incluído pela Emenda Constitucional nº 45, de 2004)*

VI. as ações de indenização por dano moral ou patrimonial, decorrentes da relação de trabalho; *(Incluído pela Emenda Constitucional nº 45, de 2004)*

VII. as ações relativas às penalidades administrativas impostas aos empregadores pelos órgãos de fiscalização das relações de trabalho; *(Incluído pela Emenda Constitucional nº 45, de 2004)*

VIII. a execução, de ofício, das contribuições sociais previstas no art. 195, I, "a" , e II, e seus acréscimos legais, decorrentes das sentenças que proferir; *(Incluído pela Emenda Constitucional nº 45, de 2004)*

IX. outras controvérsias decorrentes da relação de trabalho, na forma da lei. *(Incluído pela Emenda Constitucional nº 45, de 2004)*

§ 1º Frustrada a negociação coletiva, as partes poderão eleger árbitros.

§ 2º Recusando-se qualquer das partes à negociação coletiva ou à arbitragem, é facultado às mesmas, de comum acordo, ajuizar dissídio coletivo de natureza econômica, podendo a Justiça do Trabalho decidir o conflito, respeitadas as disposições mínimas legais de proteção ao trabalho, bem como as convencionadas anteriormente. *(Redação dada pela Emenda Constitucional nº 45, de 2004)*

§ 3º Em caso de greve em atividade essencial, com possibilidade de lesão do interesse público, o Ministério Público do Trabalho poderá ajuizar dissídio coletivo, competindo à Justiça do Trabalho decidir o conflito. *(Redação dada pela Emenda Constitucional nº 45, de 2004)*

Art. 115. Os Tribunais Regionais do Trabalho compõem-se de, no mínimo, sete juízes, recrutados, quando possível, na respectiva região, e nomeados pelo Presidente da República dentre brasileiros com mais de trinta e menos de sessenta e cinco anos, sendo: *(Redação dada pela Emenda Constitucional nº 45, de 2004)*

I. um quinto dentre advogados com mais de dez anos de efetiva atividade profissional e membros do Ministério Público do Trabalho com mais de dez anos de efetivo exercício, observado o disposto no art. 94; *(Redação dada pela Emenda Constitucional nº 45, de 2004)*

II. os demais, mediante promoção de juízes do trabalho por antiguidade e merecimento, alternadamente. *(Redação dada pela Emenda Constitucional nº 45, de 2004)*

§ 1º Os Tribunais Regionais do Trabalho instalarão a justiça itinerante, com a realização de audiências e demais funções de atividade jurisdicional, nos limites territoriais da respectiva jurisdição, servindo-se de equipamentos públicos e comunitários. *(Incluído pela Emenda Constitucional nº 45, de 2004)*

§ 2º Os Tribunais Regionais do Trabalho poderão funcionar descentralizadamente, constituindo Câmaras regionais, a fim de assegurar o pleno acesso do jurisdicionado à justiça em todas as fases do processo. *(Incluído pela Emenda Constitucional nº 45, de 2004)*

Art. 116. Nas Varas do Trabalho, a jurisdição será exercida por um juiz singular. *(Redação dada pela Emenda Constitucional nº 24, de 1999)*

Parágrafo único. *(Revogado pela Emenda Constitucional nº 24, de 1999)*

Art. 117. e **Parágrafo único.** *(Revogados pela Emenda Constitucional nº 24, de 1999)*

SEÇÃO VI

Dos Tribunais e Juízes Eleitorais

Art. 118. São órgãos da Justiça Eleitoral:

I. o Tribunal Superior Eleitoral;

II. os Tribunais Regionais Eleitorais;

III. os Juízes Eleitorais;

IV. as Juntas Eleitorais.

Art. 119. O Tribunal Superior Eleitoral compor-se-á, no mínimo, de sete membros, escolhidos:

I. mediante eleição, pelo voto secreto:

a) três juízes dentre os Ministros do Supremo Tribunal Federal;

b) dois juízes dentre os Ministros do Superior Tribunal de Justiça;

II. por nomeação do Presidente da República, dois juízes dentre seis advogados de notável saber jurídico e idoneidade moral, indicados pelo Supremo Tribunal Federal.

Parágrafo único. O Tribunal Superior Eleitoral elegerá seu Presidente e o Vice-Presidente dentre os Ministros do Supremo Tribunal Federal, e o Corregedor Eleitoral dentre os Ministros do Superior Tribunal de Justiça.

Art. 120. Haverá um Tribunal Regional Eleitoral na Capital de cada Estado e no Distrito Federal.

§ 1º Os Tribunais Regionais Eleitorais compor-se-ão:

I. mediante eleição, pelo voto secreto:

a) de dois juízes dentre os desembargadores do Tribunal de Justiça;

b) de dois juízes, dentre juízes de direito, escolhidos pelo Tribunal de Justiça;

II. de um juiz do Tribunal Regional Federal com sede na Capital do Estado ou no Distrito Federal, ou, não havendo, de juiz federal, escolhido, em qualquer caso, pelo Tribunal Regional Federal respectivo;

III. por nomeação, pelo Presidente da República, de dois juízes dentre seis advogados de notável saber jurídico e idoneidade moral, indicados pelo Tribunal de Justiça.

§ 2º O Tribunal Regional Eleitoral elegerá seu Presidente e o Vice-Presidente dentre os desembargadores.

Art. 121. Lei complementar disporá sobre a organização e competência dos tribunais, dos juízes de direito e das juntas eleitorais.

§ 1º Os membros dos tribunais, os juízes de direito e os integrantes das juntas eleitorais, no exercício de suas funções, e no que lhes for aplicável, gozarão de plenas garantias e serão inamovíveis.

§ 2º Os juízes dos tribunais eleitorais, salvo motivo justificado, servirão por dois anos, no mínimo, e nunca por mais de dois biênios consecutivos, sendo os substitutos escolhidos na mesma ocasião e pelo mesmo processo, em número igual para cada categoria.

§ 3º São irrecorríveis as decisões do Tribunal Superior Eleitoral, salvo as que contrariarem esta Constituição e as denegatórias de *habeas corpus* ou mandado de segurança.

§ 4º Das decisões dos Tribunais Regionais Eleitorais somente caberá recurso quando:

I. forem proferidas contra disposição expressa desta Constituição ou de lei;

II. ocorrer divergência na interpretação de lei entre dois ou mais tribunais eleitorais;

III. versarem sobre inelegibilidade ou expedição de diplomas nas eleições federais ou estaduais;

IV. anularem diplomas ou decretarem a perda de mandatos eletivos federais ou estaduais;

V. denegarem *habeas corpus*, mandado de segurança, *habeas data* ou mandado de injunção.

SEÇÃO VII

Dos Tribunais e Juízes Militares

Art. 122. São órgãos da Justiça Militar:

I. o Superior Tribunal Militar;

II. os Tribunais e Juízes Militares instituídos por lei.

Art. 123. O Superior Tribunal Militar compor-se-á de quinze Ministros vitalícios, nomeados pelo Presidente da República, depois de aprovada a indicação pelo Senado Federal, sendo três dentre oficiais-generais da Marinha, quatro dentre oficiais-generais do Exército, três dentre oficiais-generais da Aeronáutica, todos da ativa e do posto mais elevado da carreira, e cinco dentre civis.

Parágrafo único. Os Ministros civis serão escolhidos pelo Presidente da República dentre brasileiros maiores de trinta e cinco anos, sendo:

I. três dentre advogados de notório saber jurídico e conduta ilibada, com mais de dez anos de efetiva atividade profissional;

II. dois, por escolha paritária, dentre juízes auditores e membros do Ministério Público da Justiça Militar.

Art. 124. À Justiça Militar compete processar e julgar os crimes militares definidos em lei.

Parágrafo único. A lei disporá sobre a organização, o funcionamento e a competência da Justiça Militar.

SEÇÃO VIII

Dos Tribunais e Juízes dos Estados

Art. 125. Os Estados organizarão sua Justiça, observados os princípios estabelecidos nesta Constituição.

§ 1º A competência dos tribunais será definida na Constituição do Estado, sendo a lei de organização judiciária de iniciativa do Tribunal de Justiça.

§ 2º Cabe aos Estados a instituição de representação de inconstitucionalidade de leis ou atos normativos estaduais ou municipais em face da Constituição Estadual, vedada a atribuição da legitimação para agir a um único órgão.

§ 3º A lei estadual poderá criar, mediante proposta do Tribunal de Justiça, a Justiça Militar estadual, constituída, em primeiro grau, pelos juízes de direito e pelos Conselhos de Justiça e, em segundo grau, pelo próprio Tribunal de Justiça, ou por Tribunal de Justiça Militar nos Estados em que o efetivo militar seja superior a vinte mil integrantes. *(Redação dada pela Emenda Constitucional nº 45, de 2004)*

§ 4º Compete à Justiça Militar estadual processar e julgar os militares dos Estados, nos crimes militares definidos em lei e as ações judiciais contra atos disciplinares militares, ressalvada a competência do júri quando a vítima for civil, cabendo ao tribunal competente decidir sobre a perda do posto e da patente dos oficiais e da graduação das praças. *(Redação dada pela Emenda Constitucional nº 45, de 2004)*

§ 5º Compete aos juízes de direito do juízo militar processar e julgar, singularmente, os crimes militares cometidos contra civis e as ações judiciais contra atos disciplinares militares, cabendo ao Conselho de Justiça, sob a presidência de juiz de direito, processar e julgar os demais crimes militares. *(Incluído pela Emenda Constitucional nº 45, de 2004)*

§ 6º O Tribunal de Justiça poderá funcionar descentralizadamente, constituindo Câmaras regionais, a fim de assegurar o pleno acesso do jurisdicionado à justiça em todas as fases do processo. *(Incluído pela Emenda Constitucional nº 45, de 2004)*

§ 7º O Tribunal de Justiça instalará a justiça itinerante, com a realização de audiências e demais funções da atividade jurisdicional, nos limites territoriais da respectiva jurisdição, servindo-se de equipamentos públicos e comunitários. *(Incluído pela Emenda Constitucional nº 45, de 2004)*

Art. 126. Para dirimir conflitos fundiários, o Tribunal de Justiça proporá a criação de varas especializadas, com competência exclusiva para questões agrárias. *(Redação dada pela Emenda Constitucional nº 45, de 2004)*

Parágrafo único. Sempre que necessário à eficiente prestação jurisdicional, o juiz far-se-á presente no local do litígio.

CAPÍTULO IV

Das Funções Essenciais à Justiça
(Redação dada pela Emenda Constitucional nº 80, de 2014)

SEÇÃO I

Do Ministério Público

Art. 127. O Ministério Público é instituição permanente, essencial à função jurisdicional do Estado, incumbindo-lhe a defesa da ordem jurídica, do regime democrático e dos interesses sociais e individuais indisponíveis.

§ 1º São princípios institucionais do Ministério Público a unidade, a indivisibilidade e a independência funcional.

§ 2º Ao Ministério Público é assegurada autonomia funcional e administrativa, podendo, observado o disposto no art. 169, propor ao Poder Legislativo a criação e extinção de seus cargos e serviços auxiliares, provendo-os por concurso público de provas ou de provas e títulos, a política remuneratória e os planos de carreira; a lei disporá sobre sua organização e funcionamento. *(Redação dada pela Emenda Constitucional nº 19, de 1998)*

§ 3º O Ministério Público elaborará sua proposta orçamentária dentro dos limites estabelecidos na lei de diretrizes orçamentárias.

§ 4º Se o Ministério Público não encaminhar a respectiva proposta orçamentária dentro do prazo estabelecido na lei de diretrizes orçamentárias, o Poder Executivo considerará, para fins de consolidação da proposta orçamentária anual, os valores aprovados na lei orçamentária vigente, ajustados de acordo com os limites estipulados na forma do § 3º. *(Incluído pela Emenda Constitucional nº 45, de 2004)*

§ 5º Se a proposta orçamentária de que trata este artigo for encaminhada em desacordo com os limites estipulados na forma do § 3º, o Poder Executivo procederá aos ajustes necessários para fins de consolidação da proposta orçamentária anual. *(Incluído pela Emenda Constitucional nº 45, de 2004)*

§ 6º Durante a execução orçamentária do exercício, não poderá haver a realização de despesas ou a assunção de obrigações que extrapolem os limites estabelecidos na lei de diretrizes orçamentárias, exceto se previamente autorizadas, mediante a abertura de créditos suplementares ou especiais. *(Incluído pela Emenda Constitucional nº 45, de 2004)*

Art. 128. O Ministério Público abrange:

I. o Ministério Público da União, que compreende:

a) o Ministério Público Federal;

b) o Ministério Público do Trabalho;

c) o Ministério Público Militar;

d) o Ministério Público do Distrito Federal e Territórios;

II. os Ministérios Públicos dos Estados.

§ 1º O Ministério Público da União tem por chefe o Procurador-Geral da República, nomeado pelo Presidente da República dentre integrantes da carreira, maiores de trinta e cinco anos, após a aprovação de seu nome pela maioria absoluta dos membros do Senado Federal, para mandato de dois anos, permitida a recondução.

§ 2º A destituição do Procurador-Geral da República, por iniciativa do Presidente da República, deverá ser precedida de autorização da maioria absoluta do Senado Federal.

§ 3º Os Ministérios Públicos dos Estados e o do Distrito Federal e Territórios formarão lista tríplice dentre integrantes da carreira, na forma da lei respectiva, para escolha de seu Procurador-Geral, que será nomeado pelo Chefe do Poder Executivo, para mandato de dois anos, permitida uma recondução.

§ 4º Os Procuradores-Gerais nos Estados e no Distrito Federal e Territórios poderão ser destituídos por deliberação da maioria absoluta do Poder Legislativo, na forma da lei complementar respectiva.

§ 5º Leis complementares da União e dos Estados, cuja iniciativa é facultada aos respectivos Procuradores-Gerais, estabelecerão a organização, as atribuições e o estatuto de cada Ministério Público, observadas, relativamente a seus membros:

I. as seguintes garantias:

a) vitaliciedade, após dois anos de exercício, não podendo perder o cargo senão por sentença judicial transitada em julgado;

b) inamovibilidade, salvo por motivo de interesse público, mediante decisão do órgão colegiado competente do Ministério Público, pelo voto da maioria absoluta de seus membros, assegurada ampla defesa; *(Redação dada pela Emenda Constitucional nº 45, de 2004)*

c) irredutibilidade de subsídio, fixado na forma do art. 39, § 4º, e ressalvado o disposto nos arts. 37, X e XI; 150, II; 153, III; 153, § 2º, I; *(Redação dada pela Emenda Constitucional nº 19, de 1998)*

II. as seguintes vedações:

a) receber, a qualquer título e sob qualquer pretexto, honorários, percentagens ou custas processuais;

b) exercer a advocacia;

c) participar de sociedade comercial, na forma da lei;

d) exercer, ainda que em disponibilidade, qualquer outra função pública, salvo uma de magistério;

e) exercer atividade político-partidária; *(Redação dada pela Emenda Constitucional nº 45, de 2004)*

f) receber, a qualquer título ou pretexto, auxílios ou contribuições de pessoas físicas, entidades públicas ou privadas, ressalvadas as exceções previstas em lei. *(Incluído pela Emenda Constitucional nº 45, de 2004)*

§ 6º Aplica-se aos membros do Ministério Público o disposto no art. 95, parágrafo único, V. *(Incluído pela Emenda Constitucional nº 45, de 2004)*

Art. 129. São funções institucionais do Ministério Público:

I. promover, privativamente, a ação penal pública, na forma da lei;

II. zelar pelo efetivo respeito dos Poderes Públicos e dos serviços de relevância pública aos direitos assegurados nesta Constituição, promovendo as medidas necessárias a sua garantia;

III. promover o inquérito civil e a ação civil pública, para a proteção do patrimônio público e social, do meio ambiente e de outros interesses difusos e coletivos;

IV. promover a ação de inconstitucionalidade ou representação para fins de intervenção da União e dos Estados, nos casos previstos nesta Constituição;

V. defender judicialmente os direitos e interesses das populações indígenas;

VI. expedir notificações nos procedimentos administrativos de sua competência, requisitando informações e documentos para instruí-los, na forma da lei complementar respectiva;

VII. exercer o controle externo da atividade policial, na forma da lei complementar mencionada no artigo anterior;

VIII. requisitar diligências investigatórias e a instauração de inquérito policial, indicados os fundamentos jurídicos de suas manifestações processuais;

IX. exercer outras funções que lhe forem conferidas, desde que compatíveis com sua finalidade, sendo-lhe vedada a representação judicial e a consultoria jurídica de entidades públicas.

§ 1º A legitimação do Ministério Público para as ações civis previstas neste artigo não impede a de terceiros, nas mesmas hipóteses, segundo o disposto nesta Constituição e na lei.

§ 2º As funções do Ministério Público só podem ser exercidas por integrantes da carreira, que deverão residir na comarca da respectiva lotação, salvo autorização do chefe da instituição. *(Redação dada pela Emenda Constitucional nº 45, de 2004)*

§ 3º O ingresso na carreira do Ministério Público far-se-á mediante concurso público de provas e títulos, assegurada a participação da Ordem dos Advogados do Brasil em sua realização, exigindo-se do bacharel em direito, no mínimo, três anos de atividade jurídica e observando-se, nas nomeações, a ordem de classificação. *(Redação dada pela Emenda Constitucional nº 45, de 2004)*

§ 4º Aplica-se ao Ministério Público, no que couber, o disposto no art. 93. *(Redação dada pela Emenda Constitucional nº 45, de 2004)*

§ 5º A distribuição de processos no Ministério Público será imediata. *(Incluído pela Emenda Constitucional nº 45, de 2004)*

Art. 130. Aos membros do Ministério Público junto aos Tribunais de Contas aplicam-se as disposições desta seção pertinentes a direitos, vedações e forma de investidura.

Art. 130-A. O Conselho Nacional do Ministério Público compõe-se de quatorze membros nomeados pelo Presidente da República, depois de aprovada a escolha pela maioria absoluta do Senado Federal, para um mandato de dois anos, admitida uma recondução, sendo: *(Incluído pela Emenda Constitucional nº 45, de 2004)*

I. o Procurador-Geral da República, que o preside;

II. quatro membros do Ministério Público da União, assegurada a representação de cada uma de suas carreiras;

III. três membros do Ministério Público dos Estados;

IV. dois juízes, indicados um pelo Supremo Tribunal Federal e outro pelo Superior Tribunal de Justiça;

V. dois advogados, indicados pelo Conselho Federal da Ordem dos Advogados do Brasil;

VI. dois cidadãos de notável saber jurídico e reputação ilibada, indicados um pela Câmara dos Deputados e outro pelo Senado Federal.

§ 1º Os membros do Conselho oriundos do Ministério Público serão indicados pelos respectivos Ministérios Públicos, na forma da lei.

§ 2º Compete ao Conselho Nacional do Ministério Público o controle da atuação administrativa e financeira do Ministério Público e do cumprimento dos deveres funcionais de seus membros, cabendo lhe:

I. zelar pela autonomia funcional e administrativa do Ministério Público, podendo expedir atos regulamentares, no âmbito de sua competência, ou recomendar providências;

II. zelar pela observância do art. 37 e apreciar, de ofício ou mediante provocação, a legalidade dos atos administrativos praticados por membros ou órgãos do Ministério Público da União e dos Estados, podendo desconstituí-los, revê-los ou fixar prazo para que se adotem as providências necessárias ao exato cumprimento da lei, sem prejuízo da competência dos Tribunais de Contas;

III. receber e conhecer das reclamações contra membros ou órgãos do Ministério Público da União ou dos Estados, inclusive contra seus serviços auxiliares, sem prejuízo da competência disciplinar e correicional da instituição, podendo avocar processos disciplinares em curso, determinar a remoção, a disponibilidade ou a aposentadoria com subsídios ou proventos proporcionais ao tempo de serviço e aplicar outras sanções administrativas, assegurada ampla defesa;

IV. rever, de ofício ou mediante provocação, os processos disciplinares de membros do Ministério Público da União ou dos Estados julgados há menos de um ano;

V. elaborar relatório anual, propondo as providências que julgar necessárias sobre a situação do Ministério Público no País e as atividades do Conselho, o qual deve integrar a mensagem prevista no art. 84, XI.

§ 3º O Conselho escolherá, em votação secreta, um Corregedor nacional, dentre os membros do Ministério Público que o integram, vedada a recondução, competindo-lhe, além das atribuições que lhe forem conferidas pela lei, as seguintes:

I. receber reclamações e denúncias, de qualquer interessado, relativas aos membros do Ministério Público e dos seus serviços auxiliares;

II. exercer funções executivas do Conselho, de inspeção e correição geral;

III. requisitar e designar membros do Ministério Público, delegando-lhes atribuições, e requisitar servidores de órgãos do Ministério Público.

§ 4º O Presidente do Conselho Federal da Ordem dos Advogados do Brasil oficiará junto ao Conselho.

§ 5º Leis da União e dos Estados criarão ouvidorias do Ministério Público, competentes para receber reclamações e denúncias de qualquer interessado contra membros ou órgãos do Ministério Público, inclusive contra seus serviços auxiliares, representando diretamente ao Conselho Nacional do Ministério Público.

SEÇÃO II

Da Advocacia Pública

(Redação dada pela Emenda Constitucional nº 19, de 1998)

Art. 131. A Advocacia-Geral da União é a instituição que, diretamente ou através de órgão vinculado, representa a União, judicial e extrajudicialmente, cabendo-lhe, nos termos da lei complementar que dispuser sobre sua organização e funcionamento, as atividades de consultoria e assessoramento jurídico do Poder Executivo.

§ 1º A Advocacia-Geral da União tem por chefe o Advogado-Geral da União, de livre nomeação pelo Presidente da República dentre cidadãos maiores de trinta e cinco anos, de notável saber jurídico e reputação ilibada.

§ 2º O ingresso nas classes iniciais das carreiras da instituição de que trata este artigo far-se-á mediante concurso público de provas e títulos.

§ 3º Na execução da dívida ativa de natureza tributária, a representação da União cabe à Procuradoria-Geral da Fazenda Nacional, observado o disposto em lei.

Art. 132. Os Procuradores dos Estados e do Distrito Federal, organizados em carreira, na qual o ingresso dependerá de concurso público de provas e títulos, com a participação da Ordem dos Advogados do Brasil em todas as suas fases, exercerão a representação judicial e a consultoria jurídica das respectivas unidades federadas. *(Redação dada pela Emenda Constitucional nº 19, de 1998)*

Parágrafo único. Aos procuradores referidos neste artigo é assegurada estabilidade após três anos de efetivo exercício, mediante avaliação de desempenho perante os órgãos próprios, após relatório circunstanciado das corregedorias. *(Redação dada pela Emenda Constitucional nº 19, de 1998)*

SEÇÃO III

Da Advocacia

(Redação dada pela Emenda Constitucional nº 80, de 2014)

Art. 133. O advogado é indispensável à administração da justiça, sendo inviolável por seus atos e manifestações no exercício da profissão, nos limites da lei.

SEÇÃO IV

Da Defensoria Pública

(Redação dada pela Emenda Constitucional nº 80, de 2014)

Art. 134. A Defensoria Pública é instituição permanente, essencial à função jurisdicional do Estado, incumbindo-lhe, como expressão e instrumento do regime democrático, fundamentalmente, a orientação jurídica, a promoção dos direitos humanos e a defesa, em todos os graus, judicial e extrajudicial, dos direitos individuais e coletivos, de forma integral e gratuita, aos necessitados, na forma do inciso LXXIV do art. 5º desta Constituição Federal. *(Redação dada pela Emenda Constitucional nº 80, de 2014)*

§ 1º Lei complementar organizará a Defensoria Pública da União e do Distrito Federal e dos Territórios e prescreverá normas gerais para sua organização nos Estados, em cargos de carreira, providos, na classe inicial, mediante concurso público de provas e títulos, assegurada a seus integrantes a garantia da inamovibilidade e vedado o exercício da advocacia fora das atribuições institucionais. *(Renumerado do parágrafo único pela Emenda Constitucional nº 45, de 2004)*

§ 2º Às Defensorias Públicas Estaduais são asseguradas autonomia funcional e administrativa e a iniciativa de sua proposta orçamentária dentro dos limites estabelecidos na lei de diretrizes orçamentárias e subordinação ao disposto no art. 99, § 2º. *(Incluído pela Emenda Constitucional nº 45, de 2004)*

§ 3º Aplica-se o disposto no § 2º às Defensorias Públicas da União e do Distrito Federal. *(Incluído pela Emenda Constitucional nº 74, de 2013)*

§ 4º São princípios institucionais da Defensoria Pública a unidade, a indivisibilidade e a independência funcional, aplicando-se também, no que couber, o disposto no art. 93 e no inciso II do art. 96 desta Constituição Federal. *(Incluído pela Emenda Constitucional nº 80, de 2014)*

Art. 135. Os servidores integrantes das carreiras disciplinadas nas Seções II e III deste Capítulo serão remunerados na forma do art. 39, § 4º. *(Redação dada pela Emenda Constitucional nº 19, de 1998)*

TÍTULO V
Da Defesa do Estado
e das Instituições Democráticas

CAPÍTULO I
Do Estado de Defesa
e do Estado de Sítio

SEÇÃO I
Do Estado de Defesa

Art. 136. O Presidente da República pode, ouvidos o Conselho da República e o Conselho de Defesa Nacional, decretar estado de defesa para preservar ou prontamente restabelecer, em locais restritos e determinados, a ordem pública ou a paz social ameaçadas por grave e iminente instabilidade institucional ou atingidas por calamidades de grandes proporções na natureza.

§ 1º O decreto que instituir o estado de defesa determinará o tempo de sua duração, especificará as áreas a serem abrangidas e indicará, nos termos e limites da lei, as medidas coercitivas a vigorarem, dentre as seguintes:

I. restrições aos direitos de:

a) reunião, ainda que exercida no seio das associações;

b) sigilo de correspondência;

c) sigilo de comunicação telegráfica e telefônica;

II. ocupação e uso temporário de bens e serviços públicos, na hipótese de calamidade pública, respondendo a União pelos danos e custos decorrentes.

§ 2º O tempo de duração do estado de defesa não será superior a trinta dias, podendo ser prorrogado uma vez, por igual período, se persistirem as razões que justificaram a sua decretação.

§ 3º Na vigência do estado de defesa:

I. a prisão por crime contra o Estado, determinada pelo executor da medida, será por este comunicada imediatamente ao juiz competente, que a relaxará, se não for legal, facultado ao preso requerer exame de corpo de delito à autoridade policial;

II. a comunicação será acompanhada de declaração, pela autoridade, do estado físico e mental do detido no momento de sua autuação;

III. a prisão ou detenção de qualquer pessoa não poderá ser superior a dez dias, salvo quando autorizada pelo Poder Judiciário;

IV. é vedada a incomunicabilidade do preso.

§ 4º Decretado o estado de defesa ou sua prorrogação, o Presidente da República, dentro de vinte e quatro horas, submeterá o ato com a respectiva justificação ao Congresso Nacional, que decidirá por maioria absoluta.

§ 5º Se o Congresso Nacional estiver em recesso, será convocado, extraordinariamente, no prazo de cinco dias.

§ 6º O Congresso Nacional apreciará o decreto dentro de dez dias contados de seu recebimento, devendo continuar funcionando enquanto vigorar o estado de defesa.

§ 7º Rejeitado o decreto, cessa imediatamente o estado de defesa.

SEÇÃO II

Do Estado de Sítio

Art. 137. O Presidente da República pode, ouvidos o Conselho da República e o Conselho de Defesa Nacional, solicitar ao Congresso Nacional autorização para decretar o estado de sítio nos casos de:

I. comoção grave de repercussão nacional ou ocorrência de fatos que comprovem a ineficácia de medida tomada durante o estado de defesa;

II. declaração de estado de guerra ou resposta a agressão armada estrangeira.

Parágrafo único. O Presidente da República, ao solicitar autorização para decretar o estado de sítio ou sua prorrogação, relatará os motivos determinantes do pedido, devendo o Congresso Nacional decidir por maioria absoluta.

Art. 138. O decreto do estado de sítio indicará sua duração, as normas necessárias a sua execução e as garantias constitucionais que ficarão suspensas, e, depois de publicado, o Presidente da República designará o executor das medidas específicas e as áreas abrangidas.

§ 1º O estado de sítio, no caso do art. 137, I, não poderá ser decretado por mais de trinta dias, nem prorrogado, de cada vez, por prazo superior; no do inciso II, poderá ser decretado por todo o tempo que perdurar a guerra ou a agressão armada estrangeira.

§ 2º Solicitada autorização para decretar o estado de sítio durante o recesso parlamentar, o Presidente do Senado Federal, de imediato, convocará extraordinariamente o Congresso Nacional para se reunir dentro de cinco dias, a fim de apreciar o ato.

§ 3º O Congresso Nacional permanecerá em funcionamento até o término das medidas coercitivas.

Art. 139. Na vigência do estado de sítio decretado com fundamento no art. 137, I, só poderão ser tomadas contra as pessoas as seguintes medidas:

I. obrigação de permanência em localidade determinada;

II. detenção em edifício não destinado a acusados ou condenados por crimes comuns;

III. restrições relativas à inviolabilidade da correspondência, ao sigilo das comunicações, à prestação de informações e à liberdade de imprensa, radiodifusão e televisão, na forma da lei;

IV. suspensão da liberdade de reunião;

V. busca e apreensão em domicílio;

VI. intervenção nas empresas de serviços públicos;

VII. requisição de bens.

Parágrafo único. Não se inclui nas restrições do inciso III a difusão de pronunciamentos de parlamentares efetuados em suas Casas Legislativas, desde que liberada pela respectiva Mesa.

SEÇÃO III

Disposições Gerais

Art. 140. A Mesa do Congresso Nacional, ouvidos os líderes partidários, designará Comissão composta de cinco de seus membros para acompanhar e fiscalizar a execução das medidas referentes ao estado de defesa e ao estado de sítio.

Art. 141. Cessado o estado de defesa ou o estado de sítio, cessarão também seus efeitos, sem prejuízo da responsabilidade pelos ilícitos cometidos por seus executores ou agentes.

Parágrafo único. Logo que cesse o estado de defesa ou o estado de sítio, as medidas aplicadas em sua vigência serão relatadas pelo Presidente da República, em mensagem ao Congresso Nacional, com especificação e justificação das providências adotadas, com relação nominal dos atingidos e indicação das restrições aplicadas.

CAPÍTULO II

Das Forças Armadas

Art. 142. As Forças Armadas, constituídas pela Marinha, pelo Exército e pela Aeronáutica, são instituições nacionais permanentes e regulares, organizadas com base na hierarquia e na disciplina, sob a autoridade suprema do Presidente da República, e destinam-se à defesa da Pátria, à garantia dos poderes constitucionais e, por iniciativa de qualquer destes, da lei e da ordem.

§ 1º Lei complementar estabelecerá as normas gerais a serem adotadas na organização, no preparo e no emprego das Forças Armadas.

§ 2º Não caberá *habeas corpus* em relação a punições disciplinares militares.

§ 3º Os membros das Forças Armadas são denominados militares, aplicando-se-lhes, além das que vierem a ser fixadas em lei, as seguintes disposições: *(Incluído pela Emenda Constitucional nº 18, de 1998)*

I. as patentes, com prerrogativas, direitos e deveres a elas inerentes, são conferidas pelo Presidente da República e asseguradas em plenitude aos oficiais da ativa, da reserva ou reformados, sendo-lhes privativos os títulos e postos militares e, juntamente com os demais membros, o uso dos uniformes das Forças Armadas; *(Incluído pela Emenda Constitucional nº 18, de 1998)*

II. o militar em atividade que tomar posse em cargo ou emprego público civil permanente, ressalvada a hipótese prevista no art. 37, inciso XVI, alínea "c", será transferido para a reserva, nos termos da lei; *(Redação dada pela Emenda Constitucional nº 77, de 2014)*

III. o militar da ativa que, de acordo com a lei, tomar posse em cargo, emprego ou função pública civil temporária, não eletiva, ainda que da administração indireta, ressalvada a hipótese prevista no art. 37, inciso XVI, alínea "c", ficará agregado ao respectivo quadro e somente poderá, enquanto permanecer nessa situação, ser promovido por antiguidade, contando-se-lhe o tempo de serviço apenas para aquela promoção e transferência para a reserva, sendo depois de dois anos de afastamento, contínuos ou não, transferido para a reserva, nos termos da lei; *(Redação dada pela Emenda Constitucional nº 77, de 2014)*

IV. ao militar são proibidas a sindicalização e a greve; *(Incluído pela Emenda Constitucional nº 18, de 1998)*

V. o militar, enquanto em serviço ativo, não pode estar filiado a partidos políticos; *(Incluído pela Emenda Constitucional nº 18, de 1998)*

VI. o oficial só perderá o posto e a patente se for julgado indigno do oficialato ou com ele incompatível, por decisão de tribunal militar de caráter permanente, em tempo de paz, ou de tribunal especial, em tempo de guerra; *(Incluído pela Emenda Constitucional nº 18, de 1998)*

VII. o oficial condenado na justiça comum ou militar a pena privativa de liberdade superior a dois anos, por sentença transitada em julgado, será submetido ao julgamento previsto no inciso anterior; *(Incluído pela Emenda Constitucional nº 18, de 1998)*

VIII. aplica-se aos militares o disposto no art. 7º, incisos VIII, XII, XVII, XVIII, XIX e XXV, e no art. 37, incisos XI, XIII, XIV e XV, bem como, na forma da lei e com prevalência da atividade militar, no art. 37, inciso XVI, alínea "c"; *(Redação dada pela Emenda Constitucional nº 77, de 2014)*

IX. *(Revogado pela Emenda Constitucional nº 41, de 2003)*

X. a lei disporá sobre o ingresso nas Forças Armadas, os limites de idade, a estabilidade e outras condições de transferência do militar para a inatividade, os direitos, os deveres, a remuneração, as prerrogativas e outras situações especiais dos militares, consideradas as peculiaridades de suas atividades, inclusive aquelas cumpridas por força de compromissos internacionais e de guerra. *(Incluído pela Emenda Constitucional nº 18, de 1998)*

Art. 143. O serviço militar é obrigatório nos termos da lei.

§ 1º Às Forças Armadas compete, na forma da lei, atribuir serviço alternativo aos que, em tempo de paz, após alistados, alegarem imperativo de consciência, entendendo-se como tal o decorrente de crença religiosa e de convicção filosófica ou política, para se eximirem de atividades de caráter essencialmente militar. *(Regulamentado pela Lei nº 8.239, de 1991)*

§ 2º As mulheres e os eclesiásticos ficam isentos do serviço militar obrigatório em tempo de paz, sujeitos, porém, a outros encargos que a lei lhes atribuir. *(Regulamentado pela Lei nº 8.239, de 1991)*

CAPÍTULO III

Da Segurança Pública

Art. 144. A segurança pública, dever do Estado, direito e responsabilidade de todos, é exercida para a preservação da ordem pública e da incolumidade das pessoas e do patrimônio, através dos seguintes órgãos:

I. polícia federal;

II. polícia rodoviária federal;

III. polícia ferroviária federal;

IV. polícias civis;

V. polícias militares e corpos de bombeiros militares.

§ 1º A polícia federal, instituída por lei como órgão permanente, organizado e mantido pela União e estruturado em carreira, destina-se a:" *(Redação dada pela Emenda Constitucional nº 19, de 1998)*

I. apurar infrações penais contra a ordem política e social ou em detrimento de bens, serviços e interesses da União ou de suas entidades autárquicas e empresas públicas, assim como outras infrações cuja prática tenha repercussão interestadual ou internacional e exija repressão uniforme, segundo se dispuser em lei;

II. prevenir e reprimir o tráfico ilícito de entorpecentes e drogas afins, o contrabando e o descaminho, sem prejuízo da ação fazendária e de outros órgãos públicos nas respectivas áreas de competência;

III. exercer as funções de polícia marítima, aeroportuária e de fronteiras; *(Redação dada pela Emenda Constitucional nº 19, de 1998)*

IV. exercer, com exclusividade, as funções de polícia judiciária da União.

§ 2º A polícia rodoviária federal, órgão permanente, organizado e mantido pela União e estruturado em carreira, destina-se, na forma da lei, ao patrulhamento ostensivo das rodovias federais. *(Redação dada pela Emenda Constitucional nº 19, de 1998)*

§ 3º A polícia ferroviária federal, órgão permanente, organizado e mantido pela União e estruturado em carreira, destina-se, na forma da lei, ao patrulhamento ostensivo das ferrovias federais. *(Redação dada pela Emenda Constitucional nº 19, de 1998)*

§ 4º Às polícias civis, dirigidas por delegados de polícia de carreira, incumbem, ressalvada a competência da União, as funções de polícia judiciária e a apuração de infrações penais, exceto as militares.

§ 5º Às polícias militares cabem a polícia ostensiva e a preservação da ordem pública; aos corpos de bombeiros militares, além das atribuições definidas em lei, incumbe a execução de atividades de defesa civil.

§ 6º As polícias militares e corpos de bombeiros militares, forças auxiliares e reserva do Exército, subordinam-se, juntamente com as polícias civis, aos Governadores dos Estados, do Distrito Federal e dos Territórios.

§ 7º A lei disciplinará a organização e o funcionamento dos órgãos responsáveis pela segurança pública, de maneira a garantir a eficiência de suas atividades.

§ 8º Os Municípios poderão constituir guardas municipais destinadas à proteção de seus bens, serviços e instalações, conforme dispuser a lei.

§ 9º A remuneração dos servidores policiais integrantes dos órgãos relacionados neste artigo será fixada na forma do § 4º do art. 39. *(Incluído pela Emenda Constitucional nº 19, de 1998)*

§ 10. A segurança viária, exercida para a preservação da ordem pública e da incolumidade das pessoas e do seu patrimônio nas vias públicas: *(Incluído pela Emenda Constitucional nº 82, de 2014)*

I. compreende a educação, engenharia e fiscalização de trânsito, além de outras atividades previstas em lei, que assegurem ao cidadão o direito à mobilidade urbana eficiente; e *(Incluído pela Emenda Constitucional nº 82, de 2014)*

II. compete, no âmbito dos Estados, do Distrito Federal e dos Municípios, aos respectivos órgãos ou entidades executivos e seus agentes de trânsito, estruturados em Carreira, na forma da lei. *(Incluído pela Emenda Constitucional nº 82, de 2014)*

TÍTULO VI

Da Tributação e do Orçamento

CAPÍTULO I

Do Sistema Tributário Nacional

SEÇÃO I

Dos Princípios Gerais

Art. 145. A União, os Estados, o Distrito Federal e os Municípios poderão instituir os seguintes tributos:

I. impostos;

II. taxas, em razão do exercício do poder de polícia ou pela utilização, efetiva ou potencial, de serviços públicos específicos e divisíveis, prestados ao contribuinte ou postos a sua disposição;

III. contribuição de melhoria, decorrente de obras públicas.

§ 1º Sempre que possível, os impostos terão caráter pessoal e serão graduados segundo a capacidade econômica do contribuinte, facultado à administração tributária, especialmente para conferir efetividade a esses objetivos, identificar, respeitados os direitos individuais e nos termos da lei, o patrimônio, os rendimentos e as atividades econômicas do contribuinte.

§ 2º As taxas não poderão ter base de cálculo própria de impostos.

Art. 146. Cabe à lei complementar:

I. dispor sobre conflitos de competência, em matéria tributária, entre a União, os Estados, o Distrito Federal e os Municípios;

II. regular as limitações constitucionais ao poder de tributar;

III. estabelecer normas gerais em matéria de legislação tributária, especialmente sobre:

a) definição de tributos e de suas espécies, bem como, em relação aos impostos discriminados nesta Constituição, a dos respectivos fatos geradores, bases de cálculo e contribuintes;

b) obrigação, lançamento, crédito, prescrição e decadência tributários;

c) adequado tratamento tributário ao ato cooperativo praticado pelas sociedades cooperativas.

d) definição de tratamento diferenciado e favorecido para as microempresas e para as empresas de pequeno porte, inclusive regimes especiais ou simplificados no caso do imposto previsto no art. 155, II, das contribuições previstas no art. 195, I e §§ 12 e 13, e da contribuição a que se refere o art. 239. *(Incluído pela Emenda Constitucional nº 42, de 2003)*

Parágrafo único. A lei complementar de que trata o inciso III, "d", também poderá instituir um regime único de arrecadação dos impostos e contribuições da União, dos Estados, do Distrito Federal e dos Municípios, observado que: *(Incluído pela Emenda Constitucional nº 42, de 2003)*

I. será opcional para o contribuinte; *(Incluído pela Emenda Constitucional nº 42, de 2003)*

II. poderão ser estabelecidas condições de enquadramento diferenciadas por Estado; *(Incluído pela Emenda Constitucional nº 42, de 2003)*

III. o recolhimento será unificado e centralizado e a distribuição da parcela de recursos pertencentes aos respectivos entes federados será imediata, vedada qualquer retenção ou condicionamento; *(Incluído pela Emenda Constitucional nº 42, de 2003)*

IV. a arrecadação, a fiscalização e a cobrança poderão ser compartilhadas pelos entes federados, adotado cadastro nacional único de contribuintes. *(Incluído pela Emenda Constitucional nº 42, de 2003)*

Art. 146-A. Lei complementar poderá estabelecer critérios especiais de tributação, com o objetivo de prevenir desequilíbrios da concorrência, sem prejuízo da competência de a União, por lei, estabelecer normas de igual objetivo. *(Incluído pela Emenda Constitucional nº 42, de 2003)*

Art. 147. Competem à União, em Território Federal, os impostos estaduais e, se o Território não for dividido em Municípios, cumulativamente, os impostos municipais; ao Distrito Federal cabem os impostos municipais.

Art. 148. A União, mediante lei complementar, poderá instituir empréstimos compulsórios:

I. para atender a despesas extraordinárias, decorrentes de calamidade pública, de guerra externa ou sua iminência;

II. no caso de investimento público de caráter urgente e de relevante interesse nacional, observado o disposto no art. 150, III, "b".

Parágrafo único. A aplicação dos recursos provenientes de empréstimo compulsório será vinculada à despesa que fundamentou sua instituição.

Art. 149. Compete exclusivamente à União instituir contribuições sociais, de intervenção no domínio econômico e de interesse das categorias profissionais ou econômicas, como instrumento de sua atuação nas respectivas áreas, observado o disposto nos arts. 146, III, e 150, I e III, e sem prejuízo do previsto no art. 195, § 6º, relativamente às contribuições a que alude o dispositivo.

§ 1º Os Estados, o Distrito Federal e os Municípios instituirão contribuição, cobrada de seus servidores, para o custeio, em benefício destes, do regime previdenciário de que trata o art. 40, cuja alíquota não será inferior à da contribuição dos servidores titulares de cargos efetivos da União. *(Redação dada pela Emenda Constitucional nº 41, de 2003)*

§ 2º As contribuições sociais e de intervenção no domínio econômico de que trata o *caput* deste artigo: *(Incluído pela Emenda Constitucional nº 33, de 2001)*

I. não incidirão sobre as receitas decorrentes de exportação; *(Incluído pela Emenda Constitucional nº 33, de 2001)*

II. incidirão também sobre a importação de produtos estrangeiros ou serviços; *(Redação dada pela Emenda Constitucional nº 42, de 2003)*

III. poderão ter alíquotas: *(Incluído pela Emenda Constitucional nº 33, de 2001)*

a) *ad valorem*, tendo por base o faturamento, a receita bruta ou o valor da operação e, no caso de importação, o valor aduaneiro; *(Incluído pela Emenda Constitucional nº 33, de 2001)*

b) específica, tendo por base a unidade de medida adotada. *(Incluído pela Emenda Constitucional nº 33, de 2001)*

§ 3º A pessoa natural destinatária das operações de importação poderá ser equiparada a pessoa jurídica, na forma da lei. *(Incluído pela Emenda Constitucional nº 33, de 2001)*

§ 4º A lei definirá as hipóteses em que as contribuições incidirão uma única vez. *(Incluído pela Emenda Constitucional nº 33, de 2001)*

Art. 149-A. Os Municípios e o Distrito Federal poderão instituir contribuição, na forma das respectivas leis, para o custeio do serviço de iluminação pública, observado o disposto no art. 150, I e III. *(Incluído pela Emenda Constitucional nº 39, de 2002)*

Parágrafo único. É facultada a cobrança da contribuição a que se refere o *caput*, na fatura de consumo de energia elétrica. *(Incluído pela Emenda Constitucional nº 39, de 2002)*

SEÇÃO II

Das Limitações do Poder de Tributar

Art. 150. Sem prejuízo de outras garantias asseguradas ao contribuinte, é vedado à União, aos Estados, ao Distrito Federal e aos Municípios:

I. exigir ou aumentar tributo sem lei que o estabeleça;

II. instituir tratamento desigual entre contribuintes que se encontrem em situação equivalente, proibida qualquer distinção em razão de ocupação profissional ou função por eles exercida, independentemente da denominação jurídica dos rendimentos, títulos ou direitos;

III. cobrar tributos:

a) em relação a fatos geradores ocorridos antes do início da vigência da lei que os houver instituído ou aumentado;

b) no mesmo exercício financeiro em que haja sido publicada a lei que os instituiu ou aumentou;

c) antes de decorridos noventa dias da data em que haja sido publicada a lei que os instituiu ou aumentou, observado o disposto na alínea "b"; *(Incluído pela Emenda Constitucional nº 42, de 2003)*

IV. utilizar tributo com efeito de confisco;

V. estabelecer limitações ao tráfego de pessoas ou bens, por meio de tributos interestaduais ou intermunicipais, ressalvada a cobrança de pedágio pela utilização de vias conservadas pelo Poder Público;

VI. instituir impostos sobre:

a) patrimônio, renda ou serviços, uns dos outros;

b) templos de qualquer culto;

c) patrimônio, renda ou serviços dos partidos políticos, inclusive suas fundações, das entidades sindicais dos trabalhadores, das instituições de educação e de assistência social, sem fins lucrativos, atendidos os requisitos da lei;

d) livros, jornais, periódicos e o papel destinado a sua impressão.

e) fonogramas e videofonogramas musicais produzidos no Brasil contendo obras musicais ou literomusicais de autores brasileiros e/ou obras em geral interpretadas por artistas brasileiros bem como os suportes materiais ou arquivos digitais que os contenham, salvo na etapa de replicação industrial de mídias ópticas de leitura a *laser*. *(Incluído pela Emenda Constitucional nº 75, de 2013)*

§ 1º A vedação do inciso III, "b", não se aplica aos tributos previstos nos arts. 148, I; 153, I, II, IV e V; e 154, II; e a vedação do inciso III, "c", não se aplica aos tributos previstos nos arts. 148, I; 153, I, II, III e V; e 154, II, nem à fixação da base de cálculo dos impostos previstos nos arts. 155, III, e 156, I. *(Redação dada pela Emenda Constitucional nº 42, de 2003)*

§ 2º A vedação do inciso VI, "a", é extensiva às autarquias e às fundações instituídas e mantidas pelo Poder Público, no que se refere ao patrimônio, à renda e aos serviços, vinculados a suas finalidades essenciais ou às delas decorrentes.

§ 3º As vedações do inciso VI, "a", e do parágrafo anterior não se aplicam ao patrimônio, à renda e aos serviços, relacionados com exploração de atividades econômicas regidas pelas normas aplicáveis a empreendimentos privados, ou em que haja contraprestação ou pagamento de preços ou tarifas pelo usuário, nem exonera o promitente comprador da obrigação de pagar imposto relativamente ao bem imóvel.

§ 4º As vedações expressas no inciso VI, alíneas "b" e "c", compreendem somente o patrimônio, a renda e os serviços, relacionados com as finalidades essenciais das entidades nelas mencionadas.

§ 5º A lei determinará medidas para que os consumidores sejam esclarecidos acerca dos impostos que incidam sobre mercadorias e serviços.

§ 6º Qualquer subsídio ou isenção, redução de base de cálculo, concessão de crédito presumido, anistia ou remissão, relativos a impostos, taxas ou contribuições, só poderá ser concedido mediante lei específica, federal, estadual ou municipal, que regule exclusivamente as matérias acima enumeradas ou o correspondente tributo ou contribuição, sem prejuízo do disposto no art. 155, § 2º, XII, "g". *(Redação dada pela Emenda Constitucional nº 3, de 1993)*

§ 7º A lei poderá atribuir a sujeito passivo de obrigação tributária a condição de responsável pelo pagamento de imposto ou contribuição, cujo fato gerador deva ocorrer posteriormente, assegurada a imediata e preferencial restituição da quantia paga, caso não se realize o fato gerador presumido. *(Incluído pela Emenda Constitucional nº 3, de 1993)*

Art. 151. É vedado à União:

I. instituir tributo que não seja uniforme em todo o território nacional ou que implique distinção ou preferência em relação a Estado, ao Distrito Federal ou a Município, em detrimento de outro, admitida a concessão de incentivos fiscais destinados a promover o equilíbrio do desenvolvimento socioeconômico entre as diferentes regiões do País;

II. tributar a renda das obrigações da dívida pública dos Estados, do Distrito Federal e dos Municípios, bem como a remuneração e os proventos dos respectivos agentes públicos, em níveis superiores aos que fixar para suas obrigações e para seus agentes;

III. instituir isenções de tributos da competência dos Estados, do Distrito Federal ou dos Municípios.

Art. 152. É vedado aos Estados, ao Distrito Federal e aos Municípios estabelecer diferença tributária entre bens e serviços, de qualquer natureza, em razão de sua procedência ou destino.

SEÇÃO III

Dos Impostos da União

Art. 153. Compete à União instituir impostos sobre:

I. importação de produtos estrangeiros;

II. exportação, para o exterior, de produtos nacionais ou nacionalizados;

III. renda e proventos de qualquer natureza;

IV. produtos industrializados;

V. operações de crédito, câmbio e seguro, ou relativas a títulos ou valores mobiliários;

VI. propriedade territorial rural;

VII. grandes fortunas, nos termos de lei complementar.

§ 1º É facultado ao Poder Executivo, atendidas as condições e os limites estabelecidos em lei, alterar as alíquotas dos impostos enumerados nos incisos I, II, IV e V.

§ 2º O imposto previsto no inciso III:

I. será informado pelos critérios da generalidade, da universalidade e da progressividade, na forma da lei;

§ 3º O imposto previsto no inciso IV:

I. será seletivo, em função da essencialidade do produto;

II. será não cumulativo, compensando-se o que for devido em cada operação com o montante cobrado nas anteriores;

III. não incidirá sobre produtos industrializados destinados ao exterior.

IV. terá reduzido seu impacto sobre a aquisição de bens de capital pelo contribuinte do imposto, na forma da lei. *(Incluído pela Emenda Constitucional nº 42, de 2003)*

§ 4º O imposto previsto no inciso VI do *caput*: *(Redação dada pela Emenda Constitucional nº 42, de 2003)*

I. será progressivo e terá suas alíquotas fixadas de forma a desestimular a manutenção de propriedades improdutivas; *(Incluído pela Emenda Constitucional nº 42, de 2003)*

II. não incidirá sobre pequenas glebas rurais, definidas em lei, quando as explore o proprietário que não possua outro imóvel; *(Incluído pela Emenda Constitucional nº 42, de 2003)*

III. será fiscalizado e cobrado pelos Municípios que assim optarem, na forma da lei, desde que não implique redução do imposto ou qualquer outra forma de renúncia fiscal. *(Incluído pela Emenda Constitucional nº 42, de 2003) (Regulamentado pela Lei nº 11.250, de 2005)*

§ 5º O ouro, quando definido em lei como ativo financeiro ou instrumento cambial, sujeita-se exclusivamente à incidência do imposto de que trata o inciso V do *caput* deste artigo, devido na operação de origem; a alíquota mínima será de um por cento, assegurada a transferência do montante da arrecadação nos seguintes termos: *(Vide Emenda Constitucional nº 3, de 1993)*

I. trinta por cento para o Estado, o Distrito Federal ou o Território, conforme a origem;

II. setenta por cento para o Município de origem.

Art. 154. A União poderá instituir:

I. mediante lei complementar, impostos não previstos no artigo anterior, desde que sejam não cumulativos e não tenham fato gerador ou base de cálculo próprios dos discriminados nesta Constituição;

II. na iminência ou no caso de guerra externa, impostos extraordinários, compreendidos ou não em sua competência tributária, os quais serão suprimidos, gradativamente, cessadas as causas de sua criação.

SEÇÃO IV

Dos Impostos dos Estados e do Distrito Federal

Art. 155. Compete aos Estados e ao Distrito Federal instituir impostos sobre: *(Redação dada pela Emenda Constitucional nº 3, de 1993)*

I. transmissão *causa mortis* e doação, de quaisquer bens ou direitos; *(Redação dada pela Emenda Constitucional nº 3, de 1993)*

II. operações relativas à circulação de mercadorias e sobre prestações de serviços de transporte interestadual e intermunicipal e de comunicação, ainda que as operações e as prestações se iniciem no exterior; *(Redação dada pela Emenda Constitucional nº 3, de 1993)*

III. propriedade de veículos automotores. *(Redação dada pela Emenda Constitucional nº 3, de 1993)*

§ 1º O imposto previsto no inciso I: *(Redação dada pela Emenda Constitucional nº 3, de 1993)*

I. relativamente a bens imóveis e respectivos direitos, compete ao Estado da situação do bem, ou ao Distrito Federal;

II. relativamente a bens móveis, títulos e créditos, compete ao Estado onde se processar o inventário ou arrolamento, ou tiver domicílio o doador, ou ao Distrito Federal;

III. terá competência para sua instituição regulada por lei complementar:

a) se o doador tiver domicilio ou residência no exterior;

b) se o *de cujus* possuía bens, era residente ou domiciliado ou teve o seu inventário processado no exterior;

IV. terá suas alíquotas máximas fixadas pelo Senado Federal.

§ 2º O imposto previsto no inciso II atenderá ao seguinte: *(Redação dada pela Emenda Constitucional nº 3, de 1993)*

I. será não cumulativo, compensando-se o que for devido em cada operação relativa à circulação de mercadorias ou prestação de serviços com o montante cobrado nas anteriores pelo mesmo ou outro Estado ou pelo Distrito Federal;

II. a isenção ou não incidência, salvo determinação em contrário da legislação:

a) não implicará crédito para compensação com o montante devido nas operações ou prestações seguintes;

b) acarretará a anulação do crédito relativo às operações anteriores;

III. poderá ser seletivo, em função da essencialidade das mercadorias e dos serviços;

IV. resolução do Senado Federal, de iniciativa do Presidente da República ou de um terço dos Senadores, aprovada pela maioria absoluta de seus membros, estabelecerá as alíquotas aplicáveis às operações e prestações, interestaduais e de exportação;

V. é facultado ao Senado Federal:

a) estabelecer alíquotas mínimas nas operações internas, mediante resolução de iniciativa de um terço e aprovada pela maioria absoluta de seus membros;

b) fixar alíquotas máximas nas mesmas operações para resolver conflito específico que envolva interesse de Estados, mediante resolução de iniciativa da maioria absoluta e aprovada por dois terços de seus membros;

VI. salvo deliberação em contrário dos Estados e do Distrito Federal, nos termos do disposto no inciso XII, "g", as alíquotas internas, nas operações relativas à circulação de mercadorias e nas prestações de serviços, não poderão ser inferiores às previstas para as operações interestaduais;

VII. nas operações e prestações que destinem bens e serviços a consumidor final, contribuinte ou não do imposto, localizado em outro Estado, adotar-se-á a alíquota interestadual e caberá ao Estado de localização do destinatário o imposto correspondente à diferença entre a alíquota interna do Estado destinatário e a alíquota interestadual; *(Redação dada pela Emenda Constitucional nº 87, de 2015, em vigor na data de sua publicação, produzindo efeitos no ano subsequente e após 90 dias desta)*

a) *(revogada pela Emenda Constitucional nº 87, de 2015)*

b) *(revogada pela Emenda Constitucional nº 87, de 2015)*

VIII. a responsabilidade pelo recolhimento do imposto correspondente à diferença entre a alíquota interna e a interestadual de que trata o inciso VII será atribuída: *(Redação dada pela Emenda Constitucional nº 87, de 2015, em vigor na data de sua publicação, produzindo efeitos no ano subsequente e após 90 dias desta)*

a) ao destinatário, quando este for contribuinte do imposto; *(Incluído pela Emenda Constitucional nº 87, de 2015)*

b) ao remetente, quando o destinatário não for contribuinte do imposto; *(Incluído pela Emenda Constitucional nº 87, de 2015)*

IX. incidirá também:

a) sobre a entrada de bem ou mercadoria importados do exterior por pessoa física ou jurídica, ainda que não seja contribuinte habitual do imposto, qualquer que seja a sua finalidade, assim como sobre o serviço prestado no exterior, cabendo o imposto ao Estado onde estiver situado o domicílio ou o estabelecimento do destinatário da mercadoria, bem ou serviço; *(Redação dada pela Emenda Constitucional nº 33, de 2001)*

b) sobre o valor total da operação, quando mercadorias forem fornecidas com serviços não compreendidos na competência tributária dos Municípios;

X. não incidirá:

a) sobre operações que destinem mercadorias para o exterior, nem sobre serviços prestados a destinatários no exterior, assegurada a manutenção e o aproveitamento do montante do imposto cobrado nas operações e prestações anteriores; *(Redação dada pela Emenda Constitucional nº 42, de 2003)*

b) sobre operações que destinem a outros Estados petróleo, inclusive lubrificantes, combustíveis líquidos e gasosos dele derivados, e energia elétrica;

c) sobre o ouro, nas hipóteses definidas no art. 153, § 5º;

d) nas prestações de serviço de comunicação nas modalidades de radiodifusão sonora e de sons e imagens de recepção livre e gratuita; *(Incluído pela Emenda Constitucional nº 42, de 2003)*

XI. não compreenderá, em sua base de cálculo, o montante do imposto sobre produtos industrializados, quando a operação, realizada entre contribuintes e relativa a produto destinado à industrialização ou à comercialização, configure fato gerador dos dois impostos;

XII. cabe à lei complementar:

a) definir seus contribuintes;

b) dispor sobre substituição tributária;

c) disciplinar o regime de compensação do imposto;

d) fixar, para efeito de sua cobrança e definição do estabelecimento responsável, o local das operações relativas à circulação de mercadorias e das prestações de serviços;

e) excluir da incidência do imposto, nas exportações para o exterior, serviços e outros produtos além dos mencionados no inciso X, "a";

f) prever casos de manutenção de crédito, relativamente à remessa para outro Estado e exportação para o exterior, de serviços e de mercadorias;

g) regular a forma como, mediante deliberação dos Estados e do Distrito Federal, isenções, incentivos e benefícios fiscais serão concedidos e revogados.

h) definir os combustíveis e lubrificantes sobre os quais o imposto incidirá uma única vez, qualquer que seja a sua finalidade, hipótese em que não se aplicará o disposto no inciso X, "b"; *(Incluído pela Emenda Constitucional nº 33, de 2001)*

i) fixar a base de cálculo, de modo que o montante do imposto a integre, também, na importação do exterior de bem, mercadoria ou serviço. *(Incluído pela Emenda Constitucional nº 33, de 2001)*

§ 3º À exceção dos impostos de que tratam o inciso II do *caput* deste artigo e o art. 153, I e II, nenhum outro imposto poderá incidir sobre operações relativas a energia elétrica, serviços de telecomunicações, derivados de petróleo, combustíveis e minerais do País. *(Redação dada pela Emenda Constitucional nº 33, de 2001)*

§ 4º Na hipótese do inciso XII, "h", observar-se-á o seguinte: *(Incluído pela Emenda Constitucional nº 33, de 2001)*

I. nas operações com os lubrificantes e combustíveis derivados de petróleo, o imposto caberá ao Estado onde ocorrer o consumo; *(Incluído pela Emenda Constitucional nº 33, de 2001)*

II. nas operações interestaduais, entre contribuintes, com gás natural e seus derivados, e lubrificantes e combustíveis não incluídos no inciso I deste parágrafo, o imposto será repartido entre os Estados de origem e de destino, mantendo-se a mesma proporcionalidade que ocorre nas operações com as demais mercadorias; *(Incluído pela Emenda Constitucional nº 33, de 2001)*

III. nas operações interestaduais com gás natural e seus derivados, e lubrificantes e combustíveis não incluídos no inciso I deste parágrafo, destinadas a não contribuinte, o imposto caberá ao Estado de origem; *(Incluído pela Emenda Constitucional nº 33, de 2001)*

IV. as alíquotas do imposto serão definidas mediante deliberação dos Estados e Distrito Federal, nos termos do § 2º, XII, "g", observando-se o seguinte: *(Incluído pela Emenda Constitucional nº 33, de 2001)*

a) serão uniformes em todo o território nacional, podendo ser diferenciadas por produto; *(Incluído pela Emenda Constitucional nº 33, de 2001)*

b) poderão ser específicas, por unidade de medida adotada, ou *ad valorem*, incidindo sobre o valor da operação ou sobre o preço que o produto ou seu similar alcançaria em uma venda em condições de livre concorrência; *(Incluído pela Emenda Constitucional nº 33, de 2001)*

c) poderão ser reduzidas e restabelecidas, não se lhes aplicando o disposto no art. 150, III, "b". *(Incluído pela Emenda Constitucional nº 33, de 2001)*

§ 5º As regras necessárias à aplicação do disposto no § 4º, inclusive as relativas à apuração e à destinação do imposto, serão estabelecidas mediante deliberação dos Estados e do Distrito Federal, nos termos do § 2º, XII, "g". *(Incluído pela Emenda Constitucional nº 33, de 2001)*

§ 6º O imposto previsto no inciso III: *(Incluído pela Emenda Constitucional nº 42, de 2003)*

I. terá alíquotas mínimas fixadas pelo Senado Federal; *(Incluído pela Emenda Constitucional nº 42, de 2003)*

II. poderá ter alíquotas diferenciadas em função do tipo e utilização. *(Incluído pela Emenda Constitucional nº 42, de 2003)*

SEÇÃO V

Dos Impostos dos Municípios

Art. 156. Compete aos Municípios instituir impostos sobre:

I. propriedade predial e territorial urbana;

II. transmissão *inter vivos*, a qualquer título, por ato oneroso, de bens imóveis, por natureza ou acessão física, e de direitos reais sobre imóveis, exceto os de garantia, bem como cessão de direitos a sua aquisição;

III. serviços de qualquer natureza, não compreendidos no art. 155, II, definidos em lei complementar. *(Redação dada pela Emenda Constitucional nº 3, de 1993)*

IV. *(Revogado pela Emenda Constitucional nº 3, de 1993)*

§ 1º Sem prejuízo da progressividade no tempo a que se refere o art. 182, § 4º, inciso II, o imposto previsto no inciso I poderá: *(Redação dada pela Emenda Constitucional nº 29, de 2000)*

I. ser progressivo em razão do valor do imóvel; e *(Incluído pela Emenda Constitucional nº 29, de 2000)*

II. ter alíquotas diferentes de acordo com a localização e o uso do imóvel. *(Incluído pela Emenda Constitucional nº 29, de 2000)*

§ 2º O imposto previsto no inciso II:

I. não incide sobre a transmissão de bens ou direitos incorporados ao patrimônio de pessoa jurídica em realização de capital, nem sobre a transmissão de bens ou direitos decorrente de fusão, incorporação, cisão ou extinção de pessoa jurídica, salvo se, nesses casos, a atividade preponderante do adquirente for a compra e venda desses bens ou direitos, locação de bens imóveis ou arrendamento mercantil;

II. compete ao Município da situação do bem.

§ 3º Em relação ao imposto previsto no inciso III do *caput* deste artigo, cabe à lei complementar: *(Redação dada pela Emenda Constitucional nº 37, de 2002)*

I. fixar as suas alíquotas máximas e mínimas; *(Redação dada pela Emenda Constitucional nº 37, de 2002)*

II. excluir da sua incidência exportações de serviços para o exterior. *(Incluído pela Emenda Constitucional nº 3, de 1993)*

III. regular a forma e as condições como isenções, incentivos e benefícios fiscais serão concedidos e revogados. *(Incluído pela Emenda Constitucional nº 3, de 1993)*

§ 4º *(Revogado pela Emenda Constitucional nº 3, de 1993)*

SEÇÃO VI

Da Repartição das Receitas Tributárias

Art. 157. Pertencem aos Estados e ao Distrito Federal:

I. o produto da arrecadação do imposto da União sobre renda e proventos de qualquer natureza, incidente na fonte, sobre rendimentos pagos, a qualquer título, por eles, suas autarquias e pelas fundações que instituírem e mantiverem;

II. vinte por cento do produto da arrecadação do imposto que a União instituir no exercício da competência que lhe é atribuída pelo art. 154, I.

Art. 158. Pertencem aos Municípios:

I. o produto da arrecadação do imposto da União sobre renda e proventos de qualquer natureza, incidente na fonte, sobre rendimentos pagos, a qualquer título, por eles, suas autarquias e pelas fundações que instituírem e mantiverem;

II. cinquenta por cento do produto da arrecadação do imposto da União sobre a propriedade territorial rural, relativamente aos imóveis neles situados, cabendo a totalidade na hipótese da opção a que se refere o art. 153, § 4º, III; *(Redação dada pela Emenda Constitucional nº 42, de 2003)*

III. cinquenta por cento do produto da arrecadação do imposto do Estado sobre a propriedade de veículos automotores licenciados em seus territórios;

IV. vinte e cinco por cento do produto da arrecadação do imposto do Estado sobre operações relativas à circulação de mercadorias e sobre prestações de serviços de transporte interestadual e intermunicipal e de comunicação.

Parágrafo único. As parcelas de receita pertencentes aos Municípios, mencionadas no inciso IV, serão creditadas conforme os seguintes critérios:

I. três quartos, no mínimo, na proporção do valor adicionado nas operações relativas à circulação de mercadorias e nas prestações de serviços, realizadas em seus territórios;

II. até um quarto, de acordo com o que dispuser lei estadual ou, no caso dos Territórios, lei federal.

Art. 159. A União entregará: *(Vide Emenda Constitucional nº 55, de 2007)*

I. do produto da arrecadação dos impostos sobre renda e proventos de qualquer natureza e sobre produtos industrializados, 49% (quarenta e nove por cento), na seguinte forma: *(Redação dada pela Emenda Constitucional nº 84, de 2014)*

a) vinte e um inteiros e cinco décimos por cento ao Fundo de Participação dos Estados e do Distrito Federal;

b) vinte e dois inteiros e cinco décimos por cento ao Fundo de Participação dos Municípios;

c) três por cento, para aplicação em programas de financiamento ao setor produtivo das Regiões Norte, Nordeste e Centro-Oeste, através de suas instituições financeiras de caráter regional, de acordo com os planos regionais de desenvolvimento, ficando assegurada ao semiárido do Nordeste a metade dos recursos destinados à Região, na forma que a lei estabelecer;

d) 1% (um por cento) ao Fundo de Participação dos Municípios, que será entregue no primeiro decêndio do mês de dezembro de cada ano; *(Incluído pela Emenda Constitucional nº 55, de 2007)*

e) 1% (um por cento) ao Fundo de Participação dos Municípios, que será entregue no primeiro decêndio do mês de julho de cada ano; *(Incluído pela Emenda Constitucional nº 84, de 2014)*

II. do produto da arrecadação do imposto sobre produtos industrializados, dez por cento aos Estados e ao Distrito Federal, proporcionalmente ao valor das respectivas exportações de produtos industrializados.

III. do produto da arrecadação da contribuição de intervenção no domínio econômico prevista no art. 177, § 4º, 29% (vinte e nove por cento) para os Estados e o Distrito Federal, distribuídos na forma da lei, observada a destinação a que se refere o inciso II, "c", do referido parágrafo. *(Redação dada pela Emenda Constitucional nº 44, de 2004)*

§ 1º Para efeito de cálculo da entrega a ser efetuada de acordo com o previsto no inciso I, excluir-se-á a parcela da arrecadação do imposto de renda e proventos de qualquer natureza pertencente aos Estados, ao Distrito Federal e aos Municípios, nos termos do disposto nos arts. 157, I, e 158, I.

§ 2º A nenhuma unidade federada poderá ser destinada parcela superior a vinte por cento do montante a que se refere o inciso II, devendo o eventual excedente ser distribuído entre os demais participantes, mantido, em relação a esses, o critério de partilha nele estabelecido.

§ 3º Os Estados entregarão aos respectivos Municípios vinte e cinco por cento dos recursos que receberem nos termos do inciso II, observados os critérios estabelecidos no art. 158, parágrafo único, I e II.

§ 4º Do montante de recursos de que trata o inciso III que cabe a cada Estado, vinte e cinco por cento serão destinados aos seus Municípios, na forma da lei a que se refere o mencionado inciso. *(Incluído pela Emenda Constitucional nº 42, de 2003)*

Art. 160. É vedada a retenção ou qualquer restrição à entrega e ao emprego dos recursos atribuídos, nesta seção, aos Estados, ao Distrito Federal e aos Municípios, neles compreendidos adicionais e acréscimos relativos a impostos.

Parágrafo único. A vedação prevista neste artigo não impede a União e os Estados de condicionarem a entrega de recursos: *(Redação dada pela Emenda Constitucional nº 29, de 2000)*

I. ao pagamento de seus créditos, inclusive de suas autarquias; *(Incluído pela Emenda Constitucional nº 29, de 2000)*

II. ao cumprimento do disposto no art. 198, § 2º, incisos II e III. *(Incluído pela Emenda Constitucional nº 29, de 2000)*

Art. 161. Cabe à lei complementar:

I. definir valor adicionado para fins do disposto no art. 158, parágrafo único, I;

II. estabelecer normas sobre a entrega dos recursos de que trata o art. 159, especialmente sobre os critérios de rateio dos fundos previstos em seu inciso I, objetivando promover o equilíbrio socioeconômico entre Estados e entre Municípios;

III. dispor sobre o acompanhamento, pelos beneficiários, do cálculo das quotas e da liberação das participações previstas nos arts. 157, 158 e 159.

Parágrafo único. O Tribunal de Contas da União efetuará o cálculo das quotas referentes aos fundos de participação a que alude o inciso II.

Art. 162. A União, os Estados, o Distrito Federal e os Municípios divulgarão, até o último dia do mês subsequente ao da arrecadação, os montantes de cada um dos tributos arrecadados, os recursos recebidos, os valores de origem tributária entregues e a entregar e a expressão numérica dos critérios de rateio.

Parágrafo único. Os dados divulgados pela União serão discriminados por Estado e por Município; os dos Estados, por Município.

CAPÍTULO II

Das Finanças Públicas

SEÇÃO I

Normas Gerais

Art. 163. Lei complementar disporá sobre:

I. finanças públicas;

II. dívida pública externa e interna, incluída a das autarquias, fundações e demais entidades controladas pelo Poder Público;

III. concessão de garantias pelas entidades públicas;

IV. emissão e resgate de títulos da dívida pública;

V. fiscalização financeira da administração pública direta e indireta; *(Redação dada pela Emenda Constitucional nº 40, de 2003)*

VI. operações de câmbio realizadas por órgãos e entidades da União, dos Estados, do Distrito Federal e dos Municípios;

VII. compatibilização das funções das instituições oficiais de crédito da União, resguardadas as características e condições operacionais plenas das voltadas ao desenvolvimento regional.

Art. 164. A competência da União para emitir moeda será exercida exclusivamente pelo banco central.

§ 1º É vedado ao banco central conceder, direta ou indiretamente, empréstimos ao Tesouro Nacional e a qualquer órgão ou entidade que não seja instituição financeira.

§ 2º O banco central poderá comprar e vender títulos de emissão do Tesouro Nacional, com o objetivo de regular a oferta de moeda ou a taxa de juros.

§ 3º As disponibilidades de caixa da União serão depositadas no banco central; as dos Estados, do Distrito Federal, dos Municípios e dos órgãos ou entidades do Poder Público e das empresas por ele controladas, em instituições financeiras oficiais, ressalvados os casos previstos em lei.

SEÇÃO II

Dos Orçamentos

Art. 165. Leis de iniciativa do Poder Executivo estabelecerão:

I. o plano plurianual;

II. as diretrizes orçamentárias;

III. os orçamentos anuais.

§ 1º A lei que instituir o plano plurianual estabelecerá, de forma regionalizada, as diretrizes, objetivos e metas da administração pública federal para as despesas de capital e outras delas decorrentes e para as relativas aos programas de duração continuada.

§ 2º A lei de diretrizes orçamentárias compreenderá as metas e prioridades da administração pública federal, incluindo as despesas de capital para o exercício financeiro subsequente, orientará a elaboração da lei orçamentária anual, disporá sobre as alterações na legislação tributária e estabelecerá a política de aplicação das agências financeiras oficiais de fomento.

§ 3º O Poder Executivo publicará, até trinta dias após o encerramento de cada bimestre, relatório resumido da execução orçamentária.

§ 4º Os planos e programas nacionais, regionais e setoriais previstos nesta Constituição serão elaborados em consonância com o plano plurianual e apreciados pelo Congresso Nacional.

§ 5º A lei orçamentária anual compreenderá:

I. o orçamento fiscal referente aos Poderes da União, seus fundos, órgãos e entidades da administração direta e indireta, inclusive fundações instituídas e mantidas pelo Poder Público;

II. o orçamento de investimento das empresas em que a União, direta ou indiretamente, detenha a maioria do capital social com direito a voto;

III. o orçamento da seguridade social, abrangendo todas as entidades e órgãos a ela vinculados, da administração direta ou indireta, bem como os fundos e fundações instituídos e mantidos pelo Poder Público.

§ 6º O projeto de lei orçamentária será acompanhado de demonstrativo regionalizado do efeito, sobre as receitas e despesas, decorrente de isenções, anistias, remissões, subsídios e benefícios de natureza financeira, tributária e creditícia.

§ 7º Os orçamentos previstos no § 5º, I e II, deste artigo, compatibilizados com o plano plurianual, terão entre suas funções a de reduzir desigualdades inter-regionais, segundo critério populacional.

§ 8º A lei orçamentária anual não conterá dispositivo estranho à previsão da receita e à fixação da despesa, não se incluindo na proibição a autorização para abertura de créditos suplementares e contratação de operações de crédito, ainda que por antecipação de receita, nos termos da lei.

§ 9º Cabe à lei complementar:

I. dispor sobre o exercício financeiro, a vigência, os prazos, a elaboração e a organização do plano plurianual, da lei de diretrizes orçamentárias e da lei orçamentária anual;

II. estabelecer normas de gestão financeira e patrimonial da administração direta e indireta bem como condições para a instituição e funcionamento de fundos.

III. dispor sobre critérios para a execução equitativa, além de procedimentos que serão adotados quando houver impedimentos legais e técnicos, cumprimento de restos a pagar e limitação das programações de caráter obrigatório, para a realização do disposto no § 11 do art. 166. *(Incluído pela Emenda Constitucional nº 86, de 2015)*

Art. 166. Os projetos de lei relativos ao plano plurianual, às diretrizes orçamentárias, ao orçamento anual e aos créditos adicionais serão apreciados pelas duas Casas do Congresso Nacional, na forma do regimento comum.

§ 1º Caberá a uma Comissão mista permanente de Senadores e Deputados:

I. examinar e emitir parecer sobre os projetos referidos neste artigo e sobre as contas apresentadas anualmente pelo Presidente da República;

II. examinar e emitir parecer sobre os planos e programas nacionais, regionais e setoriais previstos nesta Constituição e exercer o acompanhamento e a fiscalização orçamentária, sem prejuízo da atuação das demais comissões do Congresso Nacional e de suas Casas, criadas de acordo com o art. 58.

§ 2º As emendas serão apresentadas na Comissão mista, que sobre elas emitirá parecer, e apreciadas, na forma regimental, pelo Plenário das duas Casas do Congresso Nacional.

§ 3º As emendas ao projeto de lei do orçamento anual ou aos projetos que o modifiquem somente podem ser aprovadas caso:

I. sejam compatíveis com o plano plurianual e com a lei de diretrizes orçamentárias;

II. indiquem os recursos necessários, admitidos apenas os provenientes de anulação de despesa, excluídas as que incidam sobre:

a) dotações para pessoal e seus encargos;

b) serviço da dívida;

c) transferências tributárias constitucionais para Estados, Municípios e Distrito Federal; ou

III. sejam relacionadas:

a) com a correção de erros ou omissões; ou

b) com os dispositivos do texto do projeto de lei.

§ 4º As emendas ao projeto de lei de diretrizes orçamentárias não poderão ser aprovadas quando incompatíveis com o plano plurianual.

§ 5º O Presidente da República poderá enviar mensagem ao Congresso Nacional para propor modificação nos projetos a que se refere este artigo enquanto não iniciada a votação, na Comissão mista, da parte cuja alteração é proposta.

§ 6º Os projetos de lei do plano plurianual, das diretrizes orçamentárias e do orçamento anual serão enviados pelo Presidente da República ao Congresso Nacional, nos termos da lei complementar a que se refere o art. 165, § 9º.

§ 7º Aplicam-se aos projetos mencionados neste artigo, no que não contrariar o disposto nesta seção, as demais normas relativas ao processo legislativo.

§ 8º Os recursos que, em decorrência de veto, emenda ou rejeição do projeto de lei orçamentária anual, ficarem sem despesas correspondentes poderão ser utilizados, conforme o caso, mediante créditos especiais ou suplementares, com prévia e específica autorização legislativa.

§ 9º As emendas individuais ao projeto de lei orçamentária serão aprovadas no limite de 1,2% (um inteiro e dois décimos por cento) da receita corrente líquida prevista no projeto encaminhado pelo Poder Executivo, sendo que a metade deste percentual será destinada a ações e serviços públicos de saúde. *(Incluído pela Emenda Constitucional nº 86, de 2015)*

§ 10. A execução do montante destinado a ações e serviços públicos de saúde previsto no § 9º, inclusive custeio, será computada para fins do cumprimento do inciso I do § 2º do art. 198, vedada a destinação para pagamento de pessoal ou encargos sociais. *(Incluído pela Emenda Constitucional nº 86, de 2015)*

§ 11. É obrigatória a execução orçamentária e financeira das programações a que se refere o § 9º deste artigo, em montante correspondente a 1,2% (um inteiro e dois décimos por cento) da receita corrente líquida realizada no exercício anterior, conforme os critérios para a execução equitativa da programação definidos na lei complementar prevista no § 9º do art. 165. *(Incluído pela Emenda Constitucional nº 86, de 2015)*

§ 12. As programações orçamentárias previstas no § 9º deste artigo não serão de execução obrigatória nos casos dos impedimentos de ordem técnica. *(Incluído pela Emenda Constitucional nº 86, de 2015)*

§ 13. Quando a transferência obrigatória da União, para a execução da programação prevista no §11 deste artigo, for destinada a Estados, ao Distrito Federal e a Municípios, independerá da adimplência do ente federativo destinatário e não integrará a base de cálculo da receita corrente líquida para fins de aplicação dos limites de despesa de pessoal de que trata o *caput* do art. 169. *(Incluído pela Emenda Constitucional nº 86, de 2015)*

§ 14. No caso de impedimento de ordem técnica, no empenho de despesa que integre a programação, na forma do § 11 deste artigo, serão adotadas as seguintes medidas: *(Incluído pela Emenda Constitucional nº 86, de 2015)*

I. até 120 (cento e vinte) dias após a publicação da lei orçamentária, o Poder Executivo, o Poder Legislativo, o Poder Judiciário, o Ministério Público e a Defensoria Pública enviarão ao Poder Legislativo as justificativas do impedimento; *(Incluído pela Emenda Constitucional nº 86, de 2015)*

II. até 30 (trinta) dias após o término do prazo previsto no inciso I, o Poder Legislativo indicará ao Poder Executivo o remanejamento da programação cujo impedimento seja insuperável; *(Incluído pela Emenda Constitucional nº 86, de 2015)*

III. até 30 de setembro ou até 30 (trinta) dias após o prazo previsto no inciso II, o Poder Executivo encaminhará projeto de lei sobre o remanejamento da programação cujo impedimento seja insuperável; *(Incluído pela Emenda Constitucional nº 86, de 2015)*

IV. se, até 20 de novembro ou até 30 (trinta) dias após o término do prazo previsto no inciso III, o Congresso Nacional não deliberar sobre o projeto, o remanejamento será implementado por ato do Poder Executivo, nos termos previstos na lei orçamentária. *(Incluído pela Emenda Constitucional nº 86, de 2015)*

§ 15. Após o prazo previsto no inciso IV do § 14, as programações orçamentárias previstas no §11 não serão de execução obrigatória nos casos dos impedimentos justificados na notificação prevista no inciso I do § 14. *(Incluído pela Emenda Constitucional nº 86, de 2015)*

§ 16. Os restos a pagar poderão ser considerados para fins de cumprimento da execução financeira prevista no § 11 deste artigo, até o limite de 0,6% (seis décimos por cento) da receita corrente líquida realizada no exercício anterior. *(Incluído pela Emenda Constitucional nº 86, de 2015)*

§ 17. Se for verificado que a reestimativa da receita e da despesa poderá resultar no não cumprimento da meta de resultado fiscal estabelecida na lei de diretrizes orçamentárias, o montante previsto no § 11 deste artigo poderá ser reduzido em até a mesma proporção da limitação incidente sobre o conjunto das despesas discricionárias. *(Incluído pela Emenda Constitucional nº 86, de 2015)*

§ 18. Considera-se equitativa a execução das programações de caráter obrigatório que atenda de forma igualitária e impessoal às emendas apresentadas, independentemente da autoria. *(Incluído pela Emenda Constitucional nº 86, de 2015)*

Art. 167. São vedados:

I. o início de programas ou projetos não incluídos na lei orçamentária anual;

II. a realização de despesas ou a assunção de obrigações diretas que excedam os créditos orçamentários ou adicionais;

III. a realização de operações de créditos que excedam o montante das despesas de capital, ressalvadas as autorizadas mediante créditos suplementares ou especiais com finalidade precisa, aprovados pelo Poder Legislativo por maioria absoluta;

IV. a vinculação de receita de impostos a órgão, fundo ou despesa, ressalvadas a repartição do produto da arrecadação dos impostos a que se referem os arts. 158 e 159, a destinação de recursos para as ações e serviços públicos de saúde, para manutenção e desenvolvimento do ensino e para realização de atividades da administração tributária, como determinado, respectivamente, pelos arts. 198, § 2º; 212; e 37, XXII, e a prestação de garantias às operações de crédito por antecipação de receita, previstas no art. 165, § 8º, bem como o disposto no § 4º deste artigo; *(Redação dada pela Emenda Constitucional nº 42, de 2003)*

V. a abertura de crédito suplementar ou especial sem prévia autorização legislativa e sem indicação dos recursos correspondentes;

VI. a transposição, o remanejamento ou a transferência de recursos de uma categoria de programação para outra ou de um órgão para outro, sem prévia autorização legislativa;

VII. a concessão ou utilização de créditos ilimitados;

VIII. a utilização, sem autorização legislativa específica, de recursos dos orçamentos fiscal e da seguridade social para suprir necessidade ou cobrir déficit de empresas, fundações e fundos, inclusive dos mencionados no art. 165, § 5º;

IX. a instituição de fundos de qualquer natureza, sem prévia autorização legislativa.

X. a transferência voluntária de recursos e a concessão de empréstimos, inclusive por antecipação de receita, pelos Governos Federal e Estaduais e suas instituições financeiras, para pagamento de despesas com pessoal ativo, inativo e pensionista, dos Estados, do Distrito Federal e dos Municípios. *(Incluído pela Emenda Constitucional nº 19, de 1998)*

XI. a utilização dos recursos provenientes das contribuições sociais de que trata o art. 195, I, "a", e II, para a realização de despesas distintas do pagamento de benefícios do regime geral de previdência social de que trata o art. 201. *(Incluído pela Emenda Constitucional nº 20, de 1998)*

§ 1º Nenhum investimento cuja execução ultrapasse um exercício financeiro poderá ser iniciado sem prévia inclusão no plano plurianual, ou sem lei que autorize a inclusão, sob pena de crime de responsabilidade.

§ 2º Os créditos especiais e extraordinários terão vigência no exercício financeiro em que forem autorizados, salvo se o ato de autorização for promulgado nos últimos quatro meses daquele exercício, caso em que, reabertos nos limites de seus saldos, serão incorporados ao orçamento do exercício financeiro subsequente.

§ 3º A abertura de crédito extraordinário somente será admitida para atender a despesas imprevisíveis e urgentes, como as decorrentes de guerra, comoção interna ou calamidade pública, observado o disposto no art. 62.

§ 4º É permitida a vinculação de receitas próprias geradas pelos impostos a que se referem os arts. 155 e 156, e dos recursos de que tratam os arts. 157, 158 e 159, I, "a" e "b", e II, para a prestação de garantia ou contragarantia à União e para pagamento de débitos para com esta. *(Incluído pela Emenda Constitucional nº 3, de 1993)*

§ 5º A transposição, o remanejamento ou a transferência de recursos de uma categoria de programação para outra poderão ser admitidos, no âmbito das atividades de ciência, tecnologia e inovação, com o objetivo de viabilizar os resultados de projetos restritos a essas funções, mediante ato do Poder Executivo, sem necessidade da prévia autorização legislativa prevista no inciso VI deste artigo. *(Incluído pela Emenda Constitucional nº 85, de 2015)*

Art. 168. Os recursos correspondentes às dotações orçamentárias, compreendidos os créditos suplementares e especiais, destinados aos órgãos dos Poderes Legislativo e Judiciário, do Ministério Público e da Defensoria Pública, ser-lhes-ão entregues até o dia 20 de cada mês, em duodécimos, na forma da lei complementar a que se refere o art. 165, § 9º. *(Redação dada pela Emenda Constitucional nº 45, de 2004)*

Art. 169. A despesa com pessoal ativo e inativo da União, dos Estados, do Distrito Federal e dos Municípios não poderá exceder os limites estabelecidos em lei complementar.

§ 1º A concessão de qualquer vantagem ou aumento de remuneração, a criação de cargos, empregos e funções ou alteração de estrutura de carreiras, bem como a admissão ou contratação de pessoal, a qualquer título, pelos órgãos e entidades da administração direta ou indireta, inclusive fundações instituídas e mantidas pelo poder público, só poderão ser feitas: *(Renumerado do parágrafo único, pela Emenda Constitucional nº 19, de 1998)*

I. se houver prévia dotação orçamentária suficiente para atender às projeções de despesa de pessoal e aos acréscimos dela decorrentes; *(Incluído pela Emenda Constitucional nº 19, de 1998)*

II. se houver autorização específica na lei de diretrizes orçamentárias, ressalvadas as empresas públicas e as sociedades de economia mista. *(Incluído pela Emenda Constitucional nº 19, de 1998)*

§ 2º Decorrido o prazo estabelecido na lei complementar referida neste artigo para a adaptação aos parâmetros ali previstos, serão imediatamente suspensos todos os repasses de verbas federais ou estaduais aos Estados, ao Distrito Federal e aos Municípios que não observarem os referidos limites. *(Incluído pela Emenda Constitucional nº 19, de 1998)*

§ 3º Para o cumprimento dos limites estabelecidos com base neste artigo, durante o prazo fixado na lei complementar referida no *caput*, a União, os Estados, o Distrito Federal e os Municípios adotarão as seguintes providências: *(Incluído pela Emenda Constitucional nº 19, de 1998)*

I. redução em pelo menos vinte por cento das despesas com cargos em comissão e funções de confiança; *(Incluído pela Emenda Constitucional nº 19, de 1998)*

II. exoneração dos servidores não estáveis. *(Incluído pela Emenda Constitucional nº 19, de 1998)*

§ 4º Se as medidas adotadas com base no parágrafo anterior não forem suficientes para assegurar o cumprimento da determinação da lei complementar referida neste artigo, o servidor estável poderá perder o cargo, desde que ato normativo motivado de cada um dos Poderes especifique a atividade funcional, o órgão ou unidade administrativa objeto da redução de pessoal. *(Incluído pela Emenda Constitucional nº 19, de 1998)*

§ 5º O servidor que perder o cargo na forma do parágrafo anterior fará jus a indenização correspondente a um mês de remuneração por ano de serviço. *(Incluído pela Emenda Constitucional nº 19, de 1998)*

§ 6º O cargo objeto da redução prevista nos parágrafos anteriores será considerado extinto, vedada a criação de cargo, emprego ou função com atribuições iguais ou assemelhadas pelo prazo de quatro anos. *(Incluído pela Emenda Constitucional nº 19, de 1998)*

§ 7º Lei federal disporá sobre as normas gerais a serem obedecidas na efetivação do disposto no § 4º. *(Incluído pela Emenda Constitucional nº 19, de 1998)*

TÍTULO VII

Da Ordem Econômica e Financeira

CAPÍTULO I

Dos Princípios Gerais da Atividade Econômica

Art. 170. A ordem econômica, fundada na valorização do trabalho humano e na livre iniciativa, tem por fim assegurar a todos existência digna, conforme os ditames da justiça social, observados os seguintes princípios:

I. soberania nacional;

II. propriedade privada;

III. função social da propriedade;

IV. livre concorrência;

V. defesa do consumidor;

VI. defesa do meio ambiente, inclusive mediante tratamento diferenciado conforme o impacto ambiental dos produtos e serviços e de seus processos de elaboração e prestação; *(Redação dada pela Emenda Constitucional nº 42, de 2003)*

VII. redução das desigualdades regionais e sociais;

VIII. busca do pleno emprego;

IX. tratamento favorecido para as empresas de pequeno porte constituídas sob as leis brasileiras e que tenham sua sede e administração no País. *(Redação dada pela Emenda Constitucional nº 6, de 1995)*

Parágrafo único. É assegurado a todos o livre exercício de qualquer atividade econômica, independentemente de autorização de órgãos públicos, salvo nos casos previstos em lei.

Art. 171. *(Revogado pela Emenda Constitucional nº 6, de 1995)*

Art. 172. A lei disciplinará, com base no interesse nacional, os investimentos de capital estrangeiro, incentivará os reinvestimentos e regulará a remessa de lucros.

Art. 173. Ressalvados os casos previstos nesta Constituição, a exploração direta de atividade econômica pelo Estado só será permitida quando necessária aos imperativos da segurança nacional ou a relevante interesse coletivo, conforme definidos em lei.

§ 1º A lei estabelecerá o estatuto jurídico da empresa pública, da sociedade de economia mista e de suas subsidiárias que explorem atividade econômica de produção ou comercialização de bens ou de prestação de serviços, dispondo sobre: *(Redação dada pela Emenda Constitucional nº 19, de 1998)*

I. sua função social e formas de fiscalização pelo Estado e pela sociedade; *(Incluído pela Emenda Constitucional nº 19, de 1998)*

II. a sujeição ao regime jurídico próprio das empresas privadas, inclusive quanto aos direitos e obrigações civis, comerciais, trabalhistas e tributários; *(Incluído pela Emenda Constitucional nº 19, de 1998)*

III. licitação e contratação de obras, serviços, compras e alienações, observados os princípios da administração pública; *(Incluído pela Emenda Constitucional nº 19, de 1998)*

IV. a constituição e o funcionamento dos conselhos de administração e fiscal, com a participação de acionistas minoritários; *(Incluído pela Emenda Constitucional nº 19, de 1998)*

V. os mandatos, a avaliação de desempenho e a responsabilidade dos administradores. *(Incluído pela Emenda Constitucional nº 19, de 1998)*

§ 2º As empresas públicas e as sociedades de economia mista não poderão gozar de privilégios fiscais não extensivos às do setor privado.

§ 3º A lei regulamentará as relações da empresa pública com o Estado e a sociedade.

§ 4º A lei reprimirá o abuso do poder econômico que vise à dominação dos mercados, à eliminação da concorrência e ao aumento arbitrário dos lucros.

§ 5º A lei, sem prejuízo da responsabilidade individual dos dirigentes da pessoa jurídica, estabelecerá a responsabilidade desta, sujeitando-a às punições compatíveis com sua natureza, nos atos praticados contra a ordem econômica e financeira e contra a economia popular.

Art. 174. Como agente normativo e regulador da atividade econômica, o Estado exercerá, na forma da lei, as funções de fiscalização, incentivo e planejamento, sendo este determinante para o setor público e indicativo para o setor privado.

§ 1º A lei estabelecerá as diretrizes e bases do planejamento do desenvolvimento nacional equilibrado, o qual incorporará e compatibilizará os planos nacionais e regionais de desenvolvimento.

§ 2º A lei apoiará e estimulará o cooperativismo e outras formas de associativismo.

§ 3º O Estado favorecerá a organização da atividade garimpeira em cooperativas, levando em conta a proteção do meio ambiente e a promoção econômico-social dos garimpeiros.

§ 4º As cooperativas a que se refere o parágrafo anterior terão prioridade na autorização ou concessão para pesquisa e lavra dos recursos e jazidas de minerais garimpáveis, nas áreas onde estejam atuando, e naquelas fixadas de acordo com o art. 21, XXV, na forma da lei.

Art. 175. Incumbe ao Poder Público, na forma da lei, diretamente ou sob regime de concessão ou permissão, sempre através de licitação, a prestação de serviços públicos.

Parágrafo único. A lei disporá sobre:

I. o regime das empresas concessionárias e permissionárias de serviços públicos, o caráter especial de seu contrato e de sua prorrogação, bem como as condições de caducidade, fiscalização e rescisão da concessão ou permissão;

II. os direitos dos usuários;

III. política tarifária;

IV. a obrigação de manter serviço adequado.

Art. 176. As jazidas, em lavra ou não, e demais recursos minerais e os potenciais de energia hidráulica constituem propriedade distinta da do solo, para efeito de exploração ou aproveitamento, e pertencem à União, garantida ao concessionário a propriedade do produto da lavra.

§ 1º A pesquisa e a lavra de recursos minerais e o aproveitamento dos potenciais a que se refere o *caput* deste artigo somente poderão ser efetuados mediante autorização ou concessão da União, no interesse nacional, por brasileiros ou empresa constituída sob as leis brasileiras e que tenha sua sede e administração no País, na forma da lei, que estabelecerá as condições específicas quando essas atividades se desenvolverem em faixa de fronteira ou terras indígenas. *(Redação dada pela Emenda Constitucional nº 6, de 1995)*

§ 2º É assegurada participação ao proprietário do solo nos resultados da lavra, na forma e no valor que dispuser a lei.

§ 3º A autorização de pesquisa será sempre por prazo determinado, e as autorizações e concessões previstas neste artigo não poderão ser cedidas ou transferidas, total ou parcialmente, sem prévia anuência do poder concedente.

§ 4º Não dependerá de autorização ou concessão o aproveitamento do potencial de energia renovável de capacidade reduzida.

Art. 177. Constituem monopólio da União:

I. a pesquisa e a lavra das jazidas de petróleo e gás natural e outros hidrocarbonetos fluidos;

II. a refinação do petróleo nacional ou estrangeiro;

III. a importação e exportação dos produtos e derivados básicos resultantes das atividades previstas nos incisos anteriores;

IV. o transporte marítimo do petróleo bruto de origem nacional ou de derivados básicos de petróleo produzidos no País, bem assim o transporte, por meio de conduto, de petróleo bruto, seus derivados e gás natural de qualquer origem;

V. a pesquisa, a lavra, o enriquecimento, o reprocessamento, a industrialização e o comércio de minérios e minerais nucleares e seus derivados, com exceção dos radioisótopos cuja produção, comercialização e utilização poderão ser autorizadas sob regime de permissão, conforme as alíneas "b" e "c" do inciso XXIII do *caput* do art. 21 desta Constituição Federal. *(Redação dada pela Emenda Constitucional nº 49, de 2006)*

§ 1º A União poderá contratar com empresas estatais ou privadas a realização das atividades previstas nos incisos I a IV deste artigo, observadas as condições estabelecidas em lei. *(Redação dada pela Emenda Constitucional nº 9, de 1995)*

§ 2º A lei a que se refere o § 1º disporá sobre: *(Incluído pela Emenda Constitucional nº 9, de 1995)*

I. a garantia do fornecimento dos derivados de petróleo em todo o território nacional; *(Incluído pela Emenda Constitucional nº 9, de 1995)*

II. as condições de contratação; *(Incluído pela Emenda Constitucional nº 9, de 1995)*

III. a estrutura e atribuições do órgão regulador do monopólio da União; *(Incluído pela Emenda Constitucional nº 9, de 1995)*

§ 3º A lei disporá sobre o transporte e a utilização de materiais radioativos no território nacional. *(Renumerado de § 2º para 3º pela Emenda Constitucional nº 9, de 1995)*

§ 4º A lei que instituir contribuição de intervenção no domínio econômico relativa às atividades de importação ou comercialização de petróleo e seus derivados, gás natural e seus derivados e álcool combustível deverá atender aos seguintes requisitos: *(Incluído pela Emenda Constitucional nº 33, de 2001)*

I. a alíquota da contribuição poderá ser: *(Incluído pela Emenda Constitucional nº 33, de 2001)*

a) diferenciada por produto ou uso; *(Incluído pela Emenda Constitucional nº 33, de 2001)*

b) reduzida e restabelecida por ato do Poder Executivo, não se lhe aplicando o disposto no art. 150,III, b; *(Incluído pela Emenda Constitucional nº 33, de 2001)*

II. os recursos arrecadados serão destinados: *(Incluído pela Emenda Constitucional nº 33, de 2001)*

a) ao pagamento de subsídios a preços ou transporte de álcool combustível, gás natural e seus derivados e derivados de petróleo; *(Incluído pela Emenda Constitucional nº 33, de 2001)*

b) ao financiamento de projetos ambientais relacionados com a indústria do petróleo e do gás; *(Incluído pela Emenda Constitucional nº 33, de 2001)*

c) ao financiamento de programas de infra-estrutura de transportes. *(Incluído pela Emenda Constitucional nº 33, de 2001)*

Art. 178. A lei disporá sobre a ordenação dos transportes aéreo, aquático e terrestre, devendo, quanto à ordenação do transporte internacional, observar os acordos firmados pela União, atendido o princípio da reciprocidade. *(Redação dada pela Emenda Constitucional nº 7, de 1995)*

Parágrafo único. Na ordenação do transporte aquático, a lei estabelecerá as condições em que o transporte de mercadorias na cabotagem e a navegação interior poderão ser feitos por embarcações estrangeiras. *(Incluído pela Emenda Constitucional nº 7, de 1995)*

Art. 179. A União, os Estados, o Distrito Federal e os Municípios dispensarão às microempresas e às empresas de pequeno porte, assim definidas em lei, tratamento jurídico diferenciado, visando a incentivá-las pela simplificação de suas obrigações administrativas, tributárias, previdenciárias e creditícias, ou pela eliminação ou redução destas por meio de lei.

Art. 180. A União, os Estados, o Distrito Federal e os Municípios promoverão e incentivarão o turismo como fator de desenvolvimento social e econômico.

Art. 181. O atendimento de requisição de documento ou informação de natureza comercial, feita por autoridade administrativa ou judiciária estrangeira, a pessoa física ou jurídica residente ou domiciliada no País dependerá de autorização do Poder competente.

CAPÍTULO II

Da Política Urbana

Art. 182. A política de desenvolvimento urbano, executada pelo Poder Público municipal, conforme diretrizes gerais fixadas em lei, tem por objetivo ordenar o pleno desenvolvimento das funções sociais da cidade e garantir o bem-estar de seus habitantes.

§ 1º O plano diretor, aprovado pela Câmara Municipal, obrigatório para cidades com mais de vinte mil habitantes, é o instrumento básico da política de desenvolvimento e de expansão urbana.

§ 2º A propriedade urbana cumpre sua função social quando atende às exigências fundamentais de ordenação da cidade expressas no plano diretor.

§ 3º As desapropriações de imóveis urbanos serão feitas com prévia e justa indenização em dinheiro.

§ 4º É facultado ao Poder Público municipal, mediante lei específica para área incluída no plano diretor, exigir, nos termos da lei federal, do proprietário do solo urbano não edificado, subutilizado ou não utilizado, que promova seu adequado aproveitamento, sob pena, sucessivamente, de:

I. parcelamento ou edificação compulsórios;

II. imposto sobre a propriedade predial e territorial urbana progressivo no tempo;

III. desapropriação com pagamento mediante títulos da dívida pública de emissão previamente aprovada pelo Senado Federal, com prazo de resgate de até dez anos, em parcelas anuais, iguais e sucessivas, assegurados o valor real da indenização e os juros legais.

Art. 183. Aquele que possuir como sua área urbana de até duzentos e cinquenta metros quadrados, por cinco anos, ininterruptamente e sem oposição, utilizando-a para sua moradia ou de sua família, adquirir-lhe-á o domínio, desde que não seja proprietário de outro imóvel urbano ou rural.

§ 1º O título de domínio e a concessão de uso serão conferidos ao homem ou à mulher, ou a ambos, independentemente do estado civil.

§ 2º Esse direito não será reconhecido ao mesmo possuidor mais de uma vez.

§ 3º Os imóveis públicos não serão adquiridos por usucapião.

CAPÍTULO III

Da Política Agrícola e
Fundiária e da Reforma Agrária

Art. 184. Compete à União desapropriar por interesse social, para fins de reforma agrária, o imóvel rural que não esteja cumprindo sua função social, mediante prévia e justa indenização em títulos da dívida agrária, com cláusula de preservação do valor real, resgatáveis no prazo de até vinte anos, a partir do segundo ano de sua emissão, e cuja utilização será definida em lei.

§ 1º As benfeitorias úteis e necessárias serão indenizadas em dinheiro.

§ 2º O decreto que declarar o imóvel como de interesse social, para fins de reforma agrária, autoriza a União a propor a ação de desapropriação.

§ 3º Cabe à lei complementar estabelecer procedimento contraditório especial, de rito sumário, para o processo judicial de desapropriação.

§ 4º O orçamento fixará anualmente o volume total de títulos da dívida agrária, assim como o montante de recursos para atender ao programa de reforma agrária no exercício.

§ 5º São isentas de impostos federais, estaduais e municipais as operações de transferência de imóveis desapropriados para fins de reforma agrária.

Art. 185. São insuscetíveis de desapropriação para fins de reforma agrária:

I. a pequena e média propriedade rural, assim definida em lei, desde que seu proprietário não possua outra;

II. a propriedade produtiva.

Parágrafo único. A lei garantirá tratamento especial à propriedade produtiva e fixará normas para o cumprimento dos requisitos relativos a sua função social.

Art. 186. A função social é cumprida quando a propriedade rural atende, simultaneamente, segundo critérios e graus de exigência estabelecidos em lei, aos seguintes requisitos:

I. aproveitamento racional e adequado;

II. utilização adequada dos recursos naturais disponíveis e preservação do meio ambiente;

III. observância das disposições que regulam as relações de trabalho;

IV. exploração que favoreça o bem-estar dos proprietários e dos trabalhadores.

Art. 187. A política agrícola será planejada e executada na forma da lei, com a participação efetiva do setor de produção, envolvendo produtores e trabalhadores rurais, bem como dos setores de comercialização, de armazenamento e de transportes, levando em conta, especialmente:

I. os instrumentos creditícios e fiscais;

II. os preços compatíveis com os custos de produção e a garantia de comercialização;

III. o incentivo à pesquisa e à tecnologia;

IV. a assistência técnica e extensão rural;

V. o seguro agrícola;

VI. o cooperativismo;

VII. a eletrificação rural e irrigação;

VIII. a habitação para o trabalhador rural.

§ 1ºIncluem-se no planejamento agrícola as atividades agroindustriais, agropecuárias, pesqueiras e florestais.

§ 2ºSerão compatibilizadas as ações de política agrícola e de reforma agrária.

Art. 188. A destinação de terras públicas e devolutas será compatibilizada com a política agrícola e com o plano nacional de reforma agrária.

§ 1ºA alienação ou a concessão, a qualquer título, de terras públicas com área superior a dois mil e quinhentos hectares a pessoa física ou jurídica, ainda que por interposta pessoa, dependerá de prévia aprovação do Congresso Nacional.

§ 2ºExcetuam-se do disposto no parágrafo anterior as alienações ou as concessões de terras públicas para fins de reforma agrária.

Art. 189. Os beneficiários da distribuição de imóveis rurais pela reforma agrária receberão títulos de domínio ou de concessão de uso, inegociáveis pelo prazo de dez anos.

Parágrafo único. O título de domínio e a concessão de uso serão conferidos ao homem ou à mulher, ou a ambos, independentemente do estado civil, nos termos e condições previstos em lei.

Art. 190. A lei regulará e limitará a aquisição ou o arrendamento de propriedade rural por pessoa física ou jurídica estrangeira e estabelecerá os casos que dependerão de autorização do Congresso Nacional.

Art. 191. Aquele que, não sendo proprietário de imóvel rural ou urbano, possua como seu, por cinco anos ininterruptos, sem oposição, área de terra, em zona rural, não superior a cinquenta hectares, tornando-a produtiva por seu trabalho ou de sua família, tendo nela sua moradia, adquirir-lhe-á a propriedade.

Parágrafo único. Os imóveis públicos não serão adquiridos por usucapião.

CAPÍTULO IV

Do Sistema Financeiro Nacional

Art. 192. O sistema financeiro nacional, estruturado de forma a promover o desenvolvimento equilibrado do País e a servir aos interesses da coletividade, em todas as partes que o compõem, abrangendo as cooperativas de crédito, será regulado por leis complementares que disporão, inclusive, sobre a participação do capital estrangeiro nas instituições que o integram. *(Redação dada pela Emenda Constitucional nº 40, de 2003)*

I. (Revogado). *(Redação dada pela Emenda Constitucional nº 40, de 2003)*

II. (Revogado). *(Redação dada pela Emenda Constitucional nº 40, de 2003)*

III. (Revogado) *(Redação dada pela Emenda Constitucional nº 40, de 2003)*

a) (Revogado) *(Redação dada pela Emenda Constitucional nº 40, de 2003)*

b) (Revogado) *(Redação dada pela Emenda Constitucional nº 40, de 2003)*

IV. (Revogado) *(Redação dada pela Emenda Constitucional nº 40, de 2003)*

V. (Revogado) *(Redação dada pela Emenda Constitucional nº 40, de 2003)*

VI. (Revogado) *(Redação dada pela Emenda Constitucional nº 40, de 2003)*

VII. (Revogado) *(Redação dada pela Emenda Constitucional nº 40, de 2003)*

VIII. (Revogado) *(Redação dada pela Emenda Constitucional nº 40, de 2003)*

§ 1°(Revogado) *(Redação dada pela Emenda Constitucional nº 40, de 2003)*

§ 2°(Revogado) *(Redação dada pela Emenda Constitucional nº 40, de 2003)*

§ 3°(Revogado) *(Redação dada pela Emenda Constitucional nº 40, de 2003)*

TÍTULO VIII

Da Ordem Social

CAPÍTULO I

Disposição Geral

Art. 193. A ordem social tem como base o primado do trabalho, e como objetivo o bem-estar e a justiça sociais.

CAPÍTULO II

Da Seguridade Social

SEÇÃO I

Disposições Gerais

Art. 194. A seguridade social compreende um conjunto integrado de ações de iniciativa dos Poderes Públicos e da sociedade, destinadas a assegurar os direitos relativos à saúde, à previdência e à assistência social.

Parágrafo único. Compete ao Poder Público, nos termos da lei, organizar a seguridade social, com base nos seguintes objetivos:

I. universalidade da cobertura e do atendimento;

II. uniformidade e equivalência dos benefícios e serviços às populações urbanas e rurais;

III. seletividade e distributividade na prestação dos benefícios e serviços;

IV. irredutibilidade do valor dos benefícios;

V. equidade na forma de participação no custeio;

VI. diversidade da base de financiamento;

VII. caráter democrático e descentralizado da administração, mediante gestão quadripartite, com participação dos trabalhadores, dos empregadores, dos aposentados e do Governo nos órgãos colegiados. *(Redação dada pela Emenda Constitucional nº 20, de 1998)*

Art. 195. A seguridade social será financiada por toda a sociedade, de forma direta e indireta, nos termos da lei, mediante recursos provenientes dos orçamentos da União, dos Estados, do Distrito Federal e dos Municípios, e das seguintes contribuições sociais:

I. do empregador, da empresa e da entidade a ela equiparada na forma da lei, incidentes sobre: *(Redação dada pela Emenda Constitucional nº 20, de 1998)*

a) a folha de salários e demais rendimentos do trabalho pagos ou creditados, a qualquer título, à pessoa física que lhe preste serviço, mesmo sem vínculo empregatício; *(Incluído pela Emenda Constitucional nº 20, de 1998)*

b) a receita ou o faturamento; *(Incluído pela Emenda Constitucional nº 20, de 1998)*

c) o lucro; *(Incluído pela Emenda Constitucional nº 20, de 1998)*

II. do trabalhador e dos demais segurados da previdência social, não incidindo contribuição sobre aposentadoria e pensão concedidas pelo regime geral de previdência social de que trata o art. 201; *(Redação dada pela Emenda Constitucional nº 20, de 1998)*

III. sobre a receita de concursos de prognósticos.

IV. do importador de bens ou serviços do exterior, ou de quem a lei a ele equiparar. *(Incluído pela Emenda Constitucional nº 42, de 2003)*

§ 1º As receitas dos Estados, do Distrito Federal e dos Municípios destinadas à seguridade social constarão dos respectivos orçamentos, não integrando o orçamento da União.

§ 2º A proposta de orçamento da seguridade social será elaborada de forma integrada pelos órgãos responsáveis pela saúde, previdência social e assistência social, tendo em vista as metas e prioridades estabelecidas na lei de diretrizes orçamentárias, assegurada a cada área a gestão de seus recursos.

§ 3º A pessoa jurídica em débito com o sistema da seguridade social, como estabelecido em lei, não poderá contratar com o Poder Público nem dele receber benefícios ou incentivos fiscais ou creditícios.

§ 4º A lei poderá instituir outras fontes destinadas a garantir a manutenção ou expansão da seguridade social, obedecido o disposto no art. 154, I.

§ 5º Nenhum benefício ou serviço da seguridade social poderá ser criado, majorado ou estendido sem a correspondente fonte de custeio total.

§ 6º As contribuições sociais de que trata este artigo só poderão ser exigidas após decorridos noventa dias da data da publicação da lei que as houver instituído ou modificado, não se lhes aplicando o disposto no art. 150, III, "b".

§ 7º São isentas de contribuição para a seguridade social as entidades beneficentes de assistência social que atendam às exigências estabelecidas em lei.

§ 8º O produtor, o parceiro, o meeiro e o arrendatário rurais e o pescador artesanal, bem como os respectivos cônjuges, que exerçam suas atividades em regime de economia familiar, sem empregados permanentes, contribuirão para a seguridade social mediante a aplicação de uma alíquota sobre o resultado da comercialização da produção e farão jus aos benefícios nos termos da lei. *(Redação dada pela Emenda Constitucional nº 20, de 1998)*

§ 9º As contribuições sociais previstas no inciso I do *caput* deste artigo poderão ter alíquotas ou bases de cálculo diferenciadas, em razão da atividade econômica, da utilização intensiva de mão de obra, do porte da empresa ou da condição estrutural do mercado de trabalho. *(Redação dada pela Emenda Constitucional nº 47, de 2005)*

§ 10. A lei definirá os critérios de transferência de recursos para o sistema único de saúde e ações de assistência social da União para os Estados, o Distrito Federal e os Municípios, e dos Estados para os Municípios, observada a respectiva contrapartida de recursos. *(Incluído pela Emenda Constitucional nº 20, de 1998)*

§ 11. É vedada a concessão de remissão ou anistia das contribuições sociais de que tratam os incisos I, "a", e II deste artigo, para débitos em montante superior ao fixado em lei complementar. *(Incluído pela Emenda Constitucional nº 20, de 1998)*

§ 12. A lei definirá os setores de atividade econômica para os quais as contribuições incidentes na forma dos incisos I, "b"; e IV do *caput*, serão não cumulativas. *(Incluído pela Emenda Constitucional nº 42, de 2003)*

§ 13. Aplica-se o disposto no § 12 inclusive na hipótese de substituição gradual, total ou parcial, da contribuição incidente na forma do inciso I, "a", pela incidente sobre a receita ou o faturamento. *(Incluído pela Emenda Constitucional nº 42, de 2003)*

SEÇÃO II
Da Saúde

Art. 196. A saúde é direito de todos e dever do Estado, garantido mediante políticas sociais e econômicas que visem à redução do risco de doença e de outros agravos e ao acesso universal e igualitário às ações e serviços para sua promoção, proteção e recuperação.

Art. 197. São de relevância pública as ações e serviços de saúde, cabendo ao Poder Público dispor, nos termos da lei, sobre sua regulamentação, fiscalização e controle, devendo sua execução ser feita diretamente ou através de terceiros e, também, por pessoa física ou jurídica de direito privado.

Art. 198. As ações e serviços públicos de saúde integram uma rede regionalizada e hierarquizada e constituem um sistema único, organizado de acordo com as seguintes diretrizes:

I. descentralização, com direção única em cada esfera de governo;

II. atendimento integral, com prioridade para as atividades preventivas, sem prejuízo dos serviços assistenciais;

III. participação da comunidade.

§ 1º O sistema único de saúde será financiado, nos termos do art. 195, com recursos do orçamento da seguridade social, da União, dos Estados, do Distrito Federal e dos Municípios, além de outras fontes. *(Parágrafo único renumerado para § 1º pela Emenda Constitucional nº 29, de 2000)*

§ 2º A União, os Estados, o Distrito Federal e os Municípios aplicarão, anualmente, em ações e serviços públicos de saúde recursos mínimos derivados da aplicação de percentuais calculados sobre: *(Incluído pela Emenda Constitucional nº 29, de 2000)*

I. no caso da União, a receita corrente líquida do respectivo exercício financeiro, não podendo ser inferior a 15% (quinze por cento); *(Redação dada pela Emenda Constitucional nº 86, de 2015)*

II. no caso dos Estados e do Distrito Federal, o produto da arrecadação dos impostos a que se refere o art. 155 e dos recursos de que tratam os arts. 157 e 159, inciso I, alínea "a", e inciso II, deduzidas as parcelas que forem transferidas aos respectivos Municípios; *(Incluído pela Emenda Constitucional nº 29, de 2000)*

III. no caso dos Municípios e do Distrito Federal, o produto da arrecadação dos impostos a que se refere o art. 156 e dos recursos de que tratam os arts. 158 e 159, inciso I, alínea "b" e § 3º. *(Incluído pela Emenda Constitucional nº 29, de 2000)*

§ 3º Lei complementar, que será reavaliada pelo menos a cada cinco anos, estabelecerá: *(Incluído pela Emenda Constitucional nº 29, de 2000)*

I. os percentuais de que tratam os incisos II e III do § 2º; *(Redação dada pela Emenda Constitucional nº 86, de 2015)*

II. os critérios de rateio dos recursos da União vinculados à saúde destinados aos Estados, ao Distrito Federal e aos Municípios, e dos Estados destinados a seus respectivos Municípios, objetivando a progressiva redução das disparidades regionais; *(Incluído pela Emenda Constitucional nº 29, de 2000)*

III. as normas de fiscalização, avaliação e controle das despesas com saúde nas esferas federal, estadual, distrital e municipal; *(Incluído pela Emenda Constitucional nº 29, de 2000)*

IV. (revogado). *(Redação dada pela Emenda Constitucional nº 86, de 2015)*

§ 4º Os gestores locais do sistema único de saúde poderão admitir agentes comunitários de saúde e agentes de combate às endemias por meio de processo seletivo público, de acordo com a natureza e complexidade de suas atribuições e requisitos específicos para sua atuação. *(Incluído pela Emenda Constitucional nº 51, de 2006)*

§ 5º Lei federal disporá sobre o regime jurídico, o piso salarial profissional nacional, as diretrizes para os Planos de Carreira e a regulamentação das atividades de agente comunitário de saúde e agente de combate às endemias, competindo à União, nos termos da lei, prestar assistência financeira complementar aos Estados, ao Distrito Federal e aos Municípios, para o cumprimento do referido piso salarial. *(Redação dada pela Emenda Constitucional nº 63, de 2010) (Regulamentado pela Lei nº 11.350, de 2006)*

§ 6º Além das hipóteses previstas no § 1º do art. 41 e no § 4º do art. 169 da Constituição Federal, o servidor que exerça funções equivalentes às de agente comunitário de saúde ou de agente de combate às endemias poderá perder o cargo em caso de descumprimento dos requisitos específicos, fixados em lei, para o seu exercício. *(Incluído pela Emenda Constitucional nº 51, de 2006)*

Art. 199. A assistência à saúde é livre à iniciativa privada.

§ 1º As instituições privadas poderão participar de forma complementar do sistema único de saúde, segundo diretrizes deste, mediante contrato de direito público ou convênio, tendo preferência as entidades filantrópicas e as sem fins lucrativos.

§ 2º É vedada a destinação de recursos públicos para auxílios ou subvenções às instituições privadas com fins lucrativos.

§ 3º É vedada a participação direta ou indireta de empresas ou capitais estrangeiros na assistência à saúde no País, salvo nos casos previstos em lei.

§ 4º A lei disporá sobre as condições e os requisitos que facilitem a remoção de órgãos, tecidos e substâncias humanas para fins de transplante, pesquisa e tratamento, bem como a coleta, processamento e transfusão de sangue e seus derivados, sendo vedado todo tipo de comercialização.

Art. 200. Ao sistema único de saúde compete, além de outras atribuições, nos termos da lei:

I. controlar e fiscalizar procedimentos, produtos e substâncias de interesse para a saúde e participar da produção de medicamentos, equipamentos, imunobiológicos, hemoderivados e outros insumos;

II. executar as ações de vigilância sanitária e epidemiológica, bem como as de saúde do trabalhador;

III. ordenar a formação de recursos humanos na área de saúde;

IV. participar da formulação da política e da execução das ações de saneamento básico;

V. incrementar, em sua área de atuação, o desenvolvimento científico e tecnológico e a inovação; *(Redação dada pela Emenda Constitucional nº 85, de 2015)*

VI. fiscalizar e inspecionar alimentos, compreendido o controle de seu teor nutricional, bem como bebidas e águas para consumo humano;

VII. participar do controle e fiscalização da produção, transporte, guarda e utilização de substâncias e produtos psicoativos, tóxicos e radioativos;

VIII. colaborar na proteção do meio ambiente, nele compreendido o do trabalho.

SEÇÃO III

Da Previdência Social

Art. 201. A previdência social será organizada sob a forma de regime geral, de caráter contributivo e de filiação obrigatória, observados critérios que preservem o equilíbrio financeiro e atuarial, e atenderá, nos termos da lei, a: *(Redação dada pela Emenda Constitucional nº 20, de 1998)*

I. cobertura dos eventos de doença, invalidez, morte e idade avançada; *(Redação dada pela Emenda Constitucional nº 20, de 1998)*

II. proteção à maternidade, especialmente à gestante; *(Redação dada pela Emenda Constitucional nº 20, de 1998)*

III. proteção ao trabalhador em situação de desemprego involuntário; *(Redação dada pela Emenda Constitucional nº 20, de 1998)*

IV. salário-família e auxílio-reclusão para os dependentes dos segurados de baixa renda; *(Redação dada pela Emenda Constitucional nº 20, de 1998)*

V. pensão por morte do segurado, homem ou mulher, ao cônjuge ou companheiro e dependentes, observado o disposto no § 2º. *(Redação dada pela Emenda Constitucional nº 20, de 1998)*

§ 1º É vedada a adoção de requisitos e critérios diferenciados para a concessão de aposentadoria aos beneficiários do regime geral de previdência social, ressalvados os casos de atividades exercidas sob condições especiais que prejudiquem a saúde ou a integridade física e quando se tratar de segurados portadores de deficiência, nos termos definidos em lei complementar. *(Redação dada pela Emenda Constitucional nº 47, de 2005)*

§ 2º Nenhum benefício que substitua o salário de contribuição ou o rendimento do trabalho do segurado terá valor mensal inferior ao salário mínimo. *(Redação dada pela Emenda Constitucional nº 20, de 1998)*

§ 3º Todos os salários de contribuição considerados para o cálculo de benefício serão devidamente atualizados, na forma da lei. *(Redação dada pela Emenda Constitucional nº 20, de 1998)*

§ 4º É assegurado o reajustamento dos benefícios para preservar-lhes, em caráter permanente, o valor real, conforme critérios definidos em lei. *(Redação dada pela Emenda Constitucional nº 20, de 1998)*

§ 5º É vedada a filiação ao regime geral de previdência social, na qualidade de segurado facultativo, de pessoa participante de regime próprio de previdência. *(Redação dada pela Emenda Constitucional nº 20, de 1998)*

§ 6º A gratificação natalina dos aposentados e pensionistas terá por base o valor dos proventos do mês de dezembro de cada ano. *(Redação dada pela Emenda Constitucional nº 20, de 1998)*

§ 7º É assegurada aposentadoria no regime geral de previdência social, nos termos da lei, obedecidas as seguintes condições: *(Redação dada pela Emenda Constitucional nº 20, de 1998)*

I. trinta e cinco anos de contribuição, se homem, e trinta anos de contribuição, se mulher; *(Incluído pela Emenda Constitucional nº 20, de 1998)*

II. sessenta e cinco anos de idade, se homem, e sessenta anos de idade, se mulher, reduzido em cinco anos o limite para os trabalhadores rurais de ambos os sexos e para os que exerçam suas atividades em regime de economia familiar, nestes incluídos o produtor rural, o garimpeiro e o pescador artesanal. *(Incluído pela Emenda Constitucional nº 20, de 1998)*

§ 8º Os requisitos a que se refere o inciso I do parágrafo anterior serão reduzidos em cinco anos, para o professor que comprove exclusivamente tempo de efetivo exercício das funções de magistério na educação infantil e no ensino fundamental e médio. *(Redação dada pela Emenda Constitucional nº 20, de 1998)*

§ 9º Para efeito de aposentadoria, é assegurada a contagem recíproca do tempo de contribuição na administração pública e na atividade privada, rural e urbana, hipótese em que os diversos regimes de previdência social se compensarão financeiramente, segundo critérios estabelecidos em lei. *(Incluído pela Emenda Constitucional nº 20, de 1998)*

§ 10. Lei disciplinará a cobertura do risco de acidente do trabalho, a ser atendida concorrentemente pelo regime geral de previdência social e pelo setor privado. *(Incluído pela Emenda Constitucional nº 20, de 1998)*

§ 11. Os ganhos habituais do empregado, a qualquer título, serão incorporados ao salário para efeito de contribuição previdenciária e consequente repercussão em benefícios, nos casos e na forma da lei. *(Incluído pela Emenda Constitucional nº 20, de 1998)*

§ 12. Lei disporá sobre sistema especial de inclusão previdenciária para atender a trabalhadores de baixa renda e àqueles sem renda própria que se dediquem exclusivamente ao trabalho doméstico no âmbito de sua residência, desde que pertencentes a famílias de baixa renda, garantindo-lhes acesso a benefícios de valor igual a um salário mínimo. *(Redação dada pela Emenda Constitucional nº 47, de 2005)*

§ 13. O sistema especial de inclusão previdenciária de que trata o § 12 deste artigo terá alíquotas e carências inferiores às vigentes para os demais segurados do regime geral de previdência social. *(Incluído pela Emenda Constitucional nº 47, de 2005)*

Art. 202. O regime de previdência privada, de caráter complementar e organizado de forma autônoma em relação ao regime geral de previdência social, será facultativo, baseado na constituição de reservas que garantam o benefício contratado, e regulado por lei complementar. *(Redação dada pela Emenda Constitucional nº 20, de 1998)*

§ 1°A lei complementar de que trata este artigo assegurará ao participante de planos de benefícios de entidades de previdência privada o pleno acesso às informações relativas à gestão de seus respectivos planos. *(Redação dada pela Emenda Constitucional nº 20, de 1998)*

§ 2°As contribuições do empregador, os benefícios e as condições contratuais previstas nos estatutos, regulamentos e planos de benefícios das entidades de previdência privada não integram o contrato de trabalho dos participantes, assim como, à exceção dos benefícios concedidos, não integram a remuneração dos participantes, nos termos da lei. *(Redação dada pela Emenda Constitucional nº 20, de 1998)*

§ 3º É vedado o aporte de recursos a entidade de previdência privada pela União, Estados, Distrito

Federal e Municípios, suas autarquias, fundações, empresas públicas, sociedades de economia mista e outras entidades públicas, salvo na qualidade de patrocinador, situação na qual, em hipótese alguma, sua contribuição normal poderá exceder à do segurado. *(Incluído pela Emenda Constitucional nº 20, de 1998)*

§ 4º Lei complementar disciplinará a relação entre a União, Estados, Distrito Federal ou Municípios, inclusive suas autarquias, fundações, sociedades de economia mista e empresas controladas direta ou indiretamente, enquanto patrocinadoras de entidades fechadas de previdência privada, e suas respectivas entidades fechadas de previdência privada. *(Incluído pela Emenda Constitucional nº 20, de 1998)*

§ 5º A lei complementar de que trata o parágrafo anterior aplicar-se-á, no que couber, às empresas privadas permissionárias ou concessionárias de prestação de serviços públicos, quando patrocinadoras de entidades fechadas de previdência privada. *(Incluído pela Emenda Constitucional nº 20, de 1998)*

§ 6º A lei complementar a que se refere o § 4° deste artigo estabelecerá os requisitos para a designação dos membros das diretorias das entidades fechadas de previdência privada e disciplinará a inserção dos participantes nos colegiados e instâncias de decisão em que seus interesses sejam objeto de discussão e deliberação. *(Incluído pela Emenda Constitucional nº 20, de 1998)*

SEÇÃO IV

Da Assistência Social

Art. 203. A assistência social será prestada a quem dela necessitar, independentemente de contribuição à seguridade social, e tem por objetivos:

I. a proteção à família, à maternidade, à infância, à adolescência e à velhice;

II. o amparo às crianças e adolescentes carentes;

III. a promoção da integração ao mercado de trabalho;

IV. a habilitação e reabilitação das pessoas portadoras de deficiência e a promoção de sua integração à vida comunitária;

V. a garantia de um salário mínimo de benefício mensal à pessoa portadora de deficiência e ao idoso que comprovem não possuir meios de prover à própria manutenção ou de tê-la provida por sua família, conforme dispuser a lei.

Art. 204. As ações governamentais na área da assistência social serão realizadas com recursos do orçamento da seguridade social, previstos no art. 195, além de outras fontes, e organizadas com base nas seguintes diretrizes:

I. descentralização político-administrativa, cabendo a coordenação e as normas gerais à esfera federal e a coordenação e a execução dos respectivos programas às esferas estadual e municipal, bem como a entidades beneficentes e de assistência social;

II. participação da população, por meio de organizações representativas, na formulação das políticas e no controle das ações em todos os níveis.

Parágrafo único. É facultado aos Estados e ao Distrito Federal vincular a programa de apoio à inclusão e promoção social até cinco décimos por cento de sua receita tributária líquida, vedada a aplicação desses recursos no pagamento de: *(Incluído pela Emenda Constitucional nº 42, de 2003)*

I. despesas com pessoal e encargos sociais; *(Incluído pela Emenda Constitucional nº 42, de 2003)*

II. serviço da dívida; *(Incluído pela Emenda Constitucional nº 42, de 2003)*

III. qualquer outra despesa corrente não vinculada diretamente aos investimentos ou ações apoiados. *(Incluído pela Emenda Constitucional nº 42, de 2003)*

CAPÍTULO III

Da Educação, da Cultura e do Desporto

SEÇÃO I

Da Educação

Art. 205. A educação, direito de todos e dever do Estado e da família, será promovida e incentivada com a colaboração da sociedade, visando ao pleno desenvolvimento da pessoa, seu preparo para o exercício da cidadania e sua qualificação para o trabalho.

Art. 206. O ensino será ministrado com base nos seguintes princípios:

I. igualdade de condições para o acesso e permanência na escola;

II. liberdade de aprender, ensinar, pesquisar e divulgar o pensamento, a arte e o saber;

III. pluralismo de ideias e de concepções pedagógicas, e coexistência de instituições públicas e privadas de ensino;

IV. gratuidade do ensino público em estabelecimentos oficiais;

V. valorização dos profissionais da educação escolar, garantidos, na forma da lei, planos de carreira, com ingresso exclusivamente por concurso público de provas e títulos, aos das redes públicas; *(Redação dada pela Emenda Constitucional nº 53, de 2006)*

VI. gestão democrática do ensino público, na forma da lei;

VII. garantia de padrão de qualidade.

VIII. piso salarial profissional nacional para os profissionais da educação escolar pública, nos termos de lei federal. *(Incluído pela Emenda Constitucional nº 53, de 2006)*

Parágrafo único. A lei disporá sobre as categorias de trabalhadores considerados profissionais da educação básica e sobre a fixação de prazo para a elaboração ou adequação de seus planos de carreira, no âmbito da União, dos Estados, do Distrito Federal e dos Municípios. *(Incluído pela Emenda Constitucional nº 53, de 2006)*

Art. 207. As universidades gozam de autonomia didático-científica, administrativa e de gestão financeira e patrimonial, e obedecerão ao princípio de indissociabilidade entre ensino, pesquisa e extensão.

§ 1º É facultado às universidades admitir professores, técnicos e cientistas estrangeiros, na forma da lei. *(Incluído pela Emenda Constitucional nº 11, de 1996)*

§ 2º O disposto neste artigo aplica-se às instituições de pesquisa científica e tecnológica. *(Incluído pela Emenda Constitucional nº 11, de 1996)*

Art. 208. O dever do Estado com a educação será efetivado mediante a garantia de:

I. educação básica obrigatória e gratuita dos 4 (quatro) aos 17 (dezessete) anos de idade, assegurada inclusive sua oferta gratuita para todos os que a ela não tiveram acesso na idade própria; *(Redação dada pela Emenda Constitucional nº 59, de 2009)*

II. progressiva universalização do ensino médio gratuito; *(Redação dada pela Emenda Constitucional nº 14, de 1996)*

III. atendimento educacional especializado aos portadores de deficiência, preferencialmente na rede regular de ensino;

IV. educação infantil, em creche e pré-escola, às crianças até 5 (cinco) anos de idade; *(Redação dada pela Emenda Constitucional nº 53, de 2006)*

V. acesso aos níveis mais elevados do ensino, da pesquisa e da criação artística, segundo a capacidade de cada um;

VI. oferta de ensino noturno regular, adequado às condições do educando;

VII. atendimento ao educando, em todas as etapas da educação básica, por meio de programas suplementares de material didático-escolar, transporte, alimentação e assistência à saúde. *(Redação dada pela Emenda Constitucional nº 59, de 2009)*

§ 1º O acesso ao ensino obrigatório e gratuito é direito público subjetivo.

§ 2º O não oferecimento do ensino obrigatório pelo Poder Público, ou sua oferta irregular, importa responsabilidade da autoridade competente.

§ 3º Compete ao Poder Público recensear os educandos no ensino fundamental, fazer-lhes a chamada e zelar, junto aos pais ou responsáveis, pela frequência à escola.

Art. 209. O ensino é livre à iniciativa privada, atendidas as seguintes condições:

I. cumprimento das normas gerais da educação nacional;

II. autorização e avaliação de qualidade pelo Poder Público.

Art. 210. Serão fixados conteúdos mínimos para o ensino fundamental, de maneira a assegurar formação básica comum e respeito aos valores culturais e artísticos, nacionais e regionais.

§ 1º O ensino religioso, de matrícula facultativa, constituirá disciplina dos horários normais das escolas públicas de ensino fundamental.

§ 2º O ensino fundamental regular será ministrado em língua portuguesa, assegurada às comunidades indígenas também a utilização de suas línguas maternas e processos próprios de aprendizagem.

Art. 211. A União, os Estados, o Distrito Federal e os Municípios organizarão em regime de colaboração seus sistemas de ensino.

§ 1º A União organizará o sistema federal de ensino e o dos Territórios, financiará as instituições de ensino públicas federais e exercerá, em matéria educacional, função redistributiva e supletiva, de forma a garantir equalização de oportunidades educacionais e padrão mínimo de qualidade do ensino mediante assistência técnica e financeira aos Estados, ao Distrito Federal e aos Municípios; *(Redação dada pela Emenda Constitucional nº 14, de 1996)*

§ 2º Os Municípios atuarão prioritariamente no ensino fundamental e na educação infantil. *(Redação dada pela Emenda Constitucional nº 14, de 1996)*

§ 3º Os Estados e o Distrito Federal atuarão prioritariamente no ensino fundamental e médio. *(Incluído pela Emenda Constitucional nº 14, de 1996)*

§ 4º Na organização de seus sistemas de ensino, a União, os Estados, o Distrito Federal e os Municípios definirão formas de colaboração, de modo a assegurar a universalização do ensino obrigatório. *(Redação dada pela Emenda Constitucional nº 59, de 2009)*

§ 5º A educação básica pública atenderá prioritariamente ao ensino regular. *(Incluído pela Emenda Constitucional nº 53, de 2006)*

Art. 212. A União aplicará, anualmente, nunca menos de dezoito, e os Estados, o Distrito Federal e os Municípios vinte e cinco por cento, no mínimo, da receita resultante de impostos, compreendida a proveniente de transferências, na manutenção e desenvolvimento do ensino.

§ 1º A parcela da arrecadação de impostos transferida pela União aos Estados, ao Distrito Federal e aos Municípios, ou pelos Estados aos respectivos Municípios, não é considerada, para efeito do cálculo previsto neste artigo, receita do governo que a transferir.

§ 2º Para efeito do cumprimento do disposto no *caput* deste artigo, serão considerados os sistemas de ensino federal, estadual e municipal e os recursos aplicados na forma do art. 213.

§ 3º A distribuição dos recursos públicos assegurará prioridade ao atendimento das necessidades do ensino obrigatório, no que se refere a universalização, garantia de padrão de qualidade e equidade, nos termos do plano nacional de educação. *(Redação dada pela Emenda Constitucional nº 59, de 2009)*

§ 4º Os programas suplementares de alimentação e assistência à saúde previstos no art. 208, VII, serão financiados com recursos provenientes de contribuições sociais e outros recursos orçamentários.

§ 5º A educação básica pública terá como fonte adicional de financiamento a contribuição social do salário-educação, recolhida pelas empresas na forma da lei. *(Redação dada pela Emenda Constitucional nº 53, de 2006)*

§ 6º As cotas estaduais e municipais da arrecadação da contribuição social do salário-educação serão distribuídas proporcionalmente ao número de alunos matriculados na educação básica nas respectivas redes públicas de ensino. *(Incluído pela Emenda Constitucional nº 53, de 2006)*

Art. 213. Os recursos públicos serão destinados às escolas públicas, podendo ser dirigidos a escolas comunitárias, confessionais ou filantrópicas, definidas em lei, que:

I. comprovem finalidade não lucrativa e apliquem seus excedentes financeiros em educação;

II. assegurem a destinação de seu patrimônio a outra escola comunitária, filantrópica ou confessional, ou ao Poder Público, no caso de encerramento de suas atividades.

§ 1º Os recursos de que trata este artigo poderão ser destinados a bolsas de estudo para o ensino fundamental e médio, na forma da lei, para os que demonstrarem insuficiência de recursos, quando houver falta de vagas e cursos regulares da rede pública na localidade da residência do educando, ficando o Poder Público obrigado a investir prioritariamente na expansão de sua rede na localidade.

§ 2º As atividades de pesquisa, de extensão e de estímulo e fomento à inovação realizadas por universidades e/ou por instituições de educação profissional e tecnológica poderão receber apoio financeiro do Poder Público. *(Redação dada pela Emenda Constitucional nº 85, de 2015)*

Art. 214. A lei estabelecerá o plano nacional de educação, de duração decenal, com o objetivo de articular o sistema nacional de educação em regime de colaboração e definir diretrizes, objetivos, metas e estratégias de implementação para assegurar a manutenção e desenvolvimento do ensino em seus diversos níveis, etapas e modalidades por meio de ações integradas dos poderes públicos das diferentes esferas federativas que conduzam a: *(Redação dada pela Emenda Constitucional nº 59, de 2009)*

I. erradicação do analfabetismo;

II. universalização do atendimento escolar;

III. melhoria da qualidade do ensino;

IV. formação para o trabalho;

V. promoção humanística, científica e tecnológica do País.

VI. estabelecimento de meta de aplicação de recursos públicos em educação como proporção do produto interno bruto. *(Incluído pela Emenda Constitucional nº 59, de 2009)*

SEÇÃO II

Da Cultura

Art. 215. O Estado garantirá a todos o pleno exercício dos direitos culturais e acesso às fontes da cultura nacional, e apoiará e incentivará a valorização e a difusão das manifestações culturais.

§ 1º O Estado protegerá as manifestações das culturas populares, indígenas e afro-brasileiras, e das de outros grupos participantes do processo civilizatório nacional.

§ 2ºA lei disporá sobre a fixação de datas comemorativas de alta significação para os diferentes segmentos étnicos nacionais.

§ 3ºA lei estabelecerá o Plano Nacional de Cultura, de duração plurianual, visando ao desenvolvimento cultural do País e à integração das ações do poder público que conduzem à: *(Incluído pela Emenda Constitucional nº 48, de 2005)*

I. defesa e valorização do patrimônio cultural brasileiro; *(Incluído pela Emenda Constitucional nº 48, de 2005)*

II. produção, promoção e difusão de bens culturais; *(Incluído pela Emenda Constitucional nº 48, de 2005)*

III. formação de pessoal qualificado para a gestão da cultura em suas múltiplas dimensões; *(Incluído pela Emenda Constitucional nº 48, de 2005)*

IV. democratização do acesso aos bens de cultura; *(Incluído pela Emenda Constitucional nº 48, de 2005)*

V. valorização da diversidade étnica e regional. *(Incluído pela Emenda Constitucional nº 48, de 2005)*

Art. 216. Constituem patrimônio cultural brasileiro os bens de natureza material e imaterial, tomados individualmente ou em conjunto, portadores de referência à identidade, à ação, à memória dos diferentes grupos formadores da sociedade brasileira, nos quais se incluem:

I. as formas de expressão;

II. os modos de criar, fazer e viver;

III. as criações científicas, artísticas e tecnológicas;

IV. as obras, objetos, documentos, edificações e demais espaços destinados às manifestações artístico-culturais;

V. os conjuntos urbanos e sítios de valor histórico, paisagístico, artístico, arqueológico, paleontológico, ecológico e científico.

§ 1º O Poder Público, com a colaboração da comunidade, promoverá e protegerá o patrimônio cultural brasileiro, por meio de inventários, registros, vigilância, tombamento e desapropriação, e de outras formas de acautelamento e preservação.

§ 2º Cabem à administração pública, na forma da lei, a gestão da documentação governamental e as providências para franquear sua consulta a quantos dela necessitem.

§ 3º A lei estabelecerá incentivos para a produção e o conhecimento de bens e valores culturais.

§ 4º Os danos e ameaças ao patrimônio cultural serão punidos, na forma da lei.

§ 5º Ficam tombados todos os documentos e os sítios detentores de reminiscências históricas dos antigos quilombos.

§ 6º É facultado aos Estados e ao Distrito Federal vincular a fundo estadual de fomento à cultura até cinco décimos por cento de sua receita tributária líquida, para o financiamento de programas e projetos culturais, vedada a aplicação desses recursos no pagamento de: *(Incluído pela Emenda Constitucional nº 42, de 2003)*

I. despesas com pessoal e encargos sociais; *(Incluído pela Emenda Constitucional nº 42, de 2003)*

II. serviço da dívida; *(Incluído pela Emenda Constitucional nº 42, de 2003)*

III. qualquer outra despesa corrente não vinculada diretamente aos investimentos ou ações apoiados. *(Incluído pela Emenda Constitucional nº 42, de 2003)*

Art. 216-A. O Sistema Nacional de Cultura, organizado em regime de colaboração, de forma descentralizada e participativa, institui um processo de gestão e promoção conjunta de políticas públicas de cultura, democráticas e permanentes, pactuadas entre os entes da Federação e a sociedade, tendo por objetivo promover o desenvolvimento humano, social e econômico com pleno exercício dos direitos culturais. *(Incluído pela Emenda Constitucional nº 71, de 2012)*

§ 1º O Sistema Nacional de Cultura fundamenta-se na política nacional de cultura e nas suas diretrizes, estabelecidas no Plano Nacional de Cultura, e rege-se pelos seguintes princípios: *(Incluído pela Emenda Constitucional nº 71, de 2012)*

I. diversidade das expressões culturais; *(Incluído pela Emenda Constitucional nº 71, de 2012)*

II. universalização do acesso aos bens e serviços culturais; *(Incluído pela Emenda Constitucional nº 71, de 2012)*

III. fomento à produção, difusão e circulação de conhecimento e bens culturais; *(Incluído pela Emenda Constitucional nº 71, de 2012)*

IV. cooperação entre os entes federados, os agentes públicos e privados atuantes na área cultural; *(Incluído pela Emenda Constitucional nº 71, de 2012)*

V. integração e interação na execução das políticas, programas, projetos e ações desenvolvidas; *(Incluído pela Emenda Constitucional nº 71, de 2012)*

VI. complementaridade nos papéis dos agentes culturais; *(Incluído pela Emenda Constitucional nº 71, de 2012)*

VII. transversalidade das políticas culturais; *(Incluído pela Emenda Constitucional nº 71, de 2012)*

VIII. autonomia dos entes federados e das instituições da sociedade civil; *(Incluído pela Emenda Constitucional nº 71, de 2012)*

IX. transparência e compartilhamento das informações; *(Incluído pela Emenda Constitucional nº 71, de 2012)*

X. democratização dos processos decisórios com participação e controle social; *(Incluído pela Emenda Constitucional nº 71, de 2012)*

XI. descentralização articulada e pactuada da gestão, dos recursos e das ações; *(Incluído pela Emenda Constitucional nº 71, de 2012)*

XII. ampliação progressiva dos recursos contidos nos orçamentos públicos para a cultura. *(Incluído pela Emenda Constitucional nº 71, de 2012)*

§ 2º Constitui a estrutura do Sistema Nacional de Cultura, nas respectivas esferas da Federação: *(Incluído pela Emenda Constitucional nº 71, de 2012)*

I. órgãos gestores da cultura; *(Incluído pela Emenda Constitucional nº 71, de 2012)*

II. conselhos de política cultural; *(Incluído pela Emenda Constitucional nº 71, de 2012)*

III. conferências de cultura; *(Incluído pela Emenda Constitucional nº 71, de 2012)*

IV. comissões intergestores; *(Incluído pela Emenda Constitucional nº 71, de 2012)*

V. planos de cultura; *(Incluído pela Emenda Constitucional nº 71, de 2012)*

VI. sistemas de financiamento à cultura; *(Incluído pela Emenda Constitucional nº 71, de 2012)*

VII. sistemas de informações e indicadores culturais; *(Incluído pela Emenda Constitucional nº 71, de 2012)*

VIII. programas de formação na área da cultura; e *(Incluído pela Emenda Constitucional nº 71, de 2012)*

IX. sistemas setoriais de cultura. *(Incluído pela Emenda Constitucional nº 71, de 2012)*

§ 3ºLei federal disporá sobre a regulamentação do Sistema Nacional de Cultura, bem como de sua articulação com os demais sistemas nacionais ou políticas setoriais de governo. *(Incluído pela Emenda Constitucional nº 71, de 2012)*

§ 4º Os Estados, o Distrito Federal e os Municípios organizarão seus respectivos sistemas de cultura em leis próprias. *(Incluído pela Emenda Constitucional nº 71, de 2012)*

SEÇÃO III

Do Desporto

Art. 217. É dever do Estado fomentar práticas desportivas formais e não formais, como direito de cada um, observados:

I. a autonomia das entidades desportivas dirigentes e associações, quanto a sua organização e funcionamento;

II. a destinação de recursos públicos para a promoção prioritária do desporto educacional e, em casos específicos, para a do desporto de alto rendimento;

III. o tratamento diferenciado para o desporto profissional e o não profissional;

IV. a proteção e o incentivo às manifestações desportivas de criação nacional.

§ 1º O Poder Judiciário só admitirá ações relativas à disciplina e às competições desportivas após esgotarem-se as instâncias da justiça desportiva, regulada em lei.

§ 2º A justiça desportiva terá o prazo máximo de sessenta dias, contados da instauração do processo, para proferir decisão final.

§ 3º O Poder Público incentivará o lazer, como forma de promoção social.

CAPÍTULO IV

Da Ciência, Tecnologia e Inovação

(Redação Dada pela Emenda Constitucional nº 85, de 2015)

Art. 218. O Estado promoverá e incentivará o desenvolvimento científico, a pesquisa, a capacitação científica e tecnológica e a inovação. *(Redação dada pela Emenda Constitucional nº 85, de 2015)*

§ 1º A pesquisa científica básica e tecnológica receberá tratamento prioritário do Estado, tendo em vista o bem público e o progresso da ciência, tecnologia e inovação. *(Redação dada pela Emenda Constitucional nº 85, de 2015)*

§ 2º A pesquisa tecnológica voltar-se-á preponderantemente para a solução dos problemas brasileiros e para o desenvolvimento do sistema produtivo nacional e regional.

§ 3º O Estado apoiará a formação de recursos humanos nas áreas de ciência, pesquisa, tecnologia e inovação, inclusive por meio do apoio às atividades de extensão tecnológica, e concederá aos que delas se ocupem meios e condições especiais de trabalho. *(Redação dada pela Emenda Constitucional nº 85, de 2015)*

§ 4º A lei apoiará e estimulará as empresas que invistam em pesquisa, criação de tecnologia adequada ao País, formação e aperfeiçoamento de seus recursos humanos e que pratiquem sistemas de remuneração que assegurem ao empregado, desvinculada do salário, participação nos ganhos econômicos resultantes da produtividade de seu trabalho.

§ 5º É facultado aos Estados e ao Distrito Federal vincular parcela de sua receita orçamentária a entidades públicas de fomento ao ensino e à pesquisa científica e tecnológica.

§ 6º O Estado, na execução das atividades previstas no *caput* , estimulará a articulação entre entes, tanto públicos quanto privados, nas diversas esferas de governo. *(Incluído pela Emenda Constitucional nº 85, de 2015)*

§ 7º O Estado promoverá e incentivará a atuação no exterior das instituições públicas de ciência, tecnologia e inovação, com vistas à execução das atividades previstas no *caput*. *(Incluído pela Emenda Constitucional nº 85, de 2015)*

Art. 219. O mercado interno integra o patrimônio nacional e será incentivado de modo a viabilizar o desenvolvimento cultural e socioeconômico, o bem-estar da população e a autonomia tecnológica do País, nos termos de lei federal.

Parágrafo único. O Estado estimulará a formação e o fortalecimento da inovação nas empresas, bem como nos demais entes, públicos ou privados, a constituição e a manutenção de parques e polos tecnológicos e de demais ambientes promotores da inovação, a atuação dos inventores independentes e a criação, absorção, difusão e transferência de tecnologia. *(Incluído pela Emenda Constitucional nº 85, de 2015)*

Art. 219-A. A União, os Estados, o Distrito Federal e os Municípios poderão firmar instrumentos de cooperação com órgãos e entidades públicos e com entidades privadas, inclusive para o compartilhamento de recursos humanos especializados e capacidade instalada, para a execução de projetos de pesquisa, de desenvolvimento científico e tecnológico e de inovação, mediante contrapartida financeira ou não financeira assumida pelo ente beneficiário, na forma da lei. *(Incluído pela Emenda Constitucional nº 85, de 2015)*

Art. 219-B. O Sistema Nacional de Ciência, Tecnologia e Inovação (SNCTI) será organizado em regime de colaboração entre entes, tanto públicos quanto privados, com vistas a promover o desenvolvimento científico e tecnológico e a inovação. *(Incluído pela Emenda Constitucional nº 85, de 2015)*

§ 1º Lei federal disporá sobre as normas gerais do SNCTI. *(Incluído pela Emenda Constitucional nº 85, de 2015)*

§ 2º Os Estados, o Distrito Federal e os Municípios legislarão concorrentemente sobre suas peculiaridades. *(Incluído pela Emenda Constitucional nº 85, de 2015)*

CAPÍTULO V

Da Comunicação Social

Art. 220. A manifestação do pensamento, a criação, a expressão e a informação, sob qualquer forma, processo ou veículo não sofrerão qualquer restrição, observado o disposto nesta Constituição.

§ 1º Nenhuma lei conterá dispositivo que possa constituir embaraço à plena liberdade de informação jornalística em qualquer veículo de comunicação social, observado o disposto no art. 5º, IV, V, X, XIII e XIV.

§ 2º É vedada toda e qualquer censura de natureza política, ideológica e artística.

§ 3º Compete à lei federal:

I. regular as diversões e espetáculos públicos, cabendo ao Poder Público informar sobre a natureza deles, as faixas etárias a que não se recomendem, locais e horários em que sua apresentação se mostre inadequada;

II. estabelecer os meios legais que garantam à pessoa e à família a possibilidade de se defenderem de programas ou programações de rádio e televisão que contrariem o disposto no art. 221, bem como da propaganda de produtos, práticas e serviços que possam ser nocivos à saúde e ao meio ambiente.

§ 4º A propaganda comercial de tabaco, bebidas alcoólicas, agrotóxicos, medicamentos e terapias estará sujeita a restrições legais, nos termos do inciso II do parágrafo anterior, e conterá, sempre que necessário, advertência sobre os malefícios decorrentes de seu uso.

§ 5º Os meios de comunicação social não podem, direta ou indiretamente, ser objeto de monopólio ou oligopólio.

§ 6º A publicação de veículo impresso de comunicação independe de licença de autoridade.

Art. 221. A produção e a programação das emissoras de rádio e televisão atenderão aos seguintes princípios:

I. preferência a finalidades educativas, artísticas, culturais e informativas;

II. promoção da cultura nacional e regional e estímulo à produção independente que objetive sua divulgação;

III. regionalização da produção cultural, artística e jornalística, conforme percentuais estabelecidos em lei;

IV. respeito aos valores éticos e sociais da pessoa e da família.

Art. 222. A propriedade de empresa jornalística e de radiodifusão sonora e de sons e imagens é privativa de brasileiros natos ou naturalizados há mais de dez anos, ou de pessoas jurídicas constituídas sob as leis brasileiras e que tenham sede no País. *(Redação dada pela Emenda Constitucional nº 36, de 2002)*

§ 1º Em qualquer caso, pelo menos setenta por cento do capital total e do capital votante das empresas jornalísticas e de radiodifusão sonora e de sons e imagens deverão pertencer, direta ou indiretamente, a brasileiros natos ou naturalizados há mais de dez anos, que exercerão obrigatoriamente a gestão das atividades e estabelecerão o conteúdo da programação. *(Redação dada pela Emenda Constitucional nº 36, de 2002)*

§ 2º A responsabilidade editorial e as atividades de seleção e direção da programação veiculada são privativas de brasileiros natos ou naturalizados há mais de dez anos, em qualquer meio de comunicação social. *(Redação dada pela Emenda Constitucional nº 36, de 2002)*

§ 3º Os meios de comunicação social eletrônica, independentemente da tecnologia utilizada para a prestação do serviço, deverão observar os princípios enunciados no art. 221, na forma de lei específica, que também garantirá a prioridade de profissionais brasileiros na execução de produções nacionais. *(Incluído pela Emenda Constitucional nº 36, de 2002)*

§ 4º Lei disciplinará a participação de capital estrangeiro nas empresas de que trata o § 1º. *(Incluído pela Emenda Constitucional nº 36, de 2002)*

§ 5º As alterações de controle societário das empresas de que trata o § 1º serão comunicadas ao Congresso Nacional. *(Incluído pela Emenda Constitucional nº 36, de 2002)*

Art. 223. Compete ao Poder Executivo outorgar e renovar concessão, permissão e autorização para o serviço de radiodifusão sonora e de sons e imagens, observado o princípio da complementaridade dos sistemas privado, público e estatal.

§ 1º O Congresso Nacional apreciará o ato no prazo do art. 64, § 2º e § 4º, a contar do recebimento da mensagem.

§ 2º A não renovação da concessão ou permissão dependerá de aprovação de, no mínimo, dois quintos do Congresso Nacional, em votação nominal.

§ 3º O ato de outorga ou renovação somente produzirá efeitos legais após deliberação do Congresso Nacional, na forma dos parágrafos anteriores.

§ 4º O cancelamento da concessão ou permissão, antes de vencido o prazo, depende de decisão judicial.

§ 5º O prazo da concessão ou permissão será de dez anos para as emissoras de rádio e de quinze para as de televisão.

Art. 224. Para os efeitos do disposto neste capítulo, o Congresso Nacional instituirá, como seu órgão auxiliar, o Conselho de Comunicação Social, na forma da lei.

CAPÍTULO VI

Do Meio Ambiente

Art. 225. Todos têm direito ao meio ambiente ecologicamente equilibrado, bem de uso comum do povo e essencial à sadia qualidade de vida, impondo-se ao Poder Público e à coletividade o dever de defendê-lo e preservá-lo para as presentes e futuras gerações.

§ 1º Para assegurar a efetividade desse direito, incumbe ao Poder Público:

I. preservar e restaurar os processos ecológicos essenciais e prover o manejo ecológico das espécies e ecossistemas; *(Regulamentado pela Lei nº 9.985, de 2000)*

II. preservar a diversidade e a integridade do patrimônio genético do País e fiscalizar as entidades dedicadas à pesquisa e manipulação de material genético; *(Regulamentado pela Lei nº 9.985, de 2000, e Lei nº 11.105, de 2005)*

III. definir, em todas as unidades da Federação, espaços territoriais e seus componentes a serem especialmente protegidos, sendo a alteração e a supressão permitidas somente através de lei, vedada qualquer utilização que comprometa a integridade dos atributos que justifiquem sua proteção; *(Regulamentado pela Lei nº 9.985, de 2000)*

IV. exigir, na forma da lei, para instalação de obra ou atividade potencialmente causadora de significativa degradação do meio ambiente, estudo prévio de impacto ambiental, a que se dará publicidade; *(Regulamentado pela Lei nº 11.105, de 2005)*

V. controlar a produção, a comercialização e o emprego de técnicas, métodos e substâncias que comportem risco para a vida, a qualidade de vida e o meio ambiente; *(Regulamentado pela Lei nº 11.105, de 2005)*

VI. promover a educação ambiental em todos os níveis de ensino e a conscientização pública para a preservação do meio ambiente;

VII. proteger a fauna e a flora, vedadas, na forma da lei, as práticas que coloquem em risco sua função ecológica, provoquem a extinção de espécies ou submetam os animais a crueldade. *(Regulamentado pela Lei nº 9.985, de 2000)*

§ 2º Aquele que explorar recursos minerais fica obrigado a recuperar o meio ambiente degradado, de acordo com solução técnica exigida pelo órgão público competente, na forma da lei.

§ 3º As condutas e atividades consideradas lesivas ao meio ambiente sujeitarão os infratores, pessoas físicas ou jurídicas, a sanções penais e administrativas, independentemente da obrigação de reparar os danos causados.

§ 4º A Floresta Amazônica brasileira, a Mata Atlântica, a Serra do Mar, o Pantanal Mato-Grossense e a Zona Costeira são patrimônio nacional, e sua utilização far-se-á, na forma da lei, dentro de condições que assegurem a preservação do meio ambiente, inclusive quanto ao uso dos recursos naturais.

§ 5º São indisponíveis as terras devolutas ou arrecadadas pelos Estados, por ações discriminatórias, necessárias à proteção dos ecossistemas naturais.

§ 6º As usinas que operem com reator nuclear deverão ter sua localização definida em lei federal, sem o que não poderão ser instaladas.

§ 7º Para fins do disposto na parte final do inciso VII do § 1º deste artigo, não se consideram cruéis as práticas desportivas que utilizem animais, desde que sejam manifestações culturais, conforme o § 1º do art. 215 desta Constituição Federal, registradas como bem de natureza imaterial integrante do patrimônio cultural brasileiro, devendo ser regulamentadas por lei específica que assegure o bem-estar dos animais envolvidos. *(Incluído pela Emenda Constitucional nº 96, de 2017)*

CAPÍTULO VII

Da Família, da Criança, do Adolescente, do Jovem e do Idoso

(Redação dada pela Emenda Constitucional nº 65, de 2010)

Art. 226. A família, base da sociedade, tem especial proteção do Estado.

§ 1º O casamento é civil e gratuita a celebração.

§ 2º O casamento religioso tem efeito civil, nos termos da lei.

§ 3º Para efeito da proteção do Estado, é reconhecida a união estável entre o homem e a mulher como entidade familiar, devendo a lei facilitar sua conversão em casamento.

§ 4º Entende-se, também, como entidade familiar a comunidade formada por qualquer dos pais e seus descendentes.

§ 5º Os direitos e deveres referentes à sociedade conjugal são exercidos igualmente pelo homem e pela mulher.

§ 6º O casamento civil pode ser dissolvido pelo divórcio. *(Redação dada pela Emenda Constitucional nº 66, de 2010)*

§ 7º Fundado nos princípios da dignidade da pessoa humana e da paternidade responsável, o planejamento familiar é livre decisão do casal, competindo ao Estado propiciar recursos educacionais e científicos para o exercício desse direito, vedada qualquer forma coercitiva por parte de instituições oficiais ou privadas.

§ 8º O Estado assegurará a assistência à família na pessoa de cada um dos que a integram, criando mecanismos para coibir a violência no âmbito de suas relações.

Art. 227. É dever da família, da sociedade e do Estado assegurar à criança, ao adolescente e ao jovem, com absoluta prioridade, o direito à vida, à saúde, à alimentação, à educação, ao lazer, à profissionalização, à cultura, à dignidade, ao respeito, à liberdade e à convivência familiar e comunitária, além de colocá-los a salvo de toda forma de negligência, discriminação, exploração, violência, crueldade e opressão. *(Redação dada pela Emenda Constitucional nº 65, de 2010)*

§ 1º O Estado promoverá programas de assistência integral à saúde da criança, do adolescente e do jovem, admitida a participação de entidades não governamentais, mediante políticas específicas e obedecendo aos seguintes preceitos: *(Redação dada Pela Emenda Constitucional nº 65, de 2010)*

I. aplicação de percentual dos recursos públicos destinados à saúde na assistência materno-infantil;

II. criação de programas de prevenção e atendimento especializado para as pessoas portadoras de deficiência física, sensorial ou mental, bem como de integração social do adolescente e do jovem portador de deficiência, mediante o treinamento para o trabalho e a convivência, e a facilitação do acesso aos bens e serviços coletivos, com a eliminação de obstáculos arquitetônicos e de todas as formas de discriminação. *(Redação dada pela Emenda Constitucional nº 65, de 2010)*

§ 2º A lei disporá sobre normas de construção dos logradouros e dos edifícios de uso público e de fabricação de veículos de transporte coletivo, a fim de garantir acesso adequado às pessoas portadoras de deficiência.

§ 3º O direito a proteção especial abrangerá os seguintes aspectos:

I. idade mínima de quatorze anos para admissão ao trabalho, observado o disposto no art. 7º, XXXIII;

II. garantia de direitos previdenciários e trabalhistas;

III. garantia de acesso do trabalhador adolescente e jovem à escola; *(Redação dada pela Emenda Constitucional nº 65, de 2010)*

IV. garantia de pleno e formal conhecimento da atribuição de ato infracional, igualdade na relação processual e defesa técnica por profissional habilitado, segundo dispuser a legislação tutelar específica;

V. obediência aos princípios de brevidade, excepcionalidade e respeito à condição peculiar de pessoa em desenvolvimento, quando da aplicação de qualquer medida privativa da liberdade;

VI. estímulo do Poder Público, através de assistência jurídica, incentivos fiscais e subsídios, nos termos da lei, ao acolhimento, sob a forma de guarda, de criança ou adolescente órfão ou abandonado;

VII. programas de prevenção e atendimento especializado à criança, ao adolescente e ao jovem dependente de entorpecentes e drogas afins. *(Redação dada pela Emenda Constitucional nº 65, de 2010)*

§ 4º A lei punirá severamente o abuso, a violência e a exploração sexual da criança e do adolescente.

§ 5º A adoção será assistida pelo Poder Público, na forma da lei, que estabelecerá casos e condições de sua efetivação por parte de estrangeiros.

§ 6º Os filhos, havidos ou não da relação do casamento, ou por adoção, terão os mesmos direitos e qualificações, proibidas quaisquer designações discriminatórias relativas à filiação.

§ 7º No atendimento dos direitos da criança e do adolescente levar-se- á em consideração o disposto no art. 204.

§ 8º A lei estabelecerá: *(Incluído Pela Emenda Constitucional nº 65, de 2010)*

I. o estatuto da juventude, destinado a regular os direitos dos jovens; *(Incluído pela Emenda Constitucional nº 65, de 2010)*

II. o plano nacional de juventude, de duração decenal, visando à articulação das várias esferas do poder público para a execução de políticas públicas. *(Incluído pela Emenda Constitucional nº 65, de 2010)*

Art. 228. São penalmente inimputáveis os menores de dezoito anos, sujeitos às normas da legislação especial.

Art. 229. Os pais têm o dever de assistir, criar e educar os filhos menores, e os filhos maiores têm o dever de ajudar e amparar os pais na velhice, carência ou enfermidade.

Art. 230. A família, a sociedade e o Estado têm o dever de amparar as pessoas idosas, assegurando sua participação na comunidade, defendendo sua dignidade e bem-estar e garantindo-lhes o direito à vida.

§ 1º Os programas de amparo aos idosos serão executados preferencialmente em seus lares.

§ 2º Aos maiores de sessenta e cinco anos é garantida a gratuidade dos transportes coletivos urbanos.

CAPÍTULO VIII

Dos Índios

Art. 231. São reconhecidos aos índios sua organização social, costumes, línguas, crenças e tradições, e os direitos originários sobre as terras que tradicionalmente ocupam, competindo à União demarcá-las, proteger e fazer respeitar todos os seus bens.

§ 1º São terras tradicionalmente ocupadas pelos índios as por eles habitadas em caráter permanente, as utilizadas para suas atividades produtivas, as imprescindíveis à preservação dos recursos ambientais necessários a seu bem-estar e as necessárias a sua reprodução física e cultural, segundo seus usos, costumes e tradições.

§ 2º As terras tradicionalmente ocupadas pelos índios destinam-se a sua posse permanente, cabendo-lhes o usufruto exclusivo das riquezas do solo, dos rios e dos lagos nelas existentes.

§ 3º O aproveitamento dos recursos hídricos, incluídos os potenciais energéticos, a pesquisa e a lavra das riquezas minerais em terras indígenas só podem ser efetivados com autorização do Congresso Nacional, ouvidas as comunidades afetadas, ficando-lhes assegurada participação nos resultados da lavra, na forma da lei.

§ 4º As terras de que trata este artigo são inalienáveis e indisponíveis, e os direitos sobre elas, imprescritíveis.

§ 5º É vedada a remoção dos grupos indígenas de suas terras, salvo, *ad referendum* do Congresso Nacional, em caso de catástrofe ou epidemia que ponha em risco sua população, ou no interesse da soberania do País, após deliberação do Congresso Nacional, garantido, em qualquer hipótese, o retorno imediato logo que cesse o risco.

§ 6º São nulos e extintos, não produzindo efeitos jurídicos, os atos que tenham por objeto a ocupação, o domínio e a posse das terras a que se refere este artigo, ou a exploração das riquezas naturais do solo, dos rios e dos lagos nelas existentes, ressalvado relevante interesse público da União, segundo o que dispuser lei complementar, não gerando a nulidade e a extinção direito a indenização ou a ações contra a União, salvo, na forma da lei, quanto às benfeitorias derivadas da ocupação de boa-fé.

§ 7º Não se aplica às terras indígenas o disposto no art. 174, § 3º e § 4º.

Art. 232. Os índios, suas comunidades e organizações são partes legítimas para ingressar em juízo em defesa de seus direitos e interesses, intervindo o Ministério Público em todos os atos do processo.

TÍTULO IX

Das Disposições Constitucionais Gerais

Art. 233. *(Revogado pela Emenda Constitucional nº 28, de 2000)*

Art. 234. É vedado à União, direta ou indiretamente, assumir, em decorrência da criação de Estado, encargos referentes a despesas com pessoal inativo e com encargos e amortizações da dívida interna ou externa da administração pública, inclusive da indireta.

Art. 235. Nos dez primeiros anos da criação de Estado, serão observadas as seguintes normas básicas:

I. a Assembleia Legislativa será composta de dezessete Deputados se a população do Estado for inferior a seiscentos mil habitantes, e de vinte e quatro, se igual ou superior a esse número, até um milhão e quinhentos mil;

II. o Governo terá no máximo dez Secretarias;

III. o Tribunal de Contas terá três membros, nomeados, pelo Governador eleito, dentre brasileiros de comprovada idoneidade e notório saber;

IV. o Tribunal de Justiça terá sete Desembargadores;

V. os primeiros Desembargadores serão nomeados pelo Governador eleito, escolhidos da seguinte forma:

a) cinco dentre os magistrados com mais de trinta e cinco anos de idade, em exercício na área do novo Estado ou do Estado originário;

b) dois dentre promotores, nas mesmas condições, e advogados de comprovada idoneidade e saber jurídico, com dez anos, no mínimo, de exercício profissional, obedecido o procedimento fixado na Constituição;

VI. no caso de Estado proveniente de Território Federal, os cinco primeiros Desembargadores poderão ser escolhidos dentre juízes de direito de qualquer parte do País;

VII. em cada Comarca, o primeiro Juiz de Direito, o primeiro Promotor de Justiça e o primeiro Defensor Público serão nomeados pelo Governador eleito após concurso público de provas e títulos;

VIII. até a promulgação da Constituição Estadual, responderão pela Procuradoria-Geral, pela Advocacia-Geral e pela Defensoria-Geral do Estado advogados de notório saber, com trinta e cinco anos de idade, no mínimo, nomeados pelo Governador eleito e demissíveis *ad nutum*;

IX. se o novo Estado for resultado de transformação de Território Federal, a transferência de encargos financeiros da União para pagamento dos servidores optantes que pertenciam à Administração Federal ocorrerá da seguinte forma:

a) no sexto ano de instalação, o Estado assumirá vinte por cento dos encargos financeiros para fazer face ao pagamento dos servidores públicos, ficando ainda o restante sob a responsabilidade da União;

b) no sétimo ano, os encargos do Estado serão acrescidos de trinta por cento e, no oitavo, dos restantes cinquenta por cento;

X. as nomeações que se seguirem às primeiras, para os cargos mencionados neste artigo, serão disciplinadas na Constituição Estadual;

XI. as despesas orçamentárias com pessoal não poderão ultrapassar cinquenta por cento da receita do Estado.

Art. 236. Os serviços notariais e de registro são exercidos em caráter privado, por delegação do Poder Público. *(Regulamentado pela Lei nº 8.935, de 1994)*

§ 1º Lei regulará as atividades, disciplinará a responsabilidade civil e criminal dos notários, dos oficiais de registro e de seus prepostos, e definirá a fiscalização de seus atos pelo Poder Judiciário.

§ 2º Lei federal estabelecerá normas gerais para fixação de emolumentos relativos aos atos praticados pelos serviços notariais e de registro. *(Regulamentado pela Lei nº 10.169, de 2000)*

§ 3º O ingresso na atividade notarial e de registro depende de concurso público de provas e títulos, não se permitindo que qualquer serventia fique vaga, sem abertura de concurso de provimento ou de remoção, por mais de seis meses.

Art. 237. A fiscalização e o controle sobre o comércio exterior, essenciais à defesa dos interesses fazendários nacionais, serão exercidos pelo Ministério da Fazenda.

Art. 238. A lei ordenará a venda e revenda de combustíveis de petróleo, álcool carburante e outros combustíveis derivados de matérias-primas renováveis, respeitados os princípios desta Constituição.

Art. 239. A arrecadação decorrente das contribuições para o Programa de Integração Social, criado pela Lei Complementar nº 7, de 7 de setembro de 1970, e para o Programa de Formação do Patrimônio do Servidor Público, criado pela Lei Complementar nº 8, de 3 de dezembro de 1970, passa, a partir da promulgação desta Constituição, a financiar, nos termos que a lei dispuser, o programa do seguro-desemprego e o abono de que trata o § 3º deste artigo. *(Vide Lei nº 7.998, de 1990, e Lei nº 9.715, de 1998)*

§ 1º Dos recursos mencionados no *caput* deste artigo, pelo menos quarenta por cento serão destinados a financiar programas de desenvolvimento econômico, através do Banco Nacional de Desenvolvimento Econômico e Social, com critérios de remuneração que lhes preservem o valor.

§ 2º Os patrimônios acumulados do Programa de Integração Social e do Programa de Formação do Patrimônio do Servidor Público são preservados, mantendo-se os critérios de saque nas situações previstas nas leis específicas, com exceção da retirada por motivo de casamento, ficando vedada a distribuição da arrecadação de que trata o *caput* deste artigo, para depósito nas contas individuais dos participantes.

§ 3º Aos empregados que percebam de empregadores que contribuem para o Programa de Integração Social ou para o Programa de Formação do Patrimônio do Servidor Público, até dois salários mínimos de remuneração mensal, é assegurado o pagamento de um salário mínimo anual, computado neste valor o rendimento das contas individuais, no caso daqueles que já participavam dos referidos programas, até a data da promulgação desta Constituição.

§ 4º O financiamento do seguro-desemprego receberá uma contribuição adicional da empresa cujo índice de rotatividade da força de trabalho superar o índice médio da rotatividade do setor, na forma estabelecida por lei.

Art. 240. Ficam ressalvadas do disposto no art. 195 as atuais contribuições compulsórias dos empregadores sobre a folha de salários, destinadas às entidades privadas de serviço social e de formação profissional vinculadas ao sistema sindical.

Art. 241. A União, os Estados, o Distrito Federal e os Municípios disciplinarão por meio de lei os consórcios públicos e os convênios de cooperação entre os entes federados, autorizando a gestão associada de serviços públicos, bem como a transferência total ou parcial de encargos, serviços, pessoal e bens essenciais à continuidade dos serviços transferidos. *(Redação dada pela Emenda Constitucional nº 19, de 1998)*

Art. 242. O princípio do art. 206, IV, não se aplica às instituições educacionais oficiais criadas por lei estadual ou municipal e existentes na data da promulgação desta Constituição, que não sejam total ou preponderantemente mantidas com recursos públicos.

§ 1º O ensino da História do Brasil levará em conta as contribuições das diferentes culturas e etnias para a formação do povo brasileiro.

§ 2º O Colégio Pedro II, localizado na cidade do Rio de Janeiro, será mantido na órbita federal.

Art. 243. As propriedades rurais e urbanas de qualquer região do País onde forem localizadas culturas ilegais de plantas psicotrópicas ou a exploração de trabalho escravo na forma da lei serão expropriadas e destinadas à reforma agrária e a programas de habitação popular, sem qualquer indenização ao proprietário e sem prejuízo de outras sanções previstas em lei, observado, no que couber, o disposto no art. 5º. *(Redação dada pela Emenda Constitucional nº 81, de 2014)*

Parágrafo único. Todo e qualquer bem de valor econômico apreendido em decorrência do tráfico ilícito de entorpecentes e drogas afins e da exploração de trabalho escravo será confiscado e reverterá a fundo especial com destinação específica, na forma da lei. *(Redação dada pela Emenda Constitucional nº 81, de 2014)*

Art. 244. A lei disporá sobre a adaptação dos logradouros, dos edifícios de uso público e dos veículos de transporte coletivo atualmente existentes a fim de garantir acesso adequado às pessoas portadoras de deficiência, conforme o disposto no art. 227, § 2º.

Art. 245. A lei disporá sobre as hipóteses e condições em que o Poder Público dará assistência aos herdeiros e dependentes carentes de pessoas vitimadas por crime doloso, sem prejuízo da responsabilidade civil do autor do ilícito.

Art. 246. É vedada a adoção de medida provisória na regulamentação de artigo da Constituição cuja redação tenha sido alterada por meio de emenda promulgada entre 1º de janeiro de 1995 até a promulgação desta emenda, inclusive. *(Redação dada pela Emenda Constitucional nº 32, de 2001)*

Art. 247. As leis previstas no inciso III do § 1º do art. 41 e no § 7º do art. 169 estabelecerão critérios e garantias especiais para a perda do cargo pelo servidor público estável que, em decorrência das atribuições de seu cargo efetivo, desenvolva atividades exclusivas de Estado. *(Incluído pela Emenda Constitucional nº 19, de 1998)*

Parágrafo único. Na hipótese de insuficiência de desempenho, a perda do cargo somente ocorrerá mediante processo administrativo em que lhe sejam assegurados o contraditório e a ampla defesa. *(Incluído pela Emenda Constitucional nº 19, de 1998)*

Art. 248. Os benefícios pagos, a qualquer título, pelo órgão responsável pelo regime geral de previdência social, ainda que à conta do Tesouro Nacional, e os não sujeitos ao limite máximo de valor fixado para os benefícios concedidos por esse regime observarão os limites fixados no art. 37, XI. *(Incluído pela Emenda Constitucional nº 20, de 1998)*

Art. 249. Com o objetivo de assegurar recursos para o pagamento de proventos de aposentadoria e pensões concedidas aos respectivos servidores e seus dependentes, em adição aos recursos dos respectivos tesouros, a União, os Estados, o Distrito Federal e os Municípios poderão constituir fundos integrados pelos recursos provenientes de contribuições e por bens, direitos e ativos de qualquer natureza, mediante lei que disporá sobre a natureza e administração desses fundos. *(Incluído pela Emenda Constitucional nº 20, de 1998)*

Art. 250. Com o objetivo de assegurar recursos para o pagamento dos benefícios concedidos pelo regime geral de previdência social, em adição aos recursos de sua arrecadação, a União poderá constituir fundo integrado por bens, direitos e ativos de qualquer natureza, mediante lei que disporá sobre a natureza e administração desse fundo. *(Incluído pela Emenda Constitucional nº 20, de 1998)*

Brasília, 5 de outubro de 1988.

Ulysses Guimarães, Presidente

Mauro Benevides, 1º Vice-Presidente

Jorge Arbage, 2º Vice-Presidente

Marcelo Cordeiro, 1º-Secretário

Mário Maia, 2º-Secretário

Arnaldo Faria de Sá, 3º-Secretário

Benedita da Silva, 1º-Suplente de Secretário

Luiz Soyer, 2º-Suplente de Secretário

Sotero Cunha, 3º-Suplente de Secretário

Bernardo Cabral, Relator-Geral

Adolfo Oliveira, Relator-Adjunto

Antônio Carlos Konder Reis, Relator-Adjunto

José Fogaça, Relator-Adjunto

Abigail Feitosa – Acival Gomes – Adauto Pereira – Ademir Andrade – Adhemar de Barros Filho – Adroaldo Streck – Adylson Motta – Aécio de Borba – Aécio Neves – Affonso Camargo – Afif Domingos – Afonso Arinos – Afonso Sancho – Agassiz Almeida – Agripino de Oliveira Lima – Airton Cordeiro – Airton Sandoval – Alarico Abib – Albano Franco – Albérico Cordeiro – Albérico Filho – Alceni Guerra – Alcides Saldanha – Aldo Arantes – Alércio Dias – Alexandre Costa – Alexandre Puzyna – Alfredo Campos – Almir Gabriel – Aloisio Vasconcelos – Aloysio Chaves – Aloysio Teixeira – Aluizio Bezerra – Aluízio Campos – Álvaro Antônio – Álvaro Pacheco – Álvaro Valle – Alysson Paulinelli – Amaral Netto – Amaury Muller – Amilcar Moreira – Ângelo Magalhães – Anna Maria Rattes – Annibal Barcellos – Antero de Barros – Antônio Câmara – Antônio Carlos Franco – Antonio Carlos Mendes Thame – Antônio de Jesus – Antonio Ferreira – Antonio Gaspar – Antonio Mariz – Antonio Perosa – Antônio Salim Curiati – Antonio Ueno – Arnaldo Martins – Arnaldo Moraes – Arnaldo Prieto – Arnold Fioravante – Arolde de Oliveira – Artenir Werner – Artur da Távola – Asdrubal Bentes – Assis Canuto – Átila Lira – Augusto Carvalho – Áureo Mello – Basílio Villani – Benedicto Monteiro – Benito Gama – Beth Azize – Bezerra de Melo – Bocayuva Cunha – Bonifácio de Andrada – Bosco França – Brandão Monteiro – Caio Pompeu – Carlos Alberto – Carlos Alberto Caó – Carlos Benevides – Carlos Cardinal – Carlos Chiarelli – Carlos Cotta – Carlos De´Carli – Carlos Mosconi – Carlos Sant´Anna – Carlos Vinagre – Carlos Virgílio – Carrel Benevides – Cássio Cunha Lima – Célio de Castro – Celso Dourado – César Cals Neto – César Maia – Chagas Duarte – Chagas Neto – Chagas Rodrigues – Chico Humberto – Christóvam Chiaradia – Cid Carvalho – Cid Sabóia de Carvalho – Cláudio Ávila – Cleonâncio Fonseca – Costa Ferreira – Cristina Tavares – Cunha Bueno – Dálton Canabrava – Darcy Deitos – Darcy Pozza – Daso Coimbra – Davi Alves Silva – Del Bosco Amaral – Delfim Netto – Délio Braz – Denisar Arneiro – Dionisio Dal Prá – Dionísio Hage – Dirce Tutu Quadros – Dirceu Carneiro – Divaldo Suruagy – Djenal Gonçalves – Domingos Juvenil – Domingos Leonelli – Doreto Campanari – Edésio Frias – Edison Lobão – Edivaldo Motta – Edme Tavares – Edmilson Valentim – Eduardo Bonfim – Eduardo Jorge – Eduardo Moreira – Egídio Ferreira Lima – Elias Murad – Eliel Rodrigues – Eliézer Moreira – Enoc Vieira – Eraldo Tinoco – Eraldo Trindade – Erico Pegoraro – Ervin Bonkoski – Etevaldo Nogueira – Euclides Scalco – Eunice Michiles – Evaldo Gonçalves – Expedito Machado – Ézio Ferreira – Fábio Feldmann – Fábio Raunheitti – Farabulini Júnior – Fausto Fernandes – Fausto Rocha – Felipe Mendes – Feres Nader – Fernando Bezerra Coelho – Fernando Cunha – Fernando Gasparian – Fernando Gomes – Fernando Henrique Cardoso – Fernando Lyra – Fernando Santana – Fernando Velasco – Firmo de Castro – Flavio Palmier da Veiga – Flávio Rocha – Florestan Fernandes – Floriceno Paixão – França Teixeira – Francisco Amaral – Francisco

Benjamim – Francisco Carneiro – Francisco Coelho – Francisco Diógenes – Francisco Dornelles – Francisco Kuster – Francisco Pinto – Francisco Rollemberg – Francisco Rossi – Francisco Sales – Furtado Leite – Gabriel Guerreiro – Gandi Jamil – Gastone Righi – Genebaldo Correia – Genésio Bernardino – Geovani Borges – Geraldo Alckmin Filho – Geraldo Bulhões – Geraldo Campos – Geraldo Fleming – Geraldo Melo – Gerson Camata – Gerson Marcondes – Gerson Peres – Gidel Dantas – Gil César – Gilson Machado – Gonzaga Patriota – Guilherme Palmeira – Gumercindo Milhomem – Gustavo de Faria – Harlan Gadelha – Haroldo Lima – Haroldo Sabóia – Hélio Costa – Hélio Duque – Hélio Manhães – Hélio Rosas – Henrique Córdova – Henrique Eduardo Alves – Heráclito Fortes – Hermes Zaneti – Hilário Braun – Homero Santos – Humberto Lucena – Humberto Souto – Iberê Ferreira – Ibsen Pinheiro – Inocêncio Oliveira – Irajá Rodrigues – Iram Saraiva – Irapuan Costa Júnior – Irma Passoni – Ismael Wanderley – Israel Pinheiro – Itamar Franco – Ivo Cersósimo – Ivo Lech – Ivo Mainardi – Ivo Vanderlinde – Jacy Scanagatta – Jairo Azi – Jairo Carneiro – Jalles Fontoura – Jamil Haddad – Jarbas Passarinho – Jayme Paliarin – Jayme Santana – Jesualdo Cavalcanti – Jesus Tajra – Joaci Góes – João Agripino – João Alves – João Calmon – João Carlos Bacelar – João Castelo – João Cunha – João da Mata – João de Deus Antunes – João Herrmann Neto – João Lobo – João Machado Rollemberg – João Menezes – João Natal – João Paulo – João Rezek – Joaquim Bevilácqua – Joaquim Francisco – Joaquim Hayckel – Joaquim Sucena – Jofran Frejat – Jonas Pinheiro – Jonival Lucas – Jorge Bornhausen – Jorge Hage – Jorge Leite – Jorge Uequed – Jorge Vianna – José Agripino – José Camargo – José Carlos Coutinho – José Carlos Grecco – José Carlos Martinez – José Carlos Sabóia – José Carlos Vasconcelos – José Costa – José da Conceição – José Dutra – José Egreja – José Elias – José Fernandes – José Freire – José Genoíno – José Geraldo – José Guedes – José Ignácio Ferreira – José Jorge – José Lins – José Lourenço – José Luiz de Sá – José Luiz Maia – José Maranhão – José Maria Eymael – José Maurício – José Melo – José Mendonça Bezerra – José Moura – José Paulo Bisol – José Queiroz – José Richa – José Santana de Vasconcellos – José Serra – José Tavares – José Teixeira – José Thomaz Nonô – José Tinoco – José Ulísses de Oliveira – José Viana – José Yunes – Jovanni Masini – Juarez Antunes – Júlio Campos – Júlio Costamilan – Jutahy Júnior – Jutahy Magalhães – Koyu Iha – Lael Varella – Lavoisier Maia – Leite Chaves – Lélio Souza – Leopoldo Peres – Leur Lomanto – Levy Dias – Lézio Sathler – Lídice da Mata – Louremberg Nunes Rocha – Lourival Baptista – Lúcia Braga – Lúcia Vânia – Lúcio Alcântara – Luís Eduardo – Luís Roberto Ponte – Luiz Alberto Rodrigues – Luiz Freire – Luiz Gushiken – Luiz Henrique – Luiz Inácio Lula da Silva – Luiz Leal – Luiz Marques – Luiz Salomão – Luiz Viana – Luiz Viana Neto – Lysâneas Maciel – Maguito Vilela – Maluly Neto – Manoel Castro – Manoel Moreira– Manoel Ribeiro – Mansueto de Lavor – Manuel Viana – Márcia Kubitschek – Márcio Braga – Márcio Lacerda – Marco Maciel – Marcondes Gadelha – Marcos Lima – Marcos Queiroz – Maria de Lourdes Abadia – Maria Lúcia – Mário Assad – Mário Covas – Mário de Oliveira – Mário Lima – Marluce Pinto – Matheus Iensen – Mattos Leão – Maurício Campos – Maurício Correa – Maurício Fruet – Maurício Nasser – Maurício Pádua – Maurílio Ferreira Lima – Mauro Borges – Mauro Campos – Mauro Miranda – Mauro Sampaio – Max Rosenmann – Meira Filho – Melo Freire – Mello Reis – Mendes Botelho – Mendes Canale – Mendes Ribeiro – Messias Góis – Messias Soares – Michel Temer – Milton Barbosa – Milton Lima –Milton Reis – Miraldo Gomes – Miro Teixeira – Moema São Thiago – Moysés Pimentel – Mozarildo Cavalcanti – Mussa Demes – Myrian Portella – Nabor Júnior – Naphtali Alves de Souza – Narciso Mendes – Nelson Aguiar – Nelson Carneiro – Nelson Jobim – Nelson Sabrá – Nelson Seixas – Nelson Wedekin – Nelton Friedrich – Nestor

Duarte – Ney Maranhão – Nilso Sguarezi – Nilson Gibson – Nion Albernaz – Noel de Carvalho – Nyder Barbosa – Octávio Elísio – Odacir Soares – Olavo Pires – Olívio Dutra – Onofre Corrêa – Orlando Bezerra – Orlando Pacheco – Oscar Corrêa – Osmar Leitão – Osmir Lima – Osmundo Rebouças – Osvaldo Bender – Osvaldo Coelho – Osvaldo Macedo – Osvaldo Sobrinho – Oswaldo Almeida – Oswaldo Trevisan – Ottomar Pinto – Paes de Andrade – Paes Landim – Paulo Delgado – Paulo Macarini – Paulo Marques – Paulo Mincarone – Paulo Paim – Paulo Pimentel – Paulo Ramos – Paulo Roberto – Paulo Roberto Cunha – Paulo Silva – Paulo Zarzur – Pedro Canedo – Pedro Ceolin – Percival Muniz – Pimenta da Veiga – Plínio Arruda Sampaio – Plínio Martins – Pompeu de Sousa – Rachid Saldanha Derzi – Raimundo Bezerra – Raimundo Lira – Raimundo Rezende – Raquel Cândido – Raquel Capiberibe – Raul Belém – Raul Ferraz – Renan Calheiros – Renato Bernardi – Renato Johnsson – Renato Vianna – Ricardo Fiuza – Ricardo Izar – Rita Camata – Rita Furtado – Roberto Augusto – Roberto Balestra – Roberto Brant – Roberto Campos – Roberto D´Ávila – Roberto Freire – Roberto Jefferson – Roberto Rollemberg – Roberto Torres – Roberto Vital – Robson Marinho – Rodrigues Palma – Ronaldo Aragão – Ronaldo Carvalho – Ronaldo Cezar Coelho – Ronan Tito – Ronaro Corrêa – Rosa Prata – Rose de Freitas – Rospide Netto – Rubem Branquinho – Rubem Medina – Ruben Figueiró – Ruberval Pilotto – Ruy Bacelar – Ruy Nedel – Sadie Hauache – Salatiel Carvalho – Samir Achôa – Sandra Cavalcanti – Santinho Furtado – Sarney Filho – Saulo Queiroz – Sérgio Brito – Sérgio Spada – Sérgio Werneck – Severo Gomes – Sigmaringa Seixas – Sílvio Abreu – Simão Sessim – Siqueira Campos – Sólon Borges dos Reis – Stélio Dias – Tadeu França – Telmo Kirst – Teotonio Vilela Filho – Theodoro Mendes – Tito Costa – Ubiratan Aguiar – Ubiratan Spinelli – Uldurico Pinto – Valmir Campelo – Valter Pereira – Vasco Alves – Vicente Bogo – Victor Faccioni – Victor Fontana – Victor Trovão – Vieira da Silva – Vilson Souza – Vingt Rosado – Vinicius Cansanção – Virgildásio de Senna – Virgílio Galassi – Virgílio Guimarães – Vitor Buaiz – Vivaldo Barbosa – Vladimir Palmeira – Wagner Lago – Waldec Ornélas – Waldyr Pugliesi – Walmor de Luca – Wilma Maia – Wilson Campos – Wilson Martins – Ziza Valadares.

PARTICIPANTES:

Álvaro Dias – Antônio Britto – Bete Mendes – Borges da Silveira – Cardoso Alves – Edivaldo Holanda – Expedito Júnior – Fadah Gattass – Francisco Dias – Geovah Amarante – Hélio Gueiros – Horácio Ferraz – Hugo Napoleão – Iturival Nascimento – Ivan Bonato – Jorge Medauar – José Mendonça de Morais – Leopoldo Bessone – Marcelo Miranda – Mauro Fecury – Neuto de Conto – Nivaldo Machado – Oswaldo Lima Filho – Paulo Almada – Prisco Viana – Ralph Biasi – Rosário Congro Neto – Sérgio Naya – Tidei de Lima .

In Memoriam: Alair Ferreira – Antônio Farias – Fábio Lucena – Norberto Schwantes – Virgílio Távora

ATO DAS DISPOSIÇÕES CONSTITUCIONAIS TRANSITÓRIAS

Art. 1º O Presidente da República, o Presidente do Supremo Tribunal Federal e os membros do Congresso Nacional prestarão o compromisso de manter, defender e cumprir a Constituição, no ato e na data de sua promulgação.

Art. 2º No dia 7 de setembro de 1993 o eleitorado definirá, através de plebiscito, a forma (república ou monarquia constitucional) e o sistema de governo (parlamentarismo ou presidencialismo) que devem vigorar no País. *(Vide Emenda Constitucional nº 2, de 1992)*

§ 1º Será assegurada gratuidade na livre divulgação dessas formas e sistemas, através dos meios de comunicação de massa cessionários de serviço público.

§ 2º O Tribunal Superior Eleitoral, promulgada a Constituição, expedirá as normas regulamentadoras deste artigo.

Art. 3º A revisão constitucional será realizada após cinco anos, contados da promulgação da Constituição, pelo voto da maioria absoluta dos membros do Congresso Nacional, em sessão unicameral.

Art. 4º O mandato do atual Presidente da República terminará em 15 de março de 1990.

§ 1ºA primeira eleição para Presidente da República após a promulgação da Constituição será realizada no dia 15 de novembro de 1989, não se lhe aplicando o disposto no art. 16 da Constituição.

§ 2º É assegurada a irredutibilidade da atual representação dos Estados e do Distrito Federal na Câmara dos Deputados.

§ 3º Os mandatos dos Governadores e dos Vice-Governadores eleitos em 15 de novembro de 1986 terminarão em 15 de março de 1991.

§ 4º Os mandatos dos atuais Prefeitos, Vice-Prefeitos e Vereadores terminarão no dia 1º de janeiro de 1989, com a posse dos eleitos.

Art. 5º Não se aplicam às eleições previstas para 15 de novembro de 1988 o disposto no art. 16 e as regras do art. 77 da Constituição.

§ 1º Para as eleições de 15 de novembro de 1988 será exigido domicílio eleitoral na circunscrição pelo menos durante os quatro meses anteriores ao pleito, podendo os candidatos que preencham este requisito, atendidas as demais exigências da lei, ter seu registro efetivado pela Justiça Eleitoral após a promulgação da Constituição.

§ 2º Na ausência de norma legal específica, caberá ao Tribunal Superior Eleitoral editar as normas necessárias à realização das eleições de 1988, respeitada a legislação vigente.

§ 3º Os atuais parlamentares federais e estaduais eleitos Vice-Prefeitos, se convocados a exercer a função de Prefeito, não perderão o mandato parlamentar.

§ 4º O número de vereadores por município será fixado, para a representação a ser eleita em 1988, pelo respectivo Tribunal Regional Eleitoral, respeitados os limites estipulados no art. 29, IV, da Constituição.

§ 5º Para as eleições de 15 de novembro de 1988, ressalvados os que já exercem mandato eletivo, são inelegíveis para qualquer cargo, no território de jurisdição do titular, o cônjuge e os parentes por consanguinidade ou afinidade, até o segundo grau, ou por adoção, do Presidente da República, do Governador de Estado, do Governador do Distrito Federal e do Prefeito que tenham exercido mais da metade do mandato.

Art. 6º Nos seis meses posteriores à promulgação da Constituição, parlamentares federais, reunidos em número não inferior a trinta, poderão requerer ao Tribunal Superior Eleitoral o registro de novo partido político, juntando ao requerimento o manifesto, o estatuto e o programa devidamente assinados pelos requerentes.

§ 1º O registro provisório, que será concedido de plano pelo Tribunal Superior Eleitoral, nos termos deste artigo, defere ao novo partido todos os direitos, deveres e prerrogativas dos atuais, entre eles o de participar, sob legenda própria, das eleições que vierem a ser realizadas nos doze meses seguintes a sua formação.

§ 2º O novo partido perderá automaticamente seu registro provisório se, no prazo de vinte e quatro meses, contados de sua formação, não obtiver registro definitivo no Tribunal Superior Eleitoral, na forma que a lei dispuser.

Art. 7º O Brasil propugnará pela formação de um tribunal internacional dos direitos humanos.

Art. 8º É concedida anistia aos que, no período de 18 de setembro de 1946 até a data da promulgação da Constituição, foram atingidos, em decorrência de motivação exclusivamente política, por atos de exceção, institucionais ou complementares, aos que foram abrangidos pelo Decreto Legislativo nº 18, de 15 de dezembro de 1961, e aos atingidos pelo Decreto-Lei nº 864, de 12 de setembro de 1969, asseguradas as promoções, na inatividade, ao cargo, emprego, posto ou graduação a que teriam direito se estivessem em serviço ativo, obedecidos os prazos de permanência em atividade previstos nas leis e regulamentos vigentes, respeitadas as características e peculiaridades das carreiras dos servidores públicos civis e militares e observados os respectivos regimes jurídicos. *(Regulamentado pela Lei nº 10.559, de 2002)*

§ 1º O disposto neste artigo somente gerará efeitos financeiros a partir da promulgação da Constituição, vedada a remuneração de qualquer espécie em caráter retroativo.

§ 2º Ficam assegurados os benefícios estabelecidos neste artigo aos trabalhadores do setor privado, dirigentes e representantes sindicais que, por motivos exclusivamente políticos, tenham sido punidos, demitidos ou compelidos ao afastamento das atividades remuneradas que exerciam, bem como aos que foram impedidos de exercer atividades profissionais em virtude de pressões ostensivas ou expedientes oficiais sigilosos.

§ 3º Aos cidadãos que foram impedidos de exercer, na vida civil, atividade profissional específica, em decorrência das Portarias Reservadas do Ministério da Aeronáutica nº S-50-GM5, de 19 de junho de 1964, e nº S-285-GM5 será concedida reparação de natureza econômica, na forma que dispuser lei de iniciativa do Congresso Nacional e a entrar em vigor no prazo de doze meses a contar da promulgação da Constituição.

§ 4º Aos que, por força de atos institucionais, tenham exercido gratuitamente mandato eletivo de vereador serão computados, para efeito de aposentadoria no serviço público e previdência social, os respectivos períodos.

§ 5º A anistia concedida nos termos deste artigo aplica-se aos servidores públicos civis e aos empregados em todos os níveis de governo ou em suas fundações, empresas públicas ou empresas mistas sob controle estatal, exceto nos Ministérios militares, que tenham sido punidos ou demitidos por atividades profissionais interrompidas em virtude de decisão de seus trabalhadores, bem como em decorrência do Decreto-Lei nº 1.632, de 4 de agosto de 1978, ou por motivos exclusivamente políticos, assegurada a readmissão dos que foram atingidos a partir de 1979, observado o disposto no § 1º.

Art. 9º Os que, por motivos exclusivamente políticos, foram cassados ou tiveram seus direitos políticos suspensos no período de 15 de julho a 31 de dezembro de 1969, por ato do então Presidente da República, poderão requerer ao Supremo Tribunal Federal o reconhecimento dos direitos e vantagens interrompidos pelos atos punitivos, desde que comprovem terem sido estes eivados de vício grave.

Parágrafo único. O Supremo Tribunal Federal proferirá a decisão no prazo de cento e vinte dias, a contar do pedido do interessado.

Art. 10. Até que seja promulgada a lei complementar a que se refere o art. 7º, I, da Constituição:

I. fica limitada a proteção nele referida ao aumento, para quatro vezes, da porcentagem prevista no art. 6º, *caput* e § 1º, da Lei nº 5.107, de 13 de setembro de 1966;

II. fica vedada a dispensa arbitrária ou sem justa causa:

a) do empregado eleito para cargo de direção de comissões internas de prevenção de acidentes, desde o registro de sua candidatura até um ano após o final de seu mandato;

b) da empregada gestante, desde a confirmação da gravidez até cinco meses após o parto. *(Vide Lei Complementar nº 146, de 2014)*

§ 1º Até que a lei venha a disciplinar o disposto no art. 7º, XIX, da Constituição, o prazo da licença-paternidade a que se refere o inciso é de cinco dias.

§ 2º Até ulterior disposição legal, a cobrança das contribuições para o custeio das atividades dos sindicatos rurais será feita juntamente com a do imposto territorial rural, pelo mesmo órgão arrecadador.

§ 3º Na primeira comprovação do cumprimento das obrigações trabalhistas pelo empregador rural, na forma do art. 233, após a promulgação da Constituição, será certificada perante a Justiça do Trabalho a regularidade do contrato e das atualizações das obrigações trabalhistas de todo o período.

Art. 11. Cada Assembleia Legislativa, com poderes constituintes, elaborará a Constituição do Estado, no prazo de um ano, contado da promulgação da Constituição Federal, obedecidos os princípios desta.

Parágrafo único. Promulgada a Constituição do Estado, caberá à Câmara Municipal, no prazo de seis meses, votar a Lei Orgânica respectiva, em dois turnos de discussão e votação, respeitado o disposto na Constituição Federal e na Constituição Estadual.

Art. 12. Será criada, dentro de noventa dias da promulgação da Constituição, Comissão de Estudos Territoriais, com dez membros indicados pelo Congresso Nacional e cinco pelo Poder Executivo, com a finalidade de apresentar estudos sobre o território nacional e anteprojetos relativos a novas unidades territoriais, notadamente na Amazônia Legal e em áreas pendentes de solução.

§ 1º No prazo de um ano, a Comissão submeterá ao Congresso Nacional os resultados de seus estudos para, nos termos da Constituição, serem apreciados nos doze meses subsequentes, extinguindo-se logo após.

§ 2º Os Estados e os Municípios deverão, no prazo de três anos, a contar da promulgação da Constituição, promover, mediante acordo ou arbitramento, a demarcação de suas linhas divisórias atualmente litigiosas, podendo para isso fazer alterações e compensações de área que atendam aos acidentes naturais, critérios históricos, conveniências administrativas e comodidade das populações limítrofes.

§ 3º Havendo solicitação dos Estados e Municípios interessados, a União poderá encarregar-se dos trabalhos demarcatórios.

§ 4º Se, decorrido o prazo de três anos, a contar da promulgação da Constituição, os trabalhos demarcatórios não tiverem sido concluídos, caberá à União determinar os limites das áreas litigiosas.

§ 5º Ficam reconhecidos e homologados os atuais limites do Estado do Acre com os Estados do Amazonas e de Rondônia, conforme levantamentos cartográficos e geodésicos realizados pela Comissão Tripartite integrada por representantes dos Estados e dos serviços técnico-especializados do Instituto Brasileiro de Geografia e Estatística.

Art. 13. É criado o Estado do Tocantins, pelo desmembramento da área descrita neste artigo, dando-se sua instalação no quadragésimo sexto dia após a eleição prevista no § 3º, mas não antes de 1º de janeiro de 1989.

§ 1º O Estado do Tocantins integra a Região Norte e limita-se com o Estado de Goiás pelas divisas norte dos Municípios de São Miguel do Araguaia, Porangatu, Formoso, Minaçu, Cavalcante, Monte Alegre de Goiás e Campos Belos, conservando a leste, norte e oeste as divisas atuais de Goiás com os Estados da Bahia, Piauí, Maranhão, Pará e Mato Grosso.

§ 2º O Poder Executivo designará uma das cidades do Estado para sua Capital provisória até a aprovação da sede definitiva do governo pela Assembleia Constituinte.

§ 3º O Governador, o Vice-Governador, os Senadores, os Deputados Federais e os Deputados Estaduais serão eleitos, em um único turno, até setenta e cinco dias após a promulgação da Constituição, mas não antes de 15 de novembro de 1988, a critério do Tribunal Superior Eleitoral, obedecidas, entre outras, as seguintes normas:

I. o prazo de filiação partidária dos candidatos será encerrado setenta e cinco dias antes da data das eleições;

II. as datas das convenções regionais partidárias destinadas a deliberar sobre coligações e escolha de candidatos, de apresentação de requerimento de registro dos candidatos escolhidos e dos demais procedimentos legais serão fixadas, em calendário especial, pela Justiça Eleitoral;

III. são inelegíveis os ocupantes de cargos estaduais ou municipais que não se tenham deles afastado, em caráter definitivo, setenta e cinco dias antes da data das eleições previstas neste parágrafo;

IV. ficam mantidos os atuais diretórios regionais dos partidos políticos do Estado de Goiás, cabendo às comissões executivas nacionais designar comissões provisórias no Estado do Tocantins, nos termos e para os fins previstos na lei.

§ 4º Os mandatos do Governador, do Vice-Governador, dos Deputados Federais e Estaduais eleitos na forma do parágrafo anterior extinguir-se-ão concomitantemente aos das demais unidades da Federação; o mandato do Senador eleito menos votado extinguir-se-á nessa mesma oportunidade, e os dos outros dois, juntamente com os dos Senadores eleitos em 1986 nos demais Estados.

§ 5º A Assembleia Estadual Constituinte será instalada no quadragésimo sexto dia da eleição de seus integrantes, mas não antes de 1º de janeiro de 1989, sob a presidência do Presidente do Tribunal Regional Eleitoral do Estado de Goiás, e dará posse, na mesma data, ao Governador e ao Vice-Governador eleitos.

§ 6º Aplicam-se à criação e instalação do Estado do Tocantins, no que couber, as normas legais disciplinadoras da divisão do Estado de Mato Grosso, observado o disposto no art. 234 da Constituição.

§ 7º Fica o Estado de Goiás liberado dos débitos e encargos decorrentes de empreendimentos no território do novo Estado, e autorizada a União, a seu critério, a assumir os referidos débitos.

Art. 14. Os Territórios Federais de Roraima e do Amapá são transformados em Estados Federados, mantidos seus atuais limites geográficos.

§ 1º A instalação dos Estados dar-se-á com a posse dos governadores eleitos em 1990.

§ 2º Aplicam-se à transformação e instalação dos Estados de Roraima e Amapá as normas e critérios seguidos na criação do Estado de Rondônia, respeitado o disposto na Constituição e neste Ato.

§ 3º O Presidente da República, até quarenta e cinco dias após a promulgação da Constituição, encaminhará à apreciação do Senado Federal os nomes dos governadores dos Estados de Roraima e do Amapá que exercerão o Poder Executivo até a instalação dos novos Estados com a posse dos governadores eleitos.

§ 4º Enquanto não concretizada a transformação em Estados, nos termos deste artigo, os Territórios Federais de Roraima e do Amapá serão beneficiados pela transferência de recursos prevista nos arts. 159, I, "a", da Constituição, e 34, § 2º, II, deste Ato.

Art. 15. Fica extinto o Território Federal de Fernando de Noronha, sendo sua área reincorporada ao Estado de Pernambuco.

Art. 16. Até que se efetive o disposto no art. 32, § 2º, da Constituição, caberá ao Presidente da República, com a aprovação do Senado Federal, indicar o Governador e o Vice-Governador do Distrito Federal.

§ 1º A competência da Câmara Legislativa do Distrito Federal, até que se instale, será exercida pelo Senado Federal.

§ 2º A fiscalização contábil, financeira, orçamentária, operacional e patrimonial do Distrito Federal, enquanto não for instalada a Câmara Legislativa, será exercida pelo Senado Federal, mediante controle externo, com o auxílio do Tribunal de Contas do Distrito Federal, observado o disposto no art. 72 da Constituição.

§ 3º Incluem-se entre os bens do Distrito Federal aqueles que lhe vierem a ser atribuídos pela União na forma da lei.

Art. 17. Os vencimentos, a remuneração, as vantagens e os adicionais, bem como os proventos de aposentadoria que estejam sendo percebidos em desacordo com a Constituição serão imediatamente reduzidos aos limites dela decorrentes, não se admitindo, neste caso, invocação de direito adquirido ou percepção de excesso a qualquer título. *(Vide Emenda Constitucional nº 41, de 2003)*

§ 1º É assegurado o exercício cumulativo de dois cargos ou empregos privativos de médico que estejam sendo exercidos por médico militar na administração pública direta ou indireta.

§ 2º É assegurado o exercício cumulativo de dois cargos ou empregos privativos de profissionais de saúde que estejam sendo exercidos na administração pública direta ou indireta.

Art. 18. Ficam extintos os efeitos jurídicos de qualquer ato legislativo ou administrativo, lavrado a partir da instalação da Assembleia Nacional Constituinte, que tenha por objeto a concessão de estabilidade a servidor admitido sem concurso público, da administração direta ou indireta, inclusive das fundações instituídas e mantidas pelo Poder Público.

Art. 19. Os servidores públicos civis da União, dos Estados, do Distrito Federal e dos Municípios, da administração direta, autárquica e das fundações públicas, em exercício na data da promulgação da Constituição, há pelo menos cinco anos continuados, e que não tenham sido admitidos na forma regulada no art. 37, da Constituição, são considerados estáveis no serviço público.

§ 1º O tempo de serviço dos servidores referidos neste artigo será contado como título quando se submeterem a concurso para fins de efetivação, na forma da lei.

§ 2º O disposto neste artigo não se aplica aos ocupantes de cargos, funções e empregos de confiança ou em comissão, nem aos que a lei declare de livre exoneração, cujo tempo de serviço não será computado para os fins do *caput* deste artigo, exceto se se tratar de servidor.

§ 3º O disposto neste artigo não se aplica aos professores de nível superior, nos termos da lei.

Art. 20. Dentro de cento e oitenta dias, proceder-se-á à revisão dos direitos dos servidores públicos inativos e pensionistas e à atualização dos proventos e pensões a eles devidos, a fim de ajustá-los ao disposto na Constituição.

Art. 21. Os juízes togados de investidura limitada no tempo, admitidos mediante concurso público de provas e títulos e que estejam em exercício na data da promulgação da Constituição, adquirem estabilidade, observado o estágio probatório, e passam a compor quadro em extinção, mantidas as competências, prerrogativas e restrições da legislação a que se achavam submetidos, salvo as inerentes à transitoriedade da investidura.

Parágrafo único. A aposentadoria dos juízes de que trata este artigo regular-se-á pelas normas fixadas para os demais juízes estaduais.

Art. 22. É assegurado aos defensores públicos investidos na função até a data de instalação da Assembleia Nacional Constituinte o direito de opção pela carreira, com a observância das garantias e vedações previstas no art. 134, parágrafo único, da Constituição.

Art. 23. Até que se edite a regulamentação do art. 21, XVI, da Constituição, os atuais ocupantes do cargo de censor federal continuarão exercendo funções com este compatíveis, no Departamento de Polícia Federal, observadas as disposições constitucionais.

Parágrafo único. A lei referida disporá sobre o aproveitamento dos Censores Federais, nos termos deste artigo.

Art. 24. A União, os Estados, o Distrito Federal e os Municípios editarão leis que estabeleçam critérios para a compatibilização de seus quadros de pessoal ao disposto no art. 39 da Constituição e à reforma administrativa dela decorrente, no prazo de dezoito meses, contados da sua promulgação.

Art. 25. Ficam revogados, a partir de cento e oitenta dias da promulgação da Constituição, sujeito este prazo a prorrogação por lei, todos os dispositivos legais que atribuam ou deleguem a órgão do Poder Executivo competência assinalada pela Constituição ao Congresso Nacional, especialmente no que tange a:

I. ação normativa;

II. alocação ou transferência de recursos de qualquer espécie.

§ 1º Os decretos-lei em tramitação no Congresso Nacional e por este não apreciados até a promulgação da Constituição terão seus efeitos regulados da seguinte forma:

I. se editados até 2 de setembro de 1988, serão apreciados pelo Congresso Nacional no prazo de até cento e oitenta dias a contar da promulgação da Constituição, não computado o recesso parlamentar;

II. decorrido o prazo definido no inciso anterior, e não havendo apreciação, os decretos-lei ali mencionados serão considerados rejeitados;

III. nas hipóteses definidas nos incisos I e II, terão plena validade os atos praticados na vigência dos respectivos decretos-lei, podendo o Congresso Nacional, se necessário, legislar sobre os efeitos deles remanescentes.

§ 2º Os decretos-lei editados entre 3 de setembro de 1988 e a promulgação da Constituição serão convertidos, nesta data, em medidas provisórias, aplicando-se-lhes as regras estabelecidas no art. 62, **Parágrafo único.**

Art. 26. No prazo de um ano a contar da promulgação da Constituição, o Congresso Nacional promoverá, através de Comissão mista, exame analítico e pericial dos atos e fatos geradores do endividamento externo brasileiro.

§ 1º A Comissão terá a força legal de Comissão parlamentar de inquérito para os fins de requisição e convocação, e atuará com o auxílio do Tribunal de Contas da União.

§ 2º Apurada irregularidade, o Congresso Nacional proporá ao Poder Executivo a declaração de nulidade do ato e encaminhará o processo ao Ministério Público Federal, que formalizará, no prazo de sessenta dias, a ação cabível.

Art. 27. O Superior Tribunal de Justiça será instalado sob a Presidência do Supremo Tribunal Federal.

§ 1º Até que se instale o Superior Tribunal de Justiça, o Supremo Tribunal Federal exercerá as atribuições e competências definidas na ordem constitucional precedente.

§ 2º A composição inicial do Superior Tribunal de Justiça far-se-á:

I. pelo aproveitamento dos Ministros do Tribunal Federal de Recursos;

II. pela nomeação dos Ministros que sejam necessários para completar o número estabelecido na Constituição.

§ 3º Para os efeitos do disposto na Constituição, os atuais Ministros do Tribunal Federal de Recursos serão considerados pertencentes à classe de que provieram, quando de sua nomeação.

§ 4º Instalado o Tribunal, os Ministros aposentados do Tribunal Federal de Recursos tornar-se-ão, automaticamente, Ministros aposentados do Superior Tribunal de Justiça.

§ 5º Os Ministros a que se refere o § 2º, II, serão indicados em lista tríplice pelo Tribunal Federal de Recursos, observado o disposto no art. 104, parágrafo único, da Constituição.

§ 6º Ficam criados cinco Tribunais Regionais Federais, a serem instalados no prazo de seis meses a contar da promulgação da Constituição, com a jurisdição e sede que lhes fixar o Tribunal Federal de Recursos, tendo em conta o número de processos e sua localização geográfica.

§ 7º Até que se instalem os Tribunais Regionais Federais, o Tribunal Federal de Recursos exercerá a competência a eles atribuída em todo o território nacional, cabendo-lhe promover sua instalação e indicar os candidatos a todos os cargos da composição inicial, mediante lista tríplice, podendo desta constar juízes federais de qualquer região, observado o disposto no § 9º.

§ 8º É vedado, a partir da promulgação da Constituição, o provimento de vagas de Ministros do Tribunal Federal de Recursos.

§ 9º Quando não houver juiz federal que conte o tempo mínimo previsto no art. 107, II, da Constituição, a promoção poderá contemplar juiz com menos de cinco anos no exercício do cargo.

§ 10. Compete à Justiça Federal julgar as ações nela propostas até a data da promulgação da Constituição, e aos Tribunais Regionais Federais bem como ao Superior Tribunal de Justiça julgar as ações rescisórias das decisões até então proferidas pela Justiça Federal, inclusive daquelas cuja matéria tenha passado à competência de outro ramo do Judiciário.

§ 11. São criados, ainda, os seguintes Tribunais Regionais Federais: o da 6ª Região, com sede em Curitiba, Estado do Paraná, e jurisdição nos Estados do Paraná, Santa Catarina e Mato Grosso do Sul; o da 7ª Região, com sede em Belo Horizonte, Estado de Minas Gerais, e jurisdição no Estado de Minas Gerais; o da 8ª Região, com sede em Salvador, Estado da Bahia, e jurisdição nos Estados da Bahia e Sergipe; e o da 9ª Região, com sede em Manaus, Estado do Amazonas, e jurisdição nos Estados do Amazonas, Acre, Rondônia e Roraima. *(Incluído pela Emenda Constitucional nº 73, de 2013) (Vide ADIN nº 5.017, de 2013)*

Art. 28. Os juízes federais de que trata o art. 123, § 2º, da Constituição de 1967, com a redação dada pela Emenda Constitucional nº 7, de 1977, ficam investidos na titularidade de varas na Seção Judiciária para a qual tenham sido nomeados ou designados; na inexistência de vagas, proceder-se-á ao desdobramento das varas existentes.

Parágrafo único. Para efeito de promoção por antiguidade, o tempo de serviço desses juízes será computado a partir do dia de sua posse.

Art. 29. Enquanto não aprovadas as leis complementares relativas ao Ministério Público e à Advocacia-Geral da União, o Ministério Público Federal, a Procuradoria-Geral da Fazenda Nacional, as Consultorias Jurídicas dos Ministérios, as Procuradorias e Departamentos Jurídicos de autarquias federais com representação própria e os membros das Procuradorias das Universidades fundacionais públicas continuarão a exercer suas atividades na área das respectivas atribuições.

§ 1º O Presidente da República, no prazo de cento e vinte dias, encaminhará ao Congresso Nacional projeto de lei complementar dispondo sobre a organização e o funcionamento da Advocacia-Geral da União.

§ 2º Aos atuais Procuradores da República, nos termos da lei complementar, será facultada a opção, de forma irretratável, entre as carreiras do Ministério Público Federal e da Advocacia-Geral da União.

§ 3º Poderá optar pelo regime anterior, no que respeita às garantias e vantagens, o membro do Ministério Público admitido antes da promulgação da Constituição, observando-se, quanto às vedações, a situação jurídica na data desta.

§ 4º Os atuais integrantes do quadro suplementar dos Ministérios Públicos do Trabalho e Militar que tenham adquirido estabilidade nessas funções passam a integrar o quadro da respectiva carreira.

§ 5º Cabe à atual Procuradoria-Geral da Fazenda Nacional, diretamente ou por delegação, que pode ser ao Ministério Público Estadual, representar judicialmente a União nas causas de natureza fiscal, na área da respectiva competência, até a promulgação das leis complementares previstas neste artigo.

Art. 30. A legislação que criar a justiça de paz manterá os atuais juízes de paz até a posse dos novos titulares, assegurando-lhes os direitos e atribuições conferidos a estes, e designará o dia para a eleição prevista no art. 98, II, da Constituição.

Art. 31. Serão estatizadas as serventias do foro judicial, assim definidas em lei, respeitados os direitos dos atuais titulares.

Art. 32. O disposto no art. 236 não se aplica aos serviços notariais e de registro que já tenham sido oficializados pelo Poder Público, respeitando-se o direito de seus servidores.

Art. 33. Ressalvados os créditos de natureza alimentar, o valor dos precatórios judiciais pendentes de pagamento na data da promulgação da Constituição, incluído o remanescente de juros e correção monetária, poderá ser pago em moeda corrente, com atualização, em prestações anuais, iguais e sucessivas, no prazo máximo de oito anos, a partir de 1º de julho de 1989, por decisão editada pelo Poder Executivo até cento e oitenta dias da promulgação da Constituição.

Parágrafo único. Poderão as entidades devedoras, para o cumprimento do disposto neste artigo, emitir, em cada ano, no exato montante do dispêndio, títulos de dívida pública não computáveis para efeito do limite global de endividamento.

Art. 34. O sistema tributário nacional entrará em vigor a partir do primeiro dia do quinto mês seguinte ao da promulgação da Constituição, mantido, até então, o da Constituição de 1967, com a redação dada pela Emenda nº 1, de 1969, e pelas posteriores.

§ 1º Entrarão em vigor com a promulgação da Constituição os arts. 148, 149, 150, 154, I, 156, III, e 159, I, "c", revogadas as disposições em contrário da Constituição de 1967 e das Emendas que a modificaram, especialmente de seu art. 25, III.

§ 2º O Fundo de Participação dos Estados e do Distrito Federal e o Fundo de Participação dos Municípios obedecerão às seguintes determinações:

I. a partir da promulgação da Constituição, os percentuais serão, respectivamente, de dezoito por cento e de vinte por cento, calculados sobre o produto da arrecadação dos impostos referidos no art. 153, III e IV, mantidos os atuais critérios de rateio até a entrada em vigor da lei complementar a que se refere o art. 161, II;

II. o percentual relativo ao Fundo de Participação dos Estados e do Distrito Federal será acrescido de um ponto percentual no exercício financeiro de 1989 e, a partir de 1990, inclusive, à razão de meio ponto por exercício, até 1992, inclusive, atingindo em 1993 o percentual estabelecido no art. 159, I, "a";

III. o percentual relativo ao Fundo de Participação dos Municípios, a partir de 1989, inclusive, será elevado à razão de meio ponto percentual por exercício financeiro, até atingir o estabelecido no art. 159, I, "b".

§ 3º Promulgada a Constituição, a União, os Estados, o Distrito Federal e os Municípios poderão editar as leis necessárias à aplicação do sistema tributário nacional nela previsto.

§ 4º As leis editadas nos termos do parágrafo anterior produzirão efeitos a partir da entrada em vigor do sistema tributário nacional previsto na Constituição.

§ 5º Vigente o novo sistema tributário nacional, fica assegurada a aplicação da legislação anterior, no que não seja incompatível com ele e com a legislação referida nos §3º e § 4º.

§ 6º Até 31 de dezembro de 1989, o disposto no art. 150, III, "b", não se aplica aos impostos de que tratam os arts. 155, I, "a" e "b", e 156, II e III, que podem ser cobrados trinta dias após a publicação da lei que os tenha instituído ou aumentado.

§ 7º Até que sejam fixadas em lei complementar, as alíquotas máximas do imposto municipal sobre vendas a varejo de combustíveis líquidos e gasosos não excederão a três por cento.

§ 8º Se, no prazo de sessenta dias contados da promulgação da Constituição, não for editada a lei complementar necessária à instituição do imposto de que trata o art. 155, I, "b", os Estados e o Distrito Federal, mediante convênio celebrado nos termos da Lei Complementar nº 24, de 7 de janeiro de 1975, fixarão normas para regular provisoriamente a matéria.

§ 9º Até que lei complementar disponha sobre a matéria, as empresas distribuidoras de energia elétrica, na condição de contribuintes ou de substitutos tributários, serão as responsáveis, por ocasião da saída do produto de seus estabelecimentos, ainda que destinado a outra unidade da Federação, pelo pagamento do imposto sobre operações relativas à circulação de mercadorias incidente sobre energia elétrica, desde a produção ou importação até a última operação, calculado o imposto sobre o preço então praticado na operação final e assegurado seu recolhimento ao Estado ou ao Distrito Federal, conforme o local onde deva ocorrer essa operação.

§ 10. Enquanto não entrar em vigor a lei prevista no art. 159, I, "c", cuja promulgação se fará até 31 de dezembro de 1989, é assegurada a aplicação dos recursos previstos naquele dispositivo da seguinte maneira:

I. seis décimos por cento na Região Norte, através do Banco da Amazônia S.A.;

II. um inteiro e oito décimos por cento na Região Nordeste, através do Banco do Nordeste do Brasil S.A.;

III. seis décimos por cento na Região Centro-Oeste, através do Banco do Brasil S.A.

§ 11. Fica criado, nos termos da lei, o Banco de Desenvolvimento do Centro-Oeste, para dar cumprimento, na referida região, ao que determinam os arts. 159, I, "c", e 192, § 2º, da Constituição.

§ 12. A urgência prevista no art. 148, II, não prejudica a cobrança do empréstimo compulsório instituído, em benefício das Centrais Elétricas Brasileiras S.A. (Eletrobrás), pela Lei nº 4.156, de 28 de novembro de 1962, com as alterações posteriores.

Art. 35. O disposto no art. 165, § 7º, será cumprido de forma progressiva, no prazo de até dez anos, distribuindo-se os recursos entre as regiões macroeconômicas em razão proporcional à população, a partir da situação verificada no biênio 1986-87.

§ 1º Para aplicação dos critérios de que trata este artigo, excluem-se das despesas totais as relativas:

I. aos projetos considerados prioritários no plano plurianual;

II. à segurança e defesa nacional;

III. à manutenção dos órgãos federais no Distrito Federal;

IV. ao Congresso Nacional, ao Tribunal de Contas da União e ao Poder Judiciário;

V. ao serviço da dívida da administração direta e indireta da União, inclusive fundações instituídas e mantidas pelo Poder Público federal.

§ 2º Até a entrada em vigor da lei complementar a que se refere o art. 165, § 9º, I e II, serão obedecidas as seguintes normas:

I. o projeto do plano plurianual, para vigência até o final do primeiro exercício financeiro do mandato presidencial subsequente, será encaminhado até quatro meses antes do encerramento do primeiro exercício financeiro e devolvido para sanção até o encerramento da sessão legislativa;

II. o projeto de lei de diretrizes orçamentárias será encaminhado até oito meses e meio antes do encerramento do exercício financeiro e devolvido para sanção até o encerramento do primeiro período da sessão legislativa;

III. o projeto de lei orçamentária da União será encaminhado até quatro meses antes do encerramento do exercício financeiro e devolvido para sanção até o encerramento da sessão legislativa.

Art. 36. Os fundos existentes na data da promulgação da Constituição, excetuados os resultantes de isenções fiscais que passem a integrar patrimônio privado e os que interessem à defesa nacional, extinguir-se-ão, se não forem ratificados pelo Congresso Nacional no prazo de dois anos.

Art. 37. A adaptação ao que estabelece o art. 167, III, deverá processar-se no prazo de cinco anos, reduzindo-se o excesso à base de, pelo menos, um quinto por ano.

Art. 38. Até a promulgação da lei complementar referida no art. 169, a União, os Estados, o Distrito Federal e os Municípios não poderão despender com pessoal mais do que sessenta e cinco por cento do valor das respectivas receitas correntes.

Parágrafo único. A União, os Estados, o Distrito Federal e os Municípios, quando a respectiva despesa de pessoal exceder o limite previsto neste artigo, deverão retornar àquele limite, reduzindo o percentual excedente à razão de um quinto por ano.

Art. 39. Para efeito do cumprimento das disposições constitucionais que impliquem variações de despesas e receitas da União, após a promulgação da Constituição, o Poder Executivo deverá elaborar e o Poder Legislativo apreciar projeto de revisão da lei orçamentária referente ao exercício financeiro de 1989.

Parágrafo único. O Congresso Nacional deverá votar no prazo de doze meses a lei complementar prevista no art. 161, II.

Art. 40. É mantida a Zona Franca de Manaus, com suas características de área livre de comércio, de exportação e importação, e de incentivos fiscais, pelo prazo de vinte e cinco anos, a partir da promulgação da Constituição.

Parágrafo único. Somente por lei federal podem ser modificados os critérios que disciplinaram ou venham a disciplinar a aprovação dos projetos na Zona Franca de Manaus.

Art. 41. Os Poderes Executivos da União, dos Estados, do Distrito Federal e dos Municípios reavaliarão todos os incentivos fiscais de natureza setorial ora em vigor, propondo aos Poderes Legislativos respectivos as medidas cabíveis.

§ 1º Considerar-se-ão revogados após dois anos, a partir da data da promulgação da Constituição, os incentivos que não forem confirmados por lei.

§ 2º A revogação não prejudicará os direitos que já tiverem sido adquiridos, àquela data, em relação a incentivos concedidos sob condição e com prazo certo.

§ 3º Os incentivos concedidos por convênio entre Estados, celebrados nos termos do art. 23, § 6º, da Constituição de 1967, com a redação da Emenda Constitucional nº 1, de 17 de outubro de 1969, também deverão ser reavaliados e reconfirmados nos prazos deste artigo.

Art. 42. Durante 40 (quarenta) anos, a União aplicará dos recursos destinados à irrigação: *(Redação dada pela Emenda Constitucional nº 89, de 2015)*

I. 20% (vinte por cento) na Região Centro-Oeste; *(Redação dada pela Emenda Constitucional nº 89, de 2015)*

II. 50% (cinquenta por cento) na Região Nordeste, preferencialmente no Semiárido. *(Redação dada pela Emenda Constitucional nº 89, de 2015)*

Parágrafo único. Dos percentuais previstos nos incisos I e II do *caput*, no mínimo 50% (cinquenta por cento) serão destinados a projetos de irrigação que beneficiem agricultores familiares que atendam aos requisitos previstos em legislação específica. *(Incluído pela Emenda Constitucional nº 89, de 2015)*

Art. 43. Na data da promulgação da lei que disciplinar a pesquisa e a lavra de recursos e jazidas minerais, ou no prazo de um ano, a contar da promulgação da Constituição, tornar-se-ão sem efeito as autorizações, concessões e demais títulos atributivos de direitos minerários, caso os trabalhos de pesquisa ou de lavra não hajam sido comprovadamente iniciados nos prazos legais ou estejam inativos. *(Regulamentado pela Lei nº 7.886, de 1989)*

Art. 44. As atuais empresas brasileiras titulares de autorização de pesquisa, concessão de lavra de recursos minerais e de aproveitamento dos potenciais de energia hidráulica em vigor terão quatro anos, a partir da promulgação da Constituição, para cumprir os requisitos do art. 176, § 1º.

§ 1º Ressalvadas as disposições de interesse nacional previstas no texto constitucional, as empresas brasileiras ficarão dispensadas do cumprimento do disposto no art. 176, § 1º, desde que, no prazo de até quatro anos da data da promulgação da Constituição, tenham o produto de sua lavra e beneficiamento destinado a industrialização no território nacional, em seus próprios estabelecimentos ou em empresa industrial controladora ou controlada.

§ 2º Ficarão também dispensadas do cumprimento do disposto no art. 176, § 1º, as empresas brasileiras titulares de concessão de energia hidráulica para uso em seu processo de industrialização.

§ 3º As empresas brasileiras referidas no § 1º somente poderão ter autorizações de pesquisa e concessões de lavra ou potenciais de energia hidráulica, desde que a energia e o produto da lavra sejam utilizados nos respectivos processos industriais.

Art. 45. Ficam excluídas do monopólio estabelecido pelo art. 177, II, da Constituição as refinarias em funcionamento no País amparadas pelo art. 43 e nas condições do art. 45 da Lei nº 2.004, de 3 de outubro de 1953.

Parágrafo único. Ficam ressalvados da vedação do art. 177, § 1º, os contratos de risco feitos com a Petróleo Brasileiro S.A. (Petrobrás), para pesquisa de petróleo, que estejam em vigor na data da promulgação da Constituição.

Art. 46. São sujeitos à correção monetária desde o vencimento, até seu efetivo pagamento, sem interrupção ou suspensão, os créditos junto a entidades submetidas aos regimes de intervenção ou liquidação extrajudicial, mesmo quando esses regimes sejam convertidos em falência.

Parágrafo único. O disposto neste artigo aplica-se também:

I. às operações realizadas posteriormente à decretação dos regimes referidos no *caput* deste artigo;

II. às operações de empréstimo, financiamento, refinanciamento, assistência financeira de liquidez, cessão ou sub-rogação de créditos ou cédulas hipotecárias, efetivação de garantia de depósitos do público ou de compra de obrigações passivas, inclusive as realizadas com recursos de fundos que tenham essas destinações;

III. aos créditos anteriores à promulgação da Constituição;

IV. aos créditos das entidades da administração pública anteriores à promulgação da Constituição, não liquidados até 1º de janeiro de 1988.

Art. 47. Na liquidação dos débitos, inclusive suas renegociações e composições posteriores, ainda que ajuizados, decorrentes de quaisquer empréstimos concedidos por bancos e por instituições financeiras, não existirá correção monetária desde que o empréstimo tenha sido concedido:

I. aos micro e pequenos empresários ou seus estabelecimentos no período de 28 de fevereiro de 1986 a 28 de fevereiro de 1987;

II. aos míni, pequenos e médios produtores rurais no período de 28 de fevereiro de 1986 a 31 de dezembro de 1987, desde que relativos a crédito rural.

§ 1º Consideram-se, para efeito deste artigo, microempresas as pessoas jurídicas e as firmas individuais com receitas anuais de até dez mil Obrigações do Tesouro Nacional, e pequenas empresas as pessoas jurídicas e as firmas individuais com receita anual de até vinte e cinco mil Obrigações do Tesouro Nacional.

§ 2º A classificação de míni, pequeno e médio produtor rural será feita obedecendo-se às normas de crédito rural vigentes à época do contrato.

§ 3º A isenção da correção monetária a que se refere este artigo só será concedida nos seguintes casos:

I. se a liquidação do débito inicial, acrescido de juros legais e taxas judiciais, vier a ser efetivada no prazo de noventa dias, a contar da data da promulgação da Constituição;

II. se a aplicação dos recursos não contrariar a finalidade do financiamento, cabendo o ônus da prova à instituição credora;

III. se não for demonstrado pela instituição credora que o mutuário dispõe de meios para o pagamento de seu débito, excluído desta demonstração seu estabelecimento, a casa de moradia e os instrumentos de trabalho e produção;

IV. se o financiamento inicial não ultrapassar o limite de cinco mil Obrigações do Tesouro Nacional;

V. se o beneficiário não for proprietário de mais de cinco módulos rurais.

§ 4º Os benefícios de que trata este artigo não se estendem aos débitos já quitados e aos devedores que sejam constituintes.

§ 5º No caso de operações com prazos de vencimento posteriores à data-limite de liquidação da dívida, havendo interesse do mutuário, os bancos e as instituições financeiras promoverão, por instrumento próprio, alteração nas condições contratuais originais de forma a ajustá-las ao presente benefício.

§ 6º A concessão do presente benefício por bancos comerciais privados em nenhuma hipótese acarretará ônus para o Poder Público, ainda que através de refinanciamento e repasse de recursos pelo banco central.

§ 7º No caso de repasse a agentes financeiros oficiais ou cooperativas de crédito, o ônus recairá sobre a fonte de recursos originária.

Art. 48. O Congresso Nacional, dentro de cento e vinte dias da promulgação da Constituição, elaborará código de defesa do consumidor.

Art. 49. A lei disporá sobre o instituto da enfiteuse em imóveis urbanos, sendo facultada aos foreiros, no caso de sua extinção, a remição dos aforamentos mediante aquisição do domínio direto, na conformidade do que dispuserem os respectivos contratos.

§ 1º Quando não existir cláusula contratual, serão adotados os critérios e bases hoje vigentes na legislação especial dos imóveis da União.

§ 2º Os direitos dos atuais ocupantes inscritos ficam assegurados pela aplicação de outra modalidade de contrato.

§ 3º A enfiteuse continuará sendo aplicada aos terrenos de marinha e seus acrescidos, situados na faixa de segurança, a partir da orla marítima.

§ 4º Remido o foro, o antigo titular do domínio direto deverá, no prazo de noventa dias, sob pena de responsabilidade, confiar à guarda do registro de imóveis competente toda a documentação a ele relativa.

Art. 50. Lei agrícola a ser promulgada no prazo de um ano disporá, nos termos da Constituição, sobre os objetivos e instrumentos de política agrícola, prioridades, planejamento de safras, comercialização, abastecimento interno, mercado externo e instituição de crédito fundiário.

Art. 51. Serão revistos pelo Congresso Nacional, através de Comissão mista, nos três anos a contar da data da promulgação da Constituição, todas as doações, vendas e concessões de terras públicas com área superior a três mil hectares, realizadas no período de 1º de janeiro de 1962 a 31 de dezembro de 1987.

§ 1º No tocante às vendas, a revisão será feita com base exclusivamente no critério de legalidade da operação.

§ 2º No caso de concessões e doações, a revisão obedecerá aos critérios de legalidade e de conveniência do interesse público.

§ 3º Nas hipóteses previstas nos parágrafos anteriores, comprovada a ilegalidade, ou havendo interesse público, as terras reverterão ao patrimônio da União, dos Estados, do Distrito Federal ou dos Municípios.

Art. 52. Até que sejam fixadas as condições do art. 192, são vedados: *(Redação dada pela Emenda Constitucional nº 40, de 2003)*

I. a instalação, no País, de novas agências de instituições financeiras domiciliadas no exterior;

II. o aumento do percentual de participação, no capital de instituições financeiras com sede no País, de pessoas físicas ou jurídicas residentes ou domiciliadas no exterior.

Parágrafo único. A vedação a que se refere este artigo não se aplica às autorizações resultantes de acordos internacionais, de reciprocidade, ou de interesse do Governo brasileiro.

Art. 53. Ao ex-combatente que tenha efetivamente participado de operações bélicas durante a Segunda Guerra Mundial, nos termos da Lei nº 5.315, de 12 de setembro de 1967, serão assegurados os seguintes direitos:

I. aproveitamento no serviço público, sem a exigência de concurso, com estabilidade;

II. pensão especial correspondente à deixada por segundo-tenente das Forças Armadas, que poderá ser requerida a qualquer tempo, sendo inacumulável com quaisquer rendimentos recebidos dos cofres públicos, exceto os benefícios previdenciários, ressalvado o direito de opção;

III. em caso de morte, pensão à viúva ou companheira ou dependente, de forma proporcional, de valor igual à do inciso anterior;

IV. assistência médica, hospitalar e educacional gratuita, extensiva aos dependentes;

V. aposentadoria com proventos integrais aos vinte e cinco anos de serviço efetivo, em qualquer regime jurídico;

VI. prioridade na aquisição da casa própria, para os que não a possuam ou para suas viúvas ou companheiras.

Parágrafo único. A concessão da pensão especial do inciso II substitui, para todos os efeitos legais, qualquer outra pensão já concedida ao ex-combatente.

Art. 54. Os seringueiros recrutados nos termos do Decreto-Lei nº 5.813, de 14 de setembro de 1943, e amparados pelo Decreto-Lei nº 9.882, de 16 de setembro de 1946, receberão, quando carentes, pensão mensal vitalícia no valor de dois salários mínimos.

§ 1º O benefício é estendido aos seringueiros que, atendendo a apelo do Governo brasileiro, contribuíram para o esforço de guerra, trabalhando na produção de borracha, na Região Amazônica, durante a Segunda Guerra Mundial.

§ 2º Os benefícios estabelecidos neste artigo são transferíveis aos dependentes reconhecidamente carentes.

§ 3º A concessão do benefício far-se-á conforme lei a ser proposta pelo Poder Executivo dentro de cento e cinquenta dias da promulgação da Constituição.

Art. 54-A. Os seringueiros de que trata o art. 54 deste Ato das Disposições Constitucionais Transitórias receberão indenização, em parcela única, no valor de R$ 25.000,00 (vinte e cinco mil reais). *(Incluído pela Emenda Constitucional nº 78, de 2014)*

Art. 55. Até que seja aprovada a lei de diretrizes orçamentárias, trinta por cento, no mínimo, do orçamento da seguridade social, excluído o seguro-desemprego, serão destinados ao setor de saúde.

Art. 56. Até que a lei disponha sobre o art. 195, I, a arrecadação decorrente de, no mínimo, cinco dos seis décimos percentuais correspondentes à alíquota da contribuição de que trata o Decreto-Lei nº 1.940, de 25 de maio de 1982, alterada pelo Decreto-Lei nº 2.049, de 1º de agosto de 1983, pelo Decreto nº 91.236, de 8 de maio de 1985, e pela Lei nº 7.611, de 8 de julho de 1987, passa a integrar a receita da seguridade social, ressalvados, exclusivamente no exercício de 1988, os compromissos assumidos com programas e projetos em andamento.

Art. 57. Os débitos dos Estados e dos Municípios relativos às contribuições previdenciárias até 30 de junho de 1988 serão liquidados, com correção monetária, em cento e vinte parcelas mensais, dispensados os juros e multas sobre eles incidentes, desde que os devedores requeiram o parcelamento e iniciem seu pagamento no prazo de cento e oitenta dias a contar da promulgação da Constituição.

§ 1º O montante a ser pago em cada um dos dois primeiros anos não será inferior a cinco por cento do total do débito consolidado e atualizado, sendo o restante dividido em parcelas mensais de igual valor.

§ 2º A liquidação poderá incluir pagamentos na forma de cessão de bens e prestação de serviços, nos termos da Lei nº 7.578, de 23 de dezembro de 1986.

§ 3º Em garantia do cumprimento do parcelamento, os Estados e os Municípios consignarão, anualmente, nos respectivos orçamentos as dotações necessárias ao pagamento de seus débitos.

§ 4º Descumprida qualquer das condições estabelecidas para concessão do parcelamento, o débito será considerado vencido em sua totalidade, sobre ele incidindo juros de mora; nesta hipótese, parcela dos recursos correspondentes aos Fundos de Participação, destinada aos Estados e Municípios devedores, será bloqueada e repassada à previdência social para pagamento de seus débitos.

Art. 58. Os benefícios de prestação continuada, mantidos pela previdência social na data da promulgação da Constituição, terão seus valores revistos, a fim de que seja restabelecido o poder aquisitivo, expresso em número de salários mínimos, que tinham na data de sua concessão, obedecendo-se a esse critério de atualização até a implantação do plano de custeio e benefícios referidos no artigo seguinte.

Parágrafo único. As prestações mensais dos benefícios atualizadas de acordo com este artigo serão devidas e pagas a partir do sétimo mês a contar da promulgação da Constituição.

Art. 59. Os projetos de lei relativos à organização da seguridade social e aos planos de custeio e de benefício serão apresentados no prazo máximo de seis meses da promulgação da Constituição ao Congresso Nacional, que terá seis meses para apreciá-los.

Parágrafo único. Aprovados pelo Congresso Nacional, os planos serão implantados progressivamente nos dezoito meses seguintes.

Art. 60. Até o 14º (décimo quarto) ano a partir da promulgação desta Emenda Constitucional, os Estados, o Distrito Federal e os Municípios destinarão parte dos recursos a que se refere o *caput* do art. 212 da Constituição Federal à manutenção e desenvolvimento da educação básica e à remuneração condigna dos trabalhadores da educação, respeitadas as seguintes disposições: *(Redação dada pela Emenda Constitucional nº 53, de 2006).*

I. a distribuição dos recursos e de responsabilidades entre o Distrito Federal, os Estados e seus Municípios é assegurada mediante a criação, no âmbito de cada Estado e do Distrito Federal, de um Fundo de Manutenção e Desenvolvimento da Educação Básica e de Valorização dos Profissionais da Educação -FUNDEB, de natureza contábil; *(Incluído pela Emenda Constitucional nº 53, de 2006).*

II. os Fundos referidos no inciso I do *caput* deste artigo serão constituídos por 20% (vinte por cento) dos recursos a que se referem os incisos I, II e III do art. 155; o inciso II do *caput* do art. 157; os incisos II, III e IV do *caput* do art. 158; e as alíneas "a" e "b" do inciso I e o inciso II do *caput* do art. 159, todos da Constituição Federal, e distribuídos entre cada Estado e seus Municípios, proporcionalmente ao número de alunos das diversas etapas e modalidades da educação básica presencial, matriculados nas respectivas redes, nos respectivos âmbitos de atuação prioritária estabelecidos nos §§ 2º e 3º do art. 211 da Constituição Federal; *(Incluído pela Emenda Constitucional nº 53, de 2006).*

III. observadas as garantias estabelecidas nos incisos I, II, III e IV do *caput* do art. 208 da Constituição Federal e as metas de universalização da educação básica estabelecidas no Plano Nacional de Educação, a lei disporá sobre: *(Incluído pela Emenda Constitucional nº 53, de 2006).*

a) a organização dos Fundos, a distribuição proporcional de seus recursos, as diferenças e as ponderações quanto ao valor anual por aluno entre etapas e modalidades da educação básica e tipos de estabelecimento de ensino; *(Incluído pela Emenda Constitucional nº 53, de 2006).*

b) a forma de cálculo do valor anual mínimo por aluno; *(Incluído pela Emenda Constitucional nº 53, de 2006).*

c) os percentuais máximos de apropriação dos recursos dos Fundos pelas diversas etapas e modalidades da educação básica, observados os arts. 208 e 214 da Constituição Federal, bem como as metas do Plano Nacional de Educação; *(Incluído pela Emenda Constitucional nº 53, de 2006).*

d) a fiscalização e o controle dos Fundos; *(Incluído pela Emenda Constitucional nº 53, de 2006).*

e) prazo para fixar, em lei específica, piso salarial profissional nacional para os profissionais do magistério público da educação básica; *(Incluído pela Emenda Constitucional nº 53, de 2006).*

IV. os recursos recebidos à conta dos Fundos instituídos nos termos do inciso I do *caput* deste artigo serão aplicados pelos Estados e Municípios exclusivamente nos respectivos âmbitos de atuação prioritária, conforme estabelecido nos §§ 2º e 3º do art. 211 da Constituição Federal; *(Incluído pela Emenda Constitucional nº 53, de 2006).*

V. a União complementará os recursos dos Fundos a que se refere o inciso II do *caput* deste artigo sempre que, no Distrito Federal e em cada Estado, o valor por aluno não alcançar o mínimo definido nacionalmente, fixado em observância ao disposto no inciso VII do *caput* deste artigo, vedada a utilização dos recursos a que se refere o § 5º do art. 212 da Constituição Federal; *(Incluído pela Emenda Constitucional nº 53, de 2006).*

VI. até 10% (dez por cento) da complementação da União prevista no inciso V do *caput* deste artigo poderá ser distribuída para os Fundos por meio de programas direcionados para a melhoria da qualidade da educação, na forma da lei a que se refere o inciso III do *caput* deste artigo; *(Incluído pela Emenda Constitucional nº 53, de 2006).*

VII. a complementação da União de que trata o inciso V do *caput* deste artigo será de, no mínimo: *(Incluído pela Emenda Constitucional nº 53, de 2006).*

a) R$ 2.000.000.000,00 (dois bilhões de reais), no primeiro ano de vigência dos Fundos; *(Incluído pela Emenda Constitucional nº 53, de 2006).*

b) R$ 3.000.000.000,00 (três bilhões de reais), no segundo ano de vigência dos Fundos; *(Incluído pela Emenda Constitucional nº 53, de 2006).*

c) R$ 4.500.000.000,00 (quatro bilhões e quinhentos milhões de reais), no terceiro ano de vigência dos Fundos; *(Incluído pela Emenda Constitucional nº 53, de 2006).*

d) 10% (dez por cento) do total dos recursos a que se refere o inciso II do *caput* deste artigo, a partir do quarto ano de vigência dos Fundos; *(Incluído pela Emenda Constitucional nº 53, de 2006).*

VIII. a vinculação de recursos à manutenção e desenvolvimento do ensino estabelecida no art. 212 da Constituição Federal suportará, no máximo, 30% (trinta por cento) da complementação da União, considerando-se para os fins deste inciso os valores previstos no inciso VII do *caput* deste artigo; *(Incluído pela Emenda Constitucional nº 53, de 2006).*

IX. os valores a que se referem as alíneas "a", "b", e "c" do inciso VII do *caput* deste artigo serão atualizados, anualmente, a partir da promulgação desta Emenda Constitucional, de forma a preservar, em caráter permanente, o valor real da complementação da União; *(Incluído pela Emenda Constitucional nº 53, de 2006).*

X. aplica-se à complementação da União o disposto no art. 160 da Constituição Federal; *(Incluído pela Emenda Constitucional nº 53, de 2006).*

XI. o não cumprimento do disposto nos incisos V e VII do *caput* deste artigo importará crime de responsabilidade da autoridade competente; *(Incluído pela Emenda Constitucional nº 53, de 2006).*

XII. proporção não inferior a 60% (sessenta por cento) de cada Fundo referido no inciso I do *caput* deste artigo será destinada ao pagamento dos profissionais do magistério da educação básica em efetivo exercício. *(Incluído pela Emenda Constitucional nº 53, de 2006).*

§ 1º A União, os Estados, o Distrito Federal e os Municípios deverão assegurar, no financiamento da educação básica, a melhoria da qualidade de ensino, de forma a garantir padrão mínimo definido nacionalmente. *(Redação dada pela Emenda Constitucional nº 53, de 2006).*

§ 2º O valor por aluno do ensino fundamental, no Fundo de cada Estado e do Distrito Federal, não poderá ser inferior ao praticado no âmbito do Fundo de Manutenção e Desenvolvimento do Ensino Fundamental e de Valorização do Magistério -FUNDEF, no ano anterior à vigência desta Emenda Constitucional. *(Redação dada pela Emenda Constitucional nº 53, de 2006).*

§ 3º O valor anual mínimo por aluno do ensino fundamental, no âmbito do Fundo de Manutenção e Desenvolvimento da Educação Básica e de Valorização dos Profissionais da Educação - FUNDEB, não poderá ser inferior ao valor mínimo fixado nacionalmente no ano anterior ao da vigência desta Emenda Constitucional. *(Redação dada pela Emenda Constitucional nº 53, de 2006).*

§ 4º Para efeito de distribuição de recursos dos Fundos a que se refere o inciso I do *caput* deste artigo, levar-se-á em conta a totalidade das matrículas no ensino fundamental e considerar-se-á para a educação infantil, para o ensino médio e para a educação de jovens e adultos 1/3 (um terço) das matrículas no primeiro ano, 2/3 (dois terços) no segundo ano e sua totalidade a partir do terceiro ano. *(Redação dada pela Emenda Constitucional nº 53, de 2006).*

§ 5º A porcentagem dos recursos de constituição dos Fundos, conforme o inciso II do *caput* deste artigo, será alcançada gradativamente nos primeiros 3 (três) anos de vigência dos Fundos, da seguinte forma: *(Redação dada pela Emenda Constitucional nº 53, de 2006).*

I. no caso dos impostos e transferências constantes do inciso II do *caput* do art. 155; do inciso IV do *caput* do art. 158; e das alíneas "a" e "b" do inciso I e do inciso II do *caput* do art. 159 da Constituição Federal: *(Incluído pela Emenda Constitucional nº 53, de 2006).*

a) 16,66% (dezesseis inteiros e sessenta e seis centésimos por cento), no primeiro ano; *(Incluído pela Emenda Constitucional nº 53, de 2006).*

b) 18,33% (dezoito inteiros e trinta e três centésimos por cento), no segundo ano; *(Incluído pela Emenda Constitucional nº 53, de 2006).*

c) 20% (vinte por cento), a partir do terceiro ano; *(Incluído pela Emenda Constitucional nº 53, de 2006).*

II. no caso dos impostos e transferências constantes dos incisos I e III do *caput* do art. 155; do inciso II do *caput* do art. 157; e dos incisos II e III do *caput* do art. 158 da Constituição Federal: *(Incluído pela Emenda Constitucional nº 53, de 2006).*

a) 6,66% (seis inteiros e sessenta e seis centésimos por cento), no primeiro ano; *(Incluído pela Emenda Constitucional nº 53, de 2006).*

b) 13,33% (treze inteiros e trinta e três centésimos por cento), no segundo ano; *(Incluído pela Emenda Constitucional nº 53, de 2006).*

c) 20% (vinte por cento), a partir do terceiro ano. *(Incluído pela Emenda Constitucional nº 53, de 2006).*

§ 6º *(Revogado pela Emenda Constitucional nº 53, de 2006).*

§ 7º *(Revogado pela Emenda Constitucional nº 53, de 2006).*

Art. 61. As entidades educacionais a que se refere o art. 213, bem como as fundações de ensino e pesquisa cuja criação tenha sido autorizada por lei, que preencham os requisitos dos incisos I e II do referido artigo e que, nos últimos três anos, tenham recebido recursos públicos, poderão continuar a recebê-los, salvo disposição legal em contrário.

Art. 62. A lei criará o Serviço Nacional de Aprendizagem Rural (SENAR) nos moldes da legislação relativa ao Serviço Nacional de Aprendizagem Industrial (SENAI) e ao Serviço Nacional de Aprendizagem do Comércio (SENAC), sem prejuízo das atribuições dos órgãos públicos que atuam na área.

Art. 63. É criada uma Comissão composta de nove membros, sendo três do Poder Legislativo, três do Poder Judiciário e três do Poder Executivo, para promover as comemorações do centenário da proclamação da República e da promulgação da primeira Constituição republicana do País, podendo, a seu critério, desdobrar-se em tantas subcomissões quantas forem necessárias.

Parágrafo único. No desenvolvimento de suas atribuições, a Comissão promoverá estudos, debates e avaliações sobre a evolução política, social, econômica e cultural do País, podendo articular-se com os governos estaduais e municipais e com instituições públicas e privadas que desejem participar dos eventos.

Art. 64. A Imprensa Nacional e demais gráficas da União, dos Estados, do Distrito Federal e dos

Municípios, da administração direta ou indireta, inclusive fundações instituídas e mantidas pelo Poder Público, promoverão edição popular do texto integral da Constituição, que será posta à disposição das escolas e dos cartórios, dos sindicatos, dos quartéis, das igrejas e de outras instituições representativas da comunidade, gratuitamente, de modo que cada cidadão brasileiro possa receber do Estado um exemplar da Constituição do Brasil.

Art. 65. O Poder Legislativo regulamentará, no prazo de doze meses, o art. 220, § 4º.

Art. 66. São mantidas as concessões de serviços públicos de telecomunicações atualmente em vigor, nos termos da lei.

Art. 67. A União concluirá a demarcação das terras indígenas no prazo de cinco anos a partir da promulgação da Constituição.

Art. 68. Aos remanescentes das comunidades dos quilombos que estejam ocupando suas terras é reconhecida a propriedade definitiva, devendo o Estado emitir-lhes os títulos respectivos.

Art. 69. Será permitido aos Estados manter consultorias jurídicas separadas de suas Procuradorias-Gerais ou Advocacias-Gerais, desde que, na data da promulgação da Constituição, tenham órgãos distintos para as respectivas funções.

Art. 70. Fica mantida atual competência dos tribunais estaduais até que a mesma seja definida na Constituição do Estado, nos termos do art. 125, § 1º, da Constituição.

Art. 71. É instituído, nos exercícios financeiros de 1994 e 1995, bem assim nos períodos de 1º de janeiro de 1996 a 30 de junho de 1997 e 1º de julho de 1997 a 31 de dezembro de 1999, o Fundo Social de Emergência, com o objetivo de saneamento financeiro da Fazenda Pública Federal e de estabilização econômica, cujos recursos serão aplicados prioritariamente no custeio das ações dos sistemas de saúde e educação, incluindo a complementação de recursos de que trata o § 3º do art. 60 do Ato das Disposições Constitucionais Transitórias, benefícios previdenciários e auxílios assistenciais de prestação continuada, inclusive liquidação de passivo previdenciário, e despesas orçamentárias associadas a programas de relevante interesse econômico e social. *(Redação dada pela Emenda Constitucional nº 17, de 1997)*

§ 1º Ao Fundo criado por este artigo não se aplica o disposto na parte final do inciso II do § 9º do art. 165 da Constituição. *(Renumerado do parágrafo único, pela Emenda Constitucional nº 10, de 1996)*

§ 2º O Fundo criado por este artigo passa a ser denominado Fundo de Estabilização Fiscal a partir do início do exercício financeiro de 1996. *(Incluído pela Emenda Constitucional nº 10, de 1996)*

§ 3º O Poder Executivo publicará demonstrativo da execução orçamentária, de periodicidade bimestral, no qual se discriminarão as fontes e usos do Fundo criado por este artigo. *(Incluído pela Emenda Constitucional nº 10, de 1996)*

Art. 72. Integram o Fundo Social de Emergência: *(Incluído pela Emenda Constitucional de Revisão nº 1, de 1994)*

I. o produto da arrecadação do imposto sobre renda e proventos de qualquer natureza incidente na fonte sobre pagamentos efetuados, a qualquer título, pela União, inclusive suas autarquias e fundações; *(Incluído pela Emenda Constitucional de Revisão nº 1, de 1994) (Vide Emenda Constitucional nº 17, de 1997)*

II. a parcela do produto da arrecadação do imposto sobre renda e proventos de qualquer natureza e do imposto sobre operações de crédito, câmbio e seguro, ou relativas a títulos e valores mobiliários, decorrente das alterações produzidas pela Lei nº 8.894, de 21 de junho de 1994, e pelas Leis nºs 8.849 e 8.848, ambas de 28 de janeiro de 1994, e modificações posteriores; *(Redação dada pela Emenda Constitucional nº 10, de 1996)*

III. a parcela do produto da arrecadação resultante da elevação da alíquota da contribuição social sobre o lucro dos contribuintes a que se refere o § 1º do Art. 22 da Lei nº 8.212, de 24 de julho de 1991, a qual, nos exercícios financeiros de 1994 e 1995, bem assim no período de 1º de janeiro de 1996 a 30 de junho de 1997, passa a ser de trinta por cento, sujeita a alteração por lei ordinária, mantidas as demais normas da Lei nº 7.689, de 15 de dezembro de 1988; *(Redação dada pela Emenda Constitucional nº 10, de 1996)*

IV. vinte por cento do produto da arrecadação de todos os impostos e contribuições da União, já instituídos ou a serem criados, excetuado o previsto nos incisos I, II e III, observado o disposto nos §§ 3º e 4º; *(Redação dada pela Emenda Constitucional nº 10, de 1996)*

V. a parcela do produto da arrecadação da contribuição de que trata a Lei Complementar nº 7, de 7 de setembro de 1970, devida pelas pessoas jurídicas a que se refere o inciso III deste artigo, a qual será calculada, nos exercícios financeiros de 1994 a 1995, bem assim nos períodos de 1º de janeiro de 1996 a 30 de junho de 1997 e de 1º de julho de 1997 a 31 de dezembro de 1999, mediante a aplicação da alíquota de setenta e cinco centésimos por cento, sujeita a alteração por lei ordinária posterior, sobre a receita bruta operacional, como definida na legislação do imposto sobre renda e proventos de qualquer natureza. *(Redação dada pela Emenda Constitucional nº 17, de 1997) (Vide Emenda Constitucional nº 17, de 1997)*

VI. outras receitas previstas em lei específica. *(Incluído pela Emenda Constitucional de Revisão nº 1, de 1994)*

§ 1º As alíquotas e a base de cálculo previstas nos incisos III e V aplicar-se-ão a partir do primeiro dia do mês seguinte aos noventa dias posteriores à promulgação desta Emenda. *(Incluído pela Emenda Constitucional de Revisão nº 1, de 1994)*

§ 2º As parcelas de que tratam os incisos I, II, III e V serão previamente deduzidas da base de cálculo de qualquer vinculação ou participação constitucional ou legal, não se lhes aplicando o disposto nos artigos, 159, 212 e 239 da Constituição. *(Redação dada pela Emenda Constitucional nº 10, de 1996)*

§ 3º A parcela de que trata o inciso IV será previamente deduzida da base de cálculo das vinculações ou participações constitucionais previstas nos artigos 153, § 5º, 157, II, 212 e 239 da Constituição. *(Redação dada pela Emenda Constitucional nº 10, de 1996)*

§ 4º O disposto no parágrafo anterior não se aplica aos recursos previstos nos Artigos 158, II e 159 da Constituição. *(Redação dada pela Emenda Constitucional nº 10, de 1996)*

§ 5º A parcela dos recursos provenientes do imposto sobre renda e proventos de qualquer natureza, destinada ao Fundo Social de Emergência, nos termos do inciso II deste artigo, não poderá exceder a cinco inteiros e seis décimos por cento do total do produto da sua arrecadação. *(Redação dada pela Emenda Constitucional nº 10, de 1996)*

Art. 73. Na regulação do Fundo Social de Emergência não poderá ser utilizado o instrumento previsto no inciso V do art. 59 da Constituição. *(Incluído pela Emenda Constitucional de Revisão nº 1, de 1994)*

Art. 74. A União poderá instituir contribuição provisória sobre movimentação ou transmissão de valores e de créditos e direitos de natureza financeira. *(Incluído pela Emenda Constitucional nº 12, de 1996)*

§ 1º A alíquota da contribuição de que trata este artigo não excederá a vinte e cinco centésimos por cento, facultado ao Poder Executivo reduzi-la ou restabelecê-la, total ou parcialmente, nas condições e limites fixados em lei. *(Incluído pela Emenda Constitucional nº 12, de 1996)*

§ 2º A contribuição de que trata este artigo não se aplica o disposto nos arts. 153, § 5º, e 154, I, da Constituição. *(Incluído pela Emenda Constitucional nº 12, de 1996)*

§ 3º O produto da arrecadação da contribuição de que trata este artigo será destinado integralmente ao Fundo Nacional de Saúde, para financiamento das ações e serviços de saúde. *(Incluído pela Emenda Constitucional nº 12, de 1996)*

§ 4º A contribuição de que trata este artigo terá sua exigibilidade subordinada ao disposto no art. 195, § 6º, da Constituição, e não poderá ser cobrada por prazo superior a dois anos. *(Incluído pela Emenda Constitucional nº 12, de 1996)*

Art. 75. É prorrogada, por trinta e seis meses, a cobrança da contribuição provisória sobre movimentação ou transmissão de valores e de créditos e direitos de natureza financeira de que trata o art. 74, instituída pela Lei nº 9.311, de 24 de outubro de 1996, modificada pela Lei nº 9.539, de 12 de dezembro de 1997, cuja vigência é também prorrogada por idêntico prazo. *(Incluído pela Emenda Constitucional nº 21, de 1999)*

§ 1º Observado o disposto no § 6º do art. 195 da Constituição Federal, a alíquota da contribuição será de trinta e oito centésimos por cento, nos primeiros doze meses, e de trinta centésimos, nos meses subsequentes, facultado ao Poder Executivo reduzi-la total ou parcialmente, nos limites aqui definidos. *(Incluído pela Emenda Constitucional nº 21, de 1999)*

§ 2º O resultado do aumento da arrecadação, decorrente da alteração da alíquota, nos exercícios financeiros de 1999, 2000 e 2001, será destinado ao custeio da previdência social. *(Incluído pela Emenda Constitucional nº 21, de 1999)*

§ 3º É a União autorizada a emitir títulos da dívida pública interna, cujos recursos serão destinados ao custeio da saúde e da previdência social, em montante equivalente ao produto da arrecadação da contribuição, prevista e não realizada em 1999. *(Incluído pela Emenda Constitucional nº 21, de 1999) (Vide ADIN nº 2.031-5)*

Art. 76. São desvinculados de órgão, fundo ou despesa, até 31 de dezembro de 2023, 30% (trinta por cento) da arrecadação da União relativa às contribuições sociais, sem prejuízo do pagamento das despesas do Regime Geral da Previdência Social, às contribuições de intervenção no domínio econômico e às taxas, já instituídas ou que vierem a ser criadas até a referida data. *(Redação dada pela Emenda Constitucional nº 93, de 2016)*

§ 1º *(Revogado pela Emenda Constitucional nº 93, de 2016, em vigor na data de sua publicação, produzindo efeitos a partir de 1º de janeiro de 2016)*

§ 2º Excetua-se da desvinculação de que trata o *caput* a arrecadação da contribuição social do salário-educação a que se refere o § 5º do art. 212 da Constituição Federal. *(Redação dada pela Emenda Constitucional nº 68, de 2011).*

§ 3º *(Revogado pela Emenda Constitucional nº 93, de 2016, em vigor na data de sua publicação, produzindo efeitos a partir de 1º de janeiro de 2016)*

Art. 76-A. São desvinculados de órgão, fundo ou despesa, até 31 de dezembro de 2023, 30% (trinta por cento) das receitas dos Estados e do Distrito Federal relativas a impostos, taxas e multas, já instituídos ou que vierem a ser criados até a referida data, seus adicionais e respectivos acréscimos legais, e outras receitas correntes. *(Incluído pela Emenda Constitucional nº 93, de 2016, em vigor na data de sua publicação, produzindo efeitos a partir de 1º de janeiro de 2016)*

Parágrafo único. Excetuam-se da desvinculação de que trata o *caput*: *(Incluído pela Emenda Constitucional nº 93, de 8 de setembro de 2016, em vigor na data de sua publicação, produzindo efeitos a partir de 1º de janeiro de 2016)*

I. recursos destinados ao financiamento das ações e serviços públicos de saúde e à manutenção e desenvolvimento do ensino de que tratam, respectivamente, os incisos II e III do § 2º do art. 198 e o art. 212 da Constituição Federal; *(Incluído pela Emenda Constitucional nº 93, de 2016, em vigor na data de sua publicação, produzindo efeitos a partir de 1º de janeiro de 2016)*

II. receitas que pertencem aos Municípios decorrentes de transferências previstas na Constituição Federal; *(Incluído pela Emenda Constitucional nº 93, de 2016, em vigor na data de sua publicação, produzindo efeitos a partir de 1º de janeiro de 2016)*

III. receitas de contribuições previdenciárias e de assistência à saúde dos servidores; *(Incluído pela Emenda Constitucional nº 93, de 2016, em vigor na data de sua publicação, produzindo efeitos a partir de 1º de janeiro de 2016)*

IV. demais transferências obrigatórias e voluntárias entre entes da Federação com destinação especificada em lei; *(Incluído pela Emenda Constitucional nº 93, de 2016, em vigor na data de sua publicação, produzindo efeitos a partir de 1º de janeiro de 2016)*

V. fundos instituídos pelo Poder Judiciário, pelos Tribunais de Contas, pelo Ministério Público, pelas Defensorias Públicas e pelas Procuradorias-Gerais dos Estados e do Distrito Federal. *(Incluído pela Emenda Constitucional nº 93, de 2016, em vigor na data de sua publicação, produzindo efeitos a partir de 1º de janeiro de 2016)*

Art. 76-B. São desvinculados de órgão, fundo ou despesa, até 31 de dezembro de 2023, 30% (trinta por cento) das receitas dos Municípios relativas a impostos, taxas e multas, já instituídos ou que vierem a ser criados até a referida data, seus adicionais e respectivos acréscimos legais, e outras receitas correntes. *(Incluído pela Emenda Constitucional nº 93, de 2016, em vigor na data de sua publicação, produzindo efeitos a partir de 1º de janeiro de 2016)*

Parágrafo único. Excetuam-se da desvinculação de que trata o *caput*: *(Incluído pela Emenda Constitucional nº 93, de 2016, em vigor na data de sua publicação, produzindo efeitos a partir de 1º de janeiro de 2016)*

I. recursos destinados ao financiamento das ações e serviços públicos de saúde e à manutenção e desenvolvimento do ensino de que tratam, respectivamente, os incisos II e III do § 2º do art. 198 e o art. 212 da Constituição Federal; *(Incluído pela Emenda Constitucional nº 93, de 2016, em vigor na data de sua publicação, produzindo efeitos a partir de 1º de janeiro de 2016)*

II. receitas de contribuições previdenciárias e de assistência à saúde dos servidores; *(Incluído pela Emenda Constitucional nº 93, de 2016, em vigor na data de sua publicação, produzindo efeitos a partir de 1º de janeiro de 2016)*

III. transferências obrigatórias e voluntárias entre entes da Federação com destinação especificada em lei; *(Incluído pela Emenda Constitucional nº 93, de 2016, em vigor na data de sua publicação, produzindo efeitos a partir de 1º de janeiro de 2016)*

IV. fundos instituídos pelo Tribunal de Contas do Município. *(Incluído pela Emenda Constitucional nº 93, de 2016, em vigor na data de sua publicação, produzindo efeitos a partir de 1º de janeiro de 2016)*

Art. 77. Até o exercício financeiro de 2004, os recursos mínimos aplicados nas ações e serviços públicos de saúde serão equivalentes: *(Incluído pela Emenda Constitucional nº 29, de 2000)*

I. no caso da União: *(Incluído pela Emenda Constitucional nº 29, de 2000)*

a) no ano 2000, o montante empenhado em ações e serviços públicos de saúde no exercício financeiro de 1999 acrescido de, no mínimo, cinco por cento; *(Incluído pela Emenda Constitucional nº 29, de 2000)*

b) do ano 2001 ao ano 2004, o valor apurado no ano anterior, corrigido pela variação nominal do Produto Interno Bruto – PIB; *(Incluído pela Emenda Constitucional nº 29, de 2000)*

II. no caso dos Estados e do Distrito Federal, doze por cento do produto da arrecadação dos impostos a que se refere o art. 155 e dos recursos de que tratam os arts. 157 e 159, inciso I, alínea "a", e inciso II, deduzidas as parcelas que forem transferidas aos respectivos Municípios; e *(Incluído pela Emenda Constitucional nº 29, de 2000)*

III. no caso dos Municípios e do Distrito Federal, quinze por cento do produto da arrecadação dos impostos a que se refere o art. 156 e dos recursos de que tratam os arts. 158 e 159, inciso I, alínea "b" e § 3º. *(Incluído pela Emenda Constitucional nº 29, de 2000)*

§ 1º Os Estados, o Distrito Federal e os Municípios que apliquem percentuais inferiores aos fixados nos incisos II e III deverão elevá-los gradualmente, até o exercício financeiro de 2004, reduzida a diferença à razão de, pelo menos, um quinto por ano, sendo que, a partir de 2000, a aplicação será de pelo menos sete por cento. *(Incluído pela Emenda Constitucional nº 29, de 2000)*

§ 2º Dos recursos da União apurados nos termos deste artigo, quinze por cento, no mínimo, serão aplicados nos Municípios, segundo o critério populacional, em ações e serviços básicos de saúde, na forma da lei. *(Incluído pela Emenda Constitucional nº 29, de 2000)*

§ 3º Os recursos dos Estados, do Distrito Federal e dos Municípios destinados às ações e serviços públicos de saúde e os transferidos pela União para a mesma finalidade serão aplicados por meio de Fundo de Saúde que será acompanhado e fiscalizado por Conselho de Saúde, sem prejuízo do disposto no art. 74 da Constituição Federal. *(Incluído pela Emenda Constitucional nº 29, de 2000)*

§ 4º Na ausência da lei complementar a que se refere o art. 198, § 3º, a partir do exercício financeiro de 2005, aplicar-se-á à União, aos Estados, ao Distrito Federal e aos Municípios o disposto neste artigo. *(Incluído pela Emenda Constitucional nº 29, de 2000)*

Art. 78. Ressalvados os créditos definidos em lei como de pequeno valor, os de natureza alimentícia, os de que trata o art. 33 deste Ato das Disposições Constitucionais Transitórias e suas complementações e os que já tiverem os seus respectivos recursos liberados ou depositados em juízo, os precatórios pendentes na data de promulgação desta Emenda e os que decorram de ações iniciais ajuizadas até 31 de dezembro de 1999 serão liquidados pelo seu valor real, em moeda corrente, acrescido de juros legais, em prestações anuais, iguais e sucessivas, no prazo máximo de dez anos, permitida a cessão dos créditos. *(Incluído pela Emenda Constitucional nº 30, de 2000)*

§ 1º É permitida a decomposição de parcelas, a critério do credor. *(Incluído pela Emenda Constitucional nº 30, de 2000)*

§ 2º As prestações anuais a que se refere o *caput* deste artigo terão, se não liquidadas até o final do exercício a que se referem, poder liberatório do pagamento de tributos da entidade devedora. *(Incluído pela Emenda Constitucional nº 30, de 2000) (Vide Emenda Constitucional nº 62, de 2009)*

§ 3º O prazo referido no *caput* deste artigo fica reduzido para dois anos, nos casos de precatórios judiciais originários de desapropriação de imóvel residencial do credor, desde que comprovadamente único à época da imissão na posse. *(Incluído pela Emenda Constitucional nº 30, de 2000)*

§ 4º O Presidente do Tribunal competente deverá, vencido o prazo ou em caso de omissão no orçamento, ou preterição ao direito de precedência, a requerimento do credor, requisitar ou determinar o sequestro de recursos financeiros da entidade executada, suficientes à satisfação da prestação. *(Incluído pela Emenda Constitucional nº 30, de 2000)*

Art. 79. É instituído, para vigorar até o ano de 2010, no âmbito do Poder Executivo Federal, o Fundo de Combate e Erradicação da Pobreza, a ser regulado por lei complementar com o objetivo de viabilizar a todos os brasileiros acesso a níveis dignos de subsistência, cujos recursos serão aplicados em ações suplementares de nutrição, habitação, educação, saúde, reforço de renda familiar e outros programas de relevante interesse social voltados para melhoria da qualidade de vida. *(Incluído pela Emenda Constitucional nº 31, de 2000) (Vide Emenda Constitucional nº 42, de 2003 e Emenda Constitucional nº 67, de 2010)*

Parágrafo único. O Fundo previsto neste artigo terá Conselho Consultivo e de Acompanhamento que conte com a participação de representantes da sociedade civil, nos termos da lei. *(Incluído pela Emenda Constitucional nº 31, de 2000)*

Art. 80. Compõem o Fundo de Combate e Erradicação da Pobreza: *(Incluído pela Emenda Constitucional nº 31, de 2000) (Vide Emenda Constitucional nº 67, de 2010)*

I. a parcela do produto da arrecadação correspondente a um adicional de oito centésimos por cento, aplicável de 18 de junho de 2000 a 17 de junho de 2002, na alíquota da contribuição social de que trata o art. 75 do Ato das Disposições Constitucionais Transitórias; *(Incluído pela Emenda Constitucional nº 31, de 2000)*

II. a parcela do produto da arrecadação correspondente a um adicional de cinco pontos percentuais na alíquota do Imposto sobre Produtos Industrializados – IPI, ou do imposto que vier a substituí-lo, incidente sobre produtos supérfluos e aplicável até a extinção do Fundo; *(Incluído pela Emenda Constitucional nº 31, de 2000)*

III. o produto da arrecadação do imposto de que trata o art. 153, inciso VII, da Constituição; *(Incluído pela Emenda Constitucional nº 31, de 2000)*

IV. dotações orçamentárias; *(Incluído pela Emenda Constitucional nº 31, de 2000)*

V. doações, de qualquer natureza, de pessoas físicas ou jurídicas do País ou do exterior; *(Incluído pela Emenda Constitucional nº 31, de 2000)*

VI. outras receitas, a serem definidas na regulamentação do referido Fundo. *(Incluído pela Emenda Constitucional nº 31, de 2000)*

§ 1º Aos recursos integrantes do Fundo de que trata este artigo não se aplica o disposto nos arts. 159 e 167, inciso IV, da Constituição, assim como qualquer desvinculação de recursos orçamentários. *(Incluído pela Emenda Constitucional nº 31, de 2000)*

§ 2º A arrecadação decorrente do disposto no inciso I deste artigo, no período compreendido entre 18 de junho de 2000 e o início da vigência da lei complementar a que se refere a art. 79, será integralmente repassada ao Fundo, preservado o seu valor real, em títulos públicos federais, progressivamente resgatáveis após 18 de junho de 2002, na forma da lei. *(Incluído pela Emenda Constitucional nº 31, de 2000)*

Art. 81. É instituído Fundo constituído pelos recursos recebidos pela União em decorrência da desestatização de sociedades de economia mista ou empresas públicas por ela controladas, direta ou indiretamente, quando a operação envolver a alienação do respectivo controle acionário a pessoa ou entidade não integrante da Administração Pública, ou de participação societária remanescente após a alienação, cujos rendimentos, gerados a partir de 18 de junho de 2002, reverterão ao Fundo de Combate e Erradicação de Pobreza. *(Incluído pela Emenda Constitucional nº 31, de 2000) (Vide Emenda Constitucional nº 67, de 2010)*

§ 1º Caso o montante anual previsto nos rendimentos transferidos ao Fundo de Combate e Erradicação da Pobreza, na forma deste artigo, não alcance o valor de quatro bilhões de reais, far-se-à complementação na forma do art. 80, inciso IV, do Ato das disposições Constitucionais Transitórias. *(Incluído pela Emenda Constitucional nº 31, de 2000)*

§ 2º Sem prejuízo do disposto no § 1º, o Poder Executivo poderá destinar ao Fundo a que se refere este artigo outras receitas decorrentes da alienação de bens da União. *(Incluído pela Emenda Constitucional nº 31, de 2000)*

§ 3º A constituição do Fundo a que se refere o *caput*, a transferência de recursos ao Fundo de Combate e Erradicação da Pobreza e as demais disposições referentes ao § 1º deste artigo serão disciplinadas em lei, não se aplicando o disposto no art. 165, § 9º, inciso II, da Constituição. *(Incluído pela Emenda Constitucional nº 31, de 2000)*

Art. 82. Os Estados, o Distrito Federal e os Municípios devem instituir Fundos de Combate à Pobreza, com os recursos de que trata este artigo e outros que vierem a destinar, devendo os referidos Fundos ser geridos por entidades que contem com a participação da sociedade civil. *(Incluído pela Emenda Constitucional nº 31, de 2000)*

§ 1º Para o financiamento dos Fundos Estaduais e Distrital, poderá ser criado adicional de até dois pontos percentuais na alíquota do Imposto sobre Circulação de Mercadorias e Serviços - ICMS, sobre os produtos e serviços supérfluos e nas condições definidas na lei complementar de que trata o art. 155, § 2º, XII, da Constituição, não se aplicando, sobre este percentual, o disposto no art. 158, IV, da Constituição. *(Redação dada pela Emenda Constitucional nº 42, de 2003)*

§ 2º Para o financiamento dos Fundos Municipais, poderá ser criado adicional de até meio ponto percentual na alíquota do Imposto sobre serviços ou do imposto que vier a substituí-lo, sobre serviços supérfluos. *(Incluído pela Emenda Constitucional nº 31, de 2000)*

Art. 83. Lei federal definirá os produtos e serviços supérfluos a que se referem os arts. 80, II, e 82, § 2º . *(Redação dada pela Emenda Constitucional nº 42, de 2003)*

Art. 84. A contribuição provisória sobre movimentação ou transmissão de valores e de créditos e direitos de natureza financeira, prevista nos arts. 74, 75 e 80, I, deste Ato das Disposições Constitucionais Transitórias, será cobrada até 31 de dezembro de 2004. *(Incluído pela Emenda Constitucional nº 37, de 2002)*

§ 1º Fica prorrogada, até a data referida no *caput* deste artigo, a vigência da Lei nº 9.311, de 24 de outubro de 1996, e suas alterações. *(Incluído pela Emenda Constitucional nº 37, de 2002)*

§ 2º Do produto da arrecadação da contribuição social de que trata este artigo será destinada a parcela correspondente à alíquota de: *(Incluído pela Emenda Constitucional nº 37, de 2002)*

I. vinte centésimos por cento ao Fundo Nacional de Saúde, para financiamento das ações e serviços de saúde; *(Incluído pela Emenda Constitucional nº 37, de 2002)*

II. dez centésimos por cento ao custeio da previdência social; *(Incluído pela Emenda Constitucional nº 37, de 2002)*

III. oito centésimos por cento ao Fundo de Combate e Erradicação da Pobreza, de que tratam os arts. 80 e 81 deste Ato das Disposições Constitucionais Transitórias. *(Incluído pela Emenda Constitucional nº 37, de 2002)*

§ 3º A alíquota da contribuição de que trata este artigo será de: *(Incluído pela Emenda Constitucional nº 37, de 2002)*

I. trinta e oito centésimos por cento, nos exercícios financeiros de 2002 e 2003; *(Incluído pela Emenda Constitucional nº 37, de 2002)*

II. *(Revogado pela Emenda Constitucional nº 42, de 2003)*

Art. 85. A contribuição a que se refere o art. 84 deste Ato das Disposições Constitucionais Transitórias não incidirá, a partir do trigésimo dia da data de publicação desta Emenda Constitucional, nos lançamentos: *(Incluído pela Emenda Constitucional nº 37, de 2002)*

I. em contas correntes de depósito especialmente abertas e exclusivamente utilizadas para operações de: *(Incluído pela Emenda Constitucional nº 37, de 2002) (Vide Lei nº 10.982, de 2004)*

a) câmaras e prestadoras de serviços de compensação e de liquidação de que trata o parágrafo único do art. 2º da Lei nº 10.214, de 27 de março de 2001; *(Incluído pela Emenda Constitucional nº 37, de 2002)*

b) companhias securitizadoras de que trata a Lei nº 9.514, de 20 de novembro de 1997; *(Incluído pela Emenda Constitucional nº 37, de 2002)*

c) sociedades anônimas que tenham por objeto exclusivo a aquisição de créditos oriundos de operações praticadas no mercado financeiro; *(Incluído pela Emenda Constitucional nº 37, de 2002)*

II. em contas correntes de depósito, relativos a: *(Incluído pela Emenda Constitucional nº 37, de 2002)*

a) operações de compra e venda de ações, realizadas em recintos ou sistemas de negociação de bolsas de valores e no mercado de balcão organizado; *(Incluído pela Emenda Constitucional nº 37, de 2002)*

b) contratos referenciados em ações ou índices de ações, em suas diversas modalidades, negociados em bolsas de valores, de mercadorias e de futuros; *(Incluído pela Emenda Constitucional nº 37, de 2002)*

III. em contas de investidores estrangeiros, relativos a entradas no País e a remessas para o exterior de recursos financeiros empregados, exclusivamente, em operações e contratos referidos no inciso II deste artigo. *(Incluído pela Emenda Constitucional nº 37, de 2002)*

§ 1º O Poder Executivo disciplinará o disposto neste artigo no prazo de trinta dias da data de publicação desta Emenda Constitucional. *(Incluído pela Emenda Constitucional nº 37, de 2002)*

§ 2º O disposto no inciso I deste artigo aplica-se somente às operações relacionadas em ato do Poder Executivo, dentre aquelas que constituam o objeto social das referidas entidades. *(Incluído pela Emenda Constitucional nº 37, de 2002)*

§ 3º O disposto no inciso II deste artigo aplica-se somente a operações e contratos efetuados por intermédio de instituições financeiras, sociedades corretoras de títulos e valores mobiliários, sociedades distribuidoras de títulos e valores mobiliários e sociedades corretoras de mercadorias. *(Incluído pela Emenda Constitucional nº 37, de 2002)*

Art. 86. Serão pagos conforme disposto no art. 100 da Constituição Federal, não se lhes aplicando a regra de parcelamento estabelecida no *caput* do art. 78 deste Ato das Disposições Constitucionais Transitórias, os débitos da Fazenda Federal, Estadual, Distrital ou Municipal oriundos de sentenças transitadas em julgado, que preencham, cumulativamente, as seguintes condições: *(Incluído pela Emenda Constitucional nº 37, de 2002)*

I. ter sido objeto de emissão de precatórios judiciários; *(Incluído pela Emenda Constitucional nº 37, de 2002)*

II. ter sido definidos como de pequeno valor pela lei de que trata o § 3º do art. 100 da Constituição Federal ou pelo art. 87 deste Ato das Disposições Constitucionais Transitórias; *(Incluído pela Emenda Constitucional nº 37, de 2002)*

III. estar, total ou parcialmente, pendentes de pagamento na data da publicação desta Emenda Constitucional. *(Incluído pela Emenda Constitucional nº 37, de 2002)*

§ 1º Os débitos a que se refere o *caput* deste artigo, ou os respectivos saldos, serão pagos na ordem cronológica de apresentação dos respectivos precatórios, com precedência sobre os de maior valor. *(Incluído pela Emenda Constitucional nº 37, de 2002)*

§ 2º Os débitos a que se refere o *caput* deste artigo, se ainda não tiverem sido objeto de pagamento parcial, nos termos do art. 78 deste Ato das Disposições Constitucionais Transitórias, poderão ser pagos em duas parcelas anuais, se assim dispuser a lei. *(Incluído pela Emenda Constitucional nº 37, de 2002)*

§ 3º Observada a ordem cronológica de sua apresentação, os débitos de natureza alimentícia previstos neste artigo terão precedência para pagamento sobre todos os demais. *(Incluído pela Emenda Constitucional nº 37, de 2002)*

Art. 87. Para efeito do que dispõem o § 3º do art. 100 da Constituição Federal e o art. 78 deste Ato das Disposições Constitucionais Transitórias serão considerados de pequeno valor, até que se dê a publicação oficial das respectivas leis definidoras pelos entes da Federação, observado o disposto no § 4º do art. 100 da Constituição Federal, os débitos ou obrigações consignados em precatório judiciário, que tenham valor igual ou inferior a: *(Incluído pela Emenda Constitucional nº 37, de 2002)*

I. quarenta salários mínimos, perante a Fazenda dos Estados e do Distrito Federal; *(Incluído pela Emenda Constitucional nº 37, de 2002)*

II. trinta salários mínimos, perante a Fazenda dos Municípios. *(Incluído pela Emenda Constitucional nº 37, de 2002)*

Parágrafo único. Se o valor da execução ultrapassar o estabelecido neste artigo, o pagamento far-se-á, sempre, por meio de precatório, sendo facultada à parte exequente a renúncia ao crédito do valor excedente, para que possa optar pelo pagamento do saldo sem o precatório, da forma prevista no § 3º do art. 100. *(Incluído pela Emenda Constitucional nº 37, de 2002)*

Art. 88. Enquanto lei complementar não disciplinar o disposto nos incisos I e III do § 3º do art. 156 da Constituição Federal, o imposto a que se refere o inciso III do *caput* do mesmo artigo: *(Incluído pela Emenda Constitucional nº 37, de 2002)*

I. terá alíquota mínima de dois por cento, exceto para os serviços a que se referem os itens 32, 33 e 34 da Lista de Serviços anexa ao Decreto-Lei nº 406, de 31 de dezembro de 1968; *(Incluído pela Emenda Constitucional nº 37, de 2002)*

II. não será objeto de concessão de isenções, incentivos e benefícios fiscais, que resulte, direta ou indiretamente, na redução da alíquota mínima estabelecida no inciso I. *(Incluído pela Emenda Constitucional nº 37, de 2002)*

Art. 89. Os integrantes da carreira policial militar e os servidores municipais do ex-Território Federal de Rondônia que, comprovadamente, se encontravam no exercício regular de suas funções prestando serviço àquele ex-Território na data em que foi transformado em Estado, bem como os servidores e os policiais militares alcançados pelo disposto no art. 36 da Lei Complementar nº 41, de 22 de dezembro de 1981, e aqueles admitidos regularmente nos quadros do Estado de Rondônia até a data de posse do primeiro Governador eleito, em 15 de março de 1987, constituirão, mediante opção, quadro em extinção da administração federal, assegurados os direitos e as vantagens a eles inerentes, vedado o pagamento, a qualquer título, de diferenças remuneratórias. *(Redação dada pela Emenda Constitucional nº 60, de 2009)*

§ 1º Os membros da Polícia Militar continuarão prestando serviços ao Estado de Rondônia, na condição de cedidos, submetidos às corporações da Polícia Militar, observadas as atribuições de função compatíveis com o grau hierárquico. *(Incluído pela Emenda Constitucional nº 60, de 2009)*

§ 2º Os servidores a que se refere o *caput* continuarão prestando serviços ao Estado de Rondônia na condição de cedidos, até seu aproveitamento em órgão ou entidade da administração federal direta, autárquica ou fundacional. *(Incluído pela Emenda Constitucional nº 60, de 2009)*

Art. 90. O prazo previsto no *caput* do art. 84 deste Ato das Disposições Constitucionais Transitórias fica prorrogado até 31 de dezembro de 2007. *(Incluído pela Emenda Constitucional nº 42, de 2003)*

§ 1º Fica prorrogada, até a data referida no *caput* deste artigo, a vigência da Lei nº 9.311, de 24 de outubro de 1996, e suas alterações. *(Incluído pela Emenda Constitucional nº 42, de 2003)*

§ 2º Até a data referida no *caput* deste artigo, a alíquota da contribuição de que trata o art. 84 deste Ato das Disposições Constitucionais Transitórias será de trinta e oito centésimos por cento. *(Incluído pela Emenda Constitucional nº 42, de 2003)*

Art. 91. A União entregará aos Estados e ao Distrito Federal o montante definido em lei complementar, de acordo com critérios, prazos e condições nela determinados, podendo considerar as exportações para o exterior de produtos primários e semi elaborados, a relação entre as exportações e as importações, os créditos decorrentes de aquisições destinadas ao ativo permanente e a efetiva manutenção e aproveitamento do crédito do imposto a que se refere o art. 155, § 2º, X, "a". *(Incluído pela Emenda Constitucional nº 42, de 2003)*

§ 1º Do montante de recursos que cabe a cada Estado, setenta e cinco por cento pertencem ao próprio Estado, e vinte e cinco por cento, aos seus Municípios, distribuídos segundo os critérios a que se refere o art. 158, parágrafo único, da Constituição. *(Incluído pela Emenda Constitucional nº 42, de 2003)*

§ 2º A entrega de recursos prevista neste artigo perdurará, conforme definido em lei complementar, até que o imposto a que se refere o art. 155, II, tenha o produto de sua arrecadação destinado predominantemente, em proporção não inferior a oitenta por cento, ao Estado onde ocorrer o consumo das mercadorias, bens ou serviços. *(Incluído pela Emenda Constitucional nº 42, de 2003)*

§ 3º Enquanto não for editada a lei complementar de que trata o *caput*, em substituição ao sistema de entrega de recursos nele previsto, permanecerá vigente o sistema de entrega de recursos previsto no art. 31 e Anexo da Lei Complementar nº 87, de 13 de setembro de 1996, com a redação dada pela Lei Complementar nº 115, de 26 de dezembro de 2002. *(Incluído pela Emenda Constitucional nº 42, de 2003)*

§ 4º Os Estados e o Distrito Federal deverão apresentar à União, nos termos das instruções baixadas pelo Ministério da Fazenda, as informações relativas ao imposto de que trata o art. 155, II, declaradas pelos contribuintes que realizarem operações ou prestações com destino ao exterior. *(Incluído pela Emenda Constitucional nº 42, de 2003)*

Art. 92. São acrescidos dez anos ao prazo fixado no art. 40 deste Ato das Disposições Constitucionais Transitórias. *(Incluído pela Emenda Constitucional nº 42, de 2003)*

Art. 92-A. São acrescidos 50 (cinquenta) anos ao prazo fixado pelo art. 92 deste Ato das Disposições Constitucionais Transitórias. *(Incluído pela Emenda Constitucional nº 83, de 2014)*

Art. 93. A vigência do disposto no art. 159, III, e § 4º, iniciará somente após a edição da lei de que trata o referido inciso III. *(Incluído pela Emenda Constitucional nº 42, de 2003)*

Art. 94. Os regimes especiais de tributação para microempresas e empresas de pequeno porte próprios da União, dos Estados, do Distrito Federal e dos Municípios cessarão a partir da entrada em vigor do regime previsto no art. 146, III, "d", da Constituição. *(Incluído pela Emenda Constitucional nº 42, de 2003)*

Art. 95. Os nascidos no estrangeiro entre 7 de junho de 1994 e a data da promulgação desta Emenda Constitucional, filhos de pai brasileiro ou mãe brasileira, poderão ser registrados em repartição diplomática ou consular brasileira competente ou em ofício de registro, se vierem a residir na República Federativa do Brasil. *(Incluído pela Emenda Constitucional nº 54, de 2007)*

Art. 96. Ficam convalidados os atos de criação, fusão, incorporação e desmembramento de Municípios, cuja lei tenha sido publicada até 31 de dezembro de 2006, atendidos os requisitos estabelecidos na legislação do respectivo Estado à época de sua criação. *(Incluído pela Emenda Constitucional nº 57, de 2008)*.

Art. 97. Até que seja editada a lei complementar de que trata o § 15 do art. 100 da Constituição Federal, os Estados, o Distrito Federal e os Municípios que, na data de publicação desta Emenda Constitucional, estejam em mora na quitação de precatórios vencidos, relativos às suas administrações direta e indireta, inclusive os emitidos durante o período de vigência do regime especial instituído por este artigo, farão esses pagamentos de acordo com as normas a seguir estabelecidas, sendo inaplicável o disposto no art. 100 desta Constituição Federal, exceto em seus §§ 2º, 3º, 9º, 10, 11, 12, 13 e 14, e sem prejuízo dos acordos de juízos conciliatórios já formalizados na data de promulgação desta Emenda Constitucional. *(Incluído pela Emenda Constitucional nº 62, de 2009)*

§ 1º Os Estados, o Distrito Federal e os Municípios sujeitos ao regime especial de que trata este artigo optarão, por meio de ato do Poder Executivo: *(Incluído pela Emenda Constitucional nº 62, de 2009)*

I. pelo depósito em conta especial do valor referido pelo § 2º deste artigo; ou *(Incluído pela Emenda Constitucional nº 62, de 2009)*

II. pela adoção do regime especial pelo prazo de até 15 (quinze) anos, caso em que o percentual a ser depositado na conta especial a que se refere o § 2º deste artigo corresponderá, anualmente, ao saldo total dos precatórios devidos, acrescido do índice oficial de remuneração básica da caderneta de poupança e de juros simples no mesmo percentual de juros incidentes sobre a caderneta de poupança para fins de compensação da mora, excluída a incidência de juros compensatórios, diminuído das amortizações e dividido pelo número de anos restantes no regime especial de pagamento. *(Incluído pela Emenda Constitucional nº 62, de 2009)*

§ 2º Para saldar os precatórios, vencidos e a vencer, pelo regime especial, os Estados, o Distrito Federal e os Municípios devedores depositarão mensalmente, em conta especial criada para tal fim, 1/12 (um doze avos) do valor calculado percentualmente sobre as respectivas receitas correntes líquidas, apuradas no segundo mês anterior ao mês de pagamento, sendo que esse percentual, calculado no momento de opção pelo regime e mantido fixo até o final do prazo a que se refere o § 14 deste artigo, será: *(Incluído pela Emenda Constitucional nº 62, de 2009)*

I. para os Estados e para o Distrito Federal: *(Incluído pela Emenda Constitucional nº 62, de 2009)*

a) de, no mínimo, 1,5% (um inteiro e cinco décimos por cento), para os Estados das regiões Norte, Nordeste e Centro-Oeste, além do Distrito Federal, ou cujo estoque de precatórios pendentes das suas administrações direta e indireta corresponder a até 35% (trinta e cinco por cento) do total da receita corrente líquida; *(Incluído pela Emenda Constitucional nº 62, de 2009)*

b) de, no mínimo, 2% (dois por cento), para os Estados das regiões Sul e Sudeste, cujo estoque de precatórios pendentes das suas administrações direta e indireta corresponder a mais de 35% (trinta e cinco por cento) da receita corrente líquida; *(Incluído pela Emenda Constitucional nº 62, de 2009)*

II. para Municípios: *(Incluído pela Emenda Constitucional nº 62, de 2009)*

a) de, no mínimo, 1% (um por cento), para Municípios das regiões Norte, Nordeste e Centro-Oeste, ou cujo estoque de precatórios pendentes das suas administrações direta e indireta corresponder a até 35% (trinta e cinco por cento) da receita corrente líquida; *(Incluído pela Emenda Constitucional nº 62, de 2009)*

b) de, no mínimo, 1,5% (um inteiro e cinco décimos por cento), para Municípios das regiões Sul e Sudeste, cujo estoque de precatórios pendentes das suas administrações direta e indireta corresponder a mais de 35 % (trinta e cinco por cento) da receita corrente líquida. *(Incluído pela Emenda Constitucional nº 62, de 2009)*

§ 3º Entende-se como receita corrente líquida, para os fins de que trata este artigo, o somatório das receitas tributárias, patrimoniais, industriais, agropecuárias, de contribuições e de serviços, transferências correntes e outras receitas correntes, incluindo as oriundas do § 1º do art. 20 da Constituição Federal, verificado no período compreendido pelo mês de referência e os 11 (onze) meses anteriores, excluídas as duplicidades, e deduzidas: *(Incluído pela Emenda Constitucional nº 62, de 2009)*

I. nos Estados, as parcelas entregues aos Municípios por determinação constitucional; *(Incluído pela Emenda Constitucional nº 62, de 2009)*

II. nos Estados, no Distrito Federal e nos Municípios, a contribuição dos servidores para custeio do seu sistema de previdência e assistência social e as receitas provenientes da compensação financeira referida no § 9º do art. 201 da Constituição Federal. *(Incluído pela Emenda Constitucional nº 62, de 2009)*

§ 4º As contas especiais de que tratam os §§ 1º e 2º serão administradas pelo Tribunal de Justiça local, para pagamento de precatórios expedidos pelos tribunais. *(Incluído pela Emenda Constitucional nº 62, de 2009)*

§ 5º Os recursos depositados nas contas especiais de que tratam os §§ 1º e 2º deste artigo não poderão retornar para Estados, Distrito Federal e Municípios devedores. *(Incluído pela Emenda Constitucional nº 62, de 2009)*

§ 6º Pelo menos 50% (cinquenta por cento) dos recursos de que tratam os §§ 1º e 2º deste artigo serão utilizados para pagamento de precatórios em ordem cronológica de apresentação, respeitadas as preferências definidas no § 1º, para os requisitórios do mesmo ano e no § 2º do art. 100, para requisitórios de todos os anos. *(Incluído pela Emenda Constitucional nº 62, de 2009)*

§ 7º Nos casos em que não se possa estabelecer a precedência cronológica entre 2 (dois) precatórios, pagar-se-á primeiramente o precatório de menor valor. *(Incluído pela Emenda Constitucional nº 62, de 2009)*

§ 8º A aplicação dos recursos restantes dependerá de opção a ser exercida por Estados, Distrito Federal e Municípios devedores, por ato do Poder Executivo, obedecendo à seguinte forma, que poderá ser aplicada isoladamente ou simultaneamente: *(Incluído pela Emenda Constitucional nº 62, de 2009)*

I. destinados ao pagamento dos precatórios por meio do leilão; *(Incluído pela Emenda Constitucional nº 62, de 2009)*

II. destinados a pagamento a vista de precatórios não quitados na forma do § 6° e do inciso I, em ordem única e crescente de valor por precatório; *(Incluído pela Emenda Constitucional nº 62, de 2009)*

III. destinados a pagamento por acordo direto com os credores, na forma estabelecida por lei própria da entidade devedora, que poderá prever criação e forma de funcionamento de câmara de conciliação. *(Incluído pela Emenda Constitucional nº 62, de 2009)*

§ 9º Os leilões de que trata o inciso I do § 8º deste artigo: *(Incluído pela Emenda Constitucional nº 62, de 2009)*

I. serão realizados por meio de sistema eletrônico administrado por entidade autorizada pela Comissão de Valores Mobiliários ou pelo Banco Central do Brasil; *(Incluído pela Emenda Constitucional nº 62, de 2009)*

II. admitirão a habilitação de precatórios, ou parcela de cada precatório indicada pelo seu detentor, em relação aos quais não esteja pendente, no âmbito do Poder Judiciário, recurso ou impugnação de qualquer natureza, permitida por iniciativa do Poder Executivo a compensação com débitos líquidos e certos, inscritos ou não em dívida ativa e constituídos contra devedor originário pela Fazenda Pública devedora até a data da expedição do precatório, ressalvados aqueles cuja exigibilidade esteja suspensa nos termos da legislação, ou que já tenham sido objeto de abatimento nos termos do § 9º do art. 100 da Constituição Federal; *(Incluído pela Emenda Constitucional nº 62, de 2009)*

III. ocorrerão por meio de oferta pública a todos os credores habilitados pelo respectivo ente federativo devedor; *(Incluído pela Emenda Constitucional nº 62, de 2009)*

IV. considerarão automaticamente habilitado o credor que satisfaça o que consta no inciso II; *(Incluído pela Emenda Constitucional nº 62, de 2009)*

V. serão realizados tantas vezes quanto necessário em função do valor disponível; *(Incluído pela Emenda Constitucional nº 62, de 2009)*

VI. a competição por parcela do valor total ocorrerá a critério do credor, com deságio sobre o valor desta; *(Incluído pela Emenda Constitucional nº 62, de 2009)*

VII. ocorrerão na modalidade deságio, associado ao maior volume ofertado cumulado ou não com o maior percentual de deságio, pelo maior percentual de deságio, podendo ser fixado valor máximo por credor, ou por outro critério a ser definido em edital; *(Incluído pela Emenda Constitucional nº 62, de 2009)*

VIII. o mecanismo de formação de preço constará nos editais publicados para cada leilão; *(Incluído pela Emenda Constitucional nº 62, de 2009)*

IX. a quitação parcial dos precatórios será homologada pelo respectivo Tribunal que o expediu. *(Incluído pela Emenda Constitucional nº 62, de 2009)*

§ 10. No caso de não liberação tempestiva dos recursos de que tratam o inciso II do § 1º e os §§ 2º e 6º deste artigo: *(Incluído pela Emenda Constitucional nº 62, de 2009)*

I. haverá o sequestro de quantia nas contas de Estados, Distrito Federal e Municípios devedores, por ordem do Presidente do Tribunal referido no § 4º, até o limite do valor não liberado; *(Incluído pela Emenda Constitucional nº 62, de 2009)*

II. constituir-se-á, alternativamente, por ordem do Presidente do Tribunal requerido, em favor dos credores de precatórios, contra Estados, Distrito Federal e Municípios devedores, direito líquido e certo, autoaplicável e independentemente de regulamentação, à compensação automática com débitos líquidos lançados por esta contra aqueles, e, havendo saldo em favor do credor, o valor terá automaticamente poder liberatório do pagamento de tributos de Estados, Distrito Federal e Municípios devedores, até onde se compensarem; *(Incluído pela Emenda Constitucional nº 62, de 2009)*

III. o chefe do Poder Executivo responderá na forma da legislação de responsabilidade fiscal e de improbidade administrativa; *(Incluído pela Emenda Constitucional nº 62, de 2009)*

IV. enquanto perdurar a omissão, a entidade devedora: *(Incluído pela Emenda Constitucional nº 62, de 2009)*

a) não poderá contrair empréstimo externo ou interno; *(Incluído pela Emenda Constitucional nº 62, de 2009)*

b) ficará impedida de receber transferências voluntárias; *(Incluído pela Emenda Constitucional nº 62, de 2009)*

V. a União reterá os repasses relativos ao Fundo de Participação dos Estados e do Distrito Federal e ao Fundo de Participação dos Municípios, e os depositará nas contas especiais referidas no § 1º, devendo sua utilização obedecer ao que prescreve o § 5º, ambos deste artigo. *(Incluído pela Emenda Constitucional nº 62, de 2009)*

§ 11. No caso de precatórios relativos a diversos credores, em litisconsórcio, admite-se o desmembramento do valor, realizado pelo Tribunal de origem do precatório, por credor, e, por este, a habilitação do valor total a que tem direito, não se aplicando, neste caso, a regra do § 3º do art. 100 da Constituição Federal. *(Incluído pela Emenda Constitucional nº 62, de 2009)*

§ 12. Se a lei a que se refere o § 4º do art. 100 não estiver publicada em até 180 (cento e oitenta) dias, contados da data de publicação desta Emenda Constitucional, será considerado, para os fins referidos, em relação a Estados, Distrito Federal e Municípios devedores, omissos na regulamentação, o valor de: *(Incluído pela Emenda Constitucional nº 62, de 2009)*

I. 40 (quarenta) salários mínimos para Estados e para o Distrito Federal; *(Incluído pela Emenda Constitucional nº 62, de 2009)*

II. 30 (trinta) salários mínimos para Municípios. *(Incluído pela Emenda Constitucional nº 62, de 2009)*

§ 13. Enquanto Estados, Distrito Federal e Municípios devedores estiverem realizando pagamentos de precatórios pelo regime especial, não poderão sofrer sequestro de valores, exceto no caso de não liberação tempestiva dos recursos de que tratam o inciso II do § 1º e o § 2º deste artigo. *(Incluído pela Emenda Constitucional nº 62, de 2009)*

§ 14. O regime especial de pagamento de precatório previsto no inciso I do § 1º vigorará enquanto o valor dos precatórios devidos for superior ao valor dos recursos vinculados, nos termos do § 2º, ambos deste artigo, ou pelo prazo fixo de até 15 (quinze) anos, no caso da opção prevista no inciso II do § 1º. *(Incluído pela Emenda Constitucional nº 62, de 2009)*

§ 15. Os precatórios parcelados na forma do art. 33 ou do art. 78 deste Ato das Disposições Constitucionais Transitórias e ainda pendentes de pagamento ingressarão no regime especial com o valor atualizado das parcelas não pagas relativas a cada precatório, bem como o saldo dos acordos judiciais e extrajudiciais. *(Incluído pela Emenda Constitucional nº 62, de 2009)*

§ 16. A partir da promulgação desta Emenda Constitucional, a atualização de valores de requisitórios, até o efetivo pagamento, independentemente de sua natureza, será feita pelo índice oficial de remuneração básica da caderneta de poupança, e, para fins de compensação da mora, incidirão juros simples no mesmo percentual de juros incidentes sobre a caderneta de poupança, ficando excluída a incidência de juros compensatórios. *(Incluído pela Emenda Constitucional nº 62, de 2009)*

§ 17. O valor que exceder o limite previsto no § 2º do art. 100 da Constituição Federal será pago, durante a vigência do regime especial, na forma prevista nos §§ 6º e 7º ou nos incisos I, II e III do § 8º deste artigo, devendo os valores dispendidos para o atendimento do disposto no § 2º do art. 100 da Constituição Federal ser computados para efeito do § 6º deste artigo. *(Incluído pela Emenda Constitucional nº 62, de 2009)*

§ 18. Durante a vigência do regime especial a que se refere este artigo, gozarão também da preferência a que se refere o § 6º os titulares originais de precatórios que tenham completado 60 (sessenta) anos de idade até a data da promulgação desta Emenda Constitucional. *(Incluído pela Emenda Constitucional nº 62, de 2009)*

Art. 98. O número de defensores públicos na unidade jurisdicional será proporcional à efetiva demanda pelo serviço da Defensoria Pública e à respectiva população. *(Incluído pela Emenda Constitucional nº 80, de 2014)*

§ 1º No prazo de 8 (oito) anos, a União, os Estados e o Distrito Federal deverão contar com defensores públicos em todas as unidades jurisdicionais, observado o disposto no *caput* deste artigo. *(Incluído pela Emenda Constitucional nº 80, de 2014)*

§ 2º Durante o decurso do prazo previsto no § 1º deste artigo, a lotação dos defensores públicos ocorrerá, prioritariamente, atendendo as regiões com maiores índices de exclusão social e adensamento populacional. *(Incluído pela Emenda Constitucional nº 80, de 2014)*

Art. 99. Para efeito do disposto no inciso VII do § 2º do art. 155, no caso de operações e prestações que destinem bens e serviços a consumidor final não contribuinte localizado em outro Estado, o imposto correspondente à diferença entre a alíquota interna e a interestadual será partilhado entre os Estados de origem e de destino, na seguinte proporção: *(Incluído pela Emenda Constitucional nº 87, de 2015)*

I. para o ano de 2015: 20% (vinte por cento) para o Estado de destino e 80% (oitenta por cento) para o Estado de origem;

II. para o ano de 2016: 40% (quarenta por cento) para o Estado de destino e 60% (sessenta por cento) para o Estado de origem;

III. para o ano de 2017: 60% (sessenta por cento) para o Estado de destino e 40% (quarenta por cento) para o Estado de origem;

IV. para o ano de 2018: 80% (oitenta por cento) para o Estado de destino e 20% (vinte por cento) para o Estado de origem;

V. a partir do ano de 2019: 100% (cem por cento) para o Estado de destino.

Art. 100. Até que entre em vigor a lei complementar de que trata o inciso II do § 1º do art. 40 da Constituição Federal, os Ministros do Supremo Tribunal Federal, dos Tribunais Superiores e do Tribunal de Contas da União aposentar-se-ão, compulsoriamente, aos 75 (setenta e cinco) anos de idade, nas condições do art. 52 da Constituição Federal. *(Incluído pela Emenda Constitucional nº 88, de 2015)*

Art. 101. Os Estados, o Distrito Federal e os Municípios que, em 25 de março de 2015, se encontravam em mora no pagamento de seus precatórios quitarão, até 31 de dezembro de 2024, seus débitos vencidos e os que vencerão dentro desse período, atualizados pelo Índice Nacional de Preço s ao Consumidor Amplo Especial (IPCA-E), ou por outro índice que venha a substituí-lo, depositando mensalmente em conta especial do Tribunal de Justiça local, sob única e exclusiva administração deste, 1/12 (um doze avos) do valor calculado percentualmente sobre suas receitas correntes líquidas apuradas no segundo mês anterior ao mês de pagamento, em percentual suficiente para a quitação de seus débitos e, ainda que variável, nunca inferior, em cada exercício, ao percentual praticado na data da entrada em vigor do regime especial a que se refere este artigo, em conformidade com plano de pagamento a ser anualmente apresentado ao Tribunal de Justiça local. *(Redação dada pela Emenda Constitucional nº 99, de 2017)*

§ 1º Entende-se como receita corrente líquida, para os fins de que trata este artigo, o somatório das receitas tributárias, patrimoniais, industriais, agropecuárias, de contribuições e de serviços, de transferências correntes e outras receitas correntes, incluindo as oriundas do § 1º do art. 20 da Constituição Federal, verificado no período compreendido pelo segundo mês imediatamente anterior ao de referência e os 11 (onze) meses precedentes, excluídas as duplicidades, e deduzidas: *(Incluído pela Emenda Constitucional nº 94, de 2016)*

I. nos Estados, as parcelas entregues aos Municípios por determinação constitucional; *(Incluído pela Emenda Constitucional nº 94, de 2016)*

II. nos Estados, no Distrito Federal e nos Municípios, a contribuição dos servidores para custeio de seu sistema de previdência e assistência social e as receitas provenientes da compensação financeira referida no § 9º do art. 201 da Constituição Federal. *(Incluído pela Emenda Constitucional nº 94, de 2016)*

§ 2º O débito de precatórios será pago com recursos orçamentários próprios provenientes das fontes de receita corrente líquida referidas no § 1º deste artigo e, adicionalmente, poderão ser utilizados recursos dos seguintes instrumentos: *(Redação dada pela Emenda Constitucional nº 99, de 2017)*

I. até 75% (setenta e cinco por cento) do montante dos depósitos judiciais e dos depósitos administrativos em dinheiro referentes a processos judiciais ou administrativos, tributários ou não tributários, nos quais o Estado, o Distrito Federal ou os Municípios, ou suas autarquias, fundações e empresas estatais dependentes, sejam parte; *(Incluído pela Emenda Constitucional nº 94, de 2016)*

II. até 30% (trinta por cento) dos demais depósitos judiciais da localidade sob jurisdição do respectivo Tribunal de Justiça, mediante a instituição de fundo garantidor em montante equivalente aos recursos levantados, constituído pela parcela restante dos depósitos judiciais e remunerado pela taxa referencial do Sistema Especial de Liquidação e de Custódia (Selic) para títulos federais, nunca inferior aos índices e critérios aplicados aos depósitos levantados, destinando-se: *(Redação dada pela Emenda Constitucional nº 99, de 2017)*

a) no caso do Distrito Federal, 100% (cem por cento) desses recursos ao próprio Distrito Federal; *(Incluído pela Emenda Constitucional nº 94, de 2016)*

b) no caso dos Estados, 50% (cinquenta por cento) desses recursos ao próprio Estado e 50% (cinquenta por cento) aos respectivos Municípios, conforme a circunscrição judiciária onde estão depositados os recursos, e, se houver mais de um Município na mesma circunscrição judiciária, os recursos serão rateados entre os Municípios concorrentes, proporcionalmente às respectivas populações, utilizado como referência o último levantamento censitário ou a mais recente estimativa populacional da Fundação Instituto Brasileiro de Geografia e Estatística (IBGE); *(Redação dada pela Emenda Constitucional nº 99, de 2017)*

III. empréstimos, excetuados para esse fim os limites de endividamento de que tratam os incisos VI e VII do *caput* do art. 52 da Constituição Federal e quaisquer outros limites de endividamento previstos em lei, não se aplicando a esses empréstimos a vedação de vinculação de receita prevista no inciso IV do *caput* do art. 167 da Constituição Federal; *(Redação dada pela Emenda Constitucional nº 99, de 2017)*

IV. a totalidade dos depósitos em precatórios e requisições diretas de pagamento de obrigações de pequeno valor efetuados até 31 de dezembro de 2009 e ainda não levantados, com o cancelamento dos respectivos requisitórios e a baixa das obrigações, assegurada a revalidação dos requisitórios pelos juízos dos processos perante os Tribunais, a requerimento dos credores e após a oitiva da entidade devedora, mantidas a posição de ordem cronológica original e a remuneração de todo o período. *(Incluído pela Emenda Constitucional nº 99, de 2017)*

§ 3º Os recursos adicionais previstos nos incisos I, II e IV do § 2º deste artigo serão transferidos diretamente pela instituição financeira depositária para a conta especial referida no *caput* deste artigo, sob única e exclusiva administração do Tribunal de Justiça local, e essa transferência deverá ser realizada em até sessenta dias contados a partir da entrada em vigor deste parágrafo, sob pena de responsabilização pessoal do dirigente da instituição financeira por improbidade. *(Incluído pela Emenda Constitucional nº 99, de 2017)*

§ 4º No prazo de até seis meses contados da entrada em vigor do regime especial a que se refere este artigo, a União, diretamente, ou por intermédio das instituições financeiras oficiais sob seu controle, disponibilizará aos Estados, ao Distrito Federal e aos Municípios, bem como às respectivas autarquias, fundações e empresas estatais dependentes, linha de crédito especial para pagamento dos precatórios submetidos ao regime especial de pagamento de que trata este artigo, observadas as seguintes condições: *(Incluído pela Emenda Constitucional nº 99, de 2017)*

I. no financiamento dos saldos remanescentes de precatórios a pagar a que se refere este parágrafo serão adotados os índices e critérios de atualização que incidem sobre o pagamento de precatórios, nos termos do § 12 do art. 100 da Constituição Federal; *(Incluído pela Emenda Constitucional nº 99, de 2017)*

II. o financiamento dos saldos remanescentes de precatórios a pagar a que se refere este parágrafo será feito em parcelas mensais suficientes à satisfação da dívida assim constituída; *(Incluído pela Emenda Constitucional nº 99, de 2017)*

III. o valor de cada parcela a que se refere o inciso II deste parágrafo será calculado percentualmente sobre a receita corrente líquida, respectivamente, do Estado, do Distrito Federal e do Município, no segundo mês anterior ao pagamento, em percentual equivalente à média do comprometimento percentual mensal de 2012 até o final do período referido no *caput* deste artigo, considerados para esse fim somente os recursos próprios de cada ente da Federação aplicados no pagamento de precatórios; *(Incluído pela Emenda Constitucional nº 99, de 2017)*

IV. nos empréstimos a que se refere este parágrafo não se aplicam os limites de endividamento de que tratam os incisos VI e VII do *caput* do art. 52 da Constituição Federal e quaisquer outros limites de endividamento previstos em lei. *(Incluído pela Emenda Constitucional nº 99, de 2017)*

Art. 102. Enquanto viger o regime especial previsto nesta Emenda Constitucional, pelo menos 50% (cinquenta por cento) dos recursos que, nos termos do art. 101 deste Ato das Disposições Constitucionais Transitórias, forem destinados ao pagamento dos precatórios em mora serão utilizados no pagamento segundo a ordem cronológica de apresentação, respeitadas as preferências dos créditos alimentares, e, nessas, as relativas à idade, ao estado de saúde e à deficiência, nos termos do § 2º do art. 100 da Constituição Federal, sobre todos os demais créditos de todos os anos. *(Incluído pela Emenda Constitucional nº 94, de 2016)*

§ 1º A aplicação dos recursos remanescentes, por opção a ser exercida por Estados, Distrito Federal e Municípios, por ato do respectivo Poder Executivo, observada a ordem de preferência dos credores, poderá ser destinada ao pagamento mediante acordos diretos, perante Juízos Auxiliares de Conciliação de Precatórios, com redução máxima de 40% (quarenta por cento) do valor do crédito atualizado, desde que em relação ao crédito não penda recurso ou defesa judicial e que sejam observados os requisitos definidos na regulamentação editada pelo ente federado. *(Numerado do parágrafo único pela Emenda Constitucional nº 99, de 2017)*

§ 2º Na vigência do regime especial previsto no art. 101 deste Ato das Disposições Constitucionais Transitórias, as preferências relativas à idade, ao estado de saúde e à deficiência serão atendidas até o valor equivalente ao quíntuplo fixado em lei para os fins do disposto no § 3º do art. 100 da Constituição Federal, admitido o fracionamento para essa finalidade, e o restante será pago em ordem cronológica de apresentação do precatório. *(Incluído pela Emenda Constitucional nº 99, de 2017)*

Art. 103. Enquanto os Estados, o Distrito Federal e os Municípios estiverem efetuando o pagamento da parcela mensal devida como previsto no caput do art. 101 deste Ato das Disposições Constitucionais Transitórias, nem eles, nem as respectivas autarquias, fundações e empresas estatais dependentes poderão sofrer sequestro de valores, exceto no caso de não liberação tempestiva dos recursos. *(Incluído pela Emenda Constitucional nº 94, de 2016)*

Parágrafo único. Na vigência do regime especial previsto no art. 101 deste Ato das Disposições Constitucionais Transitórias, ficam vedadas desapropriações pelos Estados, pelo Distrito Federal e pelos Municípios, cujos estoques de precatórios ainda pendentes de pagamento, incluídos os precatórios a pagar de suas entidades da administração indireta, sejam superiores a 70% (setenta por cento) das respectivas receitas correntes líquidas, excetuadas as desapropriações para fins de necessidade pública nas áreas de saúde, educação, segurança pública, transporte público, saneamento básico e habitação de interesse social. *(Incluído pela Emenda Constitucional nº 99, de 2017)*

Art. 104. Se os recursos referidos no art. 101 deste Ato das Disposições Constitucionais Transitórias para o pagamento de precatórios não forem tempestivamente liberados, no todo ou em parte: *(Incluído pela Emenda Constitucional nº 94, de 2016)*

I. o Presidente do Tribunal de Justiça local determinará o sequestro, até o limite do valor não liberado, das contas do ente federado inadimplente; *(Incluído pela Emenda Constitucional nº 94, de 2016)*

II. o chefe do Poder Executivo do ente federado inadimplente responderá, na forma da legislação de responsabilidade fiscal e de improbidade administrativa; *(Incluído pela Emenda Constitucional nº 94, de 2016)*

III. a União reterá os recursos referentes aos repasses ao Fundo de Participação dos Estados e do Distrito Federal e ao Fundo de Participação dos Municípios e os depositará na conta especial referida no art. 101 deste Ato das Disposições Constitucionais Transitórias, para utilização como nele previsto; *(Incluído pela Emenda Constitucional nº 94, de 2016)*

IV. os Estados reterão os repasses previstos no parágrafo único do art. 158 da Constituição Federal e os depositarão na conta especial referida no art. 101 deste Ato das Disposições Constitucionais Transitórias, para utilização como nele previsto. *(Incluído pela Emenda Constitucional nº 94, de 2016)*

Parágrafo único. Enquanto perdurar a omissão, o ente federado não poderá contrair empréstimo externo ou interno, exceto para os fins previstos no § 2º do art. 101 deste Ato das Disposições Constitucionais Transitórias, e ficará impedido de receber transferências voluntárias. *(Incluído pela Emenda Constitucional nº 94, de 2016)*

Art. 105. Enquanto viger o regime de pagamento de precatórios previsto no art. 101 deste Ato das Disposições Constitucionais Transitórias, é facultada aos credores de precatórios, próprios ou de terceiros, a compensação com débitos de natureza tributária ou de outra natureza que até 25 de março de 2015 tenham sido inscritos na dívida ativa dos Estados, do Distrito Federal ou dos Municípios, observados os requisitos definidos em lei própria do ente federado. *(Incluído pela Emenda Constitucional nº 94, de 2016)*

§ 1º Não se aplica às compensações referidas no caput deste artigo qualquer tipo de vinculação, como as transferências a outros entes e as destinadas à educação, à saúde e a outras finalidades. *(Numerado do parágrafo único pela Emenda Constitucional nº 99, de 2017)*

§ 2º Os Estados, o Distrito Federal e os Municípios regulamentarão nas respectivas leis o disposto no *caput* deste artigo em até cento e vinte dias a partir de 1º de janeiro de 2018. *(Incluído pela Emenda Constitucional nº 99, de 2017)*

§ 3º Decorrido o prazo estabelecido no § 2º deste artigo sem a regulamentação nele prevista, ficam os credores de precatórios autorizados a exercer a faculdade a que se refere o *caput* deste artigo. *(Incluído pela Emenda Constitucional nº 99, de 2017)*

Art. 106. Fica instituído o Novo Regime Fiscal no âmbito dos Orçamentos Fiscal e da Seguridade Social da União, que vigorará por vinte exercícios financeiros, nos termos dos arts. 107 a 114 deste Ato das Disposições Constitucionais Transitórias. *(Incluído pela Emenda Constitucional nº 95, de 2016)*

Art. 107. Ficam estabelecidos, para cada exercício, limites individualizados para as despesas primárias: *(Incluído pela Emenda Constitucional nº 95, de 2016)*

I. do Poder Executivo; *(Incluído pela Emenda Constitucional nº 95, de 2016)*

II. do Supremo Tribunal Federal, do Superior Tribunal de Justiça, do Conselho Nacional de Justiça, da Justiça do Trabalho, da Justiça Federal, da Justiça Militar da União, da Justiça Eleitoral e da Justiça do Distrito Federal e Territórios, no âmbito do Poder Judiciário; *(Incluído pela Emenda Constitucional nº 95, de 2016)*

III. do Senado Federal, da Câmara dos Deputados e do Tribunal de Contas da União, no âmbito do Poder Legislativo; *(Incluído pela Emenda Constitucional nº 95, de 2016)*

IV. do Ministério Público da União e do Conselho Nacional do Ministério Público; e *(Incluído pela Emenda Constitucional nº 95, de 2016)*

V. da Defensoria Pública da União. *(Incluído pela Emenda Constitucional nº 95, de 2016)*

§ 1º Cada um dos limites a que se refere o *caput* deste artigo equivalerá: *(Incluído pela Emenda Constitucional nº 95, de 2016)*

I. para o exercício de 2017, à despesa primária paga no exercício de 2016, incluídos os restos a pagar pagos e demais operações que afetam o resultado primário, corrigida em 7,2% (sete inteiros e dois décimos por cento); e

II. para os exercícios posteriores, ao valor do limite referente ao exercício imediatamente anterior, corrigido pela variação do Índice Nacional de Preços ao Consumidor Amplo - IPCA, publicado pelo Instituto Brasileiro de Geografia e Estatística, ou de outro índice que vier a substituí-lo, para o período de doze meses encerrado em junho do exercício anterior a que se refere a lei orçamentária. *(Incluído pela Emenda Constitucional nº 95, de 2016)*

§ 2º Os limites estabelecidos na forma do inciso IV do *caput* do art. 51, do inciso XIII do *caput* do art. 52, do § 1º do art. 99, do § 3º do art. 127 e do § 3º do art. 134 da Constituição Federal não poderão ser superiores aos estabelecidos nos termos deste artigo. *(Incluído pela Emenda Constitucional nº 95, de 2016)*

§ 3º A mensagem que encaminhar o projeto de lei orçamentária demonstrará os valores máximos de programação compatíveis com os limites individualizados calculados na forma do § 1º deste artigo, observados os §§ 7º a 9º deste artigo. *(Incluído pela Emenda Constitucional nº 95, de 2016)*

§ 4º As despesas primárias autorizadas na lei orçamentária anual sujeitas aos limites de que trata este artigo não poderão exceder os valores máximos demonstrados nos termos do § 3º deste artigo. *(Incluído pela Emenda Constitucional nº 95, de 2016)*

§ 5º É vedada a abertura de crédito suplementar ou especial que amplie o montante total autorizado de despesa primária sujeita aos limites de que trata este artigo. *(Incluído pela Emenda Constitucional nº 95, de 2016)*

§ 6º Não se incluem na base de cálculo e nos limites estabelecidos neste artigo: *(Incluído pela Emenda Constitucional nº 95, de 2016)*

I. transferências constitucionais estabelecidas no § 1º do art. 20, no inciso III do parágrafo único do art. 146, no § 5º do art. 153, no art. 157, nos incisos I e II do art. 158, no art. 159 e no § 6º do art. 212, as despesas referentes ao inciso XIV do *caput* do art. 21, todos da Constituição Federal, e as complementações de que tratam os incisos V e VII do *caput* do art. 60, deste Ato das Disposições Constitucionais Transitórias; *(Incluído pela Emenda Constitucional nº 95, de 2016)*

II. créditos extraordinários a que se refere o § 3º do art. 167 da Constituição Federal; *(Incluído pela Emenda Constitucional nº 95, de 2016)*

III. despesas não recorrentes da Justiça Eleitoral com a realização de eleições; e *(Incluído pela Emenda Constitucional nº 95, de 2016)*

IV. despesas com aumento de capital de empresas estatais não dependentes. *(Incluído pela Emenda Constitucional nº 95, de 2016)*

§ 7º Nos três primeiros exercícios financeiros da vigência do Novo Regime Fiscal, o Poder Executivo poderá compensar com redução equivalente na sua despesa primária, consoante os valores estabelecidos no projeto de lei orçamentária encaminhado pelo Poder Executivo no respectivo exercício, o excesso de despesas primárias em relação aos limites de que tratam os incisos II a V do *caput* deste artigo. *(Incluído pela Emenda Constitucional nº 95, de 2016)*

§ 8º A compensação de que trata o § 7º deste artigo não excederá a 0,25% (vinte e cinco centésimos por cento) do limite do Poder Executivo. *(Incluído pela Emenda Constitucional nº 95, de 2016)*

§ 9º Respeitado o somatório em cada um dos incisos de II a IV do *caput* deste artigo, a lei de diretrizes orçamentárias poderá dispor sobre a compensação entre os limites individualizados dos órgãos elencados em cada inciso. *(Incluído pela Emenda Constitucional nº 95, de 2016)*

§ 10. Para fins de verificação do cumprimento dos limites de que trata este artigo, serão consideradas as despesas primárias pagas, incluídos os restos a pagar pagos e demais operações que afetam o resultado primário no exercício. *(Incluído pela Emenda Constitucional nº 95, de 2016)*

§ 11. O pagamento de restos a pagar inscritos até 31 de dezembro de 2015 poderá ser excluído da verificação do cumprimento dos limites de que trata este artigo, até o excesso de resultado primário dos Orçamentos Fiscal e da Seguridade Social do exercício em relação à meta fixada na lei de diretrizes orçamentárias. *(Incluído pela Emenda Constitucional nº 95, de 2016)*

Art. 108. O Presidente da República poderá propor, a partir do décimo exercício da vigência do Novo Regime Fiscal, projeto de lei complementar para alteração do método de correção dos limites a que se refere o inciso II do § 1º do art. 107 deste Ato das Disposições Constitucionais Transitórias. *(Incluído pela Emenda Constitucional nº 95, de 2016)*

Parágrafo único. Será admitida apenas uma alteração do método de correção dos limites por mandato presidencial. *(Incluído pela Emenda Constitucional nº 95, de 2016)*

Art. 109. No caso de descumprimento de limite individualizado, aplicam-se, até o final do exercício de retorno das despesas aos respectivos limites, ao Poder Executivo ou a órgão elencado nos incisos II a V do *caput* do art. 107 deste Ato das Disposições Constitucionais Transitórias que o descumpriu, sem prejuízo de outras medidas, as seguintes vedações: *(Incluído pela Emenda Constitucional nº 95, de 2016)*

I. concessão, a qualquer título, de vantagem, aumento, reajuste ou adequação de remuneração de membros de Poder ou de órgão, de servidores e empregados públicos e militares, exceto dos derivados de sentença judicial transitada em julgado ou de determinação legal decorrente de atos anteriores à entrada em vigor desta Emenda Constitucional; *(Incluído pela Emenda Constitucional nº 95, de 2016)*

II. criação de cargo, emprego ou função que implique aumento de despesa; *(Incluído pela Emenda Constitucional nº 95, de 2016)*

III. alteração de estrutura de carreira que implique aumento de despesa; *(Incluído pela Emenda Constitucional nº 95, de 2016)*

IV. admissão ou contratação de pessoal, a qualquer título, ressalvadas as reposições de cargos de chefia e de direção que não acarretem aumento de despesa e aquelas decorrentes de vacâncias de cargos efetivos ou vitalícios; *(Incluído pela Emenda Constitucional nº 95, de 2016)*

V. realização de concurso público, exceto para as reposições de vacâncias previstas no inciso IV; *(Incluído pela Emenda Constitucional nº 95, de 2016)*

VI. criação ou majoração de auxílios, vantagens, bônus, abonos, verbas de representação ou benefícios de qualquer natureza em favor de membros de Poder, do Ministério Público ou da Defensoria Pública e de servidores e empregados públicos e militares; *(Incluído pela Emenda Constitucional nº 95, de 2016)*

VII. criação de despesa obrigatória; e *(Incluído pela Emenda Constitucional nº 95, de 2016)*

VIII. adoção de medida que implique reajuste de despesa obrigatória acima da variação da inflação, observada a preservação do poder aquisitivo referida no inciso IV do *caput* do art. 7º da Constituição Federal. *(Incluído pela Emenda Constitucional nº 95, de 2016)*

§ 1º As vedações previstas nos incisos I, III e VI do *caput*, quando descumprido qualquer dos limites individualizados dos órgãos elencados nos incisos II, III e IV do *caput* do art. 107 deste Ato das Disposições Constitucionais Transitórias, aplicam-se ao conjunto dos órgãos referidos em cada inciso. *(Incluído pela Emenda Constitucional nº 95, de 2016)*

§ 2º Adicionalmente ao disposto no *caput*, no caso de descumprimento do limite de que trata o inciso I do *caput* do art. 107 deste Ato das Disposições Constitucionais Transitórias, ficam vedadas: *(Incluído pela Emenda Constitucional nº 95, de 2016)*

I. a criação ou expansão de programas e linhas de financiamento, bem como a remissão, renegociação ou refinanciamento de dívidas que impliquem ampliação das despesas com subsídios e subvenções; e *(Incluído pela Emenda Constitucional nº 95, de 2016)*

II. a concessão ou a ampliação de incentivo ou benefício de natureza tributária. *(Incluído pela Emenda Constitucional nº 95, de 2016)*

§ 3º No caso de descumprimento de qualquer dos limites individualizados de que trata o *caput* do art. 107 deste Ato das Disposições Constitucionais Transitórias, fica vedada a concessão da revisão geral prevista no inciso X do *caput* do art. 37 da Constituição Federal. *(Incluído pela Emenda Constitucional nº 95, de 2016)*

§ 4º As vedações previstas neste artigo aplicam-se também a proposições legislativas. *(Incluído pela Emenda Constitucional nº 95, de 2016)*

Art. 110. Na vigência do Novo Regime Fiscal, as aplicações mínimas em ações e serviços públicos de saúde e em manutenção e desenvolvimento do ensino equivalerão: *(Incluído pela Emenda Constitucional nº 95, de 2016)*

I. no exercício de 2017, às aplicações mínimas calculadas nos termos do inciso I do § 2º do art. 198 e do *caput* do art. 212, da Constituição Federal; e *(Incluído pela Emenda Constitucional nº 95, de 2016)*

II. nos exercícios posteriores, aos valores calculados para as aplicações mínimas do exercício imediatamente anterior, corrigidos na forma estabelecida pelo inciso II do § 1º do art. 107 deste Ato das Disposições Constitucionais Transitórias. *(Incluído pela Emenda Constitucional nº 95, de 2016)*

Art. 111. A partir do exercício financeiro de 2018, até o último exercício de vigência do Novo Regime Fiscal, a aprovação e a execução previstas nos §§ 9º e 11 do art. 166 da Constituição Federal corresponderão ao montante de execução obrigatória para o exercício de 2017, corrigido na forma estabelecida pelo inciso II do § 1º do art. 107 deste Ato das Disposições Constitucionais Transitórias. *(Incluído pela Emenda Constitucional nº 95, de 2016)*

Art. 112. As disposições introduzidas pelo Novo Regime Fiscal: *(Incluído pela Emenda Constitucional nº 95, de 2016)*

I. não constituirão obrigação de pagamento futuro pela União ou direitos de outrem sobre o erário; e *(Incluído pela Emenda Constitucional nº 95, de 2016)*

II. não revogam, dispensam ou suspendem o cumprimento de dispositivos constitucionais e legais que disponham sobre metas fiscais ou limites máximos de despesas. *(Incluído pela Emenda Constitucional nº 95, de 2016)*

Art. 113. A proposição legislativa que crie ou altere despesa obrigatória ou renúncia de receita deverá ser acompanhada da estimativa do seu impacto orçamentário e financeiro. *(Incluído pela Emenda Constitucional nº 95, de 2016)*

Art. 114. A tramitação de proposição elencada no *caput* do art. 59 da Constituição Federal, ressalvada a referida no seu inciso V, quando acarretar aumento de despesa ou renúncia de receita, será suspensa por até vinte dias, a requerimento de um quinto dos membros da Casa, nos termos regimentais, para análise de sua compatibilidade com o Novo Regime Fiscal. *(Incluído pela Emenda Constitucional nº 95, de 2016)*

Brasília, 5 de outubro de 1988.

Ulysses Guimarães, Presidente

Mauro Benevides, 1º-Vice-Presidente

Jorge Arbage, 2º-Vice-Presidente

Marcelo Cordeiro, 1º-Secretário

Mário Maia, 2º-Secretário

Arnaldo Faria de Sá, 3º-Secretário

Benedita da Silva, 1º-Suplente de Secretário

Luiz Soyer, 2º-Suplente de Secretário

Sotero Cunha, 3º-Suplente de Secretário

Bernardo Cabral, Relator Geral

Adolfo Oliveira, Relator Adjunto

Antônio Carlos Konder Reis, Relator Adjunto

José Fogaça, Relator Adjunto

Abigail Feitosa – Acival Gomes – Adauto Pereira – Ademir Andrade – Adhemar de Barros Filho – Adroaldo Streck – Adylson Motta – Aécio de Borba – Aécio Neves – Affonso Camargo – Afif Domingos – Afonso Arinos – Afonso Sancho – Agassiz Almeida – Agripino de Oliveira Lima – Airton Cordeiro – Airton Sandoval – Alarico Abib – Albano Franco – Albérico Cordeiro – Albérico Filho – Alceni Guerra – Alcides Saldanha – Aldo Arantes – Alércio Dias – Alexandre Costa – Alexandre Puzyna – Alfredo Campos – Almir Gabriel – Aloisio Vasconcelos – Aloysio Chaves – Aloysio Teixeira – Aluizio Bezerra – Aluízio Campos – Álvaro Antônio – Álvaro Pacheco – Álvaro Valle – Alysson PaulinellI Amaral Netto – Amaury Muller – Amilcar Moreira – Ângelo Magalhães – Anna Maria Rattes – Annibal Barcellos – Antero de Barros – Antônio Câmara – Antônio Carlos Franco – Antonio Carlos Mendes Thame – Antônio de Jesus – Antonio Ferreira – Antonio Gaspar – Antonio Mariz – Antonio Perosa – Antônio Salim CuriatI – Antonio Ueno – Arnaldo Martins – Arnaldo Moraes – Arnaldo Prieto – Arnold Fioravante – Arolde de Oliveira – Artenir Werner – Artur da Távola – Asdrubal Bentes – Assis Canuto – Átila Lira – Augusto Carvalho – Áureo Mello – Basílio VillanI – Benedicto Monteiro – Benito Gama – Beth Azize – Bezerra de Melo – Bocayuva Cunha – Bonifácio de Andrada – Bosco França – Brandão Monteiro – Caio Pompeu – Carlos Alberto – Carlos Alberto Caó – Carlos Benevides – Carlos Cardinal – Carlos ChiarellI – Carlos Cotta – Carlos De'Carli – Carlos Mosconi – Carlos Sant'Anna – Carlos Vinagre – Carlos Virgílio – Carrel Benevides – Cássio Cunha Lima – Célio de Castro – Celso Dourado – César Cals Neto – César Maia – Chagas Duarte – Chagas Neto – Chagas Rodrigues – Chico Humberto – Christóvam Chiaradia – Cid Carvalho – Cid Sabóia de Carvalho – Cláudio Ávila – Cleonâncio Fonseca – Costa Ferreira – Cristina Tavares – Cunha Bueno – Dálton Canabrava – Darcy Deitos – Darcy Pozza – Daso Coimbra – Davi Alves Silva – Del Bosco Amaral – Delfim Netto – Délio Braz – Denisar Arneiro – Dionisio Dal Prá – Dionísio Hage – Dirce Tutu Quadros – Dirceu Carneiro – Divaldo Suruagy – Djenal Gonçalves – Domingos Juvenil – Domingos LeonellI – Doreto Campanari – Edésio Frias – Edison Lobão – Edivaldo Motta – Edme Tavares – Edmilson Valentim – Eduardo Bonfim – Eduardo Jorge – Eduardo Moreira – Egídio Ferreira Lima – Elias Murad – Eliel Rodrigues – Eliézer Moreira – Enoc Vieira – Eraldo Tinoco – Eraldo Trindade – Erico Pegoraro – Ervin Bonkoski – Etevaldo Nogueira – Euclides Scalco – Eunice Michiles – Evaldo Gonçalves – Expedito Machado – Ézio Ferreira – Fábio Feldmann – Fábio RaunheittI – Farabulini Júnior – Fausto Fernandes – Fausto Rocha – Felipe Mendes – Feres Nader – Fernando Bezerra Coelho – Fernando Cunha – Fernando Gasparian – Fernando Gomes – Fernando Henrique Cardoso – Fernando Lyra – Fernando Santana – Fernando Velasco – Firmo de Castro – Flavio Palmier da Veiga – Flávio Rocha – Florestan Fernandes – Floriceno Paixão – França Teixeira – Francisco Amaral – Francisco Benjamim – Francisco Carneiro – Francisco Coelho – Francisco Diógenes – Francisco Dornelles – Francisco Kuster – Francisco Pinto – Francisco Rollemberg – Francisco RossI – Francisco Sales – Furtado Leite – Gabriel Guerreiro – Gandi Jamil – Gastone RighI – Genebaldo Correia – Genésio Bernardino – Geovani Borges – Geraldo Alckmin Filho – Geraldo Bulhões – Geraldo Campos – Geraldo Fleming – Geraldo Melo – Gerson Camata – Gerson Marcondes – Gerson Peres – Gidel Dantas – Gil César – Gilson Machado – Gonzaga Patriota – Guilherme Palmeira – Gumercindo Milhomem – Gustavo de Faria – Harlan Gadelha – Haroldo Lima – Haroldo Sabóia – Hélio Costa – Hélio Duque – Hélio Manhães – Hélio Rosas – Henrique Córdova – Henrique Eduardo Alves – Heráclito Fortes – Hermes ZanetI – Hilário Braun – Homero Santos – Humberto Lucena – Humberto Souto – Iberê Ferreira – Ibsen Pinheiro – Inocêncio Oliveira – Irajá Rodrigues – Iram Saraiva – Irapuan Costa Júnior – Irma PassonI – Ismael Wanderley – Israel Pinheiro – Itamar Franco – Ivo Cersósimo – Ivo Lech – Ivo MainardI – Ivo Vanderlinde – Jacy Scanagatta – Jairo AzI – Jairo Carneiro – Jalles Fontoura – Jamil Haddad – Jarbas Passarinho – Jayme Paliarin – Jayme Santana – Jesualdo Cavalcantl – Jesus Tajra – Joaci Góes – João Agripino – João Alves – João Calmon – João Carlos Bacelar – João Castelo – João Cunha – João da Mata – João de Deus Antunes – João Herrmann Neto – João Lobo – João Machado Rollemberg – João Menezes – João Natal – João Paulo – João Rezek – Joaquim Bevilácqua – Joaquim Francisco – Joaquim Hayckel – Joaquim Sucena – Jofran Frejat – Jonas Pinheiro – Jonival Lucas – Jorge Bornhausen – Jorge Hage – Jorge Leite – Jorge Uequed – Jorge Vianna – José Agripino – José Camargo – José Carlos Coutinho – José Carlos Grecco – José Carlos Martinez – José Carlos Sabóia – José Carlos Vasconcelos – José Costa – José da Conceição – José Dutra – José Egreja – José Elias – José Fernandes – José Freire – José Genoíno – José Geraldo – José Guedes – José Ignácio Ferreira – José Jorge – José Lins – José Lourenço – José Luiz de Sá – José Luiz Maia – José Maranhão – José Maria Eymael – José Maurício – José Melo – José Mendonça Bezerra – José Moura – José Paulo Bisol – José Queiroz – José Richa – José Santana de Vasconcellos – José Serra – José Tavares – José Teixeira – José Thomaz Nonô – José Tinoco – José Ulísses de Oliveira – José Viana – José Yunes – Jovanni MasinI – Juarez Antunes – Júlio Campos – Júlio Costamilan – Jutahy Júnior – Jutahy Magalhães – Koyu Iha – Lael Varella – Lavoisier Maia – Leite Chaves – Lélio Souza – Leopoldo Peres – Leur Lomanto – Levy Dias – Lézio Sathler – Lídice da Mata – Louremberg Nunes Rocha – Lourival Baptista – Lúcia Braga – Lúcia Vânia – Lúcio Alcântara – Luís Eduardo – Luís Roberto Ponte – Luiz Alberto Rodrigues – Luiz Freire – Luiz Gushiken – Luiz Henrique – Luiz Inácio Lula da Silva – Luiz Leal – Luiz Marques – Luiz Salomão – Luiz Viana – Luiz Viana Neto – Lysâneas Maciel – Maguito Vilela – Maluly Neto – Manoel Castro – Manoel Moreira – Manoel Ribeiro – Mansueto de Lavor – Manuel Viana – Márcia Kubitschek – Márcio Braga – Márcio Lacerda – Marco Maciel – Marcondes Gadelha – Marcos Lima – Marcos Queiroz – Maria de Lourdes Abadia – Maria Lúcia – Mário Assad – Mário Covas – Mário de Oliveira – Mário Lima – Marluce Pinto – Matheus Iensen – Mattos Leão – Maurício Campos – Maurício Correa – Maurício Fruet – Maurício Nasser – Maurício Pádua – Maurílio Ferreira Lima – Mauro Borges – Mauro Campos – Mauro Miranda – Mauro Sampaio – Max Rosenmann – Meira Filho – Melo Freire – Mello Reis – Mendes Botelho – Mendes Canale – Mendes Ribeiro – Messias Góis – Messias Soares – Michel Temer – Milton Barbosa – Milton Lima – Milton Reis – Miraldo Gomes – Miro Teixeira – Moema São Thiago – Moysés Pimentel – Mozarildo Cavalcanti – Mussa Demes – Myrian Portella – Nabor Júnior – Naphtali Alves de Souza – Narciso Mendes – Nelson Aguiar – Nelson Carneiro – Nelson Jobim – Nelson Sabrá – Nelson Seixas – Nelson Wedekin – Nelton Friedrich – Nestor

Duarte – Ney Maranhão – Nilso SguarezI – Nilson Gibson – Nion Albernaz – Noel de Carvalho – Nyder Barbosa – Octávio Elísio – Odacir Soares – Olavo Pires – Olívio Dutra – Onofre Corrêa – Orlando Bezerra – Orlando Pacheco – Oscar Corrêa – Osmar Leitão – Osmir Lima – Osmundo Rebouças – Osvaldo Bender – Osvaldo Coelho – Osvaldo Macedo – Osvaldo Sobrinho – Oswaldo Almeida – Oswaldo Trevisan – Ottomar Pinto – Paes de Andrade – Paes Landim – Paulo Delgado – Paulo MacarinI – Paulo Marques – Paulo Mincarone – Paulo Paim – Paulo Pimentel – Paulo Ramos – Paulo Roberto – Paulo Roberto Cunha – Paulo Silva – Paulo Zarzur – Pedro Canedo – Pedro Ceolin – Percival Muniz – Pimenta da Veiga – Plínio Arruda Sampaio – Plínio Martins – Pompeu de Sousa – Rachid Saldanha Derzi – Raimundo Bezerra – Raimundo Lira – Raimundo Rezende – Raquel Cândido – Raquel Capiberibe – Raul Belém – Raul Ferraz – Renan Calheiros – Renato BernardI – Renato Johnsson – Renato Vianna – Ricardo Fiuza – Ricardo Izar – Rita Camata – Rita Furtado – Roberto Augusto – Roberto Balestra – Roberto Brant – Roberto Campos – Roberto D'Ávila – Roberto Freire – Roberto Jefferson – Roberto Rollemberg – Roberto Torres – Roberto Vital – Robson Marinho – Rodrigues Palma – Ronaldo Aragão – Ronaldo Carvalho – Ronaldo Cezar Coelho – Ronan Tito – Ronaro Corrêa – Rosa Prata – Rose de Freitas – Rospide Netto – Rubem Branquinho – Rubem Medina – Ruben Figueiró – Ruberval Pilotto – Ruy Bacelar – Ruy Nedel – Sadie Hauache – Salatiel Carvalho – Samir Achôa – Sandra CavalcantI – Santinho Furtado – Sarney Filho – Saulo Queiroz – Sérgio Brito – Sérgio Spada – Sérgio Werneck – Severo Gomes – Sigmaringa Seixas – Sílvio Abreu – Simão Sessim – Siqueira Campos – Sólon Borges dos Reis – Stélio Dias – Tadeu França – Telmo Kirst – Teotonio Vilela Filho – Theodoro Mendes – Tito Costa – Ubiratan Aguiar – Ubiratan Spinelli – Uldurico Pinto – Valmir Campelo – Valter Pereira – Vasco Alves – Vicente Bogo – Victor Faccioni – Victor Fontana – Victor Trovão – Vieira da Silva – Vilson Souza – Vingt Rosado – Vinicius Cansanção – Virgildásio de Senna – Virgílio Galassi – Virgílio Guimarães – Vitor Buaiz – Vivaldo Barbosa – Vladimir Palmeira – Wagner Lago – Waldec Ornélas – Waldyr Pugliesi – Walmor de Luca – Wilma Maia – Wilson Campos – Wilson Martins – Ziza Valadares

PARTICIPANTES:

Álvaro Dias – Antônio Britto – Bete Mendes – Borges da Silveira – Cardoso Alves – Edivaldo Holanda – Expedito Júnior – Fadah Gattass – Francisco Dias – Geovah Amarante – Hélio Gueiros – Horácio Ferraz – Hugo Napoleão – Iturival Nascimento – Ivan Bonato – Jorge Medauar – José Mendonça de Morais – Leopoldo Bessone – Marcelo Miranda – Mauro Fecury – Neuto de Conto – Nivaldo Machado – Oswaldo Lima Filho – Paulo Almada – Prisco Viana – Ralph Biasi – Rosário Congro Neto – Sérgio Naya – Tidei de Lima

In memoriam: Alair Ferreira – Antônio Farias – Fábio Lucena – Norberto Schwantes – Virgílio Távora

ÍNDICE TEMÁTICO CONSTITUIÇÃO DA REPÚBLICA FEDERATIVA DO BRASIL

DE A A Z

A

ABUSO DE PODER

* econômico/ inelegibilidade; impugnação; mandato eletivo – art. 14, §§ 9o e 10 – repressão, lei – art. 173, § 4o
* exercício da função; lei complementar – art. 14, § 9o
* greve; penalidades – art. 9o, § 2o
* *habeas corpus*, mandado de segurança; concessão – art. 5o, LXVIII e LXIX

ABUSO SEXUAL

* criança e adolescente; violência; exploração – art. 227, § 4o

ACRE

(*Ver* estados – unidades federativas)

ACUSADOS (*VER TAMBÉM* **RÉU)**

* detenção; estado de sítio – art. 139, II
* garantias – art. 5o, LIII, LIV e LV

ADMINISTRAÇÃO PÚBLICA

(*Ver também* Finanças públicas, Impostos, Orçamento, Poder Público, Servidor Público, Tribunais de Contas *e* Tributos)

* administração direta, administração indireta/ legislação, normas gerais – art. 22, XXVII – fundação; princípios dos cargos públicos; servidor; condições de investidura, remuneração, vencimentos, direitos, garantias, impedimentos, proibições – art. 37 – entidades; processo e julgamento – art. 102, I, "f", art. 105, I, "g" e "h", e art. 109, I e IV – lei orçamentária anual; orçamento fiscal – art. 165, § 5o, I – orçamento da seguridade social – art. 165, § 5o, III
* autonomia gerencial, orçamentária e financeira; órgãos e entidades; ampliação; disposições – art. 37, § 8o
* Congresso Nacional/ disposições, criação, estruturação, atribuições; ministérios; órgãos, pertinência – art. 48, X e XI, e art. 88 – cargos, empregos e funções públicas – art. 48, X, e art. 84, VI, b – União, entidades; fiscalização financeira e orçamentária – art. 70 – Tribunal de Contas da União/ controle externo – art. 71 – relatório trimestral de atividades – art. 71, § 4o
* Conselhos de política; instituição; padrões de vencimento e remuneração; escolas de governo; servidores públicos; disposições aplicáveis aos servidores – art. 39
* documentação governamental; gestão; providências para consultas – art. 216, § 2o
* entes/ Justiça do Trabalho; conciliação e julgamento dos dissídios entre trabalhadores e empregadores; abrangência – art. 114, *caput*
* federal/ diretrizes, objetivos, metas; Lei; Plano Plurianual – art. 165, § 1o – prioridades; Lei de Diretrizes Orçamentárias – art. 165, § 2o
* lei complementar; normas, disposições, exercício financeiro, plano plurianual, orçamento, gestão, finanças públicas, patrimônio – art. 165, § 9o
* licitação e contratação; normas gerais; competência privativa da União – art. 22, XXVII
* obras, serviços, compras, alienações; licitação pública – art. 37, XXI
* órgãos/ participação, exploração, recursos energéticos, recursos minerais – art. 20, § 1o – atribuições; disposição; Congresso Nacional – art. 48, XI
* Presidência da República/ iniciativa, criação, estruturação, atribuições; ministérios, órgãos, pertinência – art. 61, § 1o, II, "e – direção superior, auxílio, ministério; competência privativa – art. 84, II – organização e funcionamento; disposição – art. 84, VI
* prestação de serviço público; responsabilidade por danos de terceiro; ação regressiva – art. 37, § 6o
* Tribunal de Contas da União; julgamento e apreciação das contas – art. 71, I a V
* União/ prestação de contas; observância – art. 34, VII, "d" – assunção de dívida; vedação – art. 234

* usuário/ participação – art. 37, § 3o – direitos – art. 175, parágrafo único, II
* vencimentos dos cargos dos Poderes; limitação; impedimento – art. 37, XII

ADOLESCENTE
(*Ver também* Criança *e* Menor)
* abuso, violência, exploração sexual – art. 227, § 4o
* admissão ao trabalho; idade mínima – art. 227, § 3o, I
* assistência social; proteção e amparo – art. 203, I e II
* dependentes de entorpecentes e drogas afins; programas – art. 227, § 3o, VII
* direitos; "assegurar" [garantias]; programas de assistência à saúde – art. 227 e § 1o
* maiores de dezesseis e menores de dezoito/ proibição de trabalho noturno, perigoso ou insalubre – art. 7o, XXXIII – voto facultativo – art. 14, § 1o, II, "c"
* trabalhadores; acesso à escola – art. 227, § 3o, III

ADVOCACIA
(*Ver também* Defensoria Pública, Desembargadores, Juízes, Magistratura, Ministério Público *e* Tribunais)
* Advocacia-Geral da União/ definição, finalidade – art. 131, *caput* – chefe – art. 131, § 1o – atividade interina; exercício – ADCT art. 29, *caput*, e § 2o
* Advogado-Geral da União/ processo e julgamento; crimes de responsabilidade; competência privativa do Senado Federal – art. 52, II – nomeação – art. 84, XVI e art. 131, § 1o
* advogado; inviolabilidade – art. 133
* exercício vedado/ Defensoria Pública; proibição, exercício – art. 134, parágrafo único – Ministério Público – art. 128, § 5o, II, "b"
* Ordem dos Advogados do Brasil; Conselho Federal; propositura de ação de inconstitucionalidade – art. 103, VII participação em todas as fases nos concursos/ magistratura – art. 93, I – Procuradores dos Estados e Distrito Federal – art. 132
* Procuradores dos Estados, Distrito Federal; organização, ingresso; estabilidade – art. 132

ADVOGADO
(*ver* Advocacia *e* inviolabilidades)

AERONÁUTICA
(*Ver também* Forças Armadas *e* Militar)
* comandantes/ processo e julgamento – art. 52, I, art. 102, I, "c", e art. 105, I, "b" e "c" – nomeação; Presidente da República – art. 84, XIII – Conselho de Defesa Nacional; membros natos – art. 91, VIII
* direito aeronáutico; legislação; competência da União – art. 22, I
* Forças Armadas; constituição, organização, destinação – art. 142, *caput*
* navegação aérea, aeroespacial e infra-estrutura aeroportuária; exploração; competência da União – art. 21, XII, "c"
* Superior Tribunal Militar; oficial-general; participação; composição – art. 123, *caput*

AEROPORTOS
* infra-estrutura; competência da União – art. 21, XII, "c"

AGROPECUÁRIA
(*Ver também* Agrotóxicos)
* atividades agroindustriais; planejamento agrícola – art. 187, § 1o
* conflitos fundiários; dirimência – art. 126
* planejamento agrícola; atividades agroindustriais, agropecuárias, pesqueiras e florestais – art. 187, § 1o
* política agrícola/ planejamento, execução, requisitos; objetivos, instrumentos, lei agrícola – art. 187 e ADCT, art. 50 – terras públicas; compatibilidade, destinação; condições; exceções – art. 188
* produção, fomento; abastecimento, alimentos, organização – art. 23, VIII
* propriedade/ função social; requisitos – art. 186 – propriedade produtiva; tratamento especial – art. 185, II, e parágrafo único, e art. 191 – rural; aquisição e arrendamento; usucapião, exceção – art. 190 e art. 191
* radioisótopos; utilização – art. 21, XXIII, "b"
* reforma agrária; beneficiários, títulos – art. 189

* União; competência/ direito agrário – art. 22, I – declaração, interesse social; indenizações, processo, desapropriação; fixação, recursos, reforma agrária – art. 184
* União, Estados, Municípios; competência comum – art. 23, VIII

AGROTÓXICOS
(*Ver também* Agropecuária)
* propaganda comercial; sujeição, restrições – art. 220, § 4o

ÁGUAS
(*Ver também* Energia)
* consumo humano; fiscalização e inspeção; Sistema Único de Saúde – art. 200, VI
* cursos; aproveitamento energético; exploração; competência da União – art. 21, XII, "b"
* incentivos regionais/ aproveitamento econômico e social de rios e massas de água – art. 43, § 2o, IV – estabelecimento de fontes de água e de pequena irrigação – art. 43, § 3o
* destinada ao consumo do homem; Sistema Único de Saúde; fiscalização – art. 200, VI
* recursos hídricos; exploração; União/ art. 176, *caput* – e Estados, Distrito Federal e Municípios/ participação – art. 20, § 1o – competência comum – art. 23, XI – aproveitamento em terras indígenas – art. 231, § 3o
* superfície; bem do Estado – art. 26, I
* União, competência privativa – art. 22, IV

AMAPÁ
(*Ver* estados – unidades federativas)

AMAZÔNIA LEGAL
* estudos e anteprojetos sobre novas unidades territoriais – ADCT art. 12

ANALFABETISMO
* erradicação; União – art. 214, I; ADCT art. 60, § 6o
* inelegibilidade – art. 14, § 4o
* voto do analfabeto – art. 14, § 1o, II, "a"

ANISTIA
(*Ver também* Direitos e garantias *e* Direitos humanos)
* concessão; competência/ da União – art. 21, XVII – do Congresso Nacional – art. 48, VIII
* concessão; vítimas políticas de atos de exceção; condições – ADCT art. 8o
* crimes insuscetíveis – art. 5o, XLIII
* imposto, taxa ou contribuição; concessão – art. 150, § 6o

APOSENTADORIA
(*Ver* Servidor Público)

ARTES
* liberdade de expressão – art. 5o, IX
* patrimônio cultural – art. 216, III a V

ASILO POLÍTICO
* concessão; princípio – art. 4o, X

ASSEMBLÉIA LEGISLATIVA
* convocação extraordinária; intervenção; decreto – art. 36, § 1o
* criação de Estado; composição – ADCT art. 235, I
* Deputados Estaduais; mandato; subsídio; regimento; processo legislativo estadual – art. 27

ASSISTÊNCIA JURÍDICA
* criança e adolescente; estímulo ao acolhimento – art. 227, § 3o, VI
* gratuita/ *habeas corpus, habeas data* – art. 5o, LXXVII – assistência ao cidadão com insuficiência de recursos – art. 5o, LXXIV
* União, Estados, Distrito Federal; legislação – art. 24, XIII

ASSISTÊNCIA RELIGIOSA
(*Ver também* Crenças e cultos religiosos)
* prestação assegurada – art. 5o, VII

ASSISTÊNCIA SOCIAL
(*Ver também* Seguridade social)

* ações governamentais na área; recursos, organização, diretrizes – art. 204

* desamparados; direitos sociais – art. 6o

* entidades de beneficência; isenção de contribuição social – art. 195, § 7o

* impostos sobre instituições; vedação – art. 150, VI, "c"

* instituições particulares; participação no Sistema Único de Saúde; formalização – art. 199, § 1o

* objetivos – art. 203, I a V

* pública; União, Estados, Distrito Federal, Municípios; competência comum – art. 23, II

* seguridade social; direitos assegurados – art. 194, *caput*

AUTARQUIAS

(*Ver também* Administração Pública, Empresas Públicas, Finanças públicas, Fundações públicas, Orçamento, Sociedades de Economia Mista *e* União)

* administrações públicas autárquicas; normas gerais de licitação e contratação – art. 22, XXVII

* cargos públicos/ proibição de acumular/ art. 37, XVII – proventos de aposentadoria; percepção simultânea [acumulação] – art. 37, § 10

* criação, lei específica; criação de subsidiárias – art. 37, XIX e XX

* disciplinamento legal para aplicação de recursos; desenvolvimento de programas do servidor público – art. 39, § 7o

* dívida pública interna, dívida pública externa – art. 163, II

* dívida pública interna e externa; lei complementar – art. 163, II

* entidades fechadas de previdência privada; relação; lei complementar – art. 202, § 3o

* estaduais, do Distrito Federal e municipais; rendimentos pagos; imposto da União sobre renda e proventos incidente na fonte – art. 157, I, e art. 158, I

* federais; continuidade no exercício de suas atividades – ADCT art. 29, *caput*

* fiscalização financeira; julgamento de contas – art. 70, *caput*, e art. 71, II

* infrações penais em seu detrimento; polícia federal; apuração – art. 144, § 1o, I

* instituição de impostos, patrimônio, renda ou serviços; finalidades essenciais; vedação – art. 150, § 2o e ADCT art. 34, § 1o

* juiz federal/ interesse em causa; julgamento e processo – art. 109, I – crimes políticos e infrações penais em seu detrimento; julgamento e processo – art. 109, IV

* normas gerais de licitação e contratação; legislação; competência privativa da União – art. 22, XXVII

* Senado Federal; limites globais e condições para operações de crédito interno e externo – art. 52, VII

* servidores estáveis – ADCT art. 18 e art. 19

AUTORES

* direito de utilização, publicação e reprodução; exclusividade – art. 5o, XXVII

B

BANCOS OU INSTITUIÇÕES FINANCEIRAS

* aplicação de recursos às regiões – ADCT art. 34, § 1o

* Banco Central/ Senado Federal; aprovação da diretoria – art. 52, III, "d" – Presidente da República; nomeação da diretoria – art. 84, XIV – União; competência para emissões de moeda; Banco Central, vedações; disponibilidades de caixa, União – art. 164

* Banco de Desenvolvimento do Centro-Oeste; criação – ADCT art. 34, § 11

* Banco Nacional de Desenvolvimento Econômico e Social – art. 239, § 1o

* Congresso Nacional; competência com sanção presidencial – art. 48, XIII

* empréstimos, liquidação, débitos – ADCT art. 47

* fiscalização; forma, lei complementar – art. 163, V

* instituições oficiais de crédito/ lei complementar; compatibilização das funções – art. 163, VII – Banco Central; disponibilidade de caixa da União, Estados, DF, Municípios, órgãos ou entidades do poder público – art. 164, § 3o e art. 192, § 2o – lei complementar; autorizações para o funcionamento; vedações;

participação do capital estrangeiro; organização; autorização, funcionamento; composição – art. 192 e ADCT art. 52
* instituições regionais; Regiões Norte, Nordeste e Centro-Oeste; percentuais da União para financiamento da produção – art. 159, I , "c"

BENS
* ausência; disponibilidade – art. 37, § 4o
* confisco/ tráfico de drogas – art. 243, parágrafo único – proibição de tributação – art. 150, IV
* de capital; aquisição; redução do impacto – art. 153, § 3o, IV
* domínio/ União – art. 20, I a XI – Estados – art. 26 – Distrito Federal – ADCT art. 16, § 3o
* estrangeiros, sucessão de bens no País; regulação – art. 5o, XXXI
* históricos, artísticos e culturais; proteção – art. 23, III e IV
* impostos/ renda, proventos – art. 153, III – grandes fortunas – art. 153, VII, transmissão *causa mortis*, circulação de mercadorias, propriedade de veículos automotores – art. 155, I a III – propriedade predial, territorial, urbana, transmissão *inter vivos*, serviços de qualquer natureza – art. 156, I a III
* liberdade de locomoção – art. 5o, XV
* perda; art. 5o, XV, XVI, "b", LIV
* tráfego; limitação por meio de tributos; vedação – art. 150, V e ADCT art. 34, § 1o
* uso temporário/ calamidade pública – art. 136, § 1o, II – estado de sítio; requisição na vigência – art. 139, VII

BRASILEIROS
(*Ver também* Cidadania *e* Nacionalidade)
* atividades privativas – art. 176, § 1o, art. 178, § 2o, e art. 222 e § 1o
* cargos públicos/ acesso; requisitos legais – art. 37, I – privativos de brasileiro nato – art. 12, § 3o e art. 89, VII
* distinção; proibição – art. 12, § 2o e art. 19, III
* extradição – art. 5o, LI
* portugueses; direitos inerentes; hipótese de reciprocidade – art. 12, § 1o

C

CAÇA E PESCA
* legislação; competência concorrente; União, Estados, Distrito Federal – art. 24, VI
* pesca/ atividades pesqueiras; planejamento agrícola – art. 187, § 1o – pescador/ colônias; associação profissional ou sindical; disposições – art. 8o, parágrafo único – artesanal/ contribuição social – art. 195, § 8o – aposentadoria – art. 201, § 7o, II – pensão por morte – art. 40, § 7o

CALAMIDADE PÚBLICA
* ações; permanência – art. 21, XVIII
* bens, serviços públicos; ocupação – art. 136, § 1o, II
* causa de decretação de estado de defesa – art. 136, *caput*
* créditos extraordinários – art. 167, § 3o
* empréstimos compulsórios – art. 148, I

CÂMARA DOS DEPUTADOS
(*Ver também* Congresso Nacional, Poder Legislativo *e* Senado Federal)
* atos; competência privativa/ art. 51 – elaboração do seu regimento interno – art. 51, III – Conselho da República; eleição de membros – art. 51, V – organização, funcionamento, seus cargos e empregos; fixação da respectiva remuneração – art. 51, IV – Presidente da República/ autorização de processo; e Vice-Presidente da República e Ministros de Estado – art. 51, I – tomada de contas – art. 51, II
* atos/ indelegabilidade – art. 68, § 1o
* comissões/ art. 58, § 2o – comissões parlamentares de inquérito – art. 58, § 3o
* deputados/ composição; número, representantes, sistema proporcional – art. 45 – inviolabilidade; processo; julgamento – art. 53 – impedimentos – art. 54 – perda de mandato – art. 55, I a VI
* membros/ deliberações por maioria absoluta – art. 47 – convocação extraordinária; maioria absoluta – art. 57, § 6o, II – proposta de emenda; um terço [quorum] – art. 60, I
* Mesa/ Ministros de Estado; comparecimento; entendimento; encaminhamento de pedido de infor-

mação; convocação – art. 50, §§ 1o e 2o – constituição; representação proporcional – art. 58, § 1o – possibilidade [faculdade] de propositura de ação de inconstitucionalidade – art. 103, III – Congresso Nacional/; ocupação de cargos – art. 57, § 5o
* orçamento e finanças/ fiscalização financeira; inspeções e auditorias – art. 71, IV e VII – plano plurianual, diretrizes orçamentárias, orçamento anual, créditos adicionais; apreciação – art. 166, *caput*
* organização e funcionamento/ art. 51, IV – serviços administrativos; inadmissibilidade de aumento de despesa – art. 63, II
* Presidente/ convocação extraordinária; hipóteses – art. 57, § 6o I e II – Conselho da República; participação – art. 89, II – Conselho de Defesa Nacional – art. 91, II
* projetos de lei de iniciativa do Presidente da República; início, discussão, votação, câmara revisora; sanção presidencial – art. 64 a art. 66

CÂMARA LEGISLATIVA
* instalação; transitoriedade; competência – ADCT art. 16, §§ 1o e 2o
* promulgação de lei orgânica – art. 32, *caput*
* representação; membros; mandatos – art. 32, § 3o

CÂMARA MUNICIPAL
* aprovação de plano diretor; política de desenvolvimento urbano – art. 182, § 1o
* fiscalização/ organização das funções fiscalizadoras – art. 29, XI – do controle externo; procedimentos – art. 31
* lei orgânica; votação – ADCT art. 11, parágrafo único
* Poder Legislativo Municipal; despesa total; discriminação – art. 29-A
* regimento; lei orgânica – art. 29, *caput*
* subsídios dos Vereadores; fixação; limites – art. 29, VI

Câmbio (*Ver também* Moeda)
* administração, fiscalização, política, legislação/ competência, União – art. 21, VIII e art. 22, VII – Congresso Nacional, disposição – art. 48, XIII – lei complementar; disposição – art. 163, VI
* impostos; instituição; competência da União – art. 153, V

CARGOS PÚBLICOS
(*Ver* Servidor Público)

CASA
(*Ver também* Habitação ou moradia)
* asilo inviolável do indivíduo – art. 5o, XI
* ex-combatente; prioridade na aquisição – ADCT art. 53, VI

CASAMENTO
(*Ver também* Família)
* efeito civil; celebração gratuita; reconhecimento da união estável entre homem e mulher; definição de entidade familiar; facilitação da conversão em casamento; homem e mulher; direitos e deveres; dissolução, divórcio, separação judicial; princípios; planejamento familiar do casal; atribuições e deveres do Estado – art. 226

CAVERNAS E SÍTIOS
(*Ver* Cultura)

CENSURA
* censor; aproveitamento do ocupante do cargo – ADCT art. 23
* comunicação, expressão intelectual, artística, científica; independência – art. 5o, IX
* política, ideológica, artística; vedação – art. 220, § 2o

CIDADANIA
(*Ver também* Nacionalidade)
* aposentados, pensionistas; gratificação natalina – art. 201, § 6o
* atos necessários ao seu exercício; gratuidade – art. 5o, LXXVII
* cidadão/ anulação de ato em prejuízo do patrimônio público; legitimidade para propositura de ação popular – art. 5o, LXXIII – depoimento por solicitação de comissão – art. 58, § 2o – denúncia de irregularidade ou ilegalidade perante o Tribunal de Contas da União – art. 74, § 2o – composição do Conselho da República – art. 89, VII – impedidos de

exercer atividade profissional específica; concessão de reparação – ADCT art. 8o, § 3o
* educação; preparação; exercício – art. 205
* inviabilidade do seu exercício; mandado de injunção – art. 5o, LXXI
* legislação não objeto de delegação – art. 68, § 1o, II
* mandado de injunção; *habeas corpus*, *habeas data* – art. 5o, LXXI e LXXVII
* República Federativa do Brasil; fundamento – art. 1o, II

CIÊNCIA E TECNOLOGIA
(*Ver também* Cultura, Educação *e* Pesquisa)
* acesso; meios – art. 23, V
* autonomia tecnológica – art. 219
* criações; ciência, arte e tecnologia; patrimônio cultural do Brasil – art. 216, III e V
* desenvolvimento científico, pesquisa e capacitação tecnológicas; promoção; tratamento prioritário; solução dos problemas brasileiros; formação de recursos humanos; apoio legal à pesquisa e criação de tecnologia no País; receita orçamentária de Estados e do Distrito Federal; incentivo ao mercado interno; viabilização do desenvolvimento, bem-estar e autonomia tecnológica do País – art. 218 e art. 219
* Estados e Municípios; receita orçamentária; fomento ao ensino e à pesquisa – art. 218, § 5o
* lei; promoção – art. 214, V
* política agrícola; incentivo a pesquisa tecnológica – art. 187, III
* Sistema Único de Saúde; incremento ao desenvolvimento científico e tecnológico – art. 200, V

COMÉRCIO
(*Ver também* Economia *e* Indústria)
* exterior/ e interestadual; legislação; competência privativa da União – art. 22, VIII – imposto sobre importação de produtos estrangeiros; competência da União – art. 153, I – fiscalização; controle; Ministério da Fazenda – art. 237
* importação, exportação; petróleo; gás – art. 177, III – Zona Franca de Manaus – ADCT art. 40
* imposto sobre circulação de mercadorias; competência dos Estados e do Distrito Federal – art. 155, II, e § 2o
* material bélico; autorização, fiscalização; competência da União – art. 21, VI – minerais nucleares/ exploração; competência da União – art. 21, XXIII – monopólio da União – art. 177, V
* órgãos humanos, sangue, derivados; vedação – art. 199, § 4o
* política agrícola; garantia – art. 187, II
* propaganda comercial; regulamentação – ADCT art. 65

COMISSÕES PARLAMENTARES
(*Ver* congresso nacional)

COMUNICAÇÃO
(*Ver também* Imprensa *e* Radiodifusão e telecomunicações)
* correspondência; inviolabilidade de sigilo – art. 5o, XII
* empresa jornalística e de radiodifusão; propriedade; capital social; participação, vedação – art. 222
* impostos, incidência, serviços – art. 155, II e § 2o e ADCT art. 34, §§ 6o e 8o
* liberdade, imprensa, constância, Estado de sítio; restrições – art. 139, III
* manifestação do pensamento, criação, expressão e informação irrestritos; liberdade de informação jornalística; vedação à censura; lei federal; regulação de diversões e espetáculos públicos, meios legais de defesa da pessoa e da família; propaganda comercial de tabaco, bebidas alcoólicas, agrotóxicos, medicamentos e terapias; impedimento – art. 220 – regulamentação das restrições – ADCT art. 65
* meios de comunicação; impedimento; monopólio, oligopólio – art. 220, § 5o
* princípios, programação, emissora, rádio, televisão – art. 221
* publicação de veículo impresso de comunicação; independência de licença – art. 220, § 6o
* telegráfica; telefônica; transmissão de dados; correspondência; inviolabilidade de sigilo – art. 5o, XII, art. 136, § 1o, I, "b" e "c", e art. 139, III

CONGRESSO NACIONAL
(*Ver também* Câmara dos Deputados, Poder Legislativo *e* Senado Federal)
* apreciação/ decreto de intervenção – art. 36, §§ 1o e 3o – contas do Presidente da República; legalidade de atos de admissão de pessoal da administração; Tribunal de Contas da União – art. 71, I e III – estado de defesa – art. 136, §§ 4o a 7o – estado de sítio – art. 137 e 138 – planos e programas nacionais, regionais e setoriais – art. 165, § 4o – radiodifusão sonora e de sons e imagens; atos de concessão, permissão e autorização – art. 223, § 1o – projetos de lei relativos à organização da seguridade social; apresentação – ADCT art. 59
* atribuições/ competência com sanção presidencial – art. 48, I a XIV – competência exclusiva – art. 49, I a XVII – competências delegadas ao Poder Executivo por dispositivo; revogação – ADCT art. 25
* Código de Defesa do Consumidor – ADCT art. 48
* comissões/ competência – art. 58 – comissão parlamentar de inquérito – art. 58, § 3°, e art. 71, IV – comissão representativa durante o recesso – art. 58, § 4o – Comissão mista permanente; despesas não autorizadas; solicitação de esclarecimentos – art. 72, *caput*, e § 1o – Comissão mista permanente; competência – art. 166, §§ 1o e 2o – Comissão para acompanhamento e fiscalização da execução das medidas referentes ao estado de defesa e ao estado de sítio – art. 140 – Comissão de Estudos Territoriais; indicação dos membros – ADCT art. 12
* composição e legislatura – art. 44
* Conselho de Comunicação Social; criação – art. 224
* controle externo de contas; Tribunal de Contas da União – art. 71
* convenções e atos internacionais; referendo – art. 84, VIII
* convocação extraordinária/ "se não estiver funcionando"; prazo – art. 36, § 2o – deliberação sobre a matéria para a qual foi convocado – art. 57, §§ 7o e 8o – Presidente da República – art. 57, § 6o, I e II, art. 62, *caput*, art. 138, § 2o – Presidente da Câmara dos Deputados ou do Senado Federal – art. 57, § 6o, II – membros de ambas as Casas – art. 57, § 6o, II – recesso; prazo – art. 136, § 5o, e art. 138, § 2o
* créditos especiais ou suplementares; autorização prévia – art. 166, § 8o, e art. 167, V
* criação, incorporação ou desmembramento de Estados – art. 18, § 3o
* declaração de guerra; autorização – art. 49, II, e art. 84, XIX
* decreto-lei; efeitos e conversão – ADCT art. 25, §§ 1o e 2o
* delegação; solicitação do Presidente da República; restrição; forma; apreciação do projeto – art. 68
* fiscalização contábil, financeira, orçamentária, operacional e patrimonial/ art. 70 a art. 72 – sustação de execução de ato ou contrato impugnado por ilegalidade – art. 71, X, e § 1o – Tribunal de Contas da União/ encaminhamento de relatório de atividades – art. 71, § 4o – escolha de ministros; aprovação – art. 73, § 2o, II
* membros/ fixação de subsídios – art. 49, VII – processo e julgamento – art. 102, I, "b" – compromisso de posse – ADCT art. 1o
* Mesa/ posse e eleição – art. 57, § 4o – presidência e demais cargos – art. 57, § 5o
* paz; celebração – art. 49, II, e art. 84, XX
* Poder Executivo; poder regulamentar; sustação de atos exorbitantes – art. 49, V
* Presidente da República/ e Vice-Presidente da República; autorização para ausentarem-se do País – art. 83 – prestação de contas – art. 84, XXIV
* projetos de lei/ orçamento – art. 165, § 9o, e art. 166 – seguridade social; apreciação – ADCT art. 59
* propriedade rural; aquisição ou arrendamento por pessoa física ou jurídica estrangeira; autorização – art. 190
* radiodifusão sonora e de sons e imagens; outorga, renovação e concessão; apreciação – art. 223
* regimento comum; elaboração – art. 57, § 3o, II
* reuniões; sessão legislativa, sessão conjunta, convocação extraordinária – art. 57
* revisão constitucional; votação – ADCT art. 3o
* sede; mudança – art. 49, VI
* sessões/ legislativa; projeto de lei de diretrizes orçamentárias; aprovação [deliberação] sem interrupção – art. 57, *caput*, e § 2o – sessão conjunta;

hipóteses – art. 57, § 3o, e art. 66, § 4o – sessão extraordinária – deliberação sobre a matéria [exclusividade] – art. 57, §§ 6o e 8o
* terras/ públicas; doações, vendas e concessões; alienação – art. 188, § 1o, e ADCT art. 51 – indígenas/ autorização para exploração – art. 231, § 3o – remoção de grupos indígenas; hipótese – art. 231, § 5o
* vacância dos cargos de Presidente e Vice-Presidente da República; procedimentos – art. 81, § 1o

CONSUMIDOR
* código; elaboração – ADCT art. 48
* defesa/ promoção do Estado – art. 5o, XXXII – lei; esclarecimento – art. 150, § 5o – princípios – art. 170, V
* União, Estado, Distrito Federal; competência concorrente; legislação, responsabilidade por dano – art. 24, VIII
* usuário de serviços públicos/ participação na Administração Pública direta e indireta; disciplinamento – art. 37, § 3o – direitos, lei – art. 175, parágrafo único, II

CONTRIBUIÇÃO DE MELHORIA
(*Ver* Tributos)

CONTRIBUIÇÕES SOCIAIS
(*Ver também* Fundos, Impostos, Previdência Social, Saúde, Seguridade Social, Trabalhadores *e* Tributos)
* compulsórias sobre a folha de salários; ressalva – art. 240
* contribuição de intervenção no domínio econômico; alíquota – art. 177, § 4o e art. 159, III;
* contribuição provisória; valores, créditos e direitos de natureza financeira – ADCT art. 74 – prorrogação de cobrança; alíquota – ADCT art. 75 e ADCT art. 84 a art. 88;
* Estados, Distrito Federal e Municípios; instituição; possibilidade [faculdade] – art. 149, parágrafo único
* percentual de arrecadação; desvinculação; hipótese – ADCT art. 76, *caput*
* seguridade social/ federal, estadual ou municipal; tempo; contagem – art. 40, §§ 9o e 10 – vedação; utilização dos recursos para despesas distintas – art. 167, XI – "seguintes" [modalidades] – art. 195, I a III – previdência social; salários de contribuição; contagem do tempo; ganhos incorporados ao salário – art. 201, *caput*, e §§ 2o, 3o, 9o e 11 – sistema especial de inclusão previdenciária – art. 201, § 12
* subsídio, isenção, redução, crédito, anistia, remissão; lei específica – art. 150, § 6o
* trabalhador; não-incidência; hipótese – art. 195, II
* União; competência exclusiva; incidências – art. 149, *caput* e §§ 2o e 4o
Contribuinte (*Ver também* Impostos *e* Tributos)
* impostos; caráter pessoal – art. 145, § 1o
* lei complementar; definição – art. 155, § 2o, XII, "a"
* Municípios; fiscalização, controle externo, deliberação sobre as contas do Prefeito; questionamento da legitimidade – art. 31, *caput*, e § 3o
* União, Estado, Distrito Federal, instituição de tratamento desigual; vedação [isonomia tributária] – art. 150, II

CORPO DE BOMBEIROS MILITAR
* atribuições; subordinação – art. 144, §§ 5o e 6o
* Distrito Federal/ e territórios; organização, manutenção; competência da União – art. 21, XIV – utilização na forma da lei – art. 32, § 4o
* normas gerais de organização; convocação e mobilização; competência privativa da União – art. 22, XXI

CORREIO AÉREO NACIONAL
* União/ manutenção; competência – art. 21, X – competência privativa – art. 22, V

CORRESPONDÊNCIA
* inviolabilidade de sigilo/ art. 5o, XII – regulamentação – art.136, § 1o, I, "b" – estado de sítio; restrição – art. 139, III

CRENÇAS E CULTOS RELIGIOSOS
* liberdade assegurada – art. 5o, VI e VIII
* religioso; serviço alternativo – art. 143, § 1o

* União, Estados, Distrito Federal, Municípios/ instituição, subvenção, embaraço ao funcionamento; vedação/ templos; estabelecimento – art. 19, I – instituição de impostos – art. 150, VI, "b" e § 4o e ADCT art. 34, § 1o

CRIANÇA
(*Ver também* Adolescente *e* Menor)
* assistência – art. 7o, XXV, art. 203, I e II e art. 227, § 7o
* creche e pré-escola; atendimento – art. 208, IV
* dever; Estado, família, sociedade; saúde; programas assistenciais; deficientes; direito a proteção especial; abuso, violência e exploração sexual; adoção; recursos – art. 227

CRIMES
* comuns e de responsabilidade; julgamento; Juízes estaduais, do Distrito Federal e Territórios, membros do Ministério Público – art. 96, III
* comuns e de responsabilidade; processo e julgamento originário/ Presidente da República, Vice-presidente da República, membros do Congresso Nacional, Ministros de Estado, Procurador-Geral da República, membros dos Tribunais Superiores, do Tribunal de Contas da União, chefes de missão diplomática – art. 102, I, "b" e "c" – governadores, desembargadores dos Tribunais de Justiça, membros dos Tribunais Regionais Federais, Eleitorais e do Trabalho, Tribunais de Contas dos Estados e do Distrito Federal, membros dos Conselhos ou Tribunais de Contas dos Municípios, do Ministério Público da União – art. 105, I, "a"
* contra o Estado; estado de defesa; prisão – art. 136, § 3o, I
* definição anterior por lei; prévia cominação legal – art. 5o, XXXIX
* de responsabilidade/ Presidente e Vice-Presidente da República, Ministros de Estado – art. 52, I, e parágrafo único – Advogado-Geral da União, Ministros, Supremo Tribunal Federal, Procurador-Geral da República – art. 52, II, e parágrafo único – investimento desprovido de autorização legal; penalidade – art. 167, § 1o – Tribunais Superiores, Tribunal de Contas da União, chefes de missão diplomática – art. 102, I, "c" – Presidente da República, discriminação e processo – art. 85 e art. 86 – Ministro de Estado ou titulares de órgãos subordinados à Presidência da República – recusa de prestar informações – art. 50, e § 2o, e art. 52, I e parágrafo único
* dolosos contra a vida/ competência do tribunal do júri – art. 5o, XXXVIII, "d" – herdeiros e dependentes das vítimas; assistência do poder público – art. 245
* estrangeiro; ingresso ou permanência irregular; processo e julgamento – art. 109, X
* inafiançável / art. 5o, XLIII e XLIV – Deputados e Senadores; flagrante – art. 53, § 2o
* militares/ processo, julgamento – art. 124 e art. 125, § 4o – prisão – art. 5o, LXI
* navios, aeronaves; processo, julgamento – art. 109, IX
* políticos/ processo e julgamento, juiz federal – art. 109, IV – proibição, extradição – art. 5o, LII – competência, Supremo Tribunal Federal, recurso ordinário – art. 102, II, "b"
* prefeitos; crime de responsabilidade – art. 29-A, § 2o
* prejuízo, estado/ inafiançabilidade, não-prescrição – art. 5o, XLIV – prisão na vigência do estado de defesa – art. 136, § 3o, I
* Presidente da Câmara Municipal; crime de responsabilidade – art. 29-A, § 3o
* organização do trabalho; processo e julgamento – art. 109, VI
* salário; retenção dolosa – art. 7o, X

CULTURA
(*Ver também* Artes *e* Educação)
* ação popular; hipótese de lesão ao patrimônio cultural – art. 5o, LXXIII
* bens e valores; formas de expressão; modos de criar, fazer e viver; criações científicas, artísticas e tecnológicas; manifestações artístico-culturais; conjuntos urbanos e sítios; produção e conhecimento; incentivos – art. 216, I a V, e § 3o
* Brasil e América Latina; integração – art. 4o, parágrafo único

* cavidades naturais, sítios arqueológicos; bens da União – art. 20, X
* Estado, garantia; plenitude de exercício dos direitos e acesso às fontes; apoio e incentivo à valorização e difusão das manifestações; proteção às manifestações, datas comemorativas – art. 215 – patrimônio cultural, bens materiais e imateriais, promoção do patrimônio cultural brasileiro, gestão da documentação governamental, incentivo à produção e conhecimento de bens e valores, danos e ameaças ao patrimônio cultural, tombamentos de documentos e sítios históricos dos quilombos – art. 216
* mercado interno; patrimônio nacional; incentivo ao desenvolvimento – art. 219
* patrimônio/ proteção, responsabilidade por danos; legislação concorrente – art. 24, VII a IX – lesão/ art. 5o, LXXIII – cultural; promoção – art. 216, § 1o – danos e ameaças; punição – art. 216, § 4o
* produção regionalizada – art. 221, III
* proteção; impedimento à evasão, destruição, descaracterização de obra de arte e outros bens; meios de acesso – art. 23, III a V
* respeito aos valores – art. 210, *caput*

D

Defensoria Pública (*Ver também* Advocacia *e* Ministério Público)
* essencialidade da instituição; lei complementar; organização – art. 134
* organização/ e manutenção; Distrito Federal e Territórios; competência da União – art. 21, XIII – Distrito Federal e Territórios; competência privativa da União – art. 22, XVII – União, Territórios e Distrito Federal; Congresso Nacional; competência com sanção presidencial; disposição – art. 48, IX – Presidente da República; União, Estados, Distrito Federal e Territórios; iniciativa privativa; disposição – art. 61, § 1o, II, "d" – União e Estados; lei complementar; normas gerais – art. 134
* remuneração – art. 135
* União, Estados, Distrito Federal; legislação concorrente – art. 24, XIII

DEFICIENTES
* assistência social; garantia do salário mínimo – art. 203, V
* cargos públicos; reservados por lei – art. 37, VIII
* discriminação quanto a salários e critérios de admissão; proibição – art. 7o, XXXI
* educação; atendimento especializado – art. 208, III
* Estado; programas de prevenção e atendimento a portadores de deficiência física; integração social do adolescente; normas para construção e adaptação de logradouros, edifícios públicos, veículos de transporte coletivo – art. 227, §§ 1o e 2o, e art. 244
* proteção/ União, Estados, Distrito Federal, Municípios; competência comum – art. 23, II – e integração social; União, Estados, Distrito Federal; legislação concorrente – art. 24, XIV

DEPUTADOS DISTRITAIS
* eleição/ elegibilidade, idade mínima – art. 14, § 3o, VI, "c" – mandato, número, remuneração – art. 27 e art. 32

DEPUTADOS ESTADUAIS
* elegibilidade, idade mínima – art. 14, § 3o, VI, "c"
* eleição/ mandato, duração, perda – art. 27, § 1o, art. 55 e 56 e ADCT art. 5o, § 3o – Tocantins – ADCT art. 13, §§ 3o e 4o
* remuneração – art. 27, §§ 1o e 2o

DEPUTADOS FEDERAIS
(*Ver também* Câmara dos Deputados *e* Senadores)
* abuso das prerrogativas – art. 55, § 1o
* compromisso de cumprimento da Constituição; posse – ADCT art. 1o
* crime inafiançável; flagrante – art. 53, § 2o
* estado de sítio; imunidades – art. 53, § 8o, e art. 139, parágrafo único
* impedimentos – art. 54
* incompatibilidade com o decoro parlamentar – art. 55, § 1o
* inviolabilidades – art. 53
* mandato/ perda; renúncia – art. 55, I a VI, e § 4o – investidura em outro cargo sem perda – art. 56

* posse; reunião – art. 57, § 4o
* processo e julgamento; infrações penais comuns – art. 102, I, "b"
* proporcionalidade; número – art. 45
* remuneração/ art. 49, VII – investidura em cargo diverso; opção – art. 56, § 3o

DESAPROPRIAÇÃO

(*Ver também* Impostos *e* Propriedade)
* imóvel rural/ interesse social; fins de reforma agrária; utilização definida em lei; indenização de benfeitorias; decreto autorizativo; processo; recursos para o programa de reforma agrária; isenções de impostos federais para operações de transferência – art. 184 – hipóteses de não-sujeição à reforma agrária – art. 185 – função social; requisitos de cumprimento – art. 186
* imóvel urbano/ indenização – art. 182, § 3o – poder público municipal; exigência de adequado aproveitamento; penalidades – art. 182, § 4o – usucapião de área urbana – art. 183
* legislação; competência privativa da União – art. 22, II
* patrimônio cultural brasileiro; proteção – art. 216, § 1o
* procedimento estabelecido por lei – art. 5o, XXIV

DESEMBARGADORES

(*Ver também* Juízes, Magistratura *e* Tribunais)
* nomeação e composição/ Superior Tribunal de Justiça – art. 104, parágrafo único, I – Estados; dez primeiros anos de criação – art. 235, IV e V
* processo e julgamento – art. 105, I, "a" e "c"

DESPORTOS

* educacional; promoção prioritária – art. 217, II
* prática desportiva; Estado; dever de fomento – art. 217
* proteção a participações individuais – art. 5o, XXVIII, "a"
* União, Estados, Distrito Federal; competência concorrente – art. 24, IX

DIREITO ADQUIRIDO

(*Ver* Direitos e garantias)

DIREITO AUTORAL

(*Ver* Direitos e garantias)

DIREITOS E GARANTIAS

* à assistência judiciária integral e gratuita – art. 5o, LXXIV
* à indenização/ por dano material ou moral violado – art. 5o, X – por erro judiciário – art. 5o, LXXV
* à não-associação – art. 5o, XX
* à proteção especial; criança e adolescente – art. 227, § 3o
* à saúde, à previdência e à assistência social; seguridade social – art. 194, *caput*
* à vida, à dignidade, aos valores éticos [direitos fundamentais]; respeito/ do Estado – art. 1o, III, art. 5o, *caput*, art. 221, IV, art. 227 e art. 230 – preso/ integridade física e moral – art. 5o, XLIX – prisão; fundamentação, comunicação, informação, identificação, relaxamento de prisão ilegal, hipótese admissível de liberdade provisória, inadmissibilidade de prisão por dívida – art. 5o, LXI a LXVII
* acusados, presos, litigantes e sentenciados/ ao processo e sentença da autoridade competente – art. 5o, LIII ao devido processo legal – art. 5o, LIV – ao contraditório e à ampla defesa – art. 5o, LV – declaração de culpa somente após o trânsito em julgado de sentença penal condenatória – art. 5o, LVII – prisão em flagrante delito – art. 5o, LXI
* adquirido; proteção legal – art. 5o, XXXV
* ao acesso à informação – art. 5o, XIV
* autoral; assegurado – art. 5o, XXVII e XXVIII
* civil, comercial, penal, eleitoral, agrário, marítimo, aeronáutico, espacial, do trabalho, processual; União; legislação; competência privativa – art. 22, I
* de defesa – art. 5o, LX
* de greve/ trabalhadores; assegurado; atividades essenciais; abusos – art. 9o – servidor público civil – art. 37, VII
* de herança; garantia – art. 5o, XXX
* de manifestação do pensamento – art. 5o, IV, e art. 220
* de obtenção de certidões – art. 5o, XXXIV, "b"
* de petição – art. 5o, XXXIV, "a"
* de resposta; assegurado – art. 5o, V

* de reunião/ art. 5o, XVI – restrições/ estado de defesa – art. 136, § 1o, I, "a" – estado de sítio – art. 139, IV
* de todos; educação – art. 205
* direitos e garantias fundamentais – art. 5o a art. 17
* direitos e garantia individual/ art. 5o – normas definidoras; aplicação imediata – art. 5o, § 1o – não-exclusão de outros; hipótese – art. 5o, § 2o – lesão ou ameaça; Poder Judiciário – art. 5o, XXXV – *habeas corpus* – art. 5o, LXVIII e LXXVII – *habeas data* – art. 5o, LXXII e LXXVII – mandado de segurança – art. 5o, LXIX – mandado de injunção – art. 5o, LXXI – contribuinte; respeito quanto à graduação de impostos – art. 145, § 1o
* econômico; União, Estados, Distrito Federal; competência concorrente – art. 24, I
* financeiro/ finanças públicas – art. 163 e art. 164 – União, Estados, Distrito Federal; competência concorrente – art. 24, I
* garantia/ do Estado democrático; Conselho de Defesa Nacional – art. 91, § 1o, IV – dos poderes constitucionais; Forças Armadas – art. 142
* líquido e certo; proteção; mandado de segurança – art. 5o, LXIX
* penitenciário; União, Estados, Distrito Federal; competência concorrente – art. 24, I – restrições – art. 139
* previdenciário e trabalhista; garantia – art. 227, § 3o, II
* salário; garantia – art. 7o, VII
* social/ enumeração – art. 6o – do trabalhador/ discriminação – art. 7o – doméstico – art. 7o, parágrafo único
* tributário; União, Estados e Distrito Federal; competência concorrente – art. 24, I
* urbanístico; União, Estados e Distrito Federal; competência concorrente – art. 24, I

DIREITOS FUNDAMENTAIS

(*Ver também* Direitos e garantias, direitos humanos, Estado de Defesa *e* Estado de Sítio)
* aplicação imediata das normas [auto-aplicabilidade] – art. 5o, § 1o
* discriminação; punição legal – art. 5o, XLI
* partidos políticos; resguardo – art. 17, *caput*

DIREITOS HUMANOS

(*Ver também* Direitos e garantias)
* formação de tribunal internacional – ADCT art. 7o
* pessoa – art. 1o, III, art. 34, VII, "b", e art. 36, III, e § 3o
* prevalência; princípio da República Federativa do Brasil – art. 4o, II

DIREITOS POLÍTICOS

(*Ver também* Eleições)
* cassação; vedação; hipótese de perda ou suspensão – art. 15
* legislação; indelegabilidade – art. 68, § 1o, II
* soberania popular; plebiscito, referendo, iniciativa popular; voto; alistabilidade; elegibilidade – art. 14
* suspensão – art. 15, V , art. 37, § 4o e ADCT art. 9o

DISTRITO FEDERAL

(*Ver também* Administração Pública, Estados – unidades federativas, FUNDOS, Municípios, Servidor Público *e* União)
* autonomia; Capital Federal – art. 18, *caput*, e § 1o
* bens; inclusão – ADCT art. 16, § 3o
* ciência e tecnologia; vinculação de parcela da receita orçamentária – art. 218, § 5o
* competência concorrente; legislação – art. 24
* competência tributária; impostos municipais – art. 147
* competências legislativas reservadas aos Estados e Municípios – art. 32, § 1o
* consórcios públicos e convênios de cooperação entre os entes federados; disciplinamento por lei – art. 241
* desvinculação de despesa; não-redução de base de cálculo das transferências; hipótese – ADCT art. 76, § 1o
* disponibilidades de caixa; depósito – art. 164, § 3o
* eleições do Governador e Vice-Governador/ elegibilidade; idade mínima – art. 14, § 3o, VI, "b" – reeleição – art. 14, § 5o – mandato – art. 32, § 2o

* entidades fechadas de previdência privada; relação disciplinada por lei complementar – art. 202, § 4o
* finanças e orçamento/ intervenção; hipótese – art. 34, V – dívida pública, operações de crédito, operações externas, dívida mobiliária; limites – art. 52, V,VI,VII e IX – orçamento; fiscalização – art. 75 – operações de câmbio; órgãos e entidades; lei complementar – art. 163, VI – despesas com pessoal – art. 169 e ADCT art. 38 – seguridade social; receitas – art. 195, § 1o – seguridade social; Sistema Único de Saúde – art. 195, § 1o e art. 198 – aporte de recursos a entidade de previdência privada; vedação – art. 202, § 3o – ensino e pesquisa – art. 218, § 5o
* fundo de recursos; previdência social – art. 249
* iluminação pública; custeio do serviço; contribuição – art. 149-A
* juizados especiais e justiça de paz; criação – art. 98
* manutenção de órgãos federais – ADCT art. 35, § 1o, III
* microempresas e empresas de pequeno porte; tratamento diferenciado – art. 179
* Ministério Público e Defensoria Pública; organização/ competência do Congresso Nacional – art. 48, IX – iniciativa do Presidente da República – art. 61, II, "d" – nomeação e destituição; Procuradores-Gerais – art. 128, §§ 3o e 4o – Procuradores; carreira – art. 132
* plataforma continental; participação no resultado da exploração – art. 20, § 1o
* polícias militares e corpo de bombeiros; organização, disciplina, aplicações constitucionais – art. 42 – competência da União – art. 21, XIV – Governo; utilização – art. 32
* previdência e assistência social; instituição de contribuição social – art. 149, § 1o
* princípios da Administração Pública direta e indireta – art. 37, *caput*
* regimento/ lei orgânica, competências legislativas, eleição do Governador e do Vice-Governador, Deputados Distritais e Câmara Legislativa, lei federal; utilização das polícias e corpo de bombeiros militar – art. 32
* remuneração dos servidores/ e subsídios; limites – art. 37, XI – lei estabelecendo relação – art. 39, § 5o – despesa com pessoal ativo; limites – art. 169, §§ 2o e 3o
* representação política; eleição e mandato, renovação – art. 46, §§ 1o e 2o
* Senado Federal; autorização de operações externas de natureza financeira, limites da dívida consolidada, limites e condições para as operações de crédito externo e interno, montante da dívida mobiliária – art. 52, V a VII, e IX
* servidores/ instituição do conselho de política de administração e remuneração de pessoal; vencimentos, remunerações; escolas de governo para a formação e aperfeiçoamento; aplicações constitucionais; vedações e limites de remuneração, subsídio e representação; aplicação de recursos orçamentários – art. 39 – recursos orçamentários provenientes da economia de despesas; aplicação em programas de qualidade – art. 39, § 7o – estabilidade – art. 169, §§ 3o e 4o, art. 247 ADCT art. 19 – adaptação à reforma administrativa – ADCT art. 24 – militares – art. 42
* símbolos próprios – art. 13, § 2o
* sistemas de ensino; organização em regime de colaboração – art. 211
* tributos e impostos/ instituição; competência – art. 145, art. 147, art. 155 e ADCT art. 34 – contribuições sociais – art. 149 – vedações – art. 150 e art. 160 – repartição de receitas tributárias; fundo de participação – art. 157, art. 159, art. 161 e ADCT art. 34, § 2o – divulgação dos montantes arrecadados, recursos recebidos, valores e critérios de rateio – art. 162 – transferências; indicação dos recursos necessários; emendas ao orçamento – art. 166, § 3o, II, "c" – receita aplicável em ensino – art. 212 e ADCT art. 60 – empresas distribuidoras de energia elétrica; responsabilidade pelo pagamento – ADCT art. 34 e art. 39
* turismo; incentivo – art. 180
* União/ organização e manutenção; polícia civil, corpo de bombeiros militar, assistência financeira para a execução de serviços públicos; competência – art. 21, XIV – intervenção – art. 34 – vedações tributárias – art. 151, I a III, art. 160 e art. 167, X – transferências do produto da arrecadação – art. 153, § 5o, I; art. 157; art. 159, I, "a", e §§ 1o e 2o; art. 161, II e III; e ADCT art. 34

* vedações/ político-administrativas – art. 19 – divisão em Municípios – art. 32, *caput* – comuns – art. 150 – estabelecimento de diferença tributária – art. 152 – despesa com pessoal; hipótese – art. 167, X – aporte de recursos a entidade de previdência privada – art. 202, § 3o

DROGAS
(*Ver* Entorpecentes e drogas afins)

E

ECOLOGIA
(*Ver* Meio Ambiente)

ECONOMIA
* abuso ou atos contrários ao poder econômico; repressão – art. 173, §§ 4o e 5o
* atividade econômica; exploração direta pelo Estado/ art. 173 – empresa pública, sociedade de economia mista e suas subsidiárias; estatuto jurídico – art. 173, § 1o
* atividades essenciais; definição legal – art. 9o, § 1o
* atos contrários à ordem econômica e financeira e à economia popular; pessoa jurídica; responsabilidade – art. 173, § 5o
* Brasil e América Latina; integração – art. 4o, parágrafo único
* capital estrangeiro; investimentos; disciplinamento por lei – art. 172
* direito econômico; legislação concorrente – art. 24, I
* ordem econômica; princípios/ – art. 170 – propriedade privada, função social da propriedade, livre concorrência – art. 170, II a IV – pleno emprego – art. 170, VIII – livre exercício assegurado a todos – art. 170, parágrafo único – crimes; processo e julgamento – art. 109, VI
* popular; proteção – art. 173, § 5o e art. 192, VI
* produção e consumo; legislação concorrente – art. 24, V
* pública; Congresso Nacional; sustação de despesa lesiva ou danosa – art. 72, § 2o

EDUCAÇÃO
* acesso/ competência comum – art. 23, V – trabalhador adolescente; garantia – art. 227, § 3o, III
* ambiental; promoção – art. 225, § 1o, VI
* analfabetismo; erradicação – art. 214, I e ADCT art. 6o, § 6o
* bolsas de estudo; ensino fundamental e médio – art. 213, § 1o
* Colégio Pedro II; órbita federal – art. 242, § 2o
* dever/ do Estado – art. 205 e art. 208 – da família – art. 205
* direito/ social art. 6o – de todos – art. 205
* ensino/ acesso; direito subjetivo – art. 206, I, e art. 208, V e § 1o – gratuidade em estabelecimentos oficiais; exceção – art. 206, IV e art. 242, *caput* – valorização dos profissionais – art. 206, V – garantia de qualidade – art. 206, VII – fundamental; obrigatório e gratuito – art. 208, I – médio; universalização progressiva e gratuidade – art. 208, II – noturno; oferta regular – art. 208, VI – fundamental; programas suplementares de atendimento – art. 208, VII – religioso; matrícula facultativa – art. 210, § 1o – língua portuguesa – art. 210, § 2o
* escolas públicas, comunitárias, confessionais ou filantrópicas; requisitos para recebimento dos recursos públicos – art. 213 e ADCT art. 61
* instituições sem fins lucrativos; impostos; vedação – art. 150, VI, "c" e § 4o
* liberdade e pluralismo – art. 206, II e III
* magistério público/ plano de carreira – art. 206, V – Fundo de Manutenção e Desenvolvimento do Ensino Fundamental e de Valorização do Magistério – ADCT art. 6o
* nacional; diretrizes e bases; competência privativa da União – art. 22, XXIV
* professores/ acumulação de cargos – art. 37, XVI, "a" e "b" – aposentadoria/ servidores públicos – art. 4o, §§ 1o e 5o – segurados da previdência social – art. 201, §§ 7o e 8o e EC 20/98, art. 9o
* professores; nível superior; estabilidade; não-aplicabilidade da hipótese – ADCT art. 19, § 3o
* salário mínimo; atendimento às necessidades – art. 7o, IV

* Serviço Nacional de Aprendizagem Rural – ADCT art. 62
* União, ou Estados, ou Distrito Federal, ou Municípios [ente ou entes federados]; ensino/ competência concorrente; legislação – art. 24, IX – observância do mínimo da receita de impostos na manutenção e desenvolvimento – art. 34, VII, – sistemas – art. 211 – fundamental; aplicação de recursos; programas suplementares; fontes adicionais de financiamento – art. 212 e ADCT art. 60 – programas de educação pré-escolar – art. 30, VI – plano nacional de educação; melhoria de qualidade – art. 214, III – vinculação de parcela da receita a entidades – art. 218, § 50 – História do Brasil; ensino – art. 242, § 10
* universidades/ autonomia – art. 207, *caput* – pesquisa e extensão; apoio financeiro – art. 213, § 20 – professores, técnicos e cientistas estrangeiros; admissão – art. 207, §§ 10 e 20

ELEIÇÕES

* alistamento/ obrigatoriedade e facultatividade – art. 14, § 10 – impedimentos; inalistáveis – art. 14, § 20 – militar – art. 14, § 80
* Câmara Territorial – art. 33, § 30
* Deputados Distritais/ elegibilidade; idade mínima – art. 14, § 30, VI, "c" – mandato – art. 32, § 30
* Deputados Estaduais – elegibilidade; idade mínima – art. 14, § 30, VI, "c" – mandato – art. 27, § 10
* Deputados Federais/ elegibilidade; idade mínima – art. 14, § 30, VI, "c" – legislatura; duração – art. 44, parágrafo único – representação pelo sistema proporcional; lei complementar; representação e número; Territórios – art. 45
* direito eleitoral; legislação; competência privativa da União – art. 22, I
* domicílio eleitoral/ condição de elegibilidade – art. 14, § 30, IV, e ADCT art. 50, § 10
* elegibilidades [direitos políticos]/ condições – art. 14, § 30 – inelegíveis – art. 14, §§ 40, 70 e 90, ADCT art. 50, § 50 e ADCT art. 13, § 30, III
* Governador e Vice-Governador de Estado/ elegibilidade; idade mínima – art. 14, § 30, VI, "b" – reeleição – art. 14, § 50 – mandato, posse; hipótese de perda de mandato; e Secretários de Estado; subsídios – art. 28
* Governador e Vice-Governador do Distrito Federal/ elegibilidade; idade mínima – art. 14, § 30, VI, "b" – reeleição – art. 14, § 50 – mandato, posse – art. 32, § 20
* Governador, Vice-Governador, Senador, Deputados; Tribunal Superior Eleitoral; normas – ADCT art. 13, § 30
* inelegibilidades/ inalistáveis e analfabetos – art. 14, § 40 – cônjuges e parentes de autoridades – art. 14, § 70 e ADCT art. 50 – lei complementar; regulamentação – art. 14, § 90 – ocupantes de cargos estaduais ou municipais – ADCT art. 13 – recurso a decisões eleitorais – art. 121, § 40, III
* mandato eletivo/ renúncia para concorrer a outros cargos [desincompatibilização] – art. 14, § 60 – impugnação; hipóteses – art. 14, § 10
* Prefeito e Vice-Prefeito/ elegibilidade; idade mínima – art. 14, § 30, VI, "c" – reeleição – art. 14, § 50 – mandato – art. 29, I – data – art. 29, II – data da posse – art. 29, III
* Presidente e Vice-Presidente da República/ elegibilidade; idade mínima – art. 14, § 30, VI, "a" – reeleição – art. 14, § 50 – renúncia ao mandato para concorrência a outros cargos [desincompatibilização] – art. 14, § 60 – primeiro e segundo turnos; datas – art. 77, *caput* ; vinculação; votação suficiente; hipóteses/ segundo turno; morte, desistência ou impedimento legal de candidato; qualificação por idade – art. 77, §§ 10 a 50 – posse – art. 78 vacância – art. 79 a art. 81 – mandato – art. 82
* processo eleitoral; alteração – art. 16
* Senador/ elegibilidade; idade mínima – art. 14, § 30, VI, "a" – representação pelo princípio majoritário, mandato; alternância – art. 46 – inviolabilidade, imunidades – art. 53 – impedimentos – art. 54 – perda de mandato; infrações, incompatibilidades – art. 55 – investidura em outro cargo ou licença – art. 56 – posse – art. 57
* Tocantins – ADCT art. 13, *caput*
* Vereadores / elegibilidade; idade mínima – art. 14, § 30, VI, "d" – mandato – art. 29, I

EMENDAS CONSTITUCIONAIS
(*Ver* Processo Legislativo)

EMPRESA PRIVADA
(*Ver também* Comércio, Economia *e* Indústria)
* assistência à saúde; liberdade – art. 199/ participação – art. 199, § 1o – auxílio ou subvenção de recursos públicos; participação de capital estrangeiro; vedações – art. 199, §§ 3o e 4o
* brasileira/ de pequeno porte; favorecimento – art. 170, IX – ou empresa constituída sob as leis brasileiras, com sede e administração no País; pesquisa, lavra, aproveitamento dos potenciais; condicionamento ao interesse nacional – art. 176, § 1o e ADCT art. 44
* concessionárias e permissionárias/ exploração e prestação dos serviços públicos – art. 21, XI e XII , e 175 – disposição legal; regime, direitos, política e obrigação – art. 175, parágrafo único
* controle da produção; preservação da qualidade de vida e do meio ambiente – art. 225, V – usinas nucleares; localização – art. 225, § 6o
* criações; marcas, nomes, signos distintivos; proteção – art. 5o, XXIX
* entidade de previdência privada; vedado aporte de recursos – art. 202, § 3o
* exploração de atividade econômica; conformidade com a segurança nacional e o interesse coletivo – art. 173
* jornalística e de radiodifusão sonora e de sons e imagens/ propriedade de brasileiros natos – art. 222, *caput* – capital brasileiro; participação – art. 222, §§ 1o e 2o
* lucros ou resultados; gestão; ganhos; participação dos empregados – art. 7o, XI, e art. 218, § 4o
* microempresas e empresas de pequeno porte/ definição – ADCT art. 47, § 1o – favorecimento e diferenciação – art. 170, IX, e art. 179 – condições para isenção de correção monetária – ADCT art. 47, § 3o
* papel fiscal do Estado/ supranacionais; fiscalização/ das suas contas nacionais – art. 71, V – incentivo e planejamento indicativo – art. 174
* seguro-desemprego; contribuição adicional; hipótese – art. 239, § 4o
* União; contratação para atividades com petróleo e seus derivados – art. 177, § 1o

EMPRESAS PÚBLICAS
(*Ver também* Administração Pública, Autarquias, Finanças públicas, Fundações públicas, Orçamento, Sociedades de Economia Mista *e* União)
* contas; administração direta e indireta; administradores; Tribunal de Contas da União; julgamento, apreciação da legalidade – art. 71, I e II
* Deputados e Senadores; impedimento de firmar contrato, aceitar ou exercer cargo, função ou emprego remunerado – art. 54, I, e II, "b"
* entidades fechadas de previdência privada; relação; lei complementar – art. 202, § 3o
* fiscalização financeira; julgamento de contas – art. 70, *caput*, e art. 71, II
* lei/ instituição de subsidiárias; autorização – art. 37, XIX e XX – estatuto jurídico – art. 173, § 1o – privilégios fiscais não extensivos ao setor privado; vedação – art. 173, § 2o – relações com o Estado – art. 173, § 3o – complementar; concessão de garantias, operações de câmbio – art. 163, III e VI
* lei orçamentária anual / art. 165, I a III, e § 7o – utilização para cobertura de déficit; vedação – art. 167, VIII
* operações de crédito interno e externo; disposição; competência privativa do Senado Federal – art. 52, VII
* servidores/ limites de remuneração e subsídios – art. 37, XI – proibição de acumular/ art. 37, XVII, e ADCT art. 17 – aposentados – art. 37, § 1o

ENERGIA
(*Ver também* águas e Petróleo e gás natural)
* elétrica/ exploração; participação dos entes federados – art. 20, § 1o – exploração; competência da União – art. 21, XII, "b" – imposto sobre circulação de mercadorias; cobrança e responsabilidade – art. 155, § 3o e ADCT art. 34, § 9o – eletrificação rural; política agrícola – art. 187, VII
* hidráulica/ potenciais; bens da União – art. 20, VIII e art. 176, *caput* – rios e represas; aproveitamento econômico e social – art. 43, § 2o, IV – propriedade; aproveitamento dos potenciais/ art. 176 e §

1o – empresas brasileiras; dispensa de autorização ou concessão – ADCT art. 44 – potencial renovável de capacidade reduzida – art. 176, § 4o – terras indígenas/ autorização do Congresso Nacional – art. 231, § 3o – aproveitamento de recursos hídricos – art. 231, § 3o
* iluminação pública; custeio do serviço; contribuição – art. 149-A
* legislação; competência privativa da União – art. 22, IV
* nuclear/ exploração de serviços e instalações; competência da União – art. 21, XXIII – atividades nucleares de qualquer natureza/ fins pacíficos – art. 21, XXIII, "a" – competência privativa da União – art. 22, XXVI – aprovação; competência exclusiva do Congresso Nacional – art. 49, XIV – usina nuclear; localização – art. 225, § 6o

ENSINO
(*Ver* Educação)

ENTORPECENTES E DROGAS AFINS
(*Ver também* Psicotrópicos)
* dependente criança ou adolescente; prevenção e atendimento – art. 227, § 3o, VII
* tráfico ilícito/ crime inafiançável; pena de extradição – art. 5o, XLIII e LI – bem apreendido; confisco; utilização – art. 243, parágrafo único – polícia federal; prevenção; repressão – art. 144, § 1o, II

ESCOLA
(*Ver* Educação)

ESPAÇO AÉREO E MARÍTIMO
(*Ver também* Aeronáutica, Polícia *e* Transportes)
* limites; competência com sanção do Congresso Nacional – art. 48, V
* navegação aérea, marítima, portos/ exploração; competência da União – art. 21, XII, "c" e "d" – legislação; competência privativa da União – art. 22, X

ESPORTES
(*Ver* Desportos)

ESTADO – REPÚBLICA FEDERATIVA DO BRASIL
(*Ver também* Estados – Unidades federativas, federação *e* União)
* República Federativa do Brasil; Estado democrático de direito – art. 1o, *caput*

ESTADO DE DEFESA
(*Ver também* Calamidade pública *e* Estado de sítio)
* cessação – art. 141
* Congresso Nacional/ aprovação; suspensão – art. 49, IV – convocação extraordinária – art. 57, § 6o, I, e art. 136, §§ 5o a 7o – recebimento e apreciação – art. 136, §§ 4o a 7o – designação de comissão para acompanhamento e fiscalização – art. 140
* Conselho da República; pronúncia – art. 90, I
* Conselho de Defesa Nacional; opinião – art. 91, § 1o, II
* ineficácia; estado de sítio – art. 137, I
* Presidente da República/ decretação – art. 84, IX – decretação; faculdade; procedimentos; duração, prorrogação, cessação – art. 136
* prisão em sua vigência – art. 136, § 3o
* União; decretação; competência – art. 21, V

ESTADO DE SÍTIO
(*Ver também* Estado de defesa)
* cessação – art. 141
* Congresso Nacional/ autorização; suspensão – art. 49, IV – convocação extraordinária – art. 57, § 6o, I, e art. 138, §§ 2o e 3o
* Conselho da República; pronúncia – art. 90, I
* Conselho de Defesa Nacional; opinião – art. 91, § 1o, II
* Deputados e Senadores; imunidades – art. 53, § 7o
* estado de guerra; declaração – art. 137, II
* medidas contra as pessoas – art. 139
* Presidente da República/ decretação – art. 84, IX – decretação; faculdade; procedimentos; duração; impedimentos – art. 137 e art. 138
* União; decretação; competência – art. 21, V

ESTADOS – UNIDADES FEDERATIVAS

(*Ver também* Administração Pública, Distrito Federal, Federação, fUNDOS, Municípios *e* União)

* Acre; limites; reconhecimento e homologação – ADCT art. 12, § 5o

* Amapá e Roraima; transformação em Estado – ADCT art. 14

* autonomia – art. 18

* bens; inclusão – art. 26

* cargos públicos/ acesso; investidura – art. 37, I e II – remuneração – art. 37, XI e art. 39 – militares – art. 42

* causas e conflitos com a União e/ou o Distrito Federal; processo e julgamento – art. 102, I, "f", e art. 105, I, "g"

* competências/ comum – art. 23 – concorrente – art. 24 – suplementar – art. 24, § 2o – legislativa plena – art. 24, § 3o – específica – art. 25, § 1o – tributária – art. 145 e art. 155 – tribunais – art. 125, §§ 1o e 2o – instituição de contribuições sociais – art. 149, parágrafo único – programa de assistência social – art. 204, I – organização de seus sistemas de ensino – art. 211

* Constituição; votação; Assembléia Legislativa; dispositivo transitório – ADCT art. 11, *caput*

* criação/ regulação; lei complementar – art. 18, § 2o – juizados especiais e justiça de paz – art. 98 – União; vedações – art. 234 – primeiro decênio; normas básicas – art. 235 – Tocantins; processamento – ADCT art. 13 – Amapá e Roraima – ADCT art. 14

* desvinculação de despesa; não-redução de base de cálculo das transferências; hipótese – ADCT art. 76, § 1o

* e Municípios; demarcação de linhas divisórias litigiosas; promoção – ADCT art. 12, § 2o

* educação/ cooperação em programas com Municípios – art. 30, VI – sistemas de ensino; organização em regime de colaboração – art. 211 – ensino; aplicação de percentual de receita de impostos – art. 212 e ADCT art. 60

* eleições/ Governador e Vice-Governador – art. 28 e ADCT art. 4o – Deputados Estaduais – art. 27 – Tocantins – ADCT art. 13

* entidades fechadas de previdência privada; relação disciplinada por lei complementar – art. 202, § 4o

* Fernando de Noronha; extinção do Território; reincorporação – ADCT art. 15

* finanças e orçamento/ intervenção da União; reorganização – art. 34, V – dívida pública – art. 34, V, art. 52, VI e IX – operações externas, dívida consolidada, operações de crédito interno e externo, dívida mobiliária – art. 52, V, VI, VII e IX – fiscalização de recursos e contas – art. 71, VI, e art. 75 – despesas com pessoal ativo e inativo; limites – art. 169 , art. 234, art. 235, IX e XI e ADCT art. 38 – seguridade social; Sistema Único de Saúde – art. 195, § 1o e art. 198, parágrafo único – aporte de recursos a entidade de previdência privada; vedação – art. 202, § 3o – ensino e pesquisa – art. 218, § 5o

* fundo de recursos; previdência social – art. 249

* incorporação; subdivisão; desmembramento/ faculdade – art. 18, § 3o – Congresso Nacional; disposição – art. 48, VI – demarcação; litígios – ADCT art. 12, § 2o

* intervenção/ federal – art. 34 – decreto; processamento – art. 36 – estadual – art. 35

* legislação; lei complementar – art. 22, parágrafo único

* meio ambiente/ definição de espaços a serem protegidos – art. 225, § 1o, III – indisponibilidade de terras devolutas ou arrecadadas por ações discriminatórias – art. 225, § 5o

* microempresas e empresas de pequeno porte; tratamento diferenciado – art. 179

* Ministérios Públicos e Defensorias Públicas/ – iniciativa do Presidente da República – art. 61, II, "d" – Procurador-Geral; nomeação e destituição – art. 128, §§ 3o e 4o – Procuradoria-Geral, Advocacia-Geral e Defensoria-Geral; responsabilidade de advogados de notório saber – art. 235, VIII – Consultorias Jurídicas; manutenção separada das Procuradorias-Gerais ou Advocacias-Gerais – ADCT art. 69 – Procuradores; carreira – art. 132

* Municípios/ criação, incorporação, fusão, desmembramento; lei estadual – art. 18, § 4o – intervenção – art. 35 – instituição de regiões metropolitanas – art. 25, § 3o – cooperação em educação e saúde – art. 30, VI e VII – entrega de percentual de

recursos do Imposto sobre Produtos Industrializados – art. 159, § 3o – recursos regionais – art. 161, II
* organização/ regimento; competências; regiões metropolitanas – art. 25 – bens – art. 26 – Assembléia Legislativa; Deputados Estaduais; mandatos, subsídios – art. 27 – Governadores; mandato, subsídios – art. 28 – Justiça; juizados e justiça de paz; criação – art. 98 – Tribunal de Justiça; Justiça Militar; juízes de entrância especial – art. 125 e art. 126
* Pernambuco; reincorporação de Fernando de Noronha – ADCT art. 15
* petróleo e gás natural; exploração assegurada – art. 20, § 1o
* plataforma continental; participação no resultado da exploração – art. 20, § 1o
* previdência e assistência social; instituição de contribuição social – art. 149, § 1o
* Regiões Norte, Nordeste e Centro-Oeste; recursos; normas para entrega – art. 161, II
* Rondônia; integrantes da carreira policial do ex--Território Federal; quadro em extinção – ADCT art. 89
* servidores/ instituição do conselho de política de administração e remuneração de pessoal; vencimentos, remunerações; escolas de governo para a formação e aperfeiçoamento; aplicações constitucionais; vedações e limites de remuneração, subsídio e representação; aplicação de recursos orçamentários – art. 39 – recursos orçamentários provenientes da economia de despesas; aplicação em programas de qualidade – art. 39, § 7o – estabilidade – art. 169, §§ 3o e 4o, art. 247 ADCT art. 19 – adaptação à reforma administrativa – ADCT art. 24 – militares – art. 42
* símbolos próprios – art. 13, § 2o
* terras públicas; venda, doação ou concessão irregular; reversão – ADCT art. 51
* Tocantins; criação – ADCT art. 13
* transformação/ Amapá – ADCT art. 14 – Roraima – ADCT art. 14
* tributos e impostos/ instituição de impostos; contribuição social; competência – art. 145, art. 149, art. 155 e ADCT art. 34 – limites, isenções e vedações – art. 150 , art. 151 e ADCT art. 34 – bens e serviços; diferença; vedação – art. 152 – repartição de receitas; fundo de participação – art. 157, art. 159, art. 161 e ADCT art. 34, art. 39 e art. 57 – retenção; vedação – art. 160 – divulgação de montantes, recursos, valores, critérios de rateio – art. 162 – emendas ao orçamento; transferências; indicação dos recursos necessários – art. 166, § 3o, II, "c" – recursos para a saúde e a seguridade social – art. 195 e art. 198 – receita aplicável em ensino – art. 212 e ADCT art. 60 – empresas distribuidoras de energia elétrica; responsabilidade pelo pagamento – ADCT art. 34
* turismo; incentivo – art. 180
* vedações político-administrativas – art. 19

EXÉRCITO

(*Ver também* Forças Armadas, material bélico *e* Militar)
* comandantes/ processo e julgamento – art. 52, I, art. 102, I, "c", e art. 105, I, "b" e "c" – nomeação; Presidente da República – art. 84, XIII – Conselho de Defesa Nacional; membros natos – art. 91, VIII
* Forças Armadas; constituição – art. 142, *caput*
* forças auxiliares e reserva – art. 144, § 6o
* oficiais-generais; composição do Superior Tribunal Militar – art. 123, *caput*

EXTRADIÇÃO

* Estado estrangeiro; processo e julgamento – art. 102, I, "g"
* proibição/ de brasileiro – art. 5o, LI – de estrangeiro – art. 5o, LI e LII
* União; legislação; competência privativa – art. 22, XV

F

FAMÍLIA

* dever/ de assegurar direitos à criança e ao adolescente – art. 227, *caput* – de amparo aos idosos – art. 230, *caput*
* planejamento; decisão do casal – art. 226, § 7o
* proteção/ assistência social – art. 203, I – contra programação nociva de rádio e televisão – art. 220, § 3o, II – Estado/ art. 226, *caput* – reconhecimento da entidade familiar – art. 226, §§ 3o e 4o

* respeito aos valores; programação das emissoras – art. 221, IV
* salário mínimo; atendimento às necessidades básicas – art. 70, IV

FEDERAÇÃO
(*Ver também* Estado – REpública federativa do brasil *e* União)
* República Federativa do Brasil; forma/ união indissolúvel dos Estados, Municípios e do Distrito Federal – art. 10 – autonomia dos Estados – art. 18, *caput* – abolição; vedação – art. 60, § 40, I

FERROVIAS
* exploração; competência da União – art. 21, XII, "d"
* polícia ferroviária – art. 144, § 30

FINANÇAS PÚBLICAS
(*Ver também* Administração Pública, Impostos, Orçamento, Tribunais de Contas *e* Tributos)
* Banco Central; competência para emitir moeda; faculdades; impedimentos; depósitos – art. 164
* contas; prestação/ controle externo; sistema entre os Poderes – art. 71 – controle interno – art. 74
* débitos anteriores à Constituição; liquidação – ADCT art. 47
* direito financeiro; legislação; União, Estados e Distrito Federal; competência concorrente – art. 24, I
* Fazenda/ precatórios; pagamentos devidos por sentença judiciária – art. 100 – Procuradoria-Geral da Fazenda Nacional/ execução de dívida ativa de natureza tributária – art. 131, § 30 – competência – ADCT art. 29
* instituições financeiras/ fiscalização; lei complementar – art. 163, V – oficiais; depósito das disponibilidades de caixa da União – art. 164, § 30
* lei complementar; disposição/ art. 163 – instituições/ fiscalização – art. 163, V – oficiais de crédito; compatibilização – art. 163, VII – gestão financeira e patrimonial da administração direta e indireta – art. 165, § 90, II
* operações financeiras; disposição/ Congresso Nacional; matérias e instituições financeiras – art. 48, XIII – Senado Federal – art. 52, V a IX – sistema financeiro nacional; disposição – art. 192
* União; competência privativa/ crédito, câmbio, seguros e transferência de valores; política – art. 22, VII – comércio exterior e interestadual – art. 22, VIII

FLORESTAS
(*Ver também* Meio Ambiente)
* floresta amazônica; patrimônio nacional; preservação – art. 225, § 40
* incluídas no planejamento agrícola – art. 187, § 10
* preservação; competência comum da União, Estados, Distrito Federal e Municípios – art. 23, VII
* União, Estados, Distrito Federal; legislação concorrente – art. 24, VI

FORÇAS ARMADAS
(*Ver também* Aeronáutica, Exército, Marinha, material bélico, Militar e Serviço militar)
* Congresso Nacional; disposição; fixação e modificação do efetivo – art. 48, III
* defesa/ competência da União – art. 21, III – competência privativa da União – art. 22, XXVIII – Marinha, Exército e Aeronáutica – art. 142
* Deputados; incorporação – art. 27, § 10, e art. 53, § 60
* militares; leis de iniciativa privativa do Presidente da República – art. 61, § 10, "f"
* oficial; cargo privativo de brasileiro nato – art. 12, § 30, VI
* Presidente da República/ exercício do comando supremo; promoção e nomeação para cargos privativos dos oficiais-generais – art. 84, XIII , e art. 123

FORTUNAS
* imposto; instituição – art. 153, VII

FRONTEIRAS
* defesa; terras devolutas; bens da União – art. 20, II
* disposição; competência do Congresso Nacional – art. 48,V
* faixa/ ocupação e utilização – art. 20, § 20, e art. 91, § 10, III – pesquisa, lavra e aproveitamento de energia hidráulica – art. 176, § 10

* polícia federal; exercício da polícia de fronteiras – art. 21, XXII , e art. 144, § 1o, III
* serviços de transporte entre elas; exploração; competência da União – art. 21, XII, "d"

FUNCIONÁRIO PÚBLICO
(*Ver* Servidor Público)

FUNDAÇÕES PÚBLICAS
(*Ver também* Administração Pública, Autarquias, Empresas Públicas, Finanças públicas, Orçamento, Sociedades de Economia Mista *e* União)
* cargos e empregos públicos; servidores; acumulação, programas de qualidade e produtividade – art. 37, VII, e 39, § 7o
* dívida pública interna e externa – art. 163, II
* entidades fechadas de previdência privada; relação; lei complementar – art. 202, § 3o
* fiscalização financeira; julgamento de contas – art. 70, *caput*, e art. 71, II
* impostos sobre patrimônio, renda ou serviço; vedação – art. 150, § 2o
* instituição; autorização por lei específica; definição de áreas de atuação por lei complementar – art. 37, XIX
* normas gerais de licitação e contratação; legislação; competência privativa da União – art. 22, XXVII
* ou subsidiárias; criação – art. 37, XIX e XX
* servidores estáveis – ADCT art. 18 e art. 19
* Tribunal de Contas da União; julgamento das contas dos administradores – art. 71, II a IV
* universidades; funcionamento das procuradorias – ADCT art. 29, *caput*

FUNDOS
(*Ver também* Recursos financeiros)
* anteriores à Constituição; ratificação pelo Congresso Nacional; condição para sua continuidade – ADCT art. 36
* condições para instituição e funcionamento – art. 165, § 9o, II e ADCT art. 36 – de qualquer natureza, sem autorização legislativa; vedação – art. 167, IX
* de Manutenção e Desenvolvimento do Ensino Fundamental e de Valorização do Magistério – ADCT art. 60, § 1o
* de participação dos Estados, do Distrito Federal, dos Territórios e dos Municípios; percentual – art. 159, I, "a" e "b", art. 161, II e III, e parágrafo único, e ADCT art. 34
* economia popular; proteção; criação – art. 192, VI
* Fundo de Combate e Erradicação da Pobreza – ADCT, art. 79 a art. 82 – contribuição social; alíquota – ADCT art. 84, § 2o, III
* Fundo de Estabilização Fiscal – Fundo Social de Emergência; nova denominação – ADCT art. 71, § 2o
* Fundo Nacional de Saúde; arrecadação de contribuição provisória – ADCT art. 74 – ações e serviços públicos; financiamento; recursos mínimos – ADCT art. 77 e art. 78 – contribuição social; alíquota – ADCT art. 84, § 2o, I
* fundo para a execução de serviços públicos do Distrito Federal – art. 21, XIV
* fundo partidário – art. 17, § 3o
* Fundo Social de Emergência – criação; regulamentação – ADCT art. 71 a art. 73
* percentual de arrecadação; desvinculação; hipótese – ADCT art. 76, *caput*
* previsão em lei orçamentária – art. 165, § 5o, I e III
* União/ assistência financeira ao Distrito Federal; execução de serviços públicos – art. 21, XIV – Estados, Distrito Federal e Municípios; previdência social; recursos para o pagamento dos proventos, pensões e benefícios – art. 249 e art. 250

G

GARIMPO
(*Ver também* Recursos minerais)
* áreas/ estabelecimento; competência da União – art. 21, XXV – proteção do meio ambiente – art. 174, § 3o – faixa de fronteira – art. 91, § 1o, III e art. 176, § 1o – terras indígenas/ pesquisa e lavra; condições específicas – art. 176, § 1o – vedação – art. 231, § 7o

* cooperativismo; proteção e prioridade – art. 174, §§ 3o e 4o
* garimpeiros; proteção; apoio, promoção, favorecimento/ art. 174, §§ 3o e 4o, art. 195, § 8o – aposentadoria assegurada – art. 201, § 7o, II

GÁS
(*Ver* Petróleo e gás natural)

GOVERNADOR
(*Ver também* Estados – unidades federativas)
* de Estado/ eleição, mandato, posse – art. 28 e ADCT art. 4o – perda de mandato; hipótese – art. 28, § 1o – subsídios – art. 28, § 2o – processo e julgamento – art. 105, I, "a" – *habeas corpus* – art. 105, I, "c" – Tocantins – ADCT art. 13 – Roraima e Amapá – ADCT art. 14
* de Território/ aprovação da escolha; competência privativa do Senado Federal – art. 52, III, "c" – nomeação; competência privativa do Presidente da República – art. 84, XIV
* do Distrito Federal/ eleição, mandato – art. 32, § 2o – processo e julgamento – art. 105, I, "a" – *habeas corpus* – art. 105, I, "c"
* elegibilidade/ idade mínima – art. 14, § 3o, VI, "b" – reeleição – art. 14, § 5o – renúncia para concorrência a outro cargo [desincompatibilização] – art. 14, § 6o – cônjuge e demais parentes – art. 14, § 7o

H

HABEAS CORPUS
* concessão/ art. 5o, LXVIII – gratuidade – art. 5o, LXXVII
* julgamento/ originário; hipótese; Supremo Tribunal Federal – art. 102, I, "d" e "i" – Superior Tribunal de Justiça – art. 105, I, "c" – Tribunais Regionais Federais e seus juízes – art. 108, I, "d" e art. 109, VII – em grau de recurso ordinário; hipótese; Supremo Tribunal Federal – art. 102, II, "a" – Superior Tribunal de Justiça – art. 105, II, "a"
* mandado de segurança; direito líquido e certo não amparado por *habeas corpus* – art. 5o, LXIX
* não-cabimento; punições disciplinares militares – art. 142, § 2o
* Tribunal Superior Eleitoral; denegatórias; recurso; exceção – art. 121, § 3o

HABEAS DATA
* concessão/ art. 5o, LXXII – gratuidade – art. 5o, LXXVII
* julgamento/ originário; hipótese; Supremo Tribunal Federal – art. 102, I, "d" – Superior Tribunal de Justiça – art. 105, I, "b" – Tribunais Regionais Federais e seus juízes – art. 108, I, "c" e art. 109, VIII – em grau de recurso ordinário; hipótese; Supremo Tribunal Federal – art. 102, II, "a"
* mandado de segurança; direito líquido e certo não amparado por *habeas corpus* – art. 5o, LXIX

HABITAÇÃO OU MORADIA
(*Ver também* Casa)
* direito social – art. 6o
* diretrizes para o desenvolvimento urbano; competência da União – art. 21, XX
* programas; promoção; competência comum da União, Estados, Distrito Federal e Municípios – art. 23, IX
* trabalhador/ salário mínimo capaz de atendimento – art. 7o, IV – rural – art. 187, VIII

HERANÇA
* direitos e garantias/ direito – art. 5o, XXX – transmissibilidade do direito de autor – art. 5o, XXVII – sucessão de bens de estrangeiros – art. 5o, XXXI

I

IDOSO
(*Ver também* Velhice)
* aposentadoria/ compulsória; servidores públicos e juízes; setenta anos de idade – art. 40, II, e art. 96, VI – voluntária; homem aos sessenta e cinco anos, mulher aos sessenta – art. 201, § 7o, II

* candidato à Presidência da República; critério de qualificação – art. 77, § 5o
* família, sociedade, Estado; defesa de sua dignidade e bem-estar; participação na comunidade, garantia do direito à vida – art. 230, *caput*
* maiores/ de setenta anos; voto facultativo – art. 14, § 1o, II, "b"
* salário mínimo; garantia; hipótese – art. 203, V
* transporte coletivo gratuito – art. 230, § 2o

IGREJAS

(*Ver também* Crenças e cultos religiosos)
* estabelecimento; União, Estados, Distrito Federal e Municípios; vedação – art. 19, I

ILHAS

* bens/ União – art. 20, IV – Estados – art. 26, II e III

IMPOSTOS

(*Ver também* Contribuições Sociais *e* Tributos)
* competências; conflitos entre União, Estados, Distrito Federal e Municípios – art. 146, I, e art. 155, § 2o, V, "b"
* competências; União/ faculdades, impedimentos, alíquotas; ouro, sujeição – art. 153 e art. 154 – impostos em Território Federal; Distrito Federal, impostos municipais – art. 147 – Estados e Distrito Federal/ transmissão *causa mortis*, doação, operações relativas à circulação de mercadorias (ICM), prestação de serviços de transporte interestadual e intermunicipal e de comunicação, propriedade de veículos automotores; modalidades – art. 155 – Estados, Distrito Federal e Municípios/ retenção ou restrição à entrega e ao emprego dos recursos recebidos; vedação – art. 160 – Municípios/ art. 30, III – propriedade predial e territorial urbana, transmissão *inter vivos*, serviços de qualquer natureza; modalidades – art. 156
* contribuintes/ direitos; graduação segundo sua capacidade econômica – art. 145, § 2o – definição – art. 146, III, "a", e art. 155, § 2o, II, "a"
* Estados; imposto sobre produtos industrializados; repartição aos Municípios – art. 159, § 3o
* extraordinários; instituição – art. 154, II
* Imposto sobre a renda e proventos de qualquer natureza; critérios de generalidade, universalidade e progressividade – art. 153, § 2o, I
* Imposto sobre Operações relativas à Circulação de Mercadorias e sobre prestação de serviços de transporte interestadual e intermunicipal e de comunicação; não incidência; hipóteses [imunidade tributária] – art. 155, § 2o, X – incidência adicional – art. 155, § 2o, IX – incidência sobre combustíveis e lubrificantes – art. 155, § 2o, XII, "h"
* Municípios; aplicação de percentual mínimo da receita em ensino / art. 167, IV e art. 212 – descumprimento motivando intervenção – art. 34, VII, "e" e art. 35, III – ensino fundamental; procedimentos transitórios "dez primeiros anos" – ADCT art. 60
* municípios; serviços de qualquer natureza; alíquotas – art. 156, § 3o, I e III, e ADCT art. 88
* percentual de arrecadação; desvinculação; hipótese – ADCT art. 76, *caput*
* União, Estados, Distrito Federal e Municípios; modalidades; faculdade de instituição – art. 145, I
* União/ renda e proventos de qualquer natureza – art. 27, § 2o , art. 29, V , art. 32, § 3o, art. 37, XV , art. 49, VII e VIII , art. 95, III , art. 128, § 5o, I, "c" , art. 150, § 1o, art. 153, III – importação e exportação – art. 150, § 1o, art. 153, I e II, e § 1o, art. 155, § 3o – produtos industrializados – art. 150, § 1o, art. 153, IV, e §§ 1o e 3o, e art. 155, § 2o, XI – propriedade territorial rural – art. 153, VI, e § 4o e ADCT art. 10 – grandes fortunas – art. 153, VII – operações de crédito, câmbio e seguro – art. 150, § 1o, e art. 153, V, e § 5o – não previstos – art. 154, I movimentação financeira – EC 3/93, art. 2o
* União; repartição de receitas/ ouro; transferências para Estados, Distrito Federal e Territórios – art. 153, § 5o, I e II – Estados e Distrito Federal – art. 157 – Municípios; critérios e definição de valores – art. 158 e art. 161, I – Fundo de Participação dos Estados e do Distrito Federal; normas – art. 159, I, "a", e art. 161, II – Fundo de Participação dos Municípios; normas – art. 159, I, "b", e art. 161, II – aplicação em programas de financiamento regionais; normas – art. 159, I, "c" , e art. 161, II – Estados, Distrito Federal e Municípios/ imposto sobre produtos industrializa-

dos; normas – art. 159, II e art. 161, II – exclusão, restrição – art. 159, §§ 1o e 2o – acompanhamento do cálculo das quotas dos fundos de participação; normas – art. 161, III – sistema tributário nacional; entrada em vigor; Fundo de Participação dos Estados, Distrito Federal; Fundo de Participação dos Municípios; Imposto Municipal sobre venda a varejo de combustíveis líquidos; Imposto sobre Circulação de Mercadorias incidente sobre energia elétrica, aplicação de recursos por região – ADCT art. 34

* vedações/ taxas; impedimento – art. 145, § 2o – limitações tributárias; União, Estados, Distrito Federal e Municípios – art. 150 – isenções – art. 150, VI, e art. 184, § 5o – União – art. 151 – Estados, Distrito Federal e Municípios – art. 152

IMPRENSA

(*Ver também* Comunicação)

* censura; vedação – art. 220, § 2o

* emissora de rádio e televisão; produção e programação; princípios – art. 221

* empresas jornalísticas e de radiodifusão; propriedade privativa de brasileiros; participação; vedação, ressalva – art. 222

* estado de sítio; restrições à liberdade – art. 139, III

* impressão/ de livros, jornais e periódicos; isenção de impostos – art. 150, VI, "d" – publicação/ direito de utilização – art. 5o, XXVII – independente de licença – art. 220, § 6o

* liberdade/ manifestação do pensamento – art. 5o, IV, e art. 220, *caput* – expressão da atividade de comunicação – art. 5o, IX – informação – art. 5o, XIV, e art. 220, *caput*, e § 1o

* Nacional e demais gráficas da União, Estados, Distrito Federal e Municípios; texto da Constituição; edição popular – ADCT art. 54

IMPROBIDADE ADMINISTRATIVA

* atos; penalidades – art. 37, § 4o

* cassação dos direitos políticos – art. 15, IV

IMUNIDADES

(*Ver também* Inviolabilidades)

* Deputados e Senadores; subsistência durante o estado de sítio – art. 53, § 8o

INCONSTITUCIONALIDADE

* ação/ processo e julgamento – art. 102, I, "a" – medida cautelar – art. 102, I, "p" – propositura – art. 103, I a IX – Procurador-Geral da República; oitiva – art. 103, § 1o – por omissão – art. 103, § 2o – Advogado-Geral da União; defesa do ato ou texto impugnado – art. 103, § 4o – Ministério Público – art. 129, IV

* Congresso Nacional; suspensão de execução de lei – art. 52, X

* declaração/ tribunais; voto da maioria – art. 97 – Supremo Tribunal Federal – art. 102, III, "b"

* Estados; representação em face da Constituição Estadual – art. 125, § 2o

* Presidente da República; argumento de veto a projeto – art. 66, § 1o

ÍNDIOS

(*Ver também* Quilombos)

* cultura; proteção/ ensino – art. 210, § 2o – manifestações – art. 215, § 1o – organização social, costumes, línguas, crenças e tradições, direitos; reconhecimento – art. 231, *caput*

* direitos/ disputa; processo e julgamento – art. 109, XI – defesa; Ministério Público – art. 129, V

* populações; legislação; competência privativa da União – art. 22, XIV

* reconhecimento; organização social, costumes, línguas, crenças, costumes e direitos, posse, aproveitamento e defesa da terra; legitimidade na defesa de seus direitos e interesses – art. 231 e art. 232

* terras/ bens da União – art. 20, XI – aproveitamento dos recursos, pesquisa e lavra; aprovação; competência exclusiva do Congresso Nacional – art. 49, XVI – direitos – art. 231, §§ 1o a 5o – demarcação/ art. 231, *caput* – prazo – ADCT art. 67

INDÚSTRIA

(*Ver também* Agropecuária, Comércio, Economia, Empresa privada, Produção *e* Recursos minerais)

* minérios nucleares/ exploração; competência da União – art. 21, XXIII – utilização de radioisótopos – art. 21, XXIII, "b" – monopólio – art. 177, V

INELEGIBILIDADES
(*Ver* Eleições)

INFÂNCIA E/OU JUVENTUDE
(*Ver também* Adolescente, Criança *e* Menor)
* proteção/ art. 60 – União, Estados, Distrito Federal; legislação concorrente – art. 24, XV – assistência social – art. 203, I

INICIATIVA POPULAR
(*Ver* Processo legislativo)

INIMPUTABILIDADE
* penal; menores de dezoito anos – art. 228

INTERVENÇÃO FEDERAL
(*Ver também* Estado de Sítio)
* Congresso Nacional/ aprovação – art. 49, IV – convocação extraordinária – art. 57, §§ 6o e 7o
* decreto; procedimentos/ art. 36 – dependências [condicionamentos] – art. 36, I a IV – amplitude, prazo e condições de execução – art. 36, § 1o – apreciação – art. 36, § 1o – interventor – art. 36, § 1o – suspensão de execução – art. 36, § 3o
* empresas de serviços públicos – art. 139, VI
* estadual – art. 35
* federal/ União; decretação; competência – art. 21, V – Estados e Distrito Federal – art. 34 e art. 36 – Presidente da República; decreto e execução – art. 84, X – Conselho da República; pronúncia – art. 90, I – Conselho de Defesa Nacional; opinião – art. 91, § 1o, II
* Ministério Público; ação de representação – art. 129, IV
* organização sindical; vedação – art. 8o, I
* vigência; impedimento de Emenda à Constituição – art. 60, § 1o

INVENTOS
* autores; privilégio temporário para utilização – art. 5o, XXIX

INVIOLABILIDADES
(*Ver também* Imunidades)
* advogados; atos e manifestações no exercício da profissão – art. 133
* Deputados Distritais – art. 32, § 3o
* Deputados e Senadores/ opiniões, palavras e votos – art. 53 – não inclusão nas restrições do estado de sítio – art. 139, parágrafo único
* Deputados Estaduais – art. 27, § 1o
* direitos e deveres individuais e coletivos – art. 5o, VI, X e XII
* Vereadores – art. 29, VIII

J

JUIZADOS
* de pequenas causas; legislação concorrente da União, Estados e Distrito Federal – art. 24, X
* especiais; criação; União, Distrito Federal, Estados e Territórios – art. 98, I

JUÍZES
(*Ver também* Desembargadores, Magistrado, Magistratura, Superior Tribunal de Justiça, Superior Tribunal Militar, Supremo Tribunal Federal *e* Tribunais)
* aposentadoria – art. 93, VI e VIII, e ADCT art. 21
* de entrância especial; questões agrárias; presença no local do litígio – art. 126
* de paz/ elegibilidade; idade mínima – art. 14, § 3o, VI, "c" – União, Estados, Distrito Federal e Territórios; criação/ eleição, composição, competência – art. 98, II – manutenção transitória – ADCT art. 30
* do trabalho; composição/ Tribunais Regionais do Trabalho – art. 115
* estaduais/ Poder Judiciário – art. 92, VII – Justiça estadual; organização, competências, conflitos fundiários – art. 125 e art. 126 – julgamento/ art. 96, III – desembargadores – art. 105, I, "a"
* federais/ Poder Judiciário – art. 92, III – Justiça Federal – art. 106, II – jurisdição e sede – art. 107, parágrafo único e art. 110, parágrafo único – processo e julgamento – art. 108, I, "a" – julgamento contra ato seu – art. 108, I, "c" – competência – art. 109, I a XI – composição/ Tribunal Regional Eleitoral – art. 120, § 1o, II – Tribunais e Juízes

Militares; Justiça Militar – art. 122, II – dispositivos transitórios – ADCT art. 27 e art. 28
* garantias/ art. 95, I a III – togado; estabilidade – ADCT art. 21
* promoções; hipóteses/ art. 93, II – merecimento – art. 93, II, "b" e "c" – antigüidade – art. 93, II, "d"
* subsídios/ irredutibilidade – art. 95, III – fixação – art. 96, II, "b"
* substitutos; cargo inicial da carreira – art. 93, I
* Territórios; atribuições cometidas aos juízes federais – art. 110, parágrafo único
* titulares; residência na comarca – art. 93, VII
* togados/ juizados especiais; provimento – art. 98, I – Tribunais Regionais do Trabalho; composição – art. 115 – de investidura limitada no tempo; estabilidade; aposentadoria – ADCT art. 21
* Tribunal de Contas da União; auditor; garantias e impedimentos de juiz do Tribunal Regional Federal; hipótese – art. 73, § 4o
* vedações – art. 95, parágrafo único

JUÍZOS

* de exceção; não haverá – art. 5o, XXXVII

JUNTAS COMERCIAIS

* legislação; competência concorrente da União, Estados e Distrito Federal – art. 24, III

JUNTAS ELEITORAIS

(*Ver também* Justiça)
* membros; garantias – art. 121, § 1o
* organização e competência – art. 121, *caput*

JÚRI

* reconhecimento da instituição; organização; procedimentos assegurados – art. 5o, XXXVIII

JUSTIÇA

(*Ver também* Juízes, Poder Judiciário *e* Tribunais)
* de paz/ criação – art. 98, II e parágrafo único – juiz; elegibilidade; idade mínima – art. 14, § 3o, VI, "c"
* desportiva; ações; processo – art. 217, §§ 1o e 2o
* do trabalho; ações; crédito nas relações de trabalho; hipótese – art. 7o, XXIX
* do trabalho/ órgãos – art. 111, I a III – competência – art. 114 – Tribunal Superior do Trabalho; composição e competência – art. 111, §§ 1o a 3o – Tribunais Regionais do Trabalho; Varas doTrabalho; instituição e jurisdição – art. 112 e art. 116 composição – art. 115
* eleitoral/ impugnação de mandato eletivo – art. 14, §§ 1o e 11 – processo eleitoral; lei alteradora; vigência; impedimento – art. 16 – partidos políticos; prestação de contas – art. 17, III – perda de mandato de parlamentar – art. 55, V – ressalvas [resguardo] – art. 96, III, art. 105, I, "c" e "h", art. 108, I, "a", art. 109, I e IV – órgãos – art. 118 – competência – art. 121, *caput* – candidatos; registro – ADCT art. 5o e art. 13
* estadual/ organização; competência – art. 125 e § 1o e ADCT art. 70 – representação de inconstitucionalidade – art. 125, § 2o – Justiça Militar – art. 125, §§ 3o e 4o – Tribunal de Justiça; questões agrárias – art. 126
* federal/ órgãos – art. 106 – Conselho da Justiça Federal; supervisão administrativa e orçamentária – art. 105, parágrafo único – Território; juízes locais; acumulação da jurisdição e atribuições dos juízes federais – art. 110, parágrafo único
* funções auxiliares; Ministério Público, Advocacia Pública, Defensoria Pública – art. 127 a art. 135
* gratuidade/ art. 5o, LXXIII, LXXIV e LXXVII – Defensoria Pública; orientação jurídica e defesa dos necessitados – art. 134
* juizados especiais – art. 98, I
* militar/ órgãos – art. 122 – composição – art. 123 – criação – art. 124, § 3o – competência/ art. 124 – exceção e ressalvas [resguardo] – art. 105, I, "h", e art. 109, IV e IX – estadual – art. 125, § 4o
* segredo; ação de impugnação de mandato eletivo – art. 14, § 11
* social/ ordem econômica conforme os seus ditames – art. 170, *caput* – objetivo da ordem social – art. 193

L

LAGOS

(*Ver também* Águas)

* bens da União – art. 20, III

* terras indígenas; ocupação; nulidade – art. 231, § 6o

LAVRA

(*Ver também* Pesquisa *e* Recursos minerais)

* cooperativas; prioridade de autorização ou concessão; garimpo – art. 174, § 4o

* riquezas minerais em terras indígenas; autorização do Congresso Nacional – art. 231, § 3o

* União; propriedade/ autorização ou concessão; interesse nacional; faculdades e limites – art. 176 – monopólio/ art. 21, XXIII – jazidas de petróleo e gás natural – art. 177, I

LAZER

* criança e ao adolescente; dever da família, da sociedade e do Estado – art. 227, *caput*

* direito social/ art. 6o – direito dos trabalhadores – art. 7o, IV

LEGISLAÇÃO

(*Ver também* Processo Legislativo)

* tributária; lei complementar; normas gerais – art. 146, III/ critérios especiais – art. 146-A

* tutelar específica; criança e adolescente – art. 227, § 3o, IV

* União/ competência privativa – art. 22 – competência concorrente com os Estados e o Distrito Federal – art. 24

LEIS

(*Ver* Processo Legislativo)

LÍNGUA NACIONAL

* português – art. 13, *caput*

LITURGIAS

(*Ver* Crenças e cultos religiosos *e* Igrejas)

LUCROS

* aumento arbitrário; repressão – art. 173, § 4o

* remessas; regulação por lei – art. 172

* seguridade social; contribuição do empregador; incidência – art. 195, I, "c"

* trabalhador; participação; direito – art. 7o, XI

M

MAGISTÉRIO

(*Ver* Educação)

MAGISTRADO

(*Ver também* Juízes)

* aposentadoria/ e pensão; observância – art. 93, VI – voluntária; hipótese – EC 20/98, art. 8o, §§ 2o e 3o

* remoção, disponibilidade e aposentadoria por interesse público – art. 93, VIII

* subsídio; fixação – art. 93, V

MAGISTRATURA

(*Ver também* Juízes)

* Estatuto; princípios; lei complementar – art. 93

* trabalhista; provimento de cargos de juízes – art. 111, § 2o

MANDADO DE INJUNÇÃO

* concessão; falta de norma regulamentadora; inviabilidade do exercício dos direitos e liberdades – art. 5o, LXXI

* julgamento; recurso ordinário; competência do Supremo Tribunal Federal; hipótese – art. 102, II, "a"

* processo e julgamento originário; competências/ do Supremo Tribunal Federal; hipótese – art. 102, I, "q" – do Superior Tribunal de Justiça; hipótese – art. 105, I, "h" – da Justiça Militar, da Justiça Eleitoral, da Justiça do Trabalho e da Justiça Federal; exceções – art. 105, I, "h" – denegação; decisões dos Tribunais Regionais Federais; cabimento de recurso – art. 121, § 4o, V

MANDADO DE SEGURANÇA
* coletivo; impetração – art. 5o, LXX
* concessão – art. 5o, LXIX
* julgamento; recurso ordinário; competências/ Supremo Tribunal Federal; hipótese – art. 102, II, "a" – Superior Tribunal de Justiça; hipótese – art. 105, II, "b"
* processo e julgamento originário; competências/ do Supremo Tribunal Federal; hipótese – art. 102, I, "d" – do Superior Tribunal de Justiça; hipótese – art. 105, I, "b" – dos Tribunais Regionais Federais/ hipótese – art. 108, I, "c" – juízes federais; hipótese – art. 109, VIII

MANDATO ELETIVO
(*Ver também* Eleições)
* elegibilidade/ condições – art. 14, § 3o – inelegibilidades – art. 14, §§ 4o, 7o, 8o e 9o, ADCT art. 5o, § 5o e ADCT art. 13, § 3o, III – reeleição; concorrência a outros cargos – art. 14, §§ 5o e 6o – impugnação – art. 14, §§ 10 e 11
* impugnação; ação; segredo de justiça – art. 14, § 11
* perda/ Deputados Estaduais – art. 27, § 1o – Governador de Estado – art. 28, § 1o – Prefeitos – art. 29, XIV – Deputados Distritais – art. 32, § 3o – Deputado ou Senador – art. 55, I a VI – Presidente da República – art. 83 (suspensão, afastamento – art. 85 e art. 86) – cabimento de recurso à decisão; hipótese – art. 121, § 4o, IV
* Presidente da República – art. 82

MAR
* territorial; bem da União – art. 20, VI

MARCAS
* propriedade assegurada – art. 5o, XXIX

MARINHA
(*Ver também* Forças Armadas *e* Militar)
* comandantes/ processo e julgamento – art. 52, I, art. 102, I, "c", e art. 105, I, "b" e "c" – nomeação; Presidente da República – art. 84, XIII – Conselho de Defesa Nacional; membros natos – art. 91, VIII
* Direito marítimo; legislação; competência da União – art. 22, I
* Forças Armadas; defesa da Pátria – art. 142, *caput*
* Ministro; membro do Conselho de Defesa Nacional – art. 91, V
* Superior Tribunal Militar; oficiais-generais; composição – art. 123
* terrenos e seus acrescidos; bens da União – art. 20, VII

MATAS
* Mata Atlântica; utilização; preservação do meio ambiente – art. 225, § 4o

MATERIAL BÉLICO
(*Ver também* Exército e Forças armadas)
* União; competência/ produção e comércio; autorização e fiscalização – art. 21, VI – privativa; polícias militares e corpos de bombeiros; normas gerais – art. 22, XXI

MATERNIDADE
(*Ver também* Mulher *e* Paternidade)
* licença-gestante – art. 7o, XVIII
* presidiária; condições para amamentação – art. 5o, L
* proteção – art. 6o, art. 201, II, e art. 203, I

MEDICAMENTOS
(*Ver* Saúde)

MEDICINA
(*Ver* Saúde)

MÉDICO
(*Ver* Saúde *e* Servidor Público)

MEDIDAS PROVISÓRIAS
(*Ver* Processo Legislativo)

MEIO AMBIENTE
* ato lesivo/ propositura de ação popular – art. 5o, LXXIII – sanções penais – art. 225, § 3o

* estudo prévio de impacto ambiental; exigência – art. 225, § 1o, IV
* patrimônio/ ecológico – art. 216, V – genético; preservação – art. 225, § 1o, I – nacional; Floresta Amazônica, Mata Atlântica, Serra do Mar, Pantanal Mato-Grossense e Zona Costeira – art. 225, § 4o
* preservação ambiental; terras devolutas; bens da União – art. 20, II
* proteção ou defesa/ art. 23, VI, art. 170, VI, e art. 225 – fauna e flora; preservação – art. 23, VII, e art. 225, § 1o, VII – controle da poluição – art. 23, VI, e art. 24, VI – Ministério Público; inquérito civil e ação civil pública – art. 129, III – assegurada pela ordem econômica – art. 170, VI – "organização da atividade garimpeira tendo em conta" – art. 174, § 3o – Sistema Único de Saúde; colaboração – art. 200, VIII – espaços territoriais – art. 225, § 1o, III
* União, Estados, Distrito Federal e Municípios; proteção e combate à poluição; competência comum – art. 23, VI
* União, Estados e Distrito Federal; proteção e responsabilidade; legislação concorrente – art. 24, VI e VIII

MENOR

(*Ver também* Adolescente, Criança *e* Infância e/ou juventude)
* até seis anos de idade/ assistência gratuita em creches e pré-escolas – art. 7o, XXV – atendimento – art. 208, IV
* de dezesseis anos/ qualquer trabalho; proibição – art. 7o, XXXIII – direito a proteção especial – art. 227, § 3o, I
* de dezoito anos/ trabalho noturno, perigoso ou insalubre; proibição – art. 7o, XXXIII – maior de dezesseis anos; voto facultativo – art. 14, § 1o, II, "c" – inimputabilidade – art. 228
* pais; dever de assistência, criação e educação dos filhos – art. 229

MILITAR

(*Ver também* Corpo de Bombeiros Militar, Forças Armadas, Polícia e Servidor Público)
* anistia – ADCT art. 8o, *caput*, e § 5o
* cargo ou emprego público civil – art. 142, § 3o, II e III
* condenação na justiça comum ou militar – art. 142, § 3o, VII
* direitos sociais; remuneração – art.142, § 3o, VIII e X, e ADCT art. 2o
* Estados, Distrito Federal e Territórios; disposições – art. 42
* filiação a partidos políticos – art. 142, § 3o, V
* ingresso, limites de idade, estabilidade, transferência para a inatividade, direitos, deveres, remuneração, prerrogativas e outras situações especiais e peculiares – art. 142, § 3o, I e X, e ADCT art. 2o
* leis; iniciativa do Presidente da República – art. 61, § 1o, "f"
* Ministério Público – art. 128, I, "e"
* oficial; hipótese de perda do posto – art. 142, VI
* patentes, prerrogativas, direitos e deveres – art. 142, § 3o, I e X
* prisão; crime militar – art. 5o, LXI
* proventos, aposentadoria e pensão – art. 142, § 3o, IX e X, e ADCT art. 2o
* punições disciplinares; *habeas corpus*; não-cabimento – art. 142, § 2o
* serviço militar; obrigatoriedade; isenções – art. 143
* sindicalização e greve; proibição – art. 142, § 3o, IV

MINERAÇÃO

(*Ver* Garimpo *e* Recursos minerais)

MINISTÉRIOS

* criação, estruturação e atribuições/ Congresso Nacional; competência exclusiva – art. 48, XI – lei; disposição – art. 88

MINISTÉRIO PÚBLICO

(*Ver também* Advocacia, Defensoria Pública *e* Procuradores)
* abrangência; compreensão – art. 128, I e II
* autonomia funcional e administrativa – art. 127, § 2o

* do Trabalho/ composição do TST – art. 111, § 1o – e Militar; quadro suplementar; atuais integrantes; disposição transitória – ADCT art. 29, § 4o

* Estados, Distrito Federal e Territórios/ Procurador-Geral; escolha, destituição – art. 128, §§ 3o e 4o – leis complementares; estatuto – art. 128, § 5o, *caput*

* exercício/ ato do Presidente da República contrário à sua liberdade; crime de responsabilidade; hipótese – art. 85, II – transitório – ADCT art. 29

* funções institucionais/ art. 129, I a IX – exercício/ compatível de outras funções – art. 129, IX – por integrantes de carreira [exclusividade] – art. 129, § 2o

* garantias – art. 128, § 5o

* impedimentos/ recebimento de honorários, percentagens ou custas processuais – art. 128, § 5o, II, "a" – exercício da advocacia – art. 128, § 5o, II, "b" – participação em sociedade comercial – art. 128, § 5o, "c" – exercício de outra função pública, exceto magistério – art. 128, § 5o, II, "d" – atividade político-partidária – art. 128, § 5o, II, "e"

* incumbências e princípios – art. 127, *caput*, e § 1o

* membros/ composição nos Tribunais Regionais Federais – art. 94 – composição no Superior Tribunal de Justiça – art. 104, parágrafo único, II – garantias e vantagens; opção pelo regime anterior – ADCT art. 29, § 3o

* membros/ *habeas corpus*; coator ou paciente; hipótese – art. 105, I, "c" – junto aos Tribunais de Contas; disposições – art. 130

* membros/ julgamento; crimes comuns e de responsabilidade/ Ministério Público Estadual – art. 96, III – Ministério Público da União/ art. 105, I, "a", e art. 108, I, "a" – *habeas corpus* – art. 105, I, "c"

* orçamento/ proposta orçamentária; elaboração – art. 127, § 3o – recursos correspondentes às dotações orçamentárias – art. 168

* organização/ e manutenção; Distrito Federal e Territórios; competência da União – art. 21, XIII – Distrito Federal e Territórios; competência privativa da União – art. 22, XVII – União, Territórios e Distrito Federal; Congresso Nacional; competência com sanção presidencial; disposição – art. 48, IX – Presidente da República; União, Estados, Distrito Federal e Territórios; iniciativa privativa; disposição – art. 61, § 1o, II, "d" – projetos; inadmissível aumento da despesa prevista – art. 63, II – não objeto de delegação – art. 68, § 1o, I – União e Estados; atribuições e estatuto; garantias; vedações – art. 128, § 5o

* remuneração/ política; propositura ao Poder Legislativo – art. 127, § 2o – membros – art. 135

* vedações/ art. 128, § 5o, II – representação judicial e consultoria jurídica de entidades públicas – art. 129, IX

MINISTROS DE ESTADO

* Congresso Nacional/ informações – art. 50, *caput* – Mesas da Câmara dos Deputados e do Senado Federal – art. 50, § 2o – prestação por iniciativa própria – art. 50, § 1o – comissões – art. 58, § 2o, III – recusa, não-atendimento, prestação de informações falsas; crime de responsabilidade – art. 50, *caput*, e § 2o

* escolha e competência – art. 87

* Presidente da República; auxílio/ Poder Executivo – art. 76 – na direção superior da administração federal – art. 84, II

* Presidente da República/ delegação de atribuições – art. 84, parágrafo único – Conselho da República; convocação – art. 90, § 1o

* processo e julgamento; autorização; competência privativa da Câmara dos Deputados – art. 51, I

* processo e julgamento; crimes/ comuns – art. 102, I, "c" – de responsabilidade/ competência privativa do Senado Federal; crimes conexos com o do Presidente da República – art. 52, I – contra seus atos; mandado de segurança e *habeas data* – art. 105, I, "b" – competência do Supremo Tribunal Federal – art. 102, I, "c" – *habeas corpus*; coator ou paciente – art. 105, I, "c"

* subsídios; fixação; competência exclusiva do Congresso Nacional – art. 49, VIII

MINISTROS DOS TRIBUNAIS SUPERIORES

(*Ver* Tribunais)

MOEDA

(*Ver também* Câmbio *e* Finanças públicas)

* emissão/ competência da União – art. 21, VII – de cunho forçado; limites – art. 48, II e XIV – Banco Cen-

tral/ exercício – art. 164, *caput* – regulação da oferta – art. 164, § 2o
* legislação; sistema monetário; competência privativa da União – art. 22, VI

MULHER
(*Ver também* Maternidade)
* aposentadoria/ segurada – art. 201, § 7o, I e II – servidora pública; aposentadoria voluntária – art. 40, § 1o, III, "a" e "b"
* e o homem/ entidade familiar – art. 226, § 3o – igualdade – art. 3o, IV, e art. 7o, XXX
* empregada gestante; dispensa arbitrária ou sem justa causa; vedação – ADCT art. 10, II, "b"
* presidiária com filho lactante; condições para amamentação – art. 5o, L
* serviço militar; isenção em tempo de paz – art. 143, § 2o
* trabalhadora; proteção – art. 7o, XX

MUNICÍPIOS
(*Ver também* Distrito Federal, Estados – unidades federativas, FUNDOS *e* União)
* Administração Pública direta e indireta/ princípios e disposições – art. 37 – servidor público/ Conselho de política de administração e remuneração de pessoal – art. 39, *caput*, e §§ 1o e 3o a 8o – investido em mandato eletivo/ de Prefeito – art. 38, II, IV e V – de Vereador – art. 38, III a V
* competência/ comum; normas para cooperação – art. 23 – [privativa]/ art. 30 – impostos; instituição – art. 156
* Conselhos e Tribunais de Contas; membros; coator ou paciente; julgamento originário de *habeas corpus* – art. 105, I, "c"
* consórcios públicos e convênios de cooperação entre os entes federados; disciplinamento – art. 241
* criação, incorporação, fusão e desmembramento – art. 18, § 4o
* desvinculação de despesa; não-redução de base de cálculo das transferências; hipótese – ADCT art. 76, § 1o
* e Estados; demarcação de linhas divisórias litigiosas; promoção – ADCT art. 12, § 2o
* economia/ gás natural e petróleo; participação na exploração – art. 20, § 1o – microempresas e empresas de pequeno porte; tratamento diferenciado – art. 179 – turismo; incentivo – art. 180 – poder público municipal; exigência de adequado aproveitamento do solo urbano – art. 182, § 4o
* ensino/ organização [procedimentos] – art. 211 – receita de impostos; percentuais – art. 212
* entidades fechadas de previdência privada; relação disciplinada por lei complementar – art. 202, § 4o
* Estados; intervenção; hipóteses – art. 35 e art. 36, § 3o
* fiscalização/ Câmara Municipal; organização das funções fiscalizadoras – art. 29, XI – controle interno e controle externo; Tribunais de Contas – art. 31 – financeira e orçamentária; Tribunais e Conselhos de Contas – art. 75
* fundo de recursos; previdência social – art. 249
* guardas municipais; constituição – art. 144, § 8o
* iluminação pública; custeio do serviço; contribuição – art. 149-A
* lei orgânica; votação; preceitos – art. 29 e ADCT art. 11, parágrafo único
* licitação e contratação; normas gerais; competência privativa da União – art. 22, XXVII
* litígios; demarcação – ADCT art. 12, *caput*, e §§ 3o e 4o
* operações financeiras/ dívidas; limites; disposição; competência privativa do Senado Federal – art. 52, V, VI, VII e IX – operações de câmbio realizadas por seus órgãos e entidades; lei complementar – art. 163, VI – disponibilidades de caixa; depósito – art. 164, § 3o – aporte de recursos a entidade de previdência privada; vedação – art. 202, § 3o
* plataforma continental; participação no resultado da exploração – art. 20, § 1o
* plebiscito; consulta às populações – art. 18, § 4o
* Poder Executivo Municipal; reavaliação de incentivos fiscais setoriais – ADCT art. 41
* previdência e assistência social; instituição de contribuição social – art. 149, § 1o
* regiões metropolitanas; constituição – art. 25, § 3o
* servidor público/ conselho de política de administração e remuneração de pessoal; integração – art.

39, *caput*, e §§ 1o e 3o a 8o – despesa com pessoal ativo e inativo; limites – art. 169 e ADCT art. 38
* símbolos próprios [faculdade] – art. 13, § 2o
* Territórios/ disposições – art. 33, § 1o – impostos municipais; hipótese – art. 147
* tributos e contribuições sociais/ impostos, taxas e contribuições de melhoria; instituição – art. 145 – conflitos de competência tributária com a União, Estados ou o Distrito Federal; lei complementar – art. 146, I – contribuição social para a previdência social; [faculdade] – art. 149, parágrafo único, e ADCT art. 34, § 1o, e art. 57 – isenção, subsídio, redução de base de cálculo, concessão de crédito, anistia ou remissão; lei específica – art. 150, § 6o – arrecadações; percentuais; fundo de participação; exclusão – art. 158, art. 159, I, "b", e § 1o, e ADCT art. 34, § 2o – Estados; recebimento de percentual de recursos do Imposto sobre Produtos Industrializados – art. 159, § 3o – contribuições sociais; receitas constantes dos orçamentos – art. 195, § 1o – aplicação no ensino; percentuais de receitas de impostos – art. 212, *caput*, e §§ 1o e 2o – incentivos fiscais setoriais; reavaliação – ADCT art. 41
* união indissolúvel com Estados e o Distrito Federal – art. 1o, *caput*
* vedação; alíquota; hipótese – ADCT art. 88, I e II
* vedações/ estabelecimento de cultos religiosos, recusa de fé aos documentos públicos, distinção entre brasileiros – art. 19 – criação de tribunais, Conselhos ou órgãos de contas – art. 31, § 4o – limitações tributárias – art. 150, I a VI – estabelecimento de diferença tributária entre bens e serviços – art. 152 – retenção ou restrição à entrega dos produtos e percentuais de impostos federais – art. 160 – aporte de recursos a entidade de previdência privada – art. 202, § 3o

N

NACIONALIDADE
(*Ver também* Cidadania)
* aquisição por naturalização – art. 12, II
* bandeira, hino, armas e selo; símbolos – art. 13, § 1o
* causas; processo e julgamento; juízes federais – art. 109, X
* exercício das prerrogativas; mandado de injunção – art. 5o, LXXI
* legislação – art. 22, XIII, e art. 68, § 1o, II
* perda – art. 12, § 4o

NASCIMENTO
* registro civil para os reconhecidamente pobres; gratuidade – art. 5o, LXXVI

NAVEGAÇÃO
* aérea e aeroespacial/ legislação; competência privativa da União – art. 22, X – exploração; competência da União – art. 21, XII, "c" – direito; legislação – art. 22, I
* legislação/direito marítimo – art. 22, I – diretrizes da política nacional de transportes – art. 22, IX – navegação lacustre, fluvial, marítima, aérea e aeroespacial – art. 22, X
* navios ou aeronaves; crimes – art. 109, IX
* polícia marítima, aeroportuária e de fronteiras/ competência da União – art. 21, XXII – segurança pública – art. 144, § 1o, III
* transporte/ aéreo, aquático e terrestre; disposição – art. 178, *caput* – aquático; de cabotagem e interior; transporte por embarcação estrangeira – art. 178, parágrafo único

O

OAB
(*Ver* advocacia)

ÓBITO
* certidão gratuita – art. 5o, LXXVI, "b"

ORÇAMENTO
(*Ver também* Finanças públicas, Fundos, Impostos *e* Tributos)
* dotações orçamentárias dos Poderes Legislativo, Judiciário e do Ministério Público; data de entrega/ art. 168 – pagamentos em virtude de sentença ju-

diciária; dotações orçamentárias e créditos abertos; Poder Judiciário – art. 100
* lei complementar; disposição/ finanças públicas – art. 163, I – dívida pública interna e externa; autarquias, fundações, demais entidades controladas pelo poder público – art. 163, II – concessão de garantia pelas entidades públicas – art. 163, III – títulos da dívida pública – art. 163, IV – fiscalização de instituições financeiras – art. 163, V – operações de câmbio; órgãos públicos – art. 163, VI – instituições oficiais de crédito – art. 163, VII – exercício financeiro, plano plurianual, lei de diretrizes orçamentárias, lei orçamentária anual – art. 165, § 9o, I – normas de gestão financeira e patrimonial da administração direta e § 2o
* lei orçamentária anual/ indelegabilidade – art. 68, § 1o, III – orçamento fiscal; Poderes da União, fundos, órgãos e entidades da administração direta e indireta – art. 165, § 5o, I, e ADCT art. 35, § 2o – orçamento de investimento de empresas com maioria de capital votante da União – art. 165, § 5o, II, e ADCT art. 35, § 2o – orçamento da seguridade social – art. 165, § 5o, III – projeto; demonstrativo sobre as receitas e despesas – art. 165, § 6o – orçamentos; função social – art. 165, § 7o – dispositivo estranho a previsão da receita e da despesa – art. 165, § 8o – projeto de revisão – ADCT art. 39
* plano plurianual/ indelegabilidade – art. 68, III – diretrizes, objetivos e metas da administração; despesas, programas de duração continuada – art. 165, § 1o
* Presidente da República/ envio ao Congresso Nacional – art. 84, XXIII – propositura de modificação – art. 166, § 5o – modalidade – art. 166, § 6o – conformidade ao processo legislativo – art. 166, § 7o – recursos sem despesas correspondentes – art. 166, § 8o
* projetos de lei/ plano plurianual, diretrizes orçamentárias, orçamento anual, créditos adicionais/ Congresso Nacional; disposição – art. 48, II – Congresso Nacional; apreciação – art. 166, *caput* – comissão mista; incumbências – art. 166, § 1o – apresentação de emendas – art. 166, §§ 2o a 4o
* receita; Estados e Distrito Federal; vinculação de parcela ao ensino e à pesquisa – art. 218, § 5o
* recursos provenientes de economia de despesas correntes; aplicação em programas do servidor público – art. 39, § 7o
* União, Estados, Distrito Federal e Municípios; despesa com pessoal ativo e inativo; limites; lei complementar/ art. 169, *caput* e art. 235, XI – concessão de vantagem ou aumento de remuneração; prévia dotação; autorização específica na lei de diretrizes orçamentárias – art. 169, § 1o – Estados, Distrito Federal e Municípios; limites/ suspensão de repasses federais – art. 169, § 2o – cumprimento; providências – art. 169, §§ 3o, 4o e 7o – seguridade social; contribuições sociais; percentual destinado à saúde – art. 195 e ADCT art. 55 – recursos para a saúde – art. 198
* vedações/ programas ou projetos não incluídos na lei orçamentária – art. 167, I – despesas ou obrigações excedentes dos créditos orçamentários ou adicionais – art. 167, II – créditos excedentes das despesas; ressalva – art. 167, III – receita de impostos vinculada a fundo, órgão ou despesa; ressalva – art. 167, IV – crédito suplementar ou especial sem autorização ou indicação de recursos – art. 167, V – transposição, remanejamento ou transferência de recursos sem autorização – art. 167, VI – concessão ou utilização de créditos ilimitados – art. 167, VII – utilização não autorizada de recursos do orçamento fiscal e da seguridade em favor de empresas, fundações ou fundos – art. 167, VIII – instituição de fundos sem autorização – art. 167, IX – transferência de recursos e concessão de empréstimos para pagamento de despesas de pessoal – art. 167, X

ÓRGÃOS HUMANOS
* remoção; condições e requisitos – art. 199, § 4o

OURO
* incidência; alíquota mínima – art. 153, § 5o – não-incidência; hipótese – art. 155, § 2o, X, "c"

P

PANTANAL MATO-GROSSENSE
* utilização na forma da lei – art. 225, § 4o

PARTIDOS POLÍTICOS

* com representação no Congresso Nacional; ação de inconstitucionalidade – art. 103, VIII

* criação; resguardos [ressalvas]; preceitos – art. 17, I a IV

* deveres; normas de fidelidade e disciplina – art. 17, § 1o

* filiação partidária/ condição de elegibilidade – art. 14, § 3o, V – Tocantins – ADCT art. 13, § 3o – militar; impedimento – art. 142, § 3o, V

* funcionamento e registro/ art. 17 – caráter nacional – art. 17, I – Justiça Eleitoral; prestação de contas – art. 17, III – legalidade – art. 17, IV – autonomia – art. 17, § 1o – personalidade jurídica; estatuto – art. 17, § 2o – recursos; fundo partidário – art. 17, § 3o – novo partido – ADCT art. 6o

* possibilidade [faculdade]; mandado de segurança; impetração; hipótese – art. 5o, LXX, "a"

* representação; proporcional – art. 58, § 1o

* República Federativa do Brasil; pluralismo político – art. 1o, V

* vedações/ recursos; entidade ou governo estrangeiro – art. 17, III – organização paramilitar; utilização – art. 17, § 4o – impostos sobre o patrimônio, renda ou serviços; instituição – art. 150, VI, "c" , e § 4o

PATERNIDADE

(*Ver também* Maternidade)

* licença; direito do trabalhador – art. 7o, XIX, e ADCT art. 10, § 1o

* responsabilidade – art. 226, § 7o

PESCA

(*Ver* Caça e Pesca)

PESQUISA

(*Ver também* Ciência e tecnologia, Educação, Indústria, Lavra *e* Política agrícola e fundiária)

* e lavra/ minérios e minerais nucleares; competência da União – art. 21, XXIII – recursos e jazidas minerais; sem efeito; hipótese – ADCT art. 43 – autorização; interesse nacional; condições específicas; hipóteses de dispensas – art. 176, § 1o , e ADCT art. 44

* instituições; admissão de professores, técnicos e cientistas – art. 207, § 2o

* órgãos, tecidos e substâncias humanas – art. 199, § 4o

* promoção; Estado [República Federativa do Brasil]/ art. 218 – prioridade – art. 218, § 1o – solução dos problemas brasileiros; desenvolvimento do sistema produtivo – art. 218, § 2o – apoio; recursos humanos; investimento; científica e tecnológica – art. 218, §§ 3o a 5o

* universitária; possibilidade de apoio financeiro – art. 213, § 4o

PETRÓLEO E GÁS NATURAL

(*Ver também* Lavra, Pesquisa *e* Recursos minerais)

* combustíveis; venda e revenda – art. 238

* Estados, Distrito Federal e Municípios; participação na exploração – art. 20, § 1o

* imposto; não-incidência – art. 155, § 2o, X, "b"

* União/ monopólio; realização de contratos com empresas estatais ou privadas – art. 177 – fornecimento de derivados – art. 177, § 2o, I – refinarias; exclusão; hipótese – ADCT art. 45

PLATAFORMA CONTINENTAL

* Estados, Distrito Federal e Municípios; exploração de recursos minerais; participação no resultado ou compensação financeira – art. 20, § 1o

* recursos naturais; bem da União – art. 20, V

POBREZA

* "desamparados"; assistência – art. 6o

* erradicação; objetivo – art. 3o, III/ Fundo de Combate e Erradicação da Pobreza – ADCT art. 79

* Fundo de Combate e Erradicação da Pobreza – ADCT, art. 79 a art. 83

* gratuidade; aos reconhecidamente pobres ou de recursos insuficientes/ assistência jurídica e documentos de nascimento ou de óbito – art. 5o, LXXIV e LXXVI

* "necessitados"/ assistência jurídica – art. 5o, LXXIV – defesa; Defensoria Pública – art. 134 – assistência social – art. 203, *caput*

* União, Estados, Distrito Federal e Municípios; competência comum; combate às causas – art. 23, X

PODER EXECUTIVO

(*Ver também* Presidente da República *e* Ministérios)

* Administração Pública; princípios – art. 37, *caput*

* Advocacia-Geral da União; consultoria e assessoramento jurídico – art. 131, *caput*

* Congresso Nacional/ sustação, fiscalização e controle dos atos – art. 49, V e X – fiscalização contábil, financeira, orçamentária, operacional e patrimonial das entidades da administração direta e indireta – art. 70, *caput* – apreciação das leis de orçamento – art. 166 – delegação de matéria de sua competência por dispositivo; revogação – ADCT art. 25

* controle externo – art. 71, I a IV

* exercício – art. 76

* inconstitucionalidade por omissão; efetividade de norma; providências necessárias – art. 103, § 2o

* independência ou liberdade/ art. 2o, art. 34, IV – coacto – art. 36, I

* leis de orçamento/ iniciativa – art. 165 e art. 166 – lei de instituição do plano plurianual; diretrizes, objetivos e metas da administração – art. 165, § 1o – lei de diretrizes orçamentárias; compreensão [abrangência] – art. 165, § 2o – lei orçamentária anual; compreensão [abrangência] – art. 165, § 5o – orçamento fiscal – art. 165, § 5o, I – apreciação legislativa – art. 166

* órgãos; revogação de dispositivos; atribuição de competências; hipóteses – ADCT art. 25

* poder regulamentar; sustação de atos normativos exorbitantes; Congresso Nacional – art. 49, V

* radiodifusão sonora e de sons e imagens; concessão, permissão e autorização; competência para outorga – art. 223, *caput*

* sistema de controle interno – art. 74, *caput*

* subsídio e remuneração dos cargos e empregos públicos/ art. 37, X a XVII – política de administração e remuneração de pessoal; padrões de vencimento; escolas de governo; servidores – art. 39 – publicação anual – art. 39, § 6o – Estados, Distrito Federal e Municípios; programas de qualidade e produtividade; remuneração dos servidores de carreira – art. 39, § 8o

* Supremo Tribunal Federal; ato normativo federal ou estadual; processo e julgamento/ art. 102, I, "a" – Advogado-Geral da União; defesa – art. 103, § 3o

* União, Estados, Distrito Federal e Territórios/ conselho de política de administração e remuneração de pessoal – art. 39, *caput* – reavaliação de incentivos fiscais; hipótese – ADCT art. 41

PODER JUDICIÁRIO

(*Ver também* Justiça, Superior Tribunal de Justiça, Supremo Tribunal Federal *e* Tribunais)

* ações relativas à disciplina e às competições desportivas; admissibilidade – art. 217, § 1o

* Administração Pública; princípios – art. 37, *caput*

* assistência jurídica aos necessitados – art. 5o, LXXIV

* autonomia administrativa e financeira; "é assegurada" – art. 99, *caput*

* controle/ externo – art. 71, IV – interno – art. 74

* direito; lesão ou ameaça – art. 5o, XXXV

* Distrito Federal/ competência da União; organização e manutenção – art. 21, XIII – organização judiciária – art. 22, XVII – Congresso Nacional; competência com sanção presidencial – art. 48, IX – tribunais e juízes; órgãos – art. 92, VII

* foro/ serviços; custas; legislação concorrente art. 24, IV – judicial; serventias – ADCT art. 31

* inconstitucionalidade por omissão; efetividade de norma; providências necessárias – art. 103, § 2o

* independência ou liberdade/ art. 2o, art. 34, IV, art. 85, II – coacto; decreto de intervenção – art. 36, I

* julgamentos públicos – art. 93, IX

* magistratura; Estatuto – art. 93

* orçamento fiscal/ art. 165, § 5o, I – autonomia financeira assegurada – art. 99, *caput*

* organização/ e manutenção; competência da União – art. 21, XIII – indelegabilidade – art. 68, § 1o – órgãos – art. 92, I a VII

* precatórios judiciais pendentes – art. 100 e ADCT art. 33 e art. 78

* sistema de controle interno – art. 74, *caput*
* subsídio e remuneração dos cargos e empregos públicos/ art. 37, X a XVII – política de administração e remuneração de pessoal; padrões de vencimento; escolas de governo; servidores – art. 39 – publicação anual – art. 39, § 6o – Estados, Distrito Federal e Municípios; programas de qualidade e produtividade; remuneração dos servidores de carreira – art. 39, § 8o
* subsídio e remuneração dos cargos e empregos públicos/ vencimentos não superiores aos do Poder Executivo – art. 37, XII – publicação anual – art. 39, § 6o
* Territórios/ competência da União; organização e manutenção – art. 21, XIII – organização judiciária/ art. 22, XVII – primeira e segunda instância – art. 33 e § 3o – Congresso Nacional; competência com sanção presidencial – art. 48, IX – leis de iniciativa do Presidente da República – art. 61, § 1o, II, "b" – tribunais e juízes; órgãos – art. 92, VII
* varas judiciárias; criação – art. 96, I, "d"

PODER LEGISLATIVO
(*Ver também* Câmara dos Deputados, Congresso Nacional *e* Senado Federal)
* Administração Pública; princípios – art. 37, *caput*
* controle/ externo – art. 71, IV – interno – art. 74
* exercício – art. 44
* inconstitucionalidade por omissão; efetividade de norma; providências necessárias – art. 103, § 2o
* independência ou liberdade/ art. 2o, art. 34, IV, art. 85, II – coacto; decreto de intervenção – art. 36, I
* orçamento fiscal/ art. 165, § 5o, I
* Procuradores-Gerais dos Estados, Distrito Federal e Territórios; destituição por maioria absoluta – art. 128, § 4o
* subsídio e remuneração dos cargos e empregos públicos/ art. 37, X a XVII – política de administração e remuneração de pessoal; padrões de vencimento; escolas de governo; servidores – art. 39 – publicação anual – art. 39, § 6o – Estados, Distrito Federal e Municípios; programas de qualidade e produtividade; remuneração dos servidores de carreira – art. 39, § 8o
* subsídio e remuneração dos cargos e empregos públicos/ vencimentos não superiores aos do Poder Executivo – art. 37, XII – publicação anual – art. 39, § 6o

PODER PÚBLICO
(*Ver também* Administração Pública)
* ações/ direitos relativos à saúde, à previdência e à assistência social; relevância pública – art. 194, *caput*, e art. 197 – erradicação do analfabetismo, universalização do atendimento escolar, melhoria da qualidade do ensino, formação para o trabalho, promoção humanística, científica e tecnológica – art. 214
* assistência/ à adoção – art. 227, § 5o – herdeiros e dependentes de vítimas por crime doloso; hipóteses – art. 245
* criança e adolescente; estímulo ao acolhimento – art. 227, § 3o, VI
* direitos e garantias individuais; [provimento]/ direito de prestação de informações – art. 5o, XXXIII – direito de petição e obtenção de certidões – art. 5o, XXXIV – mandado de segurança contra abuso de autoridade – art. 5o, LXIX
* diversões e espetáculos públicos; informação sobre sua natureza, faixas etárias não recomendáveis, locais e horários inadequados – art. 220, § 3o, I
* educação/ ensino; responsabilidade de oferecimento – art. 208, § 2o – recenseamento dos educandos – art. 208, § 3o – ensino; iniciativa privada; autorização e avaliação de qualidade – art. 209, II – escolas públicas; investimento prioritário na expansão da rede pública local – art. 213, § 1o – pesquisa e extensão universitárias – art. 213, § 2o
* incentivos regionais; igualdade de custos e preços – art. 43, § 2o, I
* lazer; incentivo – art. 217, § 3o
* lei ou ato normativo inconstitucional; declaração – art. 97
* meio ambiente; dever de defesa e preservação – art. 225, *caput*
* municipal; política de desenvolvimento urbano; objetivo – art. 182, *caput*
* órgãos públicos/ prestação de informações – art. 5o, XXXIV – colegiados; participação assegurada de

trabalhadores e empregados – art. 10 – e entidades públicas; disposições sobre operações cambiais – art. 163, VI – autorização do exercício da atividade econômica; hipótese; ressalva – art. 170, parágrafo único

* pessoa jurídica em débito com a seguridade; impossibilidade [impedimento] de contratação – art. 195, § 3o

* prestação de serviços públicos; incumbência – art. 175, *caput*

* promoção/ científica, humanística e tecnológica – art. 214, V – e proteção do patrimônio cultural brasileiro – art. 216, § 1o

* seguridade social; organização – art. 194, parágrafo único, *caput*

* serviços notariais e de registro; delegação de exercício – art. 236, *caput*

* vedações/ interferência e intervenção nos sindicatos – art. 8o, I – subvenção ou auxílio às entidades de previdência privada com fins lucrativos – art. 201, § 8o

* vias públicas; conservação; pedágio – art. 150, V

Polícia (*Ver também* Militar *e* Segurança pública)

* civil/ organização e manutenção; competência da União – art. 21, XIV – organização, garantias, direitos e deveres; União, Estados e Distrito Federal; competência concorrente – art. 24, XVI – órgão da segurança pública – art. 144, IV – incumbência – art. 144, § 4o – utilização pelo Governo do Distrito Federal; lei federal – art. 32, § 4o

* federal/ competência; competência Privativa da União – art. 22, XXII – órgão da segurança pública – art. 144, I – destinação/ art. 144, § 1o – polícia marítima, aeroportuária e de fronteiras – art. 144, § 1o, III – polícia judiciária da União – art. 144, § 1o, IV – censor federal; atuais ocupantes; exercício e aproveitamento – ADCT art. 23

* ferroviária federal/ competência; legislação; competência privativa da União – art. 22, XXII – destinação – art. 144, § 3o

* marítima, aeroportuária e de fronteiras; competência da União – art. 21, XXII

* militar/ ex-território federal de Rondônia; quadro em extinção da Administração federal – ADCT art. 89 ;

* militar/ organização e manutenção; competência da União – art. 21, XIV – convocação e mobilização – art. 22, XXI – polícia ostensiva e preservação da ordem pública [função]; subordinação – art. 144, §§ 5o e 6o – membros; militares; disposições a eles aplicáveis – art. 42 – utilização pelo Governo do Distrito Federal; lei federal – art. 32, § 4o – Rondônia, quadro em extinção – ADCT art. 89

* Ministério Público; controle externo da atividade policial – art. 129, VII

* rodoviária federal/ competência; legislação; competência privativa da União – art. 22, XXII – destinação – art. 144, § 2o

POLÍTICA AGRÍCOLA E FUNDIÁRIA

(*Ver também* Agropecuária e REforma agrária)

* planejamento e execução; lei/ art. 187 – reforma agrária; compatibilização – art. 187, § 2o

POLÍTICA URBANA

* desenvolvimento urbano; diretrizes, objetivos, plano diretor, propriedade e desapropriação – art. 182

* solo urbano; ordenamento territorial; promoção pelo Município – art. 30, VIII

POLUIÇÃO

(*Ver* Meio Ambiente)

PORTOS

* União/ exploração; transporte entre eles; competência – art. 21, XII, "d" e "f" – regime; legislação; competência privativa – art. 22, X

PREÇOS

* compatíveis com os custos de produção; política agrícola – art. 187, II

* igualdade; incentivos regionais – art. 43, § 2o, I

PREFEITO

(*Ver também* Municípios)

* crime de responsabilidade; art. 29-A, § 2o

* eleição/ elegibilidade – art. 14, § 3o, VI, "c", e § 7o, e ADCT art. 5o, §§ 3o e 5o – reeleição – art. 14,

§ 5o – pleito – art. 29, I – realização [data] – art. 29, II – posse – art. 29, III
* julgamento; Tribunal de Justiça – art. 29, X
* mandato/ renúncia para concorrer a outro cargo [desincompatibilização] – art. 14, § 6o – art. 29, I, e ADCT art. 40, § 4o – servidor público em exercício de mandato eletivo – art. 38, II
* prestação de contas – art. 31, § 2o
* remuneração/ subsídios – art. 29, V e VI – limite – art. 29, VII

PRESIDENTE DA REPÚBLICA
* administração e cargos públicos; disposições mediante decreto; hipótese – art. 84, VI
* administração federal; organização e funcionamento; disposição – art. 84, VI
* atos estranhos ao exercício de suas funções – art. 86, § 4o
* cargo/ brasileiro nato – art. 12, – § 3o, I – vacância – art. 78, art. 80 e art. 81 – perda – art. 83 – licença – art. 83
* competência privativa/ art. 84, I a XXVII – delegação de atribuições – art. 84, parágrafo único
* compromissos/ de posse – art. 57, § 3o, III, e § 6o, I, e art. 78 – manter, defender e cumprir a Constituição – ADCT art. 1o
* contas; prestação/ art. 84, XXIV – Congresso Nacional; julgamento – art. 49, IX – Câmara dos Deputados; tomada; hipótese – art. 51, II
* convocações/ Conselho da República e Conselho de Defesa Nacional; competência privativa – art. 84, XVIII – Ministro de Estado; Conselho da República – art. 90, § 1o – extraordinária; Congresso Nacional – art. 57, § 6o, II
* decretações, declarações ou celebrações/ guerra e paz – art. 49, II, e art. 84, XIX e XX – estado de defesa e estado de sítio – art. 84, IX, e art. 136, *caput*, e art. 137
* eleição, posse, exercício e mandato/ reeleição – art. 14, § 5o – renúncia para concorrer a outros cargos [desincompatibilização] – art. 14, § 6o – inelegibilidades – art. 14, § 7o – realização; hipóteses – art. 77 – posse – art. 78 – mandato/ art. 82 – término; disposição transitória – ADCT art. 4o, § 1o
* escolhas, indicações ou nomeações/ Tribunal de Contas da União; Ministros – art. 52, III, "b", art. 73, § 2o, I, e art. 84, XV – Ministros de Estado – art. 84, I, e art. 87, *caput* – Forças Armadas; comandantes oficiais-generais – art. 84, XIII – Territórios; Governadores – art. 84, XIV – Banco Central; presidente e diretores – art. 84, XIV – Conselho da República; membros – art. 84, XVII – Supremo Tribunal Federal; Ministros – art. 101, parágrafo único – Superior Tribunal de Justiça; Ministros – art. 104, parágrafo único (art. 84, XIV) – Tribunais Regionais Federais; juízes – art. 107, *caput* (art. 84, XIV) – Tribunais do Trabalho; membros – art. 111, §§ 1o e 2o, e art. 115, *caput* (art. 84, XIV) – Tribunais eleitorais; membros – art. 119, II, e art. 120, § 1o, III (art. 84, XIV) – Superior Tribunal Militar; Ministros civis – art. 123, parágrafo único (art. 84, XIV) – Procurador-Geral da República – art. 84, XIV, e art. 128, § 1o – Advogado-Geral da União – art. 84, XVI, e art. 131, § 1o – Roraima e Amapá; governadores – ADCT art. 14, § 3o – Distrito Federal; Governador e Vice-Governador; hipótese – ADCT art. 16
* iniciativa/ processo legislativo – art. 84, II – leis complementares e ordinárias – art. 61, *caput* – privativa – art. 61, § 1o – projetos de lei; discussão e votação; solicitação de urgência – art. 64, §§ 1o e 2o
* medidas provisórias; adoção – art. 62
* processo e julgamento/ Câmara dos Deputados; autorização de instauração – art. 51, I – crimes/ de responsabilidade; Senado Federal; definição, julgamento – art. 52, I , art. 85 e art. 86, *caput*, e § 1o, II – infrações penais comuns, Supremo Tribunal Federal, processo e julgamento, competência – art. 86, *caput*, e § 1o, I, e art. 102, I, "b"
* processo e julgamento; mandado de injunção – art. 102, I, "q"
* remuneração/ subsídios; fixação; Congresso Nacional – art. 49, VIII
* sanção e promulgação/ Congresso Nacional; matérias de competência da União – art. 48, *caput* – projeto de lei/ art. 65 e art. 66, *caput* – sanção por decurso de prazo – art. 66, § 3o – veto não-mantido; promulgação – art. 66, § 5o – prazo para promulgação – art. 66, § 7o – rejeitado; novo projeto – art. 67

* substituição ou sucessão/ Vice-Presidente – art. 79, *caput*/ impedimento ou vacância – art. 81, §§ 1o e 2o

* veto ou rejeição/ projeto de lei; arquivamento – art. 65, *caput* – total ou parcial – art. 66, § 1o – parcial; texto integral – art. 66, § 2o – apreciação – art. 66, § 4o – rejeição por maioria absoluta – art. 66, § 4o – prazo esgotado sem deliberação; hipótese – art. 66, § 6o

PREVIDÊNCIA SOCIAL

(*Ver também* Contribuições sociais *e* Seguridade Social)

* benefícios/ limites – art. 248 – recursos para o pagamento; constituição de fundo – art. 250

* complementar/ servidor público – art. 40, §§ 14 a 16 – previdência privada/ organização – art. 201, *caput* – lei complementar; regulação; disciplinamento, aplicações e requisitos – art. 202, *caput*, e §§ 4o a 6o – plano de benefícios; acesso às suas informações – art. 202, § 1o – contribuições não-integrantes de contrato de trabalho – art. 202, § 2o – União, Estados, Distrito Federal e Municípios; aporte de recurso a entidade de previdência privada; vedação – art. 202, § 3o

* direitos; assegurados pela seguridade social – art. 194, *caput*

* estabelecimento; autorização e funcionamento; regulação em lei complementar – art. 192, II

* organização; critérios; atendimento/ art. 201, I a V – requisitos e critérios diferenciados; vedação – art. 201, § 1o – salário mínimo; limite – art. 201, § 2o – salários de contribuição; atualização – art. 201, § 3o – benefícios; reajustamento assegurado – art. 201, § 4o – regime geral; segurado facultativo; vedação – art. 201, § 5o – gratificação natalina – art. 201, § 6o – aposentadoria; condições – art. 201, § 7o – professor; redução de tempo de contribuição; hipótese – art. 201, § 8o – atividade privada, rural e urbana; contagem recíproca assegurada – art. 201, § 9o – acidente do trabalho; cobertura – art. 201, § 10 – empregado; ganhos habituais incorporados ao salário – art. 201, § 11

* privada; fiscalização financeira; competência da União – art. 21, VIII

* sistema especial de inclusão previdenciária – art. 201, § 12

PROCESSO LEGISLATIVO

* compreensão [abrangência] – art. 59, I a VII – leis; redação, elaboração, alteração e consolidação; lei complementar – art. 59, parágrafo único

* emendas à Constituição/ propositura – art. 60, I a III – impedimento – art. 60, § 1o – discussão e votação – art. 60, § 2o – promulgação – art. 60, § 3o – não passíveis de deliberação [cláusulas pétreas] – art. 60, § 4o, I a IV– matéria rejeitada ou prejudicada; impedimento – art. 60, § 5o

* estadual; iniciativa popular – art. 27, § 4o

* leis/ complementares e ordinárias; iniciativa – art. 61, *caput* – iniciativa privativa do Presidente da República – art. 61, § 1o I e II – iniciativa popular – art. 61, § 2o – leis delegadas; elaboração, impedimentos, forma, apreciação do projeto – art. 68 – leis complementares; maioria absoluta – art. 69

* medidas provisórias/ adoção – art. 62, *caput* – vedações – art. 62, § 1o, I a IV

* Presidente da República; iniciação – art. 84, III

PROCURADORES

(*Ver também* Ministério Público)

* Procurador-Geral da República; iniciativa das leis complementares e ordinárias – art. 61, *caput* – ação de inconstitucionalidade/ propositura – art.103, VI – ação declaratória de inconstitucionalidade – art. 103, § 4o

* Procurador-Geral da República; Ministérios Públicos; formação de lista para escolha – art. 128, § 3o

* Procurador-Geral da República; Presidente da República; nomeação e destituição – art. 84, XIV, e art. 128, §§ 2o e 3o

* Procurador-Geral da República; Senado Federal/ crimes de responsabilidade – art. 52, II, e parágrafo único – aprovação/ de escolha – art. 52, III, "e", art. 128, § 1o – de exoneração – art. 52, XI

* Procurador-Geral da República; Superior Tribunal de Justiça; provimento de representação para intervenção em Estado – art. 36, IV

* Procurador-Geral da República; Supremo Tribunal Federal/ provimento de representação para intervenção em Estado – art. 36, III – processo e julgamento/ infração penal comum – art. 102, I, "b" – mandado de segurança e *habeas data* – art. 102, I, "d" – oitiva prévia nos processos e ações de inconstitucionalidade – art. 104, § 1o
* Procuradores da República; opção; disposição transitória – ADCT art. 29, § 2o
* Procuradores dos Estados e do Distrito Federal; organização em carreira; estabilidade – art. 132
* Procuradores-Gerais dos Estados, Distrito Federal e Territórios; destituição; hipótese – art. 128, § 4o

PROCURADORIA-GERAL DA FAZENDA NACIONAL
* competência transitória – ADCT art. 29, *caput*, e § 5o
* execução da dívida ativa – art. 131, § 3o

PRODUÇÃO
* custos; preços compatíveis; política agrícola – art. 187, II
* legislação; competência concorrente da União, Estados, Distrito Federal – art. 24, V
* produtores rurais/ contribuição para a seguridade social – art. 195, § 8o – isenção de correção monetária; disposição transitória – ADCT art. 47, II, e § 3o
* propriedade produtiva/ insuscetível de desapropriação – art. 185, II – tratamento especial – art. 185, parágrafo único
* setor produtivo/ Regiões Norte, Nordeste e Centro-Oeste; recursos provenientes de impostos – art. 159, I, "c" – desenvolvimento; pesquisa tecnológica; solução dos problemas brasileiros – art. 218, § 2o
* Sistema Único de Saúde; controle e fiscalização de substâncias e produtos psicoativos, tóxicos e radioativos – art. 200, VII

PROFESSORES
(*Ver* Educação *e* Servidor Público)

PROPRIEDADE
* direito/ inviolabilidade – art. 5o, *caput* – garantia – art. 5o, XXII
* empresa jornalística e de radiodifusão sonora e de sons e imagens; privativa de brasileiros; participação – art. 222
* função social/ art. 5o, XXIII, e art. 170, III – desapropriação – art. 5o, XXIV, art. 184, *caput*, e art. 185 – imposto progressivo – art. 156, § 1o – propriedade rural; requisitos – art. 186
* marcas – art. 5o, XXIX
* privada/ princípio; observância – art. 170, II – particular; uso por autoridade competente; hipótese – art. 5o, XXV
* rural/ não objeto de penhora – art. 5o, XXVI – terra árida; pequena e média; incentivo – art. 43, § 3o – territorial; União; instituição de impostos/ art. 153, VI – pequenas glebas; não-incidência – art. 153, § 4o – pequena e média; desapropriação; interesse social; insuscetibilidade – art. 184 e art. 185 – imóveis rurais; beneficiários; reforma agrária – art. 189 – propriedade rural; aquisição e arrendamento – art. 190 – usucapião – art. 191
* urbana/ predial e territorial; imposto – art. 156, I, e § 1o – função social – art. 182, *caput*, e § 2o – desapropriação; indenização – art. 182, § 3o – solo urbano; aproveitamento inadequado – art. 182, § 4o – aquisição de domínio – art. 183 – enfiteuse; regulamentação – ADCT art. 49

PROVENTOS
(*Ver também* Remuneração, Salário, servidor público, Subsídios *e* Vencimentos)
* servidores públicos; aposentadoria/ compulsória ou por invalidez; proporcionalidade – art. 40, § 1o – impedimento [limite] art. 40, § 2o – cálculo – art. 40, § 3o – pensão por morte; igual ao do servidor falecido – art. 40, § 7o – revisão; benefícios e vantagens dos ativos – art. 40, § 8o – acumulados; limite – art. 40, § 11 – recursos para o pagamento; fundo – art. 249

PSICOTRÓPICOS
(*Ver também* Entorpecentes e drogas afins)
* cultura ilegal de plantas; penalidade – art. 243, *caput*
* produtos psicoativos; fiscalização e produção; Sistema Único de Saúde – art. 200, VII

Q

Quilombos (*Ver também* Índios)
* documentos e sítios; tombamento – art. 216, § 5o
* posse definitiva das terras – ADCT art. 68

R

RACISMO
* critério de admissão por motivo de cor; proibição – art. 7o, XXX
* prática; crime inafiançável e imprescritível – art. 5o, XLII
* preconceito de raça; "sem" [eliminação]; República Federativa do Brasil; objetivo – art. 3o, IV
* repúdio; República Federativa do Brasil; princípio – art. 4o, VIII

RADIODIFUSÃO E TELECOMUNICAÇÕES
(*Ver também* Comunicação *e* Imprensa)
* disposição; competência do Congresso Nacional com sanção presidencial – art. 48, XII
* empresa; propriedade; participação – art. 222
* legislação; competência privativa da União – art. 22, IV
* rádio e televisão/ classificação de programas; competência da União – art. 21, XVI – programação nociva à saúde; defesa – art. 220, § 3o, II – produção e programação; princípios – art. 221
* serviços/ exploração; competência da União – art. 21, XII, "a" – Poder Executivo; outorga e renovação; concessão, permissão e autorização/ art. 223 – Congresso Nacional; apreciação – art. 49, XII
* União/ classificação de programas de rádio e televisão – art. 21, XVI – exploração dos serviços – art. 21, XII, "a"

RECURSOS FINANCEIROS
(*Ver também* Contribuições sociais, fundos, Impostos *e* Tributos)
* Amapá e Roraima; transferência – ADCT art. 14
* Governos Federal e Estaduais/ transferências para pagamento de despesas com pessoal; vedação – art. 167, X – previdência social; utilização para pagamento de despesas distintas dos benefícios; vedação – art. 167, XI
* públicos; auxílio ou subvenção a instituições privadas com fins lucrativos; vedação – art. 199, § 2o
* regiões macroeconômicas; distribuição; razão proporcional à população; critérios – ADCT art. 35, *caput*, e § 1o
* saúde; ações e serviços públicos – ADCT art. 77 e art. 78
* sem despesas correspondentes, em decorrência de veto; utilização possível – art. 166, § 8o
* União/ programas e projetos de caráter regional; depósito – art. 192, § 2o – transferência para o Sistema Único de Saúde e ações de assistência social – art. 195, § 1o – Estados, Distrito Federal e Municípios/ ensino; hipótese de intervenção – art. 34, VII e art. 35, III – repasse; fiscalização – art. 71, VI – vedação – art. 167, IV – seguridade social; financiamento – art. 195, *caput* – irrigação; aplicação – ADCT art. 42 – ensino; manutenção e desenvolvimento; destinação – ADCT art. 60, *caput*

RECURSOS HÍDRICOS
(*Ver* Águas *e* Energia)

RECURSOS HUMANOS
* formação/ área de saúde – art. 200, III – apoio do Estado – art. 218, §§ 3o e 4o

Recursos minerais (*Ver também* Garimpo *e* Petróleo e gás natural)
* bens da União/ – art. 20, IX – exploração ou aproveitamento; concessionário – art. 176, *caput*
* defesa; legislação concorrente – art. 24, VI
* exploração/ Estados, Distrito Federal e Municípios; e participação – art. 20, § 1o – e pesquisa; concessão – art. 23, XI, e art. 176, *caput* – terras indígenas; autorização; competência exclusiva do Congresso Nacional – art. 49, XVI e art. 231, § 3o – meio ambiente; obrigação [responsabilidade] de recuperação – art. 225, § 2o
* legislação; competência privativa da União – art. 22, XII

* minérios e minerais nucleares; monopólio da União – art. 21, XXIII, e art. 177, V
* pesquisa e lavra/ cooperativas; prioridade – art. 174, § 4o – autorização ou concessão; participação – art. 176, §§ 1o e 2o, e ADCT art. 44 – direitos minerários – ADCT art. 43

RECURSOS NATURAIS
* plataforma continental e zona econômica exclusiva; bens da União – art. 20, V
* preservação e exploração; Conselho de Defesa Nacional; propor critérios e opinar sobre o uso – art. 91, § 1o, III

REFORMA AGRÁRIA
(*Ver também* Propriedade)
* conflitos fundiários; dirimência – art. 126, *caput*
* desapropriação por interesse social; procedimentos; insuscetibilidades – art. 184 e art. 185
* destinação de terras públicas e devolutas – art. 188

REGIÕES
(*Ver também* Estados – unidades federativas *e* Municípios)
* desenvolvimento/ redução das desigualdades sociais; integração; incentivos; recuperação de terras áridas – art. 30, III, art. 43, art. 165, § 7o, art. 170, VII, e ADCT art. 35, *caput*, e § 1o – de maior desenvolvimento; transferências de poupança; critérios restritivos – art. 192, VII
* metropolitanas e microrregiões; Estados; instituição [faculdade] – art. 25, § 3o
* Norte, Nordeste e Centro-Oeste; desvinculação de despesas; não-redução da base de cálculo de programas de financiamento; hipótese – ADCT art. 76, § 1o
* Norte, Nordeste e Centro-Oeste/ impostos; aplicação no setor produtivo – art. 159, I, "c" – aplicação de recursos assegurada; modalidade; dispositivo transitório – ADCT art. 34, § 10 – Centro-Oeste; Banco de Desenvolvimento; criação; dispositivo transitório – ADCT art. 34, § 11

REGISTROS PÚBLICOS
* certidões; gratuidade – art. 5o, LXXVI
* legislação; competência privativa da União – art. 22, XXV
* serviços/ documentos públicos; vedada recusa de fé – art. 19, II – delegação; regulação das atividades, responsabilidades e fiscalização judiciária; normas gerais; ingresso por concurso – art. 236 – dispositivo transitório – ADCT art. 32

RELIGIÕES
(*Ver* Crenças e cultos religiosos)

REMUNERAÇÃO
(*Ver também* Proventos, Salário, Subsídios *e* Vencimentos)
* Deputados Distritais e Estaduais; regras a eles aplicáveis – art. 27, § 1o, e art. 32, § 3o
* Estados, Distrito Federal e Municípios; tributação da renda das obrigações da dívida pública; vedação – art. 151, II
* magistério; remuneração condigna; recursos provenientes de impostos – ADCT art. 60, *caput*
* militares; disposição por lei – art. 142, X
* Ministério Público; política remuneratória; propositura ao Poder Legislativo – art. 127, § 2o
* Procuradores, Advogados da União e Defensores Públicos – art. 135
* própria; fixação/ Deputado Federal ou Senador/ Deputados Federais – art. 51, IV – Senadores – art. 52, XIII – investidos em outros cargos; opção pela remuneração do mandato – art. 56, § 3o
* servidores policiais; fixação – art. 144, § 9o
* servidores públicos/ fixação; alteração; revisão; impedimento limitante – art. 37, X e XI – acumulação remunerada; vedação; exceção – art. 37, XVI – pessoal; disposição; contrato entre administradores e poder público para autonomia gerencial – art. 37, § 8o, III – conselho de política de administração e remuneração de pessoal; instituição – art. 39, *caput* – organizados em carreira, fixação – art. 39, § 8o – conselho de política de administração e remuneração de pessoal; instituição – art. 39, *caput* – conselho de política de administração e remuneração de

pessoal; instituição – art. 39, *caput* – servidor estável; disponibilidade – art. 41, § 3o – despesa com pessoal ativo; vantagem ou aumento; possibilidade de feitura [condição] – art. 169, § 1o
* Supremo Tribunal Federal; serviços auxiliares e juízos que lhes forem vinculados; propositura ao Poder Legislativo; competência privativa – art. 96, II, "b"
* trabalhador/ trabalho noturno; não superior ao diurno – art. 7o, IX – lucros; participação desvinculada – art. 7o, XI – repouso semanal e serviço extraordinário – art. 7o, XV e XVI
* Vereadores; total de despesa; impedimento limitante – art. 29, VII

RÉU
(*Ver também* Acusados)
* retroatividade legal para beneficiá-lo – art. 5o, XL

REVISÃO
* Casas legislativas – art. 65
* Constitucional – ADCT art. 3o
* criminal; julgamento; Supremo Tribunal Federal – art. 105, I, "e"
* doações, vendas e concessões de terras públicas; hipótese – ADCT art. 51
* lei orçamentária; hipótese – ADCT art. 39
* servidor público/ proventos da aposentadoria – art. 40, § 8o – remuneração; critérios – art. 37, X

Rios (*Ver também* Águas)
* aproveitamento econômico e social; incentivo regional – art. 43, § 2o, IV
* bens da União – art. 20, III
* competência da União; exploração/ cursos de água; aproveitamento energético – art. 21, XII, "b" – transporte aquaviário – art. 21, XII, "d"
* navegação fluvial – art. 22, X
* terras indígenas/ usufruto – art. 236, § 2o – ocupação, domínio, posse ou exploração; nulidade – art. 231, § 6o

RODOVIAS
* polícia rodoviária federal/ art. 144, § 2o – pedágio; vias conservadas pelo poder público – art. 150, V
* transporte rodoviário de passageiros; exploração – art. 21, XII, "e"

RONDÔNIA
(*Ver* estados – unidades federativas)

RORAIMA
(*Ver* estados – unidades federativas)

S

SALÁRIO
(*Ver também* Proventos, Remuneração, Subsídios *e* Vencimentos)
* adicional de atividades penosas, insalubres e perigosas – art. 7o, XXIII
* contribuição social/ incidente sobre a folha – art. 195, I, "a" – salário de contribuição; caráter contributivo da previdência social; atualização; aposentadoria; cálculo de benefícios – art. 201, *caput*, e §§ 2o e 3o – salário-educação – art. 212, § 5o [garantia] ADCT art. 76, § 2o
* décimo-terceiro – art. 7o, VIII
* família/ art. 7o, XII – previdência social; atendimento – art. 201, IV
* férias remuneradas – art. 7o, XVII
* garantia – art. 7o, VII
* gestante; licença sem prejuízo – art. 7o, XVIII
* proibição/ diferença ou discriminação – art. 7o, XXX e XXXI
* proteção/ art. 7o, X – irredutibilidade – art. 7o, VI – piso salarial/ art. 7o, V – profissionais do ensino – art. 206, V
* repouso semanal remunerado – art. 7o, XV
* salário mínimo/ direito do trabalhador – art. 7o, IV – assistência ao deficiente e ao idoso – art. 203, V – anual; empregados que percebam de empregadores contribuintes do PIS ou do PASEP; assegurado – art. 239, § 3o
* serviço extraordinário – art. 7o, XVI
* trabalho noturno – art. 7o, IX

SANEAMENTO BÁSICO
(*Ver também* Saúde)

* Sistema Único de Saúde/ política e execução das ações – art. 200, IV
* União/ competência – art. 21, XX – União, Estados, Distrito Federal e Municípios; competência comum – art. 23, IX

SANGUE
* coleta, processamento e transfusão; disposição – art. 199, § 4o
* hemoderivados; controle e fiscalização – art. 200, I

Saúde (*Ver também* Assistência Social, Órgãos humanos, Previdência Social, Seguridade Social *e* Sangue)
* ações e serviços/ promoção, proteção e recuperação – art. 196 – relevância pública – art. 197 – rede regionalizada e hierarquizada – art. 198 – recursos mínimos; Estados, Distrito Federal e Municípios – ADCT art. 27
* cargos públicos; profissionais; acumulação – art. 37, XVI, "c"
* direito de todos e dever do Estado – art. 196
* direito social – art. 6o/ direito assegurado/ art. 194 – criança e adolescente/ art. 227, *caput* – programas de assistência integral – art. 227, § 1o
* e educação; sistemas; aplicação no custeio; Fundo Social de Emergência – ADCT art. 71 – títulos da dívida pública; emissão autorizada – ADCT art. 75
* Fundo Nacional de Saúde; produto da arrecadação de contribuição provisória – ADCT art. 74
* iniciativa privada; liberdade; participação; vedações – art. 199
* necessidade vital básica – art. 7o, IV
* seguridade social; orçamento; destinação provisória de percentual – ADCT art. 55
* Sistema Único de Saúde; competência/ art. 200 – produção de medicamentos – art. 200, I – vigilância sanitária e epidemiológica – art. 200, II – recursos humanos – art. 200, III – saneamento básico – art. 200, IV – desenvolvimento científico e tecnológico; incremento – art. 200, V – fiscalização e inspeção de alimentos, bebidas e águas para consumo humano – art. 200, VI – controle e fiscalização da produção, transporte, guarda e utilização de substâncias e produtos – art. 200, VII
* União, Estados, Distrito Federal e Municípios/ cuidados; competência comum – art. 23, II – defesa; competência concorrente – art. 24, XII

SECAS
* defesa; competência da União – art. 21, XVIII
* incentivos a regiões de baixa renda; aproveitamento econômico e social de águas; prioridade – art. 43, § 2o, IV
* Semi-árido; aplicação de recursos destinados à irrigação – ADCT art. 42, II

SEGURANÇA
(*ver também* Segurança Pública)
* direito/ inviolabilidade – art. 5o, *caput* – social – art. 6o

SEGURANÇA NACIONAL
* do território; critério e condições de utilização de áreas – art. 91, § 1o, III

SEGURANÇA PÚBLICA
(*Ver também* Polícia)
* dever do Estado, direito e responsabilidade de todos; exercício [destinação] – art. 144, *caput*
* órgãos responsáveis; organização e funcionamento; disciplinamento por lei – art. 144, § 7o

SEGURIDADE SOCIAL
(*Ver também* Assistência Social, Previdência Social *e* saúde)
* benefícios de prestação continuada; revisão – ADCT art. 56
* compreensão [abrangência] e destinação – art. 194, *caput* – objetivos – art. 194, parágrafo único, I a VII
* financiamento; recursos; possibilidades [faculdades] e impedimentos – art. 195

SEGURO
* agrícola; produtores e trabalhadores rurais – art. 187, V

* direito do trabalhador/ contra acidentes de trabalho; cobertura do risco – art. 7o, XXVIII, e art. 201, § 1o – desemprego/ art. 7o, II – financiamento – art. 239, § 4o – exclusão – ADCT art. 55
* incentivos regionais; igualdade – art. 43, § 2o, I
* operações; instituição de impostos sobre elas/ art. 153, V – alteração de alíquotas – art. 153, § 1o
* União/ fiscalização das operações; competência – art. 21, VIII – político; legislação; competência privativa – art. 22, VII

SENADO FEDERAL

(*Ver também* Câmara dos Deputados, Congresso Nacional *e* Poder Legislativo)
* atos; competência privativa/ processo e julgamento; Presidente e Vice-Presidente da República, Ministros de Estado, Ministros do Supremo Tribunal Federal, Procurador-Geral da República e Advogado-Geral da União – art. 52, I e II – cargos; aprovação; escolha ou exoneração – art. 52, III, IV e XI, art. 73, § 2o, art. 84, XIV, e art. 101, parágrafo único – autorização; operações externas de natureza financeira – art. 52, V – fixação; limites para o montante da dívida consolidada da União, dos Estados, do Distrito Federal e dos Municípios – art. 52, VI – limites, condições e garantias em operações de crédito e dívida mobiliária dos Estados, Distrito Federal e Municípios – art. 52, VII a IX – suspensão de lei declarada inconstitucional – art. 52, X – regimento interno; elaboração – art. 52, XII – organização, funcionamento, seus cargos e empregos – art. 52, XIII – fixação da respectiva remuneração; iniciativa – art. 52, XIII
* atos/ indelegabilidade – art. 68, § 1o
* comissões; competência e constituição/ art. 58 – comissões parlamentares de inquérito – art. 58, § 3o – comissão representativa; eleição – art. 58, § 4o
* composição e representação de cada Estado – art. 46
* impostos/ de transmissão *causa mortis*; fixação de alíquotas – art. 155, § 1o, IV – operações relativas à circulação de mercadorias e prestação de serviços de transporte interestadual e intermunicipal e de comunicação; fixação de alíquotas – art. 155, § 2o, IV e V
* membros/ deliberações por maioria absoluta – art. 47 – convocação extraordinária; maioria absoluta – art. 57, § 6o, II – proposta de emenda; fração [*quorum*] – art. 60, I
* Mesa/ Ministros de Estado; comparecimento; entendimento; encaminhamento de pedido de informação; convocação – art. 50, §§ 1o e 2o – constituição; representação proporcional – art. 58, § 1o – possibilidade [faculdade] de propositura de ação de inconstitucionalidade – art. 103, III – Congresso Nacional; presidência do Presidente; ocupação de cargos – art. 57, § 5o
* orçamento e finanças/ fiscalização financeira; inspeções e auditorias – art. 71, IV e VII – plano plurianual, diretrizes orçamentárias, orçamento anual, créditos adicionais; apreciação – art. 166, *caput*
* organização e funcionamento/ art. 52, XIII – serviços administrativos; inadmissibilidade de aumento de despesa – art. 63, II
* Presidente/ convocação extraordinária; hipóteses – art. 57, § 6o, I e II – Conselho da República; participação – art. 89, III – Conselho de Defesa Nacional; participação – art. 91, III

SENADORES

(*Ver também* Deputados Federais, Inviolabilidades *e* Senado Federal)
* abuso das prerrogativas – art. 55, § 1o
* compromisso de cumprimento da Constituição; posse – ADCT art. 1o
* crime inafiançável; flagrante – art. 53, § 3o
* estado de sítio; imunidades – art. 53, § 7o, e art. 139, parágrafo único
* impedimentos – art. 54
* incompatibilidade com o decoro parlamentar – art. 55, § 1o
* inviolabilidades – art. 53
* mandato/ perda; renúncia – art. 55, I a VI, e § 4o – investidura em outro cargo sem perda – art. 56
* posse; reunião – art. 57, § 4o
* processo e julgamento; Supremo Tribunal Federal/ art. 53, § 4o – infrações penais comuns – art. 102, I, “b”

* remuneração/ art. 49, VII – investidura em cargo diverso; opção – art. 56, § 3o
* representação – art. 46

SERVIÇO MILITAR

(*Ver também* Militar)

* estrangeiros e conscritos; inalistabilidade – art. 14, § 2o
* obrigatoriedade/ art. 143, *caput* – serviço alternativo – art. 143, § 1o – isenções; encargos – art. 143, § 2o

SERVIÇOS NOTARIAIS E DE REGISTRO

* exercício e delegação; regulação das atividades; fixação de emolumentos; ingresso na atividade notarial – art. 236 – hipótese de não-aplicabilidade – ADCT art. 32

SERVIDOR PÚBLICO

(*Ver também* Administração Pública *e* Militar)

* administração pública direta ou indireta/ Governador de Estado; Prefeito; assunção de outro cargo ou função; perda do mandato – art. 28, § 1o , e art. 29, XIV – cargos, empregos e funções públicas; requisitos; investidura – art. 37, I e II – concurso público – art. 37, II a IV, e § 2o – funções de confiança – art. 37, V – direitos de associação e de greve – art. 37, VI , e VII – servidores deficientes; cargos e empregos reservados – art. 37, VIII – contratação por tempo determinado – art. 37, IX – remunerações e subsídios; limites; contratos de desempenho; hipótese – art. 37, X e XI, e §§ 8o, III, e 9o – Poderes; vencimentos dos cargos; impedimento – art. 37, XII – equiparação remuneratória; vedação – art. 37, XIII – acréscimos pecuniários – art. 37, XIV – irredutibilidade de vencimentos e subsídios – art. 37, XV – acumulação remunerada de cargos; vedação; exceção – art. 37, XVI e XVII (art. 40, § 6o) e ADCT art. 17 – administração direta, autárquica e fundacional; investidura em mandato eletivo; disposições/ art. 38 – conselho de política de administração e remuneração de pessoal; instituição; remuneração, vencimentos, subsídios; escolas de governo; dispositivos aplicáveis; disciplinamento da aplicação de recursos orçamentários – art. 39
* anistia; concessão; dispositivo transitório – ADCT art. 8o
* aposentadoria/ caráter contributivo – art. 40, *caput* – hipóteses – art. 40, § 1o – remuneração; "os proventos não poderão exceder" [limites] – art. 40, § 2o – proventos; base de cálculo – art. 40, § 3o – requisitos e critérios diferenciados; vedação – art. 40, § 4o – professor; redução; hipótese – art. 40, § 5o – acumulação; vedação – art. 40, § 6o – aposentadorias e pensões; revisão – art. 40, § 8o – tempo de contribuição e tempo de serviço – art. 40, § 9o – tempo de contribuição fictício; contagem; impedimento – art. 40, § 10 – acumulação de cargos e empregos; aplicação do limite de remuneração – art. 40, § 11 – regime geral de previdência social; observância dos regimes e critérios – art. 40, § 12 – cargo em comissão; regime geral de previdência social – art. 40, § 13 – União, Estados, Distrito Federal e Municípios; regime de previdência complementar; fixação dos limites de benefícios do regime geral; normas gerais; aplicabilidade ao servidor; hipótese – art. 40, §§ 14 a 16
* aposentadoria/ contribuição sobre os proventos – art. 40, § 18 – abono de permanência – art. 40, § 19 – voluntária – art. 2o, EC 41/2003 – condições – art. 6o, EC 41/2003
* cargos, empregos e funções públicas; criação, transformação e extinção/ Congresso Nacional; disposição – art. 48, X – Presidente da República/ iniciativa privativa; disposição – art. 61, § 1o, II, "a" – competência privativa; provimento e extinção – art. 61, § 1o, II, "c" , e art. 84, XXV – compatibilização dos quadros de pessoal à Constituição e à reforma administrativa – ADCT art. 24
* estabilidade/ "são estáveis" [definição] – art. 41, *caput* – perda do cargo/ hipótese – art. 41, § 1o, e art. 169, §§ 4o e 5o – invalidação da sentença – art. 41, § 2o – extinção ou desnecessidade do cargo – art. 41, § 3o – avaliação de desempenho; obrigatoriedade – art. 41, § 4o – atividades exclusivas de Estado – art. 247 – servidores não admitidos na forma do art. 37 da Constituição – ADCT art. 18 e art. 19
* formação e aperfeiçoamento; escolas de governo – art. 39, § 2o
* improbidade administrativa; prazos de prescrição para ilícitos – art. 37, §§ 4o e 5o

* Justiça do Trabalho; abrangência; dissídios trabalhistas – art. 114, *caput*
* magistério público; planos de carreira – art. 206, V
* médico/ acumulação remunerada de cargos públicos; hipótese – art. 37, XVI, "c" – assegurado – ADCT art. 17
* não estável; exoneração; hipótese – art. 169, § 3o, II
* PASEP; patrimônios; critérios de saque – art. 239, § 2o
* pensão por morte – art. 40, § 7o
* professor; aposentadoria; redução; hipótese/ servidor público – art. 40, § 5o – segurado do regime geral da previdência social/ art. 201, § 8o – aposentadoria voluntária; contagem de tempo de serviço
* professor; nível superior; estabilidade; não-aplicabilidade da hipótese – ADCT art. 19, § 3o

SÍMBOLOS NACIONAIS
* Estados, Distrito Federal e Municípios – art. 13, § 1o

SÍTIOS E CAVERNAS
(*Ver* Cultura)

SOCIEDADES DE ECONOMIA MISTA
(*Ver também* Administração Pública, Autarquias, Empresas Públicas, Finanças públicas, Fundações públicas *e* União)
* fiscalização financeira; julgamento de contas – art. 70, *caput*, e art. 71, II
* instituição; autorização por lei/ art. 37, XIX – estatuto jurídico; sociedade e subsidiárias – art. 173, § 1o – criação de subsidiária – art. 37, XX – licitações e contratações de obras ou serviços – art. 22, XXVII
* servidores/ proibição de acumulação de cargos – art. 37, XVII – despesa com pessoal; concessão de vantagem ou aumento; autorização específica na lei de diretrizes orçamentárias – art. 169, § 1o, II
Solo (*Ver também* agropecuária e Política urbana)
* defesa; legislação; competência concorrente da União, Estados e Distrito Federal – art. 24, VI
* urbano; Município/ uso, parcelamento e ocupação; planejamento e controle – art. 30, VIII – adequado aproveitamento; hipóteses de penalidades – art. 182, § 4o

SUBSÍDIOS
(*Ver também* Proventos, Remuneração, Salário *e* Vencimentos)
* Congresso Nacional; sessão legislativa extraordinária; pagamento de parcela indenizatória superior; vedação – art. 57, § 7o
* Deputados Distritais e Estaduais; fixação – art. 27, § 2o e art. 32, § 3o
* Deputados Federais e Senadores; fixação – art. 49, VII
* Governador, Vice-Governador e Secretários de Estado; fixação – art. 28, § 2o
* juízes/ irredutibilidade; garantia – art. 95, III – juízes e membros do Supremo Tribunal Federal, Tribunais Superiores, Tribunais de Justiça; fixação – art. 96, II, "b"
* membro de Poder, detentor de mandato eletivo, Ministros de Estado, Secretários Estaduais e Municipais; fixação/ lei específica – art. 37, X – em parcela única, vedado acréscimo de outras espécies remuneratórias – art. 39, § 4o
* Ministério Público; irredutibilidade – art. 128, § 5o, "c"
* Ministro do Supremo Tribunal Federal, Ministros dos Tribunais Superiores; demais magistrados; fixação – art. 93, V
* não aprovados pelo Tribunal de Contas da União; comissão mista; solicitação de esclarecimentos – art. 72, *caput*
* ocupante de cargos, funções e empregos públicos da administração/ impedimento [limite] – art. 37, XI – irredutibilidade – art. 37, XV
* Poderes Executivo, Legislativo e Judiciário; publicação anual dos valores dos cargos e empregos públicos – art. 39, § 6o
* Prefeitos; Vice-Prefeitos e Secretários Municipais; fixação – art. 29, V
* Presidente, Vice-Presidente da República e Ministros de Estado; fixação – art. 49, VIII

* relativos a impostos, taxas ou contribuições; concessão por lei específica, federal, estadual ou municipal – art. 150, § 6o
* Vereadores; fixação – art. 29, VI

SUPERIOR TRIBUNAL DE JUSTIÇA
(*Ver também* Poder Judiciário *e* Tribunais)
* ações rescisórias; julgamento; dispositivo transitório – ADCT art. 27, § 10
* competência/ processo e julgamento originário – art. 105, I – julgamento em recurso ordinário – art. 105, II – julgamento em recurso especial – art. 105, III – Conselho da Justiça Federal – art. 105, parágrafo único
* composição/ art. 104, *caput* – Ministros; nomeação, escolha, indicações – art. 104, parágrafo único
* conflitos/ de competência entre tribunais; processo e julgamento – art. 102, I, "o" – de atribuições; autoridades administrativas e judiciárias – art. 105, I, "g"
* dispositivo transitório/ composição inicial – ADCT art. 27, § 2o – Supremo Tribunal Federal; atribuições assumidas – ADCT art. 27, *caput*, e § 1o – Ministros do Tribunal Federal de Recursos; aproveitamento; aposentados – ADCT art. 27, §§ 2o a 5o – Tribunais Regionais Federal; criação; competência até sua instalação – ADCT art. 27, §§ 6o e 7o
* intervenção nos Estados; hipóteses de requisição – art. 36, II e IV
* Tribunais Superiores; processo e julgamento originário/ membro; Supremo Tribunal Federal – art. 102, I, "c" – mandado de injunção contra norma regulamentadora – art. 102, I, "q" – julgamento em recurso ordinário/ *habeas corpus*, mandado de segurança, *habeas data* e mandado de injunção; decisão denegatória em última instância – art. 102, II, "a"

SUPERIOR TRIBUNAL MILITAR
(*Ver também* Tribunais)
* composição – art. 123
* Ministros; Presidente da República; escolha [condição e forma] – art. 123, parágrafo único

SUPREMO TRIBUNAL FEDERAL
(*Ver também* Poder Judiciário *e* Tribunais)
* cassados; requerimento de direitos e vantagens interrompidos por atos punitivos – ADCT art. 9o
* competência; preservação; processo e julgamento originário – art. 102, I, "l"
* competências/ privativa – art. 96, II – originária; processo e julgamento – art. 102, I – julgamento/ em recurso ordinário – art. 102, II – em recurso extraordinário – art. 102, III – transitórias – ADCT art. 27, § 1o
* composição e nomeação – art. 101
* descumprimento de preceito constitucional; argüição; apreciação – art. 102, § 1o
* Estatuto da Magistratura; disposição; iniciativa – art. 93, *caput*
* inconstitucionalidade/ processo e julgamento; ação direta de inconstitucionalidade de lei ou ato normativo estadual e ação declaratória de constitucionalidade de lei ou ato normativo federal/ art. 102, I, "a" – declaração de inconstitucionalidade de tratado ou lei federal – art. 102, III, "b" – decisões definitivas de mérito; eficácia contra todos e efeito vinculante – art. 102, § 2o – propositura; Presidente da República, Mesas da Câmara dos Deputados e do Senado Federal, e Procurador-Geral da República – art. 103, § 4o
* inconstitucionalidade; propositura da ação – art. 103, I a IX
* intervenção em Estado; requisição ou representação – art. 36, I a III
* Ministros/ brasileiro nato – art. 12, § 3o, IV – subsídio; não pode ser excedido pelos demais subsídios da administração [limite] – art. 37, XI – fixação do subsídio – art. 48, XV – processo e julgamento; crimes de responsabilidade; Senado Federal – art. 52, II , e parágrafo único – processo e julgamento; infrações penais comuns; Supremo Tribunal Federal – art. 102, I, "b" – escolha e nomeação – art. 84, XIV, e art. 101, parágrafo único
* Presidente/ iniciativa em lei de fixação do subsídio dos Ministros – art. 48, XV – Ministros do Supremo Tribunal Federal; processo e julgamento; presidência [das sessões] – art. 52, parágrafo único – compromisso de manter, defender e cumprir a Constituição – ADCT art. 1o – Presidente da República; substituição; hipótese – art. 80

* Presidente da República/ iniciativa em lei de fixação do subsídio dos Ministros – art. 48, XV – nomeação dos Ministros; competência privativa – art. 84, XIV – processo e julgamento; infrações penais comuns – art. 102, I, "b"
* sede e jurisdição – art. 92, parágrafo único

T

TAXAS
(*Ver* Tributos)

TECNOLOGIA
(*Ver* Ciência e tecnologia)

TELECOMUNICAÇÕES
(*Ver* Comunicação *e* Radiodifusão e telecomunicações)

TEMPLOS
(*Ver* Crenças e cultos religiosos)

TERRAS PÚBLICAS
* alienação ou concessão/ competência exclusiva do Congresso Nacional – art. 49, XVII – compatibilização; aprovação; exceções – art. 188, §§ 1o e 2o
* destinação; compatibilização com a política agrícola e reforma agrária – art. 188, *caput*
* revisão; reversão ao patrimônio da União, dos Estados, do Distrito Federal ou dos Municípios; hipóteses – ADCT art. 51
* terras devolutas/ bens da União – art. 20, II – bens dos Estados – art. 26, IV – necessárias à proteção dos ecossistemas naturais; indisponibilidade – art. 225, § 5o

TERRORISMO
* crime inafiançável/ art. 5o, XLIII – ação de grupos armados contra a ordem constitucional e o Estado democrático – XLIV
* repúdio – art. 4o, VIII

TOCANTINS
(*Ver* estados – unidades federativas)

TORTURA
* crime inafiançável – art. 5o, XLIII
* e tratamento desumano ou degradante; não-submissão – art. 5o, III

TÓXICOS
(*Ver também* Agrotóxicos)
* substâncias e produtos; controle e fiscalização; Sistema Único de Saúde – art. 200, VII

TRABALHADORES
(*Ver também* Trabalho)
* acidente de trabalho; seguro; indenização – art. 7o, XXVIII
* adolescente; acesso à escola – art. 227, § 3o, III
* aviso prévio – art. 7o, XXI
* colegiados dos órgãos públicos; participação – art. 10
* convenções e acordos coletivos – art. 7o, XIII e XXVI
* desemprego involuntário; previdência social; proteção – art. 201, III
* despedida arbitrária ou sem justa causa; indenização – art. 7o, I, e ADCT art. 10
* diferenciação; proibição [isonomia salarial] – art. 7o, XXX
* direitos – art. 7o
* domésticos; direitos assegurados – art. 7o, parágrafo único
* gestão administrativa; participação – art. 194, parágrafo único, VII
* Justiça do Trabalho; Tribunais e Varas – art. 111 a art. 116
* mulher/ gestante; licença – art. 7o, XVIII – mercado de trabalho da mulher; proteção – art. 7o, XX – diferença salarial por motivo de sexo; proibição – art. 7o, XXX
* PIS/PASEP; empregados; pagamento de um salário mínimo; hipótese – art. 239, § 3o
* proibições – art. 7o, XXX a XXXIII
* rurais e urbanos/ ações judiciais; créditos nas relações de trabalho – art. 7o, XXIX – bem-estar; favorecimento – art. 186, IV – habitação – art. 187,

VIII – aposentadoria; previdência social; regime geral; redução – art. 201, § 7o, II
* seguridade social; contribuições sociais – art. 195, II
* seguro-desemprego; financiamento; contribuição adicional; hipótese – art. 239, § 4o
* setor privado; anistia – ADCT art. 8o, § 2o

TRABALHO
(*Ver também* Contribuições sociais, Direitos e garantias *e* Trabalhadores)
* direito social – art. 6o
* fundamento – art. 1o, IV
* humano; valorização – art. 170, *caput*
* inspeção; organização, manutenção e execução – art. 7o, XXIV
* jornadas; duração – art. 7o, XIII e XIV
* legislação/ direito do trabalho – art. 22, I – sistema nacional de emprego e condições para o exercício de profissões – art. 22, XVI
* livre exercício – art. 5o, XIII
* meio ambiente do trabalho; proteção; Sistema Único de Saúde – art. 200, VIII
* mercado de trabalho/ da mulher; proteção – art. 7o, XX – proteção em face da automação – art. 7o, XXVII – promoção da integração – art. 203, III
* noturno – art. 7o, IX e XXXIII
* organização/ crimes; processo e julgamento – art. 109, VI
* Plano Nacional de Educação; formação – art. 214, IV
* primado; base da ordem social – art. 193
* proibições – art. 7o, XXX a XXXIII
* relações e regimes/ ações; créditos delas resultantes – art. 7o, XXIX – empresas públicas e sociedades de economia mista; regime jurídico das empresas privadas – art. 173, § 1o – propriedade rural; observância das disposições que as regulam – art. 186, III
* rural; sindicatos; custeio das atividades – ADCT art. 10, § 2o
* saúde, higiene e segurança; normas – art. 7o, XII
* valores sociais; fundamentos da República Federativa do Brasil – art. 1o, IV

TRÁFICO
(*Ver* Entorpecentes e drogas afins)

TRANSPLANTE
(*Ver* Órgãos humanos)

TRANSPORTES
* aéreo, aquático e terrestre; ordenação; lei – art. 178
* coletivo/ edifícios e veículos; acesso adequado aos deficientes – art. 227, § 2o, e art. 244 – maiores de sessenta e cinco anos; gratuidade – art. 230, § 2o
* exploração; competência da União/ aquaviário e ferroviário entre portos brasileiros; serviços – art. 21, XII, "c" – rodoviário interestadual – art. 21, XII, "e"
* impostos/ operações sobre prestações de serviços interestadual e intermunicipal – art. 155, II, e § 2o , e ADCT art. 34, §§ 6o e 8o
* materiais radioativos/ disposição – art. 177, § 3o – controle e fiscalização – art. 200, VII
* Município; transporte coletivo; serviços públicos – art. 30, V
* petróleo bruto e seus derivados; gás natural de qualquer origem – art. 177, IV
* política/ nacional; legislação e diretrizes – art. 22, IX e XI – agrícola; setor [transporte agrícola]; planejamento e execução – art. 187, *caput*
* sistema nacional de viação; princípios e diretrizes; competência da União – art. 21, XXI
* substâncias e produtos psicoativos, tóxicos e radioativos; controle e fiscalização; Sistema Único de Saúde – art. 200, VII
* trabalhador; necessidade vital – art. 7o, IV

TRATADOS
* Supremo Tribunal Federal; declaração de inconstitucionalidade – art. 102, III, "b"

TRIBUNAIS
(*Ver também* Juízes, justiça, Magistratura, Poder Judiciário, Superior Tribunal de Justiça *e* Supremo Tribunal Federal)
* competência/ conflitos; processo e julgamento – art. 102, I, "o", art. 105, I, "d", e art. 108, I, "e" –

definição; Constituição do Estado – art. 125, § 1o – manutenção – ADCT art. 70
* competência privativa/ art. 96, I – órgãos jurisdicionais e administrativos – art. 96, I, "a" – organização de secretarias e serviços auxiliares e juízos – art. 96, I, "b" – juiz de carreira; provimento de cargos – art. 96, I, "c" – novas varas judiciárias – art. 96, I, "d" – provimento de cargos – art. 96, I, "e"
* composição/ Ministério Público; um quinto dos lugares – art. 94, *caput* – Poder Executivo; nomeação de um integrante – art. 94, parágrafo único
* decisões/ dois terços; remoção, disponibilidade e aposentadoria de magistrado – art. 93, VIII – maioria absoluta/ administrativas; motivação [obrigatoriedade] – art. 93, X – decisões disciplinares – art. 93, X – declaração de inconstitucionalidade de lei – art. 97
* de contas municipais; criação; vedação – art. 31, § 4o
* de exceção; "não haverá" [não-existência] art. 5o, XXXVII
* de Justiça [estaduais]/ julgamento do Prefeito – art. 29, X – observância de princípios da Constituição estadual; execução de lei, ordem ou decisão judicial; provimento de representação – art. 35, IV, "c"; julgamento de juízes estaduais, do Distrito Federal e dos Territórios, e de membros do Ministério Público – art. 96, III – representação de inconstitucionalidade; instituição – art. 125, § 2o – criação de Justiça Militar estadual – art. 125, § 3o – conflitos fundiários; juízes de entrância especial; designação – art. 126 – manutenção de competência – ADCT art. 70
* declaração de inconstitucionalidade; voto da maioria absoluta – art. 97
* do Trabalho/ Tribunal Superior do Trabalho/ membros; processo e julgamento – art. 102, I, "c" – órgão da Justiça do Trabalho – art. 111, I – composição e provimento de cargos de juízes – art. 111, §§ 1o e 2o – competência – art. 111, § 3o – Tribunal Regional do Trabalho/ membros; processo e julgamento – art. 105, I, "a" – número [por unidade federativa] – art. 112 – composição – art. 115
* Eleitorais/ organização e competência; juízes de direito e Juntas Eleitorais – art. 121, *caput*, e §§ 1o a 3o – Tribunal Superior Eleitoral/ membros; processo e julgamento – art. 102, I, "c" – órgão da Justiça Eleitoral – art. 118, I – composição, nomeação e eleição do seu Presidente e Vice-Presidente – art. 119 – decisões; hipóteses de recurso – art. 121, § 4o – Tribunal Regional Eleitoral/ membros; processo e julgamento – art. 105, I, "a" a "c" – número [por unidade federativa]; composição, nomeação, eleição de seu Presidente e Vice-Presidente – art. 120 – competência – art. 121 e ADCT art. 5o, § 4o, e art. 13, § 5o
* Federais/ serviços administrativos; organização; aumento de despesa; inadmissibilidade – art. 63, II – competência; processo e julgamento – art. 109, I a XI – Regionais Federais/ auditor do Tribunal de Contas da União; mesmas garantias e impedimentos do juiz; hipótese – art. 73, § 4o – órgão do Poder Judiciário – art. 92, III – composição – art. 94 e art. 107 – órgão da Justiça Federal – art. 106, I – competência – art. 108 e ADCT art. 27, § 7o
* inferiores; alteração do número de membros; competência – art. 96, II, "a"
* Militares/ Justiça Militar; órgãos – art. 122 – Superior Tribunal Militar; composição; escolha de ministros civis – art. 123 – competência – art. 124
* órgão especial; constituição – art. 93, XI
* propostas orçamentárias; estipulação conjunta com os demais Poderes; encaminhamento; competência – art. 99
* Superiores; competência privativa – art. 96, II
* Superiores/ membros; processo e julgamento – art. 102, I, "c" – coator; *habeas corpus* – art. 102, I, "i"
* Superiores; Ministros/ nomeação; Presidente da República – art. 84, XIV – composição/ Supremo Tribunal Federal – art. 101 – Superior Tribunal de Justiça – art. 104, parágrafo único, I – Tribunais Regionais Federais – art. 107, *caput*, e II
* Superiores/ projeto de lei de sua iniciativa; Câmara dos Deputados – art. 64, *caput* – sede; jurisdição – art. 92, parágrafo único

TRIBUNAIS DE CONTAS
* Distrito Federal/ organização, fiscalização e composição – art. 75 – processo e julgamento – art. 105, I, "a" – controle externo – ADCT art. 16, § 2o
* Estados/ organização, fiscalização e composição – art. 75 – composição e disposição – art. 75, parágrafo único – Municípios; controle externo; auxílio – art. 31, § 1o
* processo e julgamento – art. 105, I, "a" e "c"
* Magistrado ou membro/ aposentadoria voluntária; hipótese – EC 20/98, art. 8o, §§ 2o e 3o
* Municípios/ ou Conselho de Contas; organização, fiscalização e composição – art. 31 e art. 75 – controle externo – art. 31, § 1o – tribunais, Conselhos ou órgãos de contas; vedação – art. 31, § 4o

TRIBUNAIS E JUÍZES DOS ESTADOS
(*Ver* Juízes *e* Tribunais)

TRIBUNAIS E JUÍZES ELEITORAIS
(*Ver* Juízes *e* Tribunais)

TRIBUNAIS E JUÍZES MILITARES
(*Ver* Juízes *e* Tribunais)

TRIBUNAIS REGIONAIS DO TRABALHO
(*Ver* Juízes *e* Tribunais)

TRIBUNAIS REGIONAIS ELEITORAIS
(*Ver* Juízes *e* Tribunais)

TRIBUNAIS REGIONAIS FEDERAIS E JUÍZES FEDERAIS
(*Ver* Juízes *e* Tribunais)

TRIBUNAL DE CONTAS DA UNIÃO
* atos; processo e julgamento/ *habeas corpus* – art. 102, I, "d" – mandado de injunção – art. 102, I, "q"
* competência/ art. 71, I a XI
* composição – art. 73, *caput*
* fiscalização contábil, financeira, orçamentária, operacional e patrimonial da União/ art. 70 – prestação de contas; pessoa física ou jurídica, pública ou privada – art. 70, parágrafo único
* fundo de participação; cálculo de quotas; hipótese – art. 161, parágrafo único
* irregularidade ou ilegalidade; ciência e denúncia – art. 74, §§ 1o e 2o
* Ministros/ escolha e nomeação – art. 49, XIII, art. 52, III, "b", 73, §§ 1o e 2o, e art. 84, XV – Ministros do Superior Tribunal de Justiça; mesmas garantias, prerrogativas, impedimentos, vencimentos e vantagens – art. 73, § 3o – auditor, em substituição a Ministro; impedimentos e garantias – art. 73, § 4o – auditor, no exercício das demais atribuições da judicatura; garantias e impedimentos de juiz do Tribunal Regional Federal – art. 73, § 4o – processo e julgamento/ art. 102, I, "c"
* pessoal; quadro próprio – art. 73, *caput*
* pronunciamento conclusivo; solicitação por comissão mista do Congresso Nacional – art. 72
* relatório de atividades; encaminhamento ao Congresso Nacional – art. 71, § 4o
* sede e jurisdição – art. 73, *caput*

TRIBUNAL DE CONTAS DO DISTRITO FEDERAL
(*Ver* Tribunais de Contas)

TRIBUNAL SUPERIOR DO TRABALHO
(*Ver* Tribunais)

TRIBUNAL SUPERIOR ELEITORAL
(*Ver* Tribunais)

TRIBUTOS
(*Ver também* Contribuições sociais, Fundos, Impostos *e* Recursos financeiros)
* definição; lei complementar – art. 146, III, "a"/ critérios especiais – art. 146-A
* legislação tributária/ normas gerais; lei complementar – art. 146, III – alterações; lei de diretrizes orçamentárias; disposição – art. 165, § 2o
* limitações constitucionais ao poder de tributar; regulação – art. 146, II
* matéria tributária/ disposição; iniciativa privativa do Presidente da República – art. 61, § 1o, "b" – conflitos de competência; lei complementar – art. 146, I

* Municípios; instituição e arrecadação – art. 30, III
* sistema tributário nacional/ art. 145 a art. 162 – Congresso Nacional; disposição; competência com sanção do Presidente da República – art. 48, I – entrada em vigor – ADCT art. 34, *caput*
* taxas/ direitos assegurados; independência de pagamento; hipóteses – art. 5o, XXXIV – instituição [faculdade] – art. 145, II – concessão mediante lei específica – art. 150, § 6o
* União, Estados, Distrito Federal/ direito tributário; legislação concorrente – art. 24, I – e Municípios/ instituição – art. 145 – conflitos de competência em matéria tributária – art. 146, I – vedações/ limitações ao poder de tributar – art. 150, I a VI , e §§ 1o a 4o – estabelecimento de diferença tributária entre bens e serviços [isonomia tributária] – art. 152 – divulgação dos montantes de cada um dos tributos arrecadados – art. 162
* União; vedação/ tributo não uniforme em todo o território nacional ou que implique distinção ou preferência; instituição – art. 151, I – tributação da renda das obrigações da dívida pública dos Estados, do Distrito Federal e dos Municípios – art. 151, II – isenções de tributos dos Estados, do Distrito Federal e dos Municípios – art. 151, III – incidência de imposto adicional; energia elétrica, comunicações, combustíveis e minerais – 155, § 3o

TURISMO
* patrimônio turístico e paisagístico; conjuntos urbanos e sítios; proteção; União, Estados e Distrito Federal; legislação concorrente – art. 24, VII, e art. 216, V
* promoção; incentivo; competência comum da União, Estados, Distrito Federal e Municípios – art. 180

U

UNIÃO
(*Ver também* Distrito Federal, Estados – unidades federativas, Federação, FUNDOS, Municípios, Poder Executivo, Poder Judiciário, Poder Legislativo *e* Poder Público)
* administração direta; órgãos; participação, ou compensação, com Estados, Distrito Federal e Municípios, no resultado da exploração de petróleo ou gás natural, de recursos hídricos e de outros recursos; hipótese – art. 20, § 1o
* arrecadação de impostos e contribuições sociais; desvinculação; hipótese – ADCT art. 76
* bens – art. 20, I a XI
* causas; aforamento – art. 109, §§ 1o e 2o
* competência/ art. 21 – privativa – art. 22 – comum com Estados, Distrito Federal e Municípios – art. 23 – concorrente com Estados e Distrito Federal – art. 24 – conflitos; processo e julgamento – art. 102, I, "f" – conflitos de atribuições; autoridades administrativas e judiciárias; processo e julgamento – art. 105, I, "g" – competência exclusiva; instituição de contribuições sociais – art. 149 – para emitir moeda; exercício pelo Banco Central – art. 164, *caput* (art. 21, VII) – desapropriação por interesse social – art. 184, *caput*, e § 2o
* competência tributária/ conflitos de competência; lei complementar – art. 146, I – Território Federal; impostos estaduais ou municipais – art. 147 – impostos; instituição/ art. 153, I a VII – impostos; instituição; possibilidade [faculdade] – art. 154 – entrega do produto da arrecadação de impostos; hipótese – art. 159, I e II – divulgação dos montantes dos tributos arrecadados; dados divulgados – art. 162
* desigualdades regionais; desenvolvimento e redução; recuperação de terras áridas – art. 43, *caput*, e § 3o
* e Distrito Federal e Territórios/ criação de juizados especiais e justiça de paz – art. 98
* e Estados, Distrito Federal e Municípios/ administração pública direta e indireta – art. 37 – conselho de política de administração e remuneração de pessoal; relações entre remunerações; programas de qualidade e produtividade – art. 39 – servidores públicos; previdência social; regime de caráter contributivo; critérios – art. 40, *caput* – dissídios individuais e coletivos entre trabalhadores e empregadores – art. 114 – tributos; instituição; possibilidade [faculdade] – art. 145, I a III – conflitos de competência em matéria tributária – art. 146, I – pessoal ativo e inativo; despesa; limites – art. 169, *caput* – entidades fechadas de previdência privada; relação disciplinada por

lei complementar – art. 202, § 4o – sistemas de ensino; organização – art. 211
* e Estados, Distrito Federal e Territórios/ litígio; processo e julgamento – art. 102, I, "e"
* entidades/ operações de câmbio; disposição; lei complementar – art. 163, VI – disponibilidades de caixa; depósito – art. 164, § 3o – e órgãos; operações de câmbio; lei complementar – art. 163, VI
* finanças/ fiscalização contábil, financeira, orçamentária, operacional e patrimonial; Congresso Nacional; exercício – art. 70, *caput* – empréstimos compulsórios; instituição – art. 148 e ADCT art. 34, § 1o – disponibilidades de caixa; depósito – art. 164, § 3o – orçamento fiscal; lei orçamentária anual – art. 165, § 5o, I – seguridade social; orçamento não integrado pelas receitas dos Estados, Distrito Federal e dos Municípios – art. 195, § 1o – saúde; ações e serviços públicos – art. 198 e ADCT art. 77 – despesas com pessoal inativo em decorrência de criação de Estado; vedação – art. 234 – consórcios públicos e os convênios de cooperação; disciplinamento – art. 242 – servidores públicos; estabilidade – ADCT art. 19 – critérios para compatibilização de seus quadros de pessoal; edição de leis – ADCT art. 24 – despesa com pessoal; limite – ADCT art. 38 – destinação de recursos para a irrigação – ADCT art. 42 – doação, vendas e concessões de terras públicas; revisão; reversão ao patrimônio; hipóteses – ADCT art. 51, § 3o – contribuição provisória sobre movimentação ou transmissão de valores e de créditos e direitos de natureza financeira – ADCT art. 74
* fundos de recursos; previdência social – art. 249 e art. 250
* intervenção; Estados e Distrito Federal; hipóteses – art. 34
* jazidas; propriedade e monopólio – art. 176 e art. 177
* microempresas e empresas de pequeno porte; tratamento jurídico diferenciado – art. 179
* Poderes/ art. 2o – orçamento fiscal; lei orçamentária anual – art. 165, § 5o, I
* polícia federal; organização e manutenção – art. 144, § 1o
* polícia ferroviária federal; organização e manutenção – art. 144, § 1o
* polícia rodoviária federal; organização e manutenção – art. 144, § 2o
* polícias civis; incumbência; ressalva de competência – art. 144, § 4o
* precatórios; pagamentos – art. 100 e ADCT art. 78
* República Federativa do Brasil; organização político-administrativa; compreensão [abrangência]/ art. 18, *caput* – Territórios Federais; integração – art. 18, § 2o
* transporte internacional; observância dos acordos; princípio da reciprocidade – art. 178
* turismo; promoção e incentivo – art. 180
* vedações/ e Estados, Distrito Federal e Municípios – art. 19 – limitações tributárias – art. 150, *caput*, e §§ 1o a 4o, e art. 151 – diferença tributária; estabelecimento – art. 152 – despesas com pessoal inativo em decorrência de criação de Estado – art. 234

UNIVERSIDADES
(*Ver também* Educação)
* autonomia – art. 207
* pesquisa e extensão; apoio financeiro; poder público – art. 213, § 2o – continuação do recebimento de recursos públicos – ADCT art. 61
* professores, técnicos e cientistas estrangeiros; admissão facultativa – art. 207, § 1o

USINAS NUCLEARES
(*Ver* Energia)

USUCAPIÃO
* rural – art. 191, *caput*
* urbano/ art. 183 – imóveis públicos; não-aquisição por usucapião – art. 183, § 3o, e art. 191, parágrafo único

USURA
* crime; punição – art. 192, § 3o

V

VELHICE
(*Ver também* Idoso)

* assistência social; proteção – art. 203, I
* pais; dever de ajudar e amparar – art. 229
* previdência social; cobertura dos eventos de doença, invalidez e morte – art. 201, I

VENCIMENTOS
(*Ver também* Proventos, Remuneração, Salário *e* Subsídios)
* ocupantes de cargos e empregos públicos; irredutibilidade – art. 37, XV
* percebidos em desacordo com a Constituição; redução – ADCT art. 17
* pessoal; fixação de padrões; observância – art. 39, § 1o
* Poder Legislativo e Poder Judiciário; não superiores aos do Poder Executivo – art. 37, XII
* Tribunal de Contas da União; Ministros; normas – art. 73, § 3o

VEREADORES
* elegibilidade; idade mínima – art. 14, § 3o, VI
* eleição/ pleito direto e simultâneo – art. 29, I – proporcionalidade numérica – art. 29, IV, e ADCT art. 5o, § 4o – subsídio – art. 29, VI – remuneração; subsídio e despesa – art. 29,VI e VII
* inviolabilidade – art. 29, VIII
* mandatos; dispositivos transitórios/ término – ADCT art. 4o, § 4o – exercício gratuito por força de atos institucionais; cômputo de período – ADCT art. 8o, § 4o
* servidor público; investidura no mandato – art. 38, III

VIAÇÃO
(*Ver* Transportes)

VICE-GOVERNADOR
(*Ver* Governador)

VICE-PREFEITO
(*Ver* Prefeito)

VICE-PRESIDENTE DA REPÚBLICA
(*Ver* Presidente da República)

Z

ZONA COSTEIRA
* patrimônio nacional; preservação do meio ambiente – art. 225, § 4o

ZONA ECONÔMICA
* exclusiva/ recursos naturais; bem da União – art. 20, V – Estados, Distrito Federal e Municípios; participação na exploração de seus recursos minerais – art. 20, § 1o

23
DECLARAÇÃO UNIVERSAL DOS DIREITOS HUMANOS

PREÂMBULO

Considerando que o reconhecimento da dignidade inerente a todos os membros da família humana e dos seus direitos iguais e inalienáveis constitui o fundamento da liberdade, da justiça e da paz no mundo;

Considerando que o desconhecimento e o desprezo dos direitos do Homem conduziram a actos de barbárie que revoltam a consciência da Humanidade e que o advento de um mundo em que os seres humanos sejam livres de falar e de crer, libertos do terror e da miséria, foi proclamado como a maisalta inspiração do Homem;

Considerando que é essencial a proteção dos direitos do Homem através de um regime de direito, para que o Homem não seja compelido, em supremo recurso, à revolta contra a tirania e a opressão;

Considerando que é essencial encorajar o desenvolvimento de relações amistosas entre as nações;Considerando que, na Carta, os povos das Nações Unidas proclamam, de novo, a sua fé nos direitos fundamentais do Homem, na dignidade e no valor da pessoa humana, na igualdade de direitos dos homens e das mulheres e se declaram resolvidos a favorecer o progresso social e a instaurar melhores condições de vida dentro de uma liberdade mais ampla;

Considerando que os Estados membros se comprometeram a promover, em cooperação com a Organização das Nações Unidas, o respeito universal e efectivo dos direitos do Homem e das iberdades fundamentais;

Considerando que uma concepção comum destes direitos e liberdades é da mais alta importância para dar plena satisfação a tal compromisso:

A Assembléia Geral proclama a presente Declaração Universaldos Direitos Humanos como ideal comum a atingir por todos os povos e todas as nações, a fim de que todos os indivíduos e todos os orgãos da sociedade, tendo-a constantemente no espírito, se esforcem, pelo ensino e pela educação, por desenvolver o respeito desses direitos e liberdades e por promover, por medidas progressivas de ordem nacional e internacional, o seu reconhecimento e a sua aplicação universais e efectivos tanto entre as populações dos próprios Estados membros como entre as dos territórios colocados sob a sua jurisdição.

Artigo 1°

Todos os seres humanos nascem livres e iguais em dignidade e em direitos. Dotados de razão e de consciência, devem agir uns para com os outros em espírito de fraternidade.

Artigo 2°

Todos os seres humanos podem invocar os direitos e as liberdades proclamados na presente Declaração, sem distinção alguma, nomeadamente de raça, de cor, de sexo, de língua, de religião, de opinião política ou outra, de origem nacional ou social, de fortuna, de nascimento ou de qualquer outra situação. Além disso, não será feita nenhuma distinção fundada no estatuto político, jurídico ou internacional do país ou do território da naturalidade da pessoa, seja esse país ou território independente, sob tutela, autônomo ou sujeito a alguma limitação de soberania.

Artigo 3°

Todo indivíduo tem direito à vida, à liberdade e à segurança pessoal.

Artigo 4°

Ninguém será mantido em escravatura ou em servidão; a escravatura e o trato dos escravos, sob todas as formas, são proibidos.

Artigo 5°

Ninguém será submetido a tortura nem a penas ou tratamentos cruéis, desumanos ou degradantes.

Artigo 6°

Todos os indivíduos têm direito ao reconhecimento, em todos os lugares, da sua personalidade jurídica.

Artigo 7°

Todos são iguais perante a lei e, sem distinção, têm direito a igual protecção da lei. Todos têm direito a protecção igual contra qualquer discriminação que viole a presente Declaração e contra qualquer incitamento a tal discriminação.

Artigo 8°

Toda a pessoa tem direito a recurso efectivo para as jurisdições nacionais competentes contra os actos que violem os direitos fundamentais reconhecidos pela Constituição ou pela lei.

Artigo 9°

Ninguém pode ser arbitrariamente preso, detido ou exilado.

Artigo 10°

Toda a pessoa tem direito, em plena igualdade, a que a sua causa seja equitativa e publicamente julgada por um tribunal independente e imparcial que decida dos seus direitos e obrigações ou das razões de qualquer acusação em matéria penal que contra ela seja deduzida.

Artigo 11°

1. Toda a pessoa acusada de um acto delituoso presume-se inocente até que a sua culpabilidade fique legalmente provada no decurso de um processo público em que todas as garantias necessárias de defesa lhe sejam asseguradas.

2. Ninguém será condenado por acções ou omissões que, no momento da sua prática, não constituíam acto delituoso à face do direito interno ou internacional. Do mesmo modo, não será infligida pena mais grave do que a que era aplicável no momento em que o acto delituoso foi cometido.

Artigo 12°

Ninguém sofrerá intromissões arbitrárias na sua vida privada, na sua família, no seu domicílio ou na sua correspondência, nem ataques à sua honra e reputação. Contra tais intromissões ou ataques toda a pessoa tem direito a protecção da lei.

Artigo 13°

1. Toda a pessoa tem o direito de livremente circular e escolher a sua residência no interior de um Estado.

2. Toda a pessoa tem o direito de abandonar o país em que se encontra, incluindo o seu, e o direito de regressar ao seu país.

Artigo 14°

Toda a pessoa sujeita a perseguição tem o direito de procurar e de beneficiar de asilo em outros países.

Este direito não pode, porém, ser invocado no caso de processo realmente existente por crime de direito comum ou por actividades contrárias aos fins e aos princípios das NaçõesUnidas.

Artigo 15°

Todo o indivíduo tem direito a ter umanacionalidade.

Ninguém pode ser arbitrariamente privado da sua nacionalidade nem do direito de mudar de nacionalidade.

Artigo 16°

1.A partir da idade núbil, o homem e a mulher têm o direito de casar e de constituir família, sem restrição alguma de raça, nacionalidade ou religião. Durante o casamento e na altura da sua dissolução, ambos têm direitos iguais.

2.O casamento não pode ser celebrado sem o livre e pleno consentimento dos futuros esposos.

3.A família é o elemento natural e fundamental da sociedade e tem direito à proteção desta e do Estado.

Artigo 17°

1.Toda a pessoa, individual ou colectiva, tem direito à propriedade. 2.Ninguém pode ser arbitrariamente privado da sua propriedade.

Artigo 18°

Toda a pessoa tem direito à liberdade de pensamento, de consciência e de religião; este direito implica a liberdade de mudar de religião ou de convicção, assim como a liberdade de manifestar a religião ou convicção, sozinho ou em comum, tanto em público como em privado, pelo ensino, pela prática, pelo culto e pelos ritos.

Artigo 19°

Todo o indivíduo tem direito à liberdade de opinião e de expressão, o que implica o direito de não ser inquietado pelas suas opiniões e o de procurar, receber e difundir, sem consideração de fronteiras, informações e idéias por qualquer meio de expressão.

Artigo 20°

1.Toda a pessoa tem direito à liberdade de reunião e de associação pacíficas. 2.Ninguém pode ser obrigado a fazer parte de uma associação.

Artigo 21°

Toda a pessoa tem o direito de tomar parte na direcção dos negócios, públicos do seu país, quer directamente, quer por intermédio de representantes livrementeescolhidos.

Toda a pessoa tem direito de acesso, em condições de igualdade, às funções públicas do seupaís.

A vontade do povo é o fundamento da autoridade dos poderes públicos: e deve exprimir-se através de eleições honestas a realizar periodicamente por sufrágio universal e igual, com voto secreto ou segundo processo equivalente que salvaguarde a liberdade devoto.

Artigo 22°

Toda a pessoa, como membro da sociedade, tem direito à segurança social; e pode legitimamente exigir a satisfação dos direitos econômicos, sociais e culturais indispensáveis, graças ao esforço nacional e à cooperação internacional, de harmonia com a organização e os recursos de cada país.

Artigo 23°

Toda a pessoa tem direito ao trabalho, à livre escolha do trabalho, a condições equitativas e satisfatórias de trabalho e à protecção contra o desemprego.

Todos têm direito, sem discriminação alguma, a salário igual por trabalho igual.

Quem trabalha tem direito a uma remuneração equitativa e satisfatória, que lhe permita e à sua família uma existência conforme com a dignidade humana, e completada, se possível, por todos os outros meios de protecção social.

Toda a pessoa tem o direito de fundar com outras pessoas sindicatos e de se filiar em sindicatos para defesa dos seus interesses.

Artigo 24°

Toda a pessoa tem direito ao repouso e aos lazeres, especialmente, a uma limitação razoável da duração do trabalho e as férias periódicas pagas.

Artigo 25°

Toda a pessoa tem direito a um nível de vida suficiente para lhe assegurar e à sua família a saúde e o bem-estar, principalmente quanto à alimentação, ao vestuário, ao alojamento, à assistência médica e ainda quanto aos serviços sociais necessários, e tem direito à segurança no desemprego, na doença, na invalidez, na viuvez, na velhice ou noutros casos de perda de meios de subsistência por circunstâncias independentes da sua vontade.

A maternidade e a infância têm direito a ajuda e a assistência especiais. Todas as crianças, nascidas dentro ou fora do matrimônio, gozam da mesma protecção social.

Artigo 26°

Toda a pessoa tem direito à educação. A educação deve ser gratuita, pelo menos a correspondente ao ensino elementar fundamental. O ensino elementar é obrigatório. O ensino técnico e profissional dever ser generalizado; o acesso aos estudos superiores deve estar aberto a todos em plena igualdade, em função do seumérito.

A educação deve visar à plena expansão da personalidade humana e ao reforço dos direitos do Homem e das liberdades fundamentais e deve favorecer a compreensão, a tolerância e a amizade entre todas as nações e todos os grupos raciais ou religiosos, bem como o desenvolvimento das actividades das Nações Unidas para a manutenção da paz.

Aos pais pertence a prioridade do direito de escholher o género de educação a dar aos filhos.

Artigo 27°

Toda a pessoa tem o direito de tomar parte livremente na vida cultural da comunidade, de fruir as artes e de participar no progresso científico e nos benefícios que deste resultam.

Todos têm direito à protecção dos interesses morais e materiais ligados a qualquer produção científica, literária ou artística da sua autoria.

Artigo 28°

Toda a pessoa tem direito a que reine, no plano social e no plano internacional, uma ordem capaz de tornar plenamente efectivos os direitos e as liberdades enunciadas na presente Declaração.

Artigo 29°

1. O indivíduo tem deveres para com a comunidade, fora da qual não é possível o livre e pleno desenvolvimento da sua personalidade.

No exercício deste direito e no gozo destas liberdades ninguém está sujeito senão às limitações estabelecidas pela lei com vista exclusivamente a promover o reconhecimento e o respeito dos direitos e liberdades dos outros e a fim de satisfazer as justas exigências da moral, da ordem pública e do bem-estar numa sociedadedemocrática.

Em caso algum estes direitos e liberdades poderão ser exercidos contrariamente e aos fins e aos princípios das Nações Unidas.

Artigo 30°

Nenhuma disposição da presente Declaração pode ser interpretada de maneira a envolver para qualquer Estado, agrupamento ou indivíduo o direito de se entregar a alguma actividade ou de praticar algum acto destinado a destruir os direitos e liberdades aqui enunciados.

PALÁCIO DO ITAMARATY

BIBLIOTECA DA IMPRENSA OFICIAL DO ESTADO DE SÃO PAULO

SANTOS JR., BELISÁRIO DOS
30 ANOS DA CONSTITUIÇÃO FEDERAL: 1988/2018/ BELISÁRIO DOS SANTOS JR., RAFAEL VALIM. – SÃO PAULO : IMPRENSA OFICIAL DO ESTADO DE SÃO PAULO, 2018.

376 P. : IL.

VÁRIOS AUTORES.
NOTAS BIBLIOGRÁFICAS E EXPLICATIVAS.
ISBN 978854010164-7 (IMPRENSA OFICIAL)

1. BRASIL – CONSTITUIÇÃO – 1988-2018 2. DIREITO CONSTITUCIONAL – BRASIL I. VALIM, RAFAEL II. TÍTULO.

CDD 342.81

FEITO O DEPÓSITO LEGAL NA BIBLIOTECA NACIONAL LEI Nº 10.994, DE 04.12.2004
IMPRESSO NO BRASIL 2018

AS ATUALIZAÇÕES E REVISÕES CONTIDAS NA EDIÇÃO DA CONSTITUIÇÃO DA REPÚBLICA FEDERATIVA DO BRASIL REPRODUZEM INTEGRALMENTE OS TEXTOS EXTRAÍDOS DOS SITES OFICIAIS ATÉ O PRESENTE MÊS E ESTÃO DISPONÍVEIS PARA CONSULTA (WWW.PLANALTO.GOV.BR / WWW.SENADO.GOV.BR)

A EDIÇÃO DA DECLARAÇÃO UNIVERSAL DOS DIREITOS HUMANOS REPRODUZ INTEGRALMENTE O TEXTO EXTRAÍDO DO SITE: (HTTPS://NACOESUNIDAS.ORG/DIREITOSHUMANOS/)

IMPRENSA OFICIAL DO ESTADO S/A – IMESP
RUA DA MOOCA, 1.921 MOOCA
03103 902 SÃO PAULO SP
SAC 0800 01234 01
WWW.IMPRENSAOFICIAL.COM.BR

imprensaoficial
GOVERNO DO ESTADO DE SÃO PAULO

COORDENAÇÃO EDITORIAL E PROJETO GRÁFICO
BERENICE ABRAMO

EDITORAÇÃO
VANESSA MERIZZI

FOTOGRAFIAS
GENIVALDO CARVALHO

IMPRESSÃO E ACABAMENTO
IMPRENSA OFICIAL DO ESTADO S/A – IMESP

RUBENS NAVES SANTOS JR
advogados

ASSISTÊNCIA EXECUTIVA
LUCIANA MENDES

ESTA PUBLICAÇÃO FOI PRODUZIDA EM 2018, COM 376 PÁGINAS, NO FORMATO DE 20 X 25 CM, TIPOLOGIA MERRIWEATHER E OSWALD, IMPRESSA SOBRE OS PAPÉIS CARTÃO TRÍPLEX 250 G/M² (CAPA), COUCHÊ 115G/M² E OFFSET 90G/M² (MIOLO), COM UMA TIRAGEM DE 1 MIL EXEMPLARES.